221.

T 35
L.188.

T.1264.
B.p.t.

à conserver

HISTOIRE DES FRANÇAIS,

PAR

M.' J. C. L. SIMONDE DE SISMONDI,

AUTEUR DE L'HISTOIRE DES RÉPUBLIQUES ITALIENNES DU MOYEN AGE,
DE LA LITTÉRATURE DU MIDI DE L'EUROPE, etc. etc.

PREMIÈRE LIVRAISON,

COMPRENANT L'HISTOIRE NATIONALE DU IVe AU Xe SIÈCLE,
SOUS LES MÉROVINGIENS ET LES CARLOVINGIENS;

3 vol. *in*-8°. — Prix, 21 f. sur pap. ord., et 42 f. sur pap. vél.
et 5 f. de plus franc de port pour les départemens.

A Paris, chez TREUTTEL et WURTZ, rue de Bourbon, n° 17;
à Strasbourg et à Londres, même Maison de Commerce.

1821.

N. B. Cet Ouvrage, qui comprendra l'histoire des Français, depuis les premières époques de la monarchie jusqu'à nos jours, paroîtra par livraisons successives de deux, trois ou quatre volumes, suivant la division des matières. La première livraison, composée des tomes I, II et III, est mise au jour.

Depuis que la nation française a acquis avec la liberté une existence nouvelle, elle sent aussi le besoin d'avoir une nouvelle histoire, une histoire fondée sur la recherche scrupuleuse de la vérité, de cette vérité qui seule peut satisfaire le juste orgueil des hommes libres; qui seule peut éclairer pour l'avenir leurs résolutions. Il lui faut une histoire qui ne soit faite ni pour flatter certaines opinions ou certains pouvoirs, ni pour servir certains partis, mais qui s'adresse à tous avec la même franchise; qui montre à tous l'image fidèle du passé, avec toutes ses fautes, et, comme juste conséquence, avec tous ses malheurs; une histoire qui fasse voir dans tous les temps ce qu'a été la nation, quelles jouissances ou quelles souffrances ont été pour elle le résultat des vertus, des défauts, des lumières, des erreurs, des succès ou des crimes de son gouvernement; une histoire enfin qui soit le recueil impartial de toutes ces grandes expériences auxquelles la nation a été soumise pendant quatorze siècles.

Une telle histoire n'existe point encore pour les Français : souvent la liberté, quelquefois l'amour de la vérité, ont manqué à tous ceux qui ont entrepris de l'écrire. C'est une vaine tentative que de chercher la connoissance du passé dans les volumineuses compilations qu'on nomme *Histoires de France*. C'est une grande erreur que de croire qu'on peut, avec ces compilations, faire une histoire philosophique, en racontant les mêmes événemens sous un point de vue nouveau; en les assaisonnant des maximes ou des pensées de notre siècle. Les faits ne sont point là; comment les remplaceroit-on? L'esprit, le génie même peuvent briller en retravaillant le roman de l'ancienne France; mais la vérité historique ne peut résulter que d'un travail entièrement nouveau sur les documens originaux, d'un travail immense, et dont l'exposition seule effraieroit peut-être le lecteur.

M. DE SISMONDI a entrepris ce travail, et nous en publions aujourd'hui les premiers fruits. Son *Histoire des Républiques italiennes* a montré comment il conçoit l'histoire, et ce qu'il entend par une étude fondamentale des sources. C'est avec la même patience, la même diligence, la même fidélité qu'il s'est attaché à l'étude des monumens français. Nous espérons que le résultat en paroîtra aux Français aussi neuf qu'important, et que tout citoyen qui aspire à influer sur les destinées de son pays, s'empressera désormais d'en connoître l'histoire.

DE L'IMPRIMERIE DE CRAPELET.

HISTOIRE DES FRANÇAIS,

PAR

M. J. C. L. SIMONDE DE SISMONDI. (1)

24 vol. in-8°.

Ouvrage publié par livraisons successives de trois ou quatre volumes.

Les *trois* premières livraisons, formant les tomes 1 à 9,
paroissent; prix. . . . . 69 fr.
— Les mêmes, sur papier vélin. . . . . 138 fr.

PARIS,

A LA LIBRAIRIE TREUTTEL ET WÜRTZ,

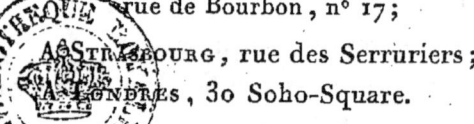

rue de Bourbon, n° 17;
A STRASBOURG, rue des Serruriers;
A LONDRES, 30 Soho-Square.

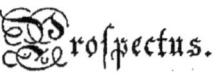

APRÈS avoir présenté l'histoire de l'Italie sous un jour absolument nouveau, M. de Sismondi a entrepris de même de faire sortir une véritable histoire des Français

---

(1) Auteur de l'*Histoire des Républiques italiennes du moyen âge*, 16 vol. in-8.; de la *Littérature du midi de l'Europe*, 4 vol. in-8.; de *Julia Severa, ou l'An 492*, 3 vol. in-12; ouvrages qui se trouvent à la même Librairie.

de ses antiques monumens. Il en a déjà publié neuf volumes, où l'on a vu les faits et leur enchaînement prendre un aspect que ses devanciers avoient toujours dérobé à leurs lecteurs. Si l'on cherche à rendre raison de cette différence, on devra reconnoître qu'elle tient à ce que M. de Sismondi, en écrivant l'histoire, n'a point eu de système, si ce n'est celui de faire son travail en conscience : il s'est attaché uniquement aux écrivains originaux; il a repoussé toutes les suggestions de l'esprit de parti et des préventions nationales; il n'a jamais cherché ce qui pouvoit plaire, mais seulement ce qui étoit vrai; il a attendu d'avoir étudié les faits pour former son opinion, tandis que ses devanciers, arrivant avec des opinions toutes formées, songeoient seulement à faire accorder les faits avec leur système : il a consulté tous les contemporains, mais pour peser leur témoignage et le juger, tandis que d'autres empruntoient leur autorité pour s'en faire des armes dans le combat, afin de servir certaines opinions ou de gagner la faveur de certains pouvoirs.

Pour faire connoître le plan que l'auteur s'est tracé pour son travail, nous croyons ne pouvoir mieux faire qu'en transcrivant ici l'exposition qu'il fait lui-même de son sujet, vers le commencement de son septième volume.

« Nous nous sommes proposé, dit-il, de fixer l'attention de nos lecteurs sur le caractère propre à chacune des périodes de l'histoire des Français. C'est ainsi que cette histoire s'est partagée pour nous en neuf grandes divisions, dans chacune desquelles il nous semble que la nation est entraînée par une tendance différente, et que les mœurs changeant avec les institutions, les Français nous apparoissent autant de fois comme un peuple nouveau, avec un nouveau gouvernement. Il est difficile, toutefois, de donner à chaque période un nom qui fasse aisément comprendre son esprit et qui la distingue des précédentes : nous avons désigné les deux premières par le nom des deux dynasties, des Mérovingiens et des Carlovingiens : cependant ce n'étoit pas seulement la famille des rois qui étoit changée, la nation l'étoit davantage encore. La première invasion, des Francs Saliens avec Clovis, avoit amené dans la Gaule un peuple barbare qui soumit tout au droit de l'épée; la seconde invasion, des Francs Austrasiens avec Charles Martel, apporta les principes d'une organisation nouvelle, barbare encore, mais bien plus régulière, et dans laquelle le clergé prit un ascendant tout nouveau. La troisième fut celle des premiers Capétiens, que nous avons considérée comme participant de la nature d'une confédération : en effet, durant les deux cent trente-neuf ans qu'elle comprend, la France, partagée entre un nombre infini de chefs indépendans, ne conserva son caractère national qu'à l'aide du lien fédéral, de la féodalité.

« Nous arrivons aujourd'hui à une quatrième période, qui comprend le règne de Saint-Louis et de ses descendans, pendant cent deux ans, jusqu'au moment où la ligne directe se trouvant interrompue, la couronne passa pour la première fois à des collatéraux. Le caractère de cette période lui fut donné par les hommes de loi; ils travaillèrent avec zèle et persévérance à fonder le pouvoir absolu de la couronne : sans détruire le système féodal qui avoit dominé jusqu'alors, ils le subordonnèrent complétement au principe monarchique.

« Un homme éminent par ses vertus, par son désir constant d'accomplir son devoir, hérita, au commencement de cette période, d'un sceptre que son père et son aïeul avoient déjà élevé au-dessus des trônes de tous les princes qui se partageoient la France; Saint-Louis ne fut pas plus tôt parvenu à l'âge d'homme, qu'il se proposa non d'augmenter son pouvoir ou de s'approprier les droits de ces feudataires qui, pendant sa minorité, avoient recommencé à ensanglanter le royaume par leurs querelles, mais seulement de faire succéder au règne de la violence le règne des lois, de mettre l'intelligence et le droit à la place de l'audace et de la force. Il ne songea point à se rendre absolu, mais il voulut supprimer les guerres privées et les combats judiciaires. Il ouvrit un recours à la justice pour remplacer le recours aux armes, qui lui paroissoit offenser Dieu. Il appela les légistes à décider entre les grands, pour épargner le sang des grands ; et les légistes lui soumirent ces grands mêmes qu'ils devoient sauver. Saint-Louis fit sortir des rangs les plus obscurs ces hommes de la loi, qui, par reconnoissance comme par ambition, confondirent la loi avec le trône, et servirent l'autorité royale bien plus efficacement que n'auroient pu faire ses armées. Saint-Louis n'avoit en vue que la justice, et il ne chercha à recueillir de ses institutions d'autre fruit que cette justice même qu'il croyoit devoir à son peuple. Mais le corps nouveau qu'il avoit introduit dans l'État, auquel il avoit confié de la puissance en raison de son habileté, sut mettre à profit, sous les successeurs de Saint-Louis, cette habileté comme cette puissance. Les légistes, jaloux de la noblesse, à laquelle pour la plupart ils n'appartenoient pas, jaloux du clergé, qui, par une autre route, étoit arrivé à une même domination, employèrent le sceptre des rois à briser et l'épée des gentilshommes et la crosse des prélats ; ils savoient que les progrès de l'autorité royale leur profiteroient surtout à eux-mêmes qui en étoient dépositaires : sous Philippe III, et plus encore sous Philippe IV, ils firent de la loi, dont ils se disoient les interprètes, l'instrument d'une effrayante tyrannie. Tous les ordres de l'État furent à leur tour, au nom de la justice, traités avec une révoltante iniquité. Les grands furent dépouillés de leurs fiefs héréditaires ; la noblesse vit périr sur les bûchers des Templiers, ses plus héroïques champions ; le clergé fut outragé dans son chef et asservi dans ses membres ; le commerce fut ruiné par les altérations des monnoies, les saisies et les confiscations des Juifs, des Lombards, des banquiers ; et tous ces actes de tyrannie furent toujours commis par les légistes, au nom et par l'autorité des lois. Lorsqu'à Philippe IV, monarque cupide, cruel, ambitieux, mais habile, succédèrent l'un après l'autre ses trois fils, qui manquèrent autant de talens que de vertus, quelques légistes furent sacrifiés aux caprices de cour et périrent dans les supplices; mais l'ordre demeura, il conserva tout son pouvoir, sous condition de servir d'une manière plus abjecte les terreurs ou la déraison d'un maître méprisé; les supplices des lépreux, ceux des pastoureaux, ceux des sorciers, signalèrent à la fois la dégradation de la magistrature et le pouvoir absolu des rois qu'elle avoit rendus tout-puissans. Dans des temps postérieurs, la magistrature française s'est relevée noblement de cette première abjection : elle a abjuré une servilité si contraire au ministère auguste dont elle étoit revêtue, et elle s'est efforcée de placer au-dessus de tous les pouvoirs humains cette règle inflexible du juste et de l'injuste qu'elle étoit chargée d'appliquer. Mais autant elle contribua plus tard à épurer le caractère national, autant elle l'avoit dégradé en fondant le despotisme; les vertus des grands magistrats de la France ne doivent point nous faire fermer les yeux sur les vices des légistes leurs devanciers.

« Nous présentons donc aujourd'hui à la méditation de nos lecteurs cette période de cent deux ans, durant laquelle les légistes reconstituèrent le pouvoir des rois pour l'exploiter à leur profit. Mais avant de nous engager dans ces détails, nous jetterons aussi un coup d'œil sur les périodes qui la suivirent.

« Les légistes avoient constitué la France en monarchie absolue; les grands, qui partageoient autrefois le pouvoir du roi des Français, n'opposoient désormais plus d'obstacle à ses volontés : la nation, quoiqu'on lui eût octroyé quelques formes représentatives, ne délibéroit point, n'exprimoit point ses vœux; elle craignoit et elle obéissoit; aucune opinion publique n'associoit les gouvernés aux gouvernans; l'indifférence de tous se manifestoit par le silence des historiens : il y a peu d'époques où une grande nation ait eu moins de chroniqueurs et où ceux-ci se soient montrés plus ignorans, plus étrangers aux affaires publiques; où leurs récits soient plus laconiques, plus décolorés. Mais le silence du peuple ne dégoûtoit point les princes de l'exercice du pouvoir. La seule loi de la monarchie étoit la volonté du monarque, bientôt l'occasion se présenta de se demander quel étoit, quel devoit être le monarque? Les légistes ne donnoient point à cette question une réponse uniforme; les uns prétendoient que la loi commune des nations, réglant l'hérédité du trône comme celle du moindre patrimoine, appeloit à la royauté les femmes aussi-bien que les hommes : les autres répondoient qu'une loi particulière à la France excluoit à perpétuité de la royauté les femmes et leurs descendans. Cette question de loi sur un pouvoir supérieur aux lois ne pouvoit être décidée que par la force, et la force fut en effet invoquée des deux parts. Une période de cent trente-trois ans (1328—1461), qui formera notre cinquième partie, est remplie presque en entier par les guerres entre les Français et les Anglais, auxquelles la succession contestée de la couronne de Charles IV avoit donné naissance.

« Pour avoir considéré dans l'organisation du gouvernement les droits des rois, non ceux des nations, les Français avoient été engagés dans de longues guerres qui décidèrent quels maîtres devoient régner sur eux. Ces guerres ne furent pas plus tôt terminées, que le même principe en alluma d'autres pour savoir à quels États les rois de France avoient un droit héréditaire, sur quels peuples les Français feroient valoir la légitimité de leurs princes. Un siècle environ (1461—1559) est principalement rempli par ces guerres de succession étrangère. Cette période formera notre sixième partie : nous y verrons les invasions sanglantes des Français en Italie, pour faire valoir les droits héréditaires de leurs rois sur le trône de Naples et sur le duché de Milan.

« Une septième période, d'environ quatre-vingts ans (1559—1643), comprendra les guerres de religion, qu'on peut considérer comme résultant également de l'établissement du pouvoir absolu des monarques. Après avoir mis leur volonté à la place des lois pour toutes les choses temporelles, ils crurent avoir également le droit de soumettre à leur volonté ce qu'il y a dans l'homme de plus précieux, en même temps de plus intime et de plus indépendant, la croyance. Cette prétention, reproduite au moment où la raison avoit pris un nouvel essor, et le sentiment religieux une nouvelle énergie, ne put devenir la loi de l'État qu'après avoir triomphé, dans des flots de sang, d'une résistance obstinée.

« Le pouvoir absolu s'affermit cependant toujours plus, et les consciences durent obéir à Louis XIV, comme tous les corps politiques de l'État lui obéissoient déjà. Son règne, de soixante et douze ans (1643—1715), forme à lui seul la huitième période : c'est celle du triomphe complet de la monarchie illimitée; tandis qu'une neuvième période, à peu près d'égale longueur (1715—1789), renferme, durant les soixante et quatorze ans qui s'écoulèrent depuis la mort de Louis XIV jusqu'à la révolution, la décadence et la chute d'un système auquel les Français avoient tout sacrifié.

« C'est ainsi que nous pouvons représenter, par un petit nombre de mots, le caractère général des siècles qui s'écoulèrent depuis l'époque où s'arrêta notre précédent récit jusqu'aux révolutions dont nous avons été témoins; nous y trouvons cent deux ans de travaux des légistes pour rendre les rois absolus, cent trente ans de guerres de successions domestiques, cent ans de guerres de successions étrangères, quatre-vingt-quatre ans de guerres religieuses, soixante et douze ans de despotisme, soixante et quatorze ans de dissolution du corps social. Cette division morale de l'histoire de France a de la réalité; chaque période a eu un caractère essentiellement différent de celle qui l'a précédée, de celle qui l'a suivie; mais, en même temps, il ne faut point oublier que toute classification d'événemens qui s'enchaînent sans interruption est artificielle; que c'est toujours d'une manière arbitraire qu'on fixe le point où une période commence, où une autre finit; que s'il est vrai que chaque intérêt, chaque passion à leur tour aient exercé leur domination sur les hommes, ils ont formé le caractère principal, non le caractère unique de leur époque; qu'enfin, dans le progrès du temps, chaque jour apporte un changement, chaque jour détruit et édifie, chaque jour a donc un caractère propre, de manière qu'on ne peut jamais lui appliquer sans modification le caractère du jour qui le précède et du jour qui le suit. Il ne faut pas oublier aussi que, quoiqu'on puisse montrer un enchaînement naturel dans les événemens survenus depuis Saint-Louis jusqu'à nos jours, en sorte que nous recueillons aujourd'hui les fruits de sa politique ou de celle de ses contemporains, la plus grande partie des causes nous reste à jamais inconnue, et que cet enchaînement que nous signalons dans le passé et que nous ne savons point voir dans l'avenir, est tout aussi souvent peut-être l'œuvre de notre esprit que la découverte d'une loi de la nature. »

Cet Ouvrage, ainsi que nous l'avons observé en tête du présent Prospectus, est publié par livraisons de trois ou quatre volumes, divisés suivant les grandes époques de notre histoire nationale; les trois premières livraisons, composées des tomes 1 à 9, paroissent; les autres livraisons suivront régulièrement.

Les personnes qui voudront se procurer l'ouvrage sont priées de se faire inscrire à la Librairie *Treuttel et Würtz*, à Paris, rue de Bourbon, n° 17; à Strasbourg, rue des Serruriers; et à Londres, 30 Soho-Square. L'on ne paie rien d'avance.

On peut aussi s'adresser à toutes les bonnes maisons de Librairie en France et dans les divers pays étrangers.

DE L'IMPRIMERIE DE CRAPELET,
rue de Vaugirard, n° 9.

HISTOIRE DES FRANÇAIS,

PAR

J. C. L. SIMONDE DE SISMONDI,

Correspondant de l'Institut de France, de l'Académie impériale de Saint-Pétersbourg, de l'Académie royale des Sciences de Prusse, membre honoraire de l'Université de Wilna, de l'Académie et de la Société des Arts de Genève, des Académies italiennes de Georgofili, de Cagliari, de Pistoia; de l'Académie Romaine d'Archéologie, et de la Société Pontaniana de Naples.

TOME PREMIER.

A PARIS,

Chez TREUTTEL et WÜRTZ, Libraires,
RUE DE BOURBON, N° 17.

A Strasbourg et à Londres, même Maison de Commerce.

1821.

INTRODUCTION.

On s'est plaint souvent de ce que l'histoire des peuples modernes nous étoit moins connue que celle des Grecs ou des Romains, de ce que nous comprenions moins leur politique et le développement de leurs institutions, de ce que notre sensibilité étoit moins éveillée par tous leurs souvenirs que par ceux de l'antiquité. L'histoire moderne n'excite, dit-on, qu'un intérêt languissant, et malgré les efforts répétés de ceux qui veulent l'apprendre, elle échappe presque aussitôt à la mémoire.

Ce reproche a été fait d'une manière plus particulière à l'histoire de France, justement parce que le besoin de la savoir est plus universel. Il est senti, non par les Français seulement, mais par tous les Européens. La situation centrale de la France, sa puissance, la longue durée de la monarchie, la suprématie qu'à deux ou trois reprises elle a acquise sur tout l'Occident, ont tellement lié sa destinée à toutes les autres, que les révolutions des peuples européens procèdent presque toujours de celles de la France, et que, après l'histoire nationale, c'est l'histoire de France que chacun d'eux doit surtout étudier. L'Allemagne, l'Italie, l'Espagne septentrionale, la Savoie, la Belgique, la Hollande et la Suisse ont fait partie de la monarchie des Francs ou mérovingiens, ou carlovingiens. C'est par leur soumission à cette monarchie que commence pour ces contrées l'histoire de tous les peuples qui les habitent aujourd'hui; celle des îles britanniques s'est intimement liée à l'histoire de France par la rivalité des Anglais, par l'alliance des Écossais. Ainsi les étrangers, comme les nationaux, sont ramenés sans cesse par leurs intérêts les plus chers à étudier les annales de la France, tandis qu'ils sont repoussés presque aussitôt, par la manière dont elles ont été écrites.

Ce n'est pas que l'histoire de France n'ait été tour à tour l'objet des laborieuses recherches des érudits, et des spéculations des philosophes. Tout ce que l'orgueil national, la vénération pour l'antiquité, le respect pour des noms et des races illustres ont pu inspirer de patience, de persévérance, de critique ingénieuse et d'art pour la divination historique a été épuisé par les érudits, pour retirer des ténèbres du moyen âge les origines de la monarchie. Tout ce que la force d'esprit spéculative, l'enthousiasme pour les rois, pour la noblesse, pour les anciennes lois, pour la religion, et même pour la liberté, ont pu inspirer de théories ingénieuses, d'éloquence, de poésie, de méditations philosophiques, a été mis en œuvre par des hommes doués de rares talens, pour coordonner, pour expliquer les uns par les autres, pour ranimer des faits qui nous étoient connus, sans que nous trouvassions le principe de vie qui les avoit fait naître les uns des autres.

Quelle est donc la cause qui a pu dépouiller de tout intérêt une histoire enrichie par tant de grands événemens ; une histoire dans laquelle chaque nom, ou de lieu ou de famille rappelant des souvenirs qui nous sont chers, devoit parler à notre imagination ; chaque fait s'expliquant par des coutumes ou des opinions qui existent encore, ou qui ont laissé des traces ; par des droits dont nous sommes encore en jouissance, ou que nous avons regretté lorsqu'ils nous furent ravis, devoit éveiller notre attention ?

On peut, je crois, répondre d'une manière générale, que la grande cause de la froideur de l'histoire de France et de presque toutes les histoires modernes, c'est le manque de vérité; de cette vérité complète, sans réserve, sans arrière pensée, qui ne se trouve que dans les historiens de l'antiquité. Aucune histoire moderne n'a été absolument dégagée de ces mensonges obligés, de ces flatteries de convention, de ces réticences respectueuses qui détruisent tout ensemble notre confiance dans l'écrivain, et notre intelligence des événemens qu'il raconte, parce que leur enchaînement nous échappe. La religion et la politique de l'État, ces deux grands leviers qui mettent en mouvement les sociétés humaines, n'ont jamais pu être abordées avec une pleine franchise; jamais on n'a pu attacher ouvertement le blâme, partout où l'on a cru qu'il étoit mérité. Les écrivains mêmes qui vouloient attaquer l'Église ou la monarchie, ont voilé des accusations quelquefois exagérées, sous des protestations qui n'étoient pas moins fausses; leurs déclarations de respect devoient servir à masquer leurs aggressions; ils sembloient compter que leurs lecteurs ne prendroient pas à la lettre toutes leurs paroles, et ils ont employé beaucoup d'esprit à s'ôter à eux-mêmes ce caractère de bonne foi, le plus essentiel de tous à conserver par ceux qui veulent être écoutés.

L'esclavage de la presse n'a pas seul empêché ceux qui ont écrit l'histoire, de dire la vérité telle qu'ils l'avoient vue et qu'ils la connoissoient. L'autorité qu'on a attribuée au temps passé, a dénaturé la critique historique, en la mettant au service de tous les partis et de toutes les ambitions. Plusieurs grands écrivains n'ont point hésité à torturer les faits pour présenter sous leur garantie des opinions dont ils n'auroient point osé exposer la théorie; plusieurs autres ont cru voir dans le passé tout ce qu'ils désiroient dans le présent, tous les principes qu'ils invoquoient. On a cherché dans l'histoire les droits de la génération présente, et non des exemples pour guider la postérité; on a demandé aux siècles passés la mesure des prérogatives du trône, ou celle des libertés du peuple, comme si rien ne pouvoit exister aujourd'hui que ce qui a existé jadis; et la vérité en a souffert, parce que tous les partis ont dénaturé les événemens anciens, pour s'en faire des armes en faveur des prétentions nouvelles.

L'histoire est la base de toutes les sciences sociales, mais c'est parce qu'elle nous présente le recueil de toutes les leçons qu'a données l'expérience, non celui de tous les titres que la force ou la fraude ont pu acquérir. Le législateur, en donnant à la société une organisation, doit chercher tout ce qui peut tendre au développement moral des hommes et à leur bonheur. Son seul guide, dans cette recherche, est l'expérience; or, il ne peut point s'éclairer par la sienne propre, car le résultat des lois et des institutions politiques se fait quelquefois attendre pendant plusieurs générations. C'est donc celle du monde entier qu'il doit consulter. Il doit comparer les effets d'une même cause dans plusieurs pays, dans plusieurs circonstances, afin de dégager cette cause de tous les accidens qui la compliquent. Un seul fait, un seul événement, peut à peine être regardé dans cette science comme un exemple instructif, parce qu'il est trop difficile de lui assigner sa vraie cause, de le dépouiller de tout ce qui tient à des incidens qui ne se reproduiront plus. Il est trop difficile de tenir compte, pour juger ce fait isolé, des habitudes reçues, des préjugés enracinés, des opinions dominantes à une certaine époque, du point d'honneur propre à un certain peuple, de son état de richesse ou de pauvreté, d'industrie pastorale, agricole ou manufacturière, de la condition servile, salariée, ou indépendante des classes inférieures de la société. Conclure des Spartiates au temps de Lycurgue ou des Francs au temps de Clovis, aux Français de nos jours, ce seroit employer l'expérience à accréditer l'absurdité; car ce qui contentoit nos pères ne pourroit le plus souvent que nous offenser. Mais si les effets isolés qu'on attribue à une institution, ne peuvent que nous induire en erreur, les effets constamment analogues d'institutions semblables, nous offrent la seule évidence dont les sciences sociales soient susceptibles.

Les hommes, en contractant l'association qui forme les corps politiques, ont dû se proposer un double but, leur bonheur d'abord, puis leur perfectionnement moral. Ce n'est point un contrat antérieur, ce ne sont point des engagemens primitifs qui les lient encore aujourd'hui à l'État dont ils font partie ; c'est chaque jour qu'ils sacrifient une partie de leurs droits en retour d'une certaine protection sociale. Ils sont et demeurent un seul peuple, non point à cause du passé, mais à cause de l'avenir, à cause de la garantie qu'ils attendent de l'ordre politique, à cause du développement moral que l'union, la force, la paix, la liberté et le bonheur doivent produire en eux. La loi, l'ordre constitutionnel des États ne fondent pas le droit. Au contraire cette loi, cet ordre constitutionnel, ne sont que des moyens pour garantir le droit antérieur qu'ont tous les hommes, au bonheur et à la vertu, des moyens pour maintenir dans des termes équitables l'échange journalier que fait le citoyen d'une partie de son indépendance contre une certaine protection. L'avantage de tous peut exiger qu'au nom de tous on force chacun à son tour à accepter les termes de cet échange, afin qu'il soit uniforme; mais rien ne sauroit dispenser le législateur de rendre cet échange avantageux. Le citoyen n'est point admis à dire, pour se refuser à remplir les obligations sociales, qu'il n'y a jamais donné son consentement; l'avantage de tous exige que ce consentement soit supposé. Mais le citoyen, mais la nation sont toujours admis à plaider que la condition de l'association leur est dommageable et non utile, qu'elle les prive de plus de droits qu'elle ne leur donne de priviléges, qu'elle n'a pas été calculée pour l'avantage de tous, ou qu'elle ne produit pas cet avantage, qu'elle rend l'homme malheureux ou qu'elle l'avilit, qu'elle attaque ou ses jouissances ou ses vertus, qu'elle s'oppose ou à sa prospérité ou à son perfectionnement. C'est au nom de ce seul avantage universel que la société existe; c'est en raison seule des fruits que l'homme en doit attendre, que la société a acquis des droits; tous ces droits sont anéantis si le but est manqué, si l'association est oppressive.

Ainsi la loi ou l'ordre qui n'ont pas pour

but et pour effet ce progrès constant de l'espèce humaine vers son amélioration morale et son bonheur, existassent-ils dès les premiers temps historiques, n'en sont pas moins susceptibles de réforme ou d'abolition, parce qu'ils sont en contradiction avec le droit primitif de l'espèce humaine, son droit le plus ancien et le plus imprescriptible. La loi ou l'ordre que l'usurpation ou la violence auroient établis, mais dont le résultat seroit de rendre les hommes meilleurs et plus heureux, se trouveroient légitimés par ce résultat, parce qu'il est le seul but et la seule garantie de toute loi. Le temps ou la durée ne sont point un principe de droit, mais un moyen de stabilité, une garantie d'expérience ; la loi doit être jugée par l'histoire au lieu d'être fondée sur l'histoire. Après nous avoir dit que nos pères ont fait ainsi, il faut encore nous démontrer qu'ils s'en sont bien trouvés ; autrement leur exemple nous montre ce qu'il nous faut éviter, non ce qu'il nous faut suivre.

Ce n'est point ainsi que l'histoire a été considérée en France; on a toujours voulu la faire servir à établir les droits ou des rois, ou des ducs et pairs, ou des parlemens, ou des prélats, ou du peuple; au lieu de lui demander compte des erreurs de tous les pouvoirs pour les éviter à l'avenir, des hommes non moins ingénieux qu'érudits, ont, à cette occasion, violenté tous les faits pour les appeler au secours de leurs théories; car leur respect pour le passé ne pouvant arrêter l'essor de leur imagination, ils ont, et presque toujours en conscience, créé une antiquité qui s'accordât avec leurs désirs, pour invoquer ensuite les droits qu'elle avoit fondés. Boulainvilliers, Dubos, Montesquieu, l'abbé de Mably, et de nos jours plus d'un écrivain de parti, ont été chercher dans l'ancienne monarchie des titres pour ce qu'ils regrettoient ou ce qu'ils vouloient établir. Ils auroient considéré les faits avec plus d'impartialité, ils les auroient représentés sous des couleurs plus vraies, ils auroient moins sacrifié à l'esprit de système, s'ils n'avoient jamais perdu de vue qu'une ancienne pratique ne prouve pas un droit, plutôt qu'un abus, et que le passé doit nous éclairer, mais qu'il ne nous lie pas.

Ce reproche peut aussi s'adresser en partie

aux savans et aux jurisconsultes de l'Allemagne, quoique leurs immenses recherches, leur critique ingénieuse, et leur art pour les rapprochemens, qui fait jaillir d'anciens faits des vérités nouvelles, aient éclairé dans les derniers temps les antiquités communes aux Francs et aux Germains d'une lumière tout-à-fait inattendue. Mais ils ont trop pris d'amour pour leur ouvrage, ils ont trop présenté à l'admiration ou à l'imitation de leurs contemporains, les institutions antiques qu'ils avoient retrouvées ou devinées; sans cesse occupés de réclamer auprès de leurs princes les droits de cité et de patrie qu'on leur refuse, ils ont trop cru devoir les demander comme d'anciens droits germaniques, et ils n'ont point fait assez attention que ces droits dont ils parlent, doivent être jugés par leurs résultats; que la liberté, la justice et la sagesse de leurs pères, dont ils prétendent retrouver partout les marques dans leur législation, se reconnoîtroient surtout à une prospérité qu'on cherche en vain dans l'histoire, à l'époque où cette législation fut en vigueur.

La vérité historique a été presque universellement altérée d'une autre manière encore, par une partialité que la plupart des historiens se sont imposée comme un devoir national. Ils ont cru que leur patriotisme les appeloit avant toute chose à se faire les avocats de la nation et de ses princes, à dissimuler leurs cruautés, à excuser leurs foiblesses, à expliquer leurs injustices, et à montrer qu'en dépit du témoignage d'historiens étrangers ou d'événemens postérieurs, tous les rois français, tous les rois mêmes de la province de France dont ils ont fait l'histoire particulière, ont toujours été de bons ou de grands hommes, que leurs armées ont toujours été victorieuses, que leurs peuples, excepté lorsqu'ils secouoient l'autorité légitime, ont toujours été sages et heureux. Depuis les plus anciennes histoires de France jusqu'aux dernières, ce système n'a jamais été abandonné : de nos jours même un écrivain illustre s'est annoncé comme voulant, dans une nouvelle histoire de France, rehausser la gloire des hommes des temps passés. Chez toutes les nations qui ne sont point libres, les historiens se sont imposé la même tâche, parce qu'elles s'occupent beaucoup plus du jugement que les autres porteront d'elles, que de leurs propres sentimens, ou des résultats d'une expérience dont il ne leur est point permis de faire usage.

Mais certe, cette vanité suppose au dedans de soi bien peu d'estime de soi-même. Il faut se défier beaucoup de la vérité pour travailler ainsi à la masquer sans cesse. La nation française est assez grande et assez glorieuse pour ne devoir pas être embarrassée du souvenir de ses revers et de ses fautes; et l'on a pu dire une fois des gendarmes de François Ier, *qu'ils n'étoient que lièvres armés*, sans qu'elle craigne aujourd'hui que l'on doute de son courage. S'il étoit vrai qu'une génération tout entière, que plusieurs mêmes eussent laissé complétement éteindre la valeur dont cette nation a donné tant de preuves, loin de dissimuler ce fait, ou d'en étouffer le souvenir, il faudroit le recueillir précieusement pour en chercher l'explication dans les institutions de cette époque. Tandis que toute notre étude doit être de remonter aux causes, pourrions-nous en reconnoître aucune si nous en supprimions les effets.

La dissimulation des vices du gouvernement, est de la part de l'historien, plus imprudente et plus criminelle encore. En rassemblant les souvenirs nationaux, c'est moins à la réputation des morts qu'au salut des vivans que nous devons songer. Clovis, Philippe-le-Bel ou Louis XIII, ne souffriront pas des reproches que l'on fera à leur mémoire ; mais les souffrances qu'ils infligeoient à leurs contemporains se renouvelleront encore pour nous ou pour nos neveux, si nous n'apprenons pas, par leur exemple, quelle perfidie peut s'allier à une fausse piété, quels crimes peuvent se cacher sous le manteau de la politique ; quelle cruauté peut être la conséquence de la seule foiblesse ; si nous ne voyons pas en tous dans quel abîme entraîne le pouvoir absolu. Qu'apprendrons-nous sur l'éducation des princes, sur les mécontentemens des peuples, sur les intrigues des ministres, si l'on nous montre toujours les rois autres qu'ils n'ont été réellement ? que nous servent les portraits si avantageux, les justifications si habilement écrites des rois des Bourguignons, dans le père Plancher ; des rois des

Visigoths, dans les pères Vic et Vaissette; de tous les rois de France, dans le père Daniel? Quelle leçon nous donne l'abbé Velly en faisant l'apologie de Brunehault elle-même, tandis que les rois et leurs sujets auroient dû retirer instruction de son affreux supplice?

C'est avec une plus haute idée des devoirs de l'historien, et de l'usage qui peut être fait de son travail; c'est avec un sentiment plus consciencieux de cette vérité que nous devons à nos lecteurs tout entière, sans ménagement, sans subterfuges, sans arrière-pensée, que nous avons entrepris l'histoire des Français, et que nous en publions aujourd'hui les deux premières Parties. Nous ne chercherons ni à rehausser la gloire, ni à redoubler la honte des rois ou des peuples qui ont passé avant nous sur cette terre; nous n'exagérerons point leurs vertus ou leurs crimes; nous ne nous arrêterons jamais pour nous demander, si le lecteur, après ce que nous allons lui raconter, aimera plus ou moins la France, s'il s'enorgueillera plus ou moins de sa patrie, s'il sera plus ou moins attaché à ses lois, à sa religion, aux formes antiques de son gouvernement, ou aux familles de qui ont dépendu ses pères. Nous ne nous sentons point cette confiance dans nos propres opinions, qui nous feroit préférer une doctrine quelconque à l'expérience, et qui nous feroit traiter nos lecteurs comme de grands enfans auxquels nous ne révélerions que les vérités que nous jugerions utiles pour eux. Toutes les vérités sont également à nos yeux de droit commun ; c'est de leur ensemble que la raison publique, bien supérieure à celle d'aucun individu, déduira ses règles fondamentales. Notre affaire est de rechercher seulement ce qui a réellement existé, et de savoir pourquoi cela a existé ; de rassembler ainsi et de présenter à tous les yeux les résultats de toutes les expériences qui ont été tentées sur nos ancêtres et sur nous-mêmes.

Ce sera donc sans retenue, sans arrière-pensée, sans désir d'établir un système que nous examinerons dès les commencemens de la monarchie française, les effets du despotisme de l'armée conquérante, sur les mœurs, sur la richesse, sur la population, sur la tranquillité du pays conquis, et sur son propre caractère ; que nous rechercherons plus tard quelle fut l'influence d'un clergé, qui succéda presque à tous les droits acquis par l'épée, et ce que devint entre ses mains la religion et la morale, comme le bonheur du peuple qu'il gouverna. Nous voudrons ensuite savoir quel fut le sort de l'humanité, quand la nation ne se composa plus que d'un petit nombre de propriétaires qui s'étoient partagé le territoire de cette belle France comme un patrimoine privé, et pour qui l'Anjou ou le Poitou n'étoient qu'une grande ferme, que le seigneur cultivoit à son profit, avec un certain nombre ou de bœufs ou d'esclaves. Nous voudrons savoir comment l'abus du pouvoir put étouffer complétement la valeur antique ; et si à une époque honteuse, un écrivain sujet des Carlovingiens convint que ses compatriotes étoient devenus les plus lâches des hommes, loin de supprimer son témoignage, nous nous empresserons de le recueillir pour connoître aussi les causes d'un si étrange changement. Lorsque la valeur nationale se réveilla, nous voudrons savoir quelle en fut la cause ; quelles furent les conséquences de ces guerres privées qui éclatoient à la fois dans toutes les parties de la France; et si la féodalité du onzième siècle fit renaître quelques vertus, nous voudrons savoir à quel prix elles furent achetées.

Plus tard enfin, la tyrannie des grands dans leurs provinces et leur chute successive, la misère des paysans, leurs révoltes et leurs fureurs, l'imprudence des guerres étrangères et leurs revers, l'incapacité des rois et ses conséquences, la corruption de la religion nationale et les convulsions qu'occasionnèrent les efforts faits pour la réformer; enfin la naissance encore récente du despotisme, ses rapides progrès, l'honorable résistance de quelques corps qui défendoient les restes d'une liberté toujours réclamée et jamais connue; l'avilissement de ceux qui se disoient toujours chevaliers, lorsqu'ils n'étoient plus que valets ou courtisans, sont les choses qu'il nous importe de connoître, qu'il nous importe de bien étudier, plutôt que des hauts faits de guerre; car pour ceux-ci, toutes les nations barbares et civilisées, libres et asservies, conquérantes et conquises, religieuses et infidèles, ont pu, à une époque quelconque de leur histoire, les reproduire et les égaler.

Il est vrai que l'étude de l'histoire, quand on lui donne cette direction, arrête trop souvent l'esprit sur des souvenirs douloureux, et le nourrit de sentimens pénibles. Nous aurons à raconter des crimes atroces qui n'attirèrent jamais sur leurs auteurs le châtiment mérité, des souffrances déchirantes, un état de misère et de désespoir dont nous nous empresserions de détourner les yeux s'il nous étoit présenté dans une fiction. Mais un ami de l'humanité doit aborder l'étude de l'histoire avec cette espèce de fermeté que celui qui veut soulager son semblable, apporte à l'étude de la médecine ou de la chirurgie. Il ne doit point détourner ses yeux du spectacle des douleurs de l'espèce humaine, tout rebutant qu'il soit, car on ne sauroit faire de progrès dans l'art de guérir sans connoître les maux ; on ne sauroit remédier aux souffrances de notre nature, sans avoir appris quelle est cette nature lorsqu'elle est laissée à elle-même, et comment elle est modifiée par chacune des institutions que les chefs des sociétés leur ont données. Que diroit-on d'un médecin qui, ayant employé des poisons parmi ses remèdes, ne voudroit point savoir quelles douleurs, quels déchiremens, quelles fatales conséquences ils ont produits; qui s'opposeroit à la publication de ses funestes expériences pour ménager la sensibilité de ses lecteurs, ou pour ne point décréditer l'aconit et le sublimé corrosif?

Ce sont aussi des poisons que nous sommes contraints d'employer dans l'ordre social. C'est un poison que le pouvoir absolu ou d'un seul homme, ou d'une assemblée d'hommes; c'est un poison que l'empire absolu de la multitude; ce sont des poisons que le fanatisme et la superstition; c'est un poison aussi que l'incrédulité. Y a-t-il donc un seul de leurs effets que nous puissions en conscience déguiser aux yeux de ceux à qui les mêmes poisons seront sans doute offerts comme médicamens? On nous a dit que la plus basse superstition, que l'ignorance et la brutalité des manières, que l'asservissement des basses classes, que l'anéantissement de toute justice, de tout frein salutaire pour les plus hautes, n'avoient point empêché cet héroïsme universel que nous avons nommé la chevalerie, et qui n'exista jamais que dans des fictions brillantes; plutôt que de perdre cette douce illusion et de détruire ce monde poétique, ferons-nous violence à l'histoire, et nous refuserons-nous à voir qu'un semblable état social n'a jamais produit que l'intolérable souffrance et l'avilissement de la féodalité.

Peut-être la cause principale qui a rendu chers à notre imagination ces temps d'oppression et de souffrance universelle où nous avons placé la chevalerie, doit-elle être cherchée dans notre vanité. Alors commencèrent ces familles illustres, dont les noms devenus familiers pour nous, sont signalés comme exclusivement historiques; alors commencèrent aussi toutes les autres, puisque alors commença l'usage de leur donner des noms, et chacun de nous croit prolonger son existence en découvrant quelques anneaux de plus qu'il puisse ajouter à la chaîne de ses ancêtres. Quelle que soit l'origine de ce sentiment, nous nous reprocherions de négliger aucun des fils qui peuvent lier les temps passés au temps présent. Tous les souvenirs, ceux mêmes des familles, forment, sous plus d'un rapport, l'identité, l'individualité d'une nation. La crainte de trop ménager d'anciens préjugés, ne nous fera point repousser ce qu'ils ont de vraiment national, et en suivant l'histoire de toutes les provinces, aussi-bien que celle de la capitale et de la cour, nous conserverons les grands noms avec ce même respect qui s'attache à tous les monumens qui ont triomphé du temps, soit qu'ils rappellent des victoires ou des défaites, des malheurs et des crimes, ou des succès et des vertus.

Ceux qui ont écrit sur l'histoire de France avant que la presse fût libre, ont dû se proposer un but absolument différent de celui vers lequel nous tendons aujourd'hui. Ils ont dû s'interdire cet examen philosophique qui leur auroit révélé la vraie liaison des effets avec les causes ; l'histoire de leur patrie a été pour eux un exercice de rhétorique; ils ont emprunté au roman, à la poésie tout ce qui pouvoit l'animer et lui donner un intérêt dont elle leur paroissoit dépourvue. Ils ont, d'après ce désir, placé en quelque sorte sous la loupe microscopique, certaines périodes qui leur paroissoient plus brillantes, plus chevaleresques, telles que les guerres avec les Anglais, au quatorzième et quinzième siècles, ou les campagnes d'Italie au seizième, tandis qu'ils ont parcouru avec une extrême rapidité une suite de siècles moins pittoresques ou moins poétiques, moins riches en souvenirs de famille, moins flatteurs pour toutes les vanités, mais peut-être non moins abondans en instruction.

Nous nous efforcerons d'établir entre les siècles qu'embrasse l'histoire de France, une proportion plus égale, autant du moins que peut le permettre l'extrême insuffisance des matériaux pour quelques périodes, leur extrême abondance pour quelques autres. Nous ne nous permettrons jamais, quant aux premières, de suppléer par des conjectures à ce qu'il ne nous est point possible de savoir, et nous croirons en avoir assez fait en montrant loyalement à nos lecteurs cette borne de nos connoissances, qu'il ne nous est pas donné de franchir; mais nous ne nous croirons point, quant aux secondes, obligés de tout dire ou d'épuiser cette riche source de mémoires originaux, à laquelle la plupart de nos lecteurs seront encore charmés de recourir, après avoir lu une histoire générale. La révolution, en interrompant la transmission des droits et des priviléges, a mis tous les siècles passés presqu'à une même distance de nous. Ils doivent tous servir à nous instruire ; aucun d'eux ne nous gouverne plus par ses institutions.

Lorsque Louis XVI monta sur le trône, il y avoit treize siècles que la domination romaine avoit cessé dans les Gaules. Ces treize siècles ont formé la nation française, et lui ont donné l'esprit, le caractère, les préjugés, les souvenirs que ses législateurs doivent connoître, dont ils doivent savoir profiter, pour assurer désormais son bonheur. La France, en proie pendant ces treize siècles à une constante fermentation, s'est sans cesse décomposée et recomposée. On l'appeloit toujours une monarchie, mais sa constitution dans un siècle ne ressembloit plus à celle du précédent. Tout changeoit avec chaque génération, et les mœurs, et les lois, et les droits du trône, et ceux des nobles, et ceux de la religion, et la condition du peuple. Ces incessantes révolutions se confondent, il est vrai, à nos yeux dans l'obscurité commune, qui couvre les temps que nous nommons d'ignorance et de barbarie; mais le dégoût même qu'ils nous inspirent entretient encore un préjugé qui leur est favorable, car nous supposons aux institutions des siècles que nous nous refusons à connoître une stabilité qu'elles ne purent jamais obtenir.

S'il me reste assez de vie et de santé pour continuer jusqu'au bout la tâche que je me suis imposée, je demanderai à ces treize siècles la leçon sur les sciences sociales, qu'ils tiennent en réserve pour nous. Je m'attacherai surtout à faire connoître ce progrès successif de la condition des peuples, cette organisation intérieure, cet état de bien-être ou de malaise, qu'on doit regarder comme le grand résultat des institutions publiques, et qui peut seul nous apprendre à distinguer avec certitude, ce qui mérite en elles notre admiration ou notre blâme.

Je crois devoir, en terminant, dire ici quelques mots sur la méthode que j'ai adoptée pour travailler sur d'anciens documens. Je me flatte que dès la première vue aucun lecteur n'hésitera à reconnoître que cette histoire n'est point, comme beaucoup d'autres, une compilation faite avec des compilations (1). Mais il y a plus, mon travail a

---

(1) On trouvera, dans les notes au bas des pages, l'indication des autorités sur lesquelles je m'appuie. Lorsque les noms

été commencé et achevé sur les originaux, selon le conseil que m'avoit donné autrefois le grand historien, Jean de Muller. J'ai cherché l'histoire dans les contemporains, telle qu'elle leur avoit apparu, et ce n'est qu'après les avoir épuisés, après avoir formé moi-même mon jugement sans prévention, sans désirer de voir prévaloir un système plutôt qu'un autre, sans travailler à rassembler des preuves pour mon opinion, (car elle ne naissoit qu'après la connoissance des faits, et ne la précédoit pas) que j'ai eu recours aux écrivains postérieurs. Alors seulement j'ai souvent appris l'existence de

de plusieurs auteurs sont réunis dans une même note, on ne doit pas en conclure que chacun contienne toutes les circonstances que j'ai rapportées, mais que l'un m'a fourni un fait, l'autre un autre. Quelquefois, pour les événemens d'un intérêt général, je rassemble dans une note tous les auteurs qui en ont parlé, quoique d'une manière contradictoire; c'est une revue de toutes les autorités que je me crois obligé de mettre de temps en temps sous les yeux du lecteur, pour qu'il sache quel est l'ensemble des matériaux qu'il faut avoir passé en revue pour chaque période : plus souvent, au contraire, je ne cite qu'un seul historien, quoique j'en aie vu plusieurs; mais c'est alors celui qui m'a paru mériter le plus de confiance, ou celui sur la foi duquel repose une particularité qui ne se trouve point dans les autres. En général, je me suis proposé, par ces citations, de mettre tout lecteur impartial en mesure de vérifier mon travail, et de former son jugement sur les mêmes données sur lesquelles j'ai formé le mien.

controverses historiques, dont je ne m'étois pas douté d'avance. Sans doute il en est résulté plus d'une fois que je n'ai été informé qu'imparfaitement des travaux de plusieurs écrivains modernes ; peut-être même que des points qu'ils avoient éclaircis sont demeurés obscurs pour moi. Il en est résulté encore que je ne puis prétendre à savoir d'autre partie de l'histoire des Français que celle que j'ai écrite, et que mon jugement demeure suspendu sur toute cette série de faits qui commence là où je me suis arrêté. Cette vue incomplète de mon sujet a pu m'entraîner dans plusieurs fautes, mais la méthode contraire avoit, je crois, pour résultat, de plus grands défauts encore. L'histoire, en la reprenant à sa source, m'apparoît si neuve, si différente de ce que je la supposois, qu'il me semble avoir plus gagné en me tenant en garde contre les préjugés des compilateurs, que je n'ai pu perdre en renonçant à leurs lumières.

HISTOIRE DES FRANÇAIS
SOUS LES DEUX PREMIÈRES DYNASTIES.

PARTIE PREMIÈRE.

HISTOIRE DES FRANÇAIS SOUS LES MÉROVINGIENS.

HISTOIRE DES FRANÇAIS.

PREMIÈRE PARTIE.
LES MÉROVINGIENS.

CHAPITRE PREMIER.

Précis des Événemens dont les Gaules furent le théâtre avant l'invasion des Barbares au cinquième siècle.

Deux nations dont le caractère est dissemblable, dont les institutions sont absolument différentes, la Gauloise et la Française, se sont succédées dans la belle contrée qui s'étend des Alpes et du Rhin aux Pyrénées et aux deux mers; l'histoire de l'une est indépendante de celle de l'autre, chacune est complète par elle-même. Ce n'est pas que parmi ceux qui s'appelèrent Français dans la suite, plusieurs ne tirassent leur origine des anciens Gaulois, ou que la race des habitans du pays eût été entièrement renouvelée. Mais deux fois les Gaules furent plongées dans la barbarie, et deux fois elles en sortirent par des voies différentes. Les peuples ont leur vie, comme les individus ; chaque fois qu'elle recommence, c'est une autre nation qui succède à l'ancienne : le progrès plus ou moins lent, plus ou moins irrégulier des lumières, des vertus publiques, des sentimens nationaux, de la civilisation, forme cette vie. Il nous présente tour à tour l'enfance d'une nation, son adolescence, son âge viril, et, lorsqu'il finit, sa décrépitude. Cette continuité d'existence, cette unité de vie nationale, existent pour les Français dès le cinquième siècle de l'ère chrétienne. Aucune autre nation de l'Europe n'a joui d'une si longue vie, et ne présente une si longue continuité de souvenirs. Confondre l'histoire des Français avec celle des Gaulois, ce seroit faire perdre à la première cette unité qui la distingue.

Il ne nous reste presque aucun monument du temps où, pour la première fois, les peuples sauvages des Gaules sortirent de leurs forêts. Nous savons seulement qu'ils se formèrent en sociétés, qu'ils cultivèrent la terre, se bâtirent des villes, se prêtèrent au commerce, et reconnurent des chefs qui, sans les asservir, modérèrent leurs passions. Le pouvoir de leurs prêtres, qu'ils nommoient druides, balança celui de leurs magistrats ; il facilita l'établissement de leurs lois, et leur donna pour sanction la sombre terreur de leurs cérémonies religieuses ; il hâta leurs premiers développemens, et il y associa la masse entière du peuple, bien mieux que n'auroient pu faire des institutions toutes politiques ; mais il arrêta ensuite leurs progrès par une borne insurmontable. Beaucoup d'idées nouvelles, supérieures peut-être à celles que chaque individu auroit pu acquérir par ses propres forces, furent répandues par les druides jusque dans les dernières classes du peuple. Le sentiment de la justice et du devoir, la croyance à une autre vie, et la crainte des dieux vengeurs, donnèrent des règles plus précises à la morale nationale; mais ces règles furent tracées moins dans le but d'assurer l'avantage de la société que d'affermir sur elle le pouvoir de ses prêtres ; leur religion faussa l'esprit plus encore qu'elle ne l'éclaira, elle pervertit souvent la conscience au lieu de lui servir de guide, et elle enchaîna la pensée qu'elle avoit d'abord réveillée. Un mélange de liberté et d'esclavage, de civilisation et de superstition grossière, de courage et de basses terreurs, fut le résultat du pouvoir des druides, et des chaînes dont ils avoient chargé l'esprit humain. La nation gauloise ne pouvoit plus être considérée comme barbare, et elle n'étoit pas encore civilisée; déjà elle ne faisoit plus de progrès ; laissée à elle-même, lorsque les Romains parvinrent sur ses frontières, elle n'auroit point eu la force de secouer ces honteux liens.

Dès le sixième siècle avant l'ère chrétienne,

les Gaulois s'étoient trouvés en contact avec les peuples qui ont attaché leur gloire à porter successivement les lumières dans tout l'Occident. On rapporte à l'année 591 avant Jésus-Christ, d'une part la fondation de Marseille par une colonie de Phocéens, de l'autre, l'invasion de l'Italie supérieure par Bellovèse. Mais l'un et l'autre événemens ne contribuèrent à la civilisation des Gaules que d'une manière à peine perceptible; les Gaulois considéroient sans doute les arts de Marseille avec cette indifférence qu'opposent à nos colonies les peuples sauvages de l'Amérique, tandis que les conquérans de la haute Italie détruisoient, sur les rives du Pô, la civilisation étrusque, bien plus qu'ils ne songeoient à l'imiter. (1)

Plus de trois siècles se passèrent avant que les Romains allassent à leur tour chercher les Gaulois au-delà des Alpes; ce fut pendant la seconde guerre punique, vers l'an 216 avant Jésus-Christ; leurs attaques y furent rarement couronnées par le succès. Les Gaulois occupoient toujours la plus grande partie de l'Italie supérieure, et c'étoit là que les Romains étoient appelés à lutter contre eux, bien plus souvent que dans la Gaule proprement dite. Malgré leur

---

(1) *Titi-Livii Historiar.* Lib. V, cap. 33-36. — *Polybii Historiar.* Lib. III, p. 105-106.

alliance avec les Marseillois, qui leur donnoit occasion de négocier tour à tour et de combattre avec les Gaulois transalpins, il s'écoula encore près d'un siècle avant qu'ils eussent réduit une petite partie de la Gaule en province romaine. Leur premier établissement au-delà des Alpes est signalé par la fondation de la colonie d'*Aquæ sextiæ* ou Aix en Provence, l'an 629 de Rome, ou 124 avant Jésus-Christ. (1)

Cette province romaine s'étendit bientôt aux dépens des pays limitrophes; cependant elle ne comprenoit encore qu'une partie de la Gaule méridionale, soixante ans avant Jésus-Christ, ou l'an 693 de Rome, lorsque le soulèvement des Helvétiens, et leur projet de chercher tous ensemble une nouvelle patrie, ébranla en même temps la Gaule indépendante et la Gaule romaine, mit en danger toute la contrée, et engagea le sénat à envoyer au-delà des Alpes, sous les ordres de Jules-César, une armée plus redoutable qu'aucune de celles qui y avoient encore fait la guerre. Dix ans furent employés à soumettre les Gaules aux Romains. Si l'on en croit le vainqueur lui-même, la victoire ne fut achetée que par un massacre épouvantable. Jamais homme ne fit couler tant de sang que César, et

---

(1) *Diodori Siculi.* Lib. XXXIV, p. 376. — *Titi-Livii Historiar. Epitome.* Lib. LXI.

dans son récit, la nation gauloise paroît détruite plutôt que vaincue. (1)

Cependant, après cette conquête, les Gaulois se mêlèrent intimement avec les Romains; ils s'efforcèrent d'adopter leurs mœurs, leur luxe et leur langage; ils voulurent qu'on les considérât comme ne faisant plus avec eux qu'un seul peuple. En effet, un siècle après la guerre de Jules-César, en l'an 48 de Jésus-Christ, le droit de cité fut accordé à la partie de la Gaule qu'on nommoit *Chevelue*, par un édit de l'empereur Claude, et l'on vit des Éduens admis au sénat de Rome (2). En 212, Caracalla anéantit cette faveur en la rendant universelle; par son édit, il admit tous les sujets de l'empire aux droits de citoyens romains. Ainsi disparut dans les Gaules mêmes le nom de Gaulois pour faire place à celui de Romains; une communauté de lois, de mœurs, d'intérêts, de langue et de littérature, ne permit plus de distinguer les conquérans d'avec le peuple conquis. L'influence des druides auroit pu mettre obstacle à cette fusion. Auguste interdit à tout Gaulois qui auroit obtenu les honneurs de citoyen romain, de pratiquer leur religion. Claude

---

(1) *C. Julii Cæsaris Comment. de Bello Gallico.* Lib. I, cap. 29, *et passim.*

(2) *Cornelii Taciti Annalium.* Lib. XI, cap. 23-25.

prohiba les sacrifices humains qu'ils avoient continués jusqu'à l'an 43 de Jésus-Christ, et il abolit leur culte. Le reste des superstitions celtiques, relégué avec la langue des Celtes parmi les dernières classes du peuple, disparut bientôt presque entièrement. (1)

Nous laisserons à d'autres le soin d'étudier et de faire connoître les Gaulois, dès les premières notions que l'on puisse recueillir sur les Aborigènes, jusqu'à l'époque où ils oublièrent leur nom national, et où ils ne voulurent plus être, où ils ne furent plus autre chose que des sujets romains (2). Notre tâche sera de reprendre, au milieu des ruines de cet empire romain, ces mêmes Aborigènes, non plus seuls, mais unis à toutes les races étrangères qui étoient venues se confondre avec la leur ; de les suivre au travers des révolutions qui les soumirent à une même fortune, qui souvent les asservirent à un même joug ; de montrer comment ces races ennemies, oubliant le mal qu'elles s'étoient fait réciproquement, et la diversité de leur origine, s'unirent intimement, se communiquèrent leurs vertus et leurs vices, leurs mœurs, leur langage et leur caractère, et formèrent ainsi une nation nouvelle qui

(1) *Plinii Histor. naturalis.* L. XXX, cap. 1. — *Suetonii Tranquilli in Tiberio Claudio Cæsare.* Cap. 25.

(2) Voy. l'Hist. des Gaulois, par J. Picot. 3 vol. in-8°; 1804.

ne ressembloit à aucun des peuples divers dont elle s'étoit composée.

Dans la lente éducation de la nation française, dans ses développemens si souvent retardés par ses fautes, nous chercherons, non point quels droits le hasard a pu faire naître du choc de tant d'événemens, mais quelles leçons le passé peut donner à l'avenir, et comment l'expérience acquise peut régler un hasard semblable. L'exemple de ce que les Français ont pu accomplir, et de ce qu'ils ont pu souffrir lorsqu'ils étoient accablés par les entraves d'institutions absurdes ou barbares, nous montrera ce qu'ils peuvent être et ce qu'ils peuvent faire, s'ils mettent à profit la vraie sagesse de leurs pères, s'ils s'éclairent par leur expérience, et s'ils évitent avec leurs erreurs leurs calamités.

Mais l'histoire des Gaulois finit avec le premier siècle de notre ère; l'histoire des Français ne commence qu'au cinquième; un intervalle de quatre siècles sépare l'une d'avec l'autre, et cet intervalle, pendant lequel les Gaules ne furent qu'une province de l'Empire romain, sans esprit national, sans gouvernement propre, sans volonté et sans vie, est important à bien connoître. L'influence des habitudes acquises pendant ces quatre siècles se prolongea long-temps sur la nouvelle nation; la conquête des Barbares ne peut être comprise que d'après l'examen de l'état du pays conquis. Les Gaulois asservis, de même qu'ils étoient devenus Romains, devinrent Français ; et il faut étudier leur condition avant de voir comment les Barbares du Nord vinrent se jeter au milieu d'eux, et quels peuples nouveaux les peuples anciens s'associèrent.

Ce n'est pas que nous pensions non plus à faire l'histoire de la Gaule sous les Romains ; une province soumise à un grand empire n'a proprement point d'histoire ; sa volonté, si elle en a une, est presque sans influence sur ses actions : ce n'est pas en elle que les événemens naissent et s'accomplissent ; mais tantôt elle ressent les effets de causes qui lui sont absolument étrangères ; tantôt on voit chez elle se former le germe de révolutions qui vont ensuite éclater au loin. Il nous suffira donc d'indiquer sommairement les principaux faits de l'histoire romaine dont la Gaule fut le théâtre pendant cette période ; encore aurons-nous rarement besoin d'abréger le récit des historiens qui nous transmettent ces souvenirs. Souvent, dans une période de plusieurs années, ils n'accordent à la Gaule qu'une seule phrase ; ils conservent le souvenir des intrigues du palais, mais ils oublient les provinces. L'on diroit, pendant la décadence de l'empire, que l'histoire du monde est réduite à celle d'un homme, encore cet homme est-il presque toujours la honte de son espèce. C'est une période de calamité et de désolation que nous allons parcourir. L'espèce humaine étoit dégradée et avilie par le despotisme. Sans énergie pour repousser des maux intolérables, sans prévoyance pour s'en garantir, les souvenirs de l'histoire lui étoient inutiles ; ils ne faisoient qu'ajouter aux souffrances présentes le poids des souffrances passées : l'oubli de soi-même et des autres est le seul bonheur permis aux esclaves.

Ce silence des historiens ne s'étend pas, il est vrai, au premier grand événement dont les Gaules furent le théâtre sous la domination des Romains, ou à leur dernière tentative pour recouvrer leur indépendance, de l'an 68 à 70 de notre ère. Nous en avons le récit dans Tacite. Pendant les guerres civiles qui firent succéder rapidement à Galba, Othon, Vitellius, Vespasien, quelques Gaulois espérèrent secouer un joug auquel ils n'étoient pas encore entièrement accoutumés. Le Batave Julius Civilis déguisa son projet de révolte, en faisant marcher ses cohortes gauloises sous les aigles de Vespasien, celui des prétendans à l'empire qui étoit le plus éloigné de lui. La victoire même de Vespasien manifesta les projets secrets du Batave ; mais sa rebellion n'eut d'autre résultat que la ruine des provinces situées le long du Rhin. (1)

(1) *Historiar. Cornelii Taciti.* Lib. IV, cap. 21, *et seq.*

Après Civilis, et pendant près de deux cents ans, les guerres qui éclatèrent dans les Gaules n'eurent plus d'autre but que de porter à l'empire tantôt l'un, tantôt l'autre des généraux qui commandoient les légions. Quelle que fût l'issue de la guerre, les Gaulois étoient constamment victimes ou des succès, ou des revers de l'une ou de l'autre armée. Leurs champs étoient dévastés par les soldats, leurs maisons brûlées, leurs troupeaux et leurs esclaves enlevés, et les propriétaires eux-mêmes étoient fréquemment réduits en esclavage. Nerva fut, en 96, proclamé empereur chez les Séquanois (dans la Franche-Comté), et Trajan, en 98, à Cologne. L'histoire ne nous apprend point si les Gaulois achetèrent par les désastres d'une guerre civile l'avantage d'avoir donné ces deux vertueux chefs à l'empire. A peine, pendant le siècle qui suit les Gaules, sont-elles nommées une fois par les historiens de Rome, jusqu'au temps où, sous le règne de Commode, en 187, le déserteur Maternus, avec les soldats et les brigands qu'il s'étoit associés, pilla leurs opulentes villes, pour lesquelles le gouvernement n'avoit préparé aucune défense (1). Peu d'années après, les Gaules furent le théâtre d'une guerre civile entre deux prétendans à l'empire, Clodius Albinus et Sep-

---

(1) *Herodiani*. Lib. I, cap. 30, p. 23 et 28.

timius Severus. La victoire du dernier eut pour conséquence le pillage et l'incendie de la ville de Lyon (1). Le meurtre de l'empereur Alexandre Sévère à Mayence, en 235, et les troubles apaisés dans les Gaules par l'empereur Decius, en 250, sont, dans le demi-siècle suivant, à peu près les seules occasions où l'existence de cette province nous soit révélée par ses souffrances. (2)

Mais bientôt on vit commencer des désastres d'une autre nature ; ceux mêmes qui, après deux siècles de calamités, devoient détacher les Gaules de l'empire romain, pour y élever la puissance nouvelle qui subsiste encore aujourd'hui. Ce fut peu après l'élévation de Valerianus à l'empire, et l'association de son fils Galienus, vers l'an 253, que la barrière du Rhin fut pour la première fois franchie par les Barbares de la Germanie ; car on ne doit considérer que comme un brigandage accidentel, les ravages qu'en 234 ils avoient exercés dans les Gaules, et qu'Alexandre Sévère fit cesser. (3)

Galienus avoit établi sa cour à Trèves, pour être plus à portée d'observer les Germains et de

(1) *Herodianus.* L. III, c. 22 et 23, p. 96. — *Ælius Spartianus in Severo.* p. 537.

(2) *Ælius Lampridius in Alexandro Severo,* — *Eutropius Histor. Rom.* L. IX, p. 569.

(3) *Ælii Lampridii in Alexandro Severo.* Cap. 59, p. 354. — *Sexti Aurelii Victoris de Cæsaribus.* Cap. 24, p. 743.

leur tenir tête; et il avoit confié le commandement de ses armées au général Posthumus. D'autre part, les peuples de la Basse-Germanie, les Chauces, les Chérusques, les Cattes, et plusieurs autres encore, qui habitoient les marais du Bas-Rhin et du Weser, avoient formé une confédération nouvelle, sous le nom de Francs ou d'hommes libres, qui, pour signaler sa vigueur naissante, se proposoit de mettre à contribution les provinces romaines. Les Francs firent passer le Rhin à leurs plus audacieux aventuriers, et les envoyèrent en avant. Posthumus qui les suivoit annonça aux empereurs qu'il les avoit vaincus à plusieurs reprises; sa gloire fut même célébrée par des panégyristes et consacrée par des médailles. Cependant les Francs avançoient toujours; ils avoient laissé derrière eux le pays que gardoient les légions romaines; ils avoient pénétré dans cette partie de la Gaule dont aucun soldat ne protégeoit l'opulence. Le mépris que leur inspiroit la mollesse romaine revêtoit presque les caractères de la haine; il se mêloit à leur cupidité, et il leur faisoit trouver autant de plaisir à détruire qu'à piller. Sans se soucier de regarder derrière eux et de pourvoir à leur retraite, sans craindre d'éprouver aucune résistance de la part des habitans, ils traversèrent d'abord toute la Gaule, ils passèrent ensuite les Pyrénées, ils saccagèrent et détruisirent presque Taragone, capitale d'une riche province d'Espagne, qui ne devoit pas se croire exposée à une invasion de Germains; ils ruinèrent plusieurs autres villes du voisinage, et, saisissant enfin quelques vaisseaux sur les côtes de Catalogne, ils allèrent porter leurs ravages jusque dans la Mauritanie. (1)

C'étoit Galienus que les Romains accusoient de l'audace nouvelle des Barbares; leurs généraux dans les Gaules ne voulurent pas supporter plus long-temps un joug qu'ils regardoient comme honteux; ils prirent la pourpre les uns après les autres; mais Posthumus, Marius, Victorinus périrent successivement par les mains des soldats dont ils avoient altéré la discipline. Leurs rebellions, qui avoient eu pour prétexte la honte d'avoir permis l'invasion des Barbares, empêchèrent que ces mêmes barbares ne fussent repoussés. Posthumus, qui pendant sept ans leur avoit tenu tête, fut tué en 269, pour avoir refusé à ses soldats le pillage de Mayence. La même année, la ville d'Autun fut ruinée, après un siége de sept mois (2). Tetricus, qui

---

(1) *Aurelii Victoris de Cæsaribus.* Cap. 33, p. 745. — *Eutropii Histor. Rom.* Lib. IX, c. 6, p. 571.

(2) *Sexti Aurelii Victoris de Cæsaribus.* Cap. 33, p. 746. — *Eumenii gratiarum actio Constantino Augusto*, cap. 5; *Panegyrici veteres*, p. 222.

pendant quatre ou cinq ans fut moins l'empereur que l'esclave d'une armée insubordonnée, finit par la livrer lui-même à son rival Aurélien. Les légions qui devoient défendre la Gaule furent taillées en pièces, au mois de septembre 271, dans les plaines de Châlons en Champagne. Ce fut ainsi que se termina une guerre civile signalée par le pillage et la ruine de deux villes florissantes, d'Autun et de Lyon (1). Pendant la durée de cette guerre, trois nations germaniques, les Francs, les Bourguignons et les Lagyens, dont les derniers venoient des frontières de la Pologne, avoient continué à dévaster les Gaules, et y avoient ruiné soixante et dix cités. L'empereur Probus, successeur d'Aurélien, en recouvra sur eux soixante, vers l'année 277. Il repoussa les Francs vers les marais des bords du Rhin, il contraignit les Bourguignons à abandonner les rives de la Seine, pour regagner celles de l'Oder, et il remporta sur les Lagyens une victoire si complète, que, depuis cette époque, on ne vit plus ce peuple attaquer l'empire romain. (2)

Mais les victoires mêmes de Probus donnèrent

276—282.

---

(1) *Trebellii Pollionis Historia Augusta de Tetrico*, p. 404. —*Flavii Vopisci divus Aurelianus.* Cap. 32, p. 424.—*Eutropii Histor. Rom.* Lib. IX, c. 13, p. 572.

(2) *Flavii Vopisci in Probo.* C. 13 et 14, p. 439.—*Zozimus, Historiar.* Lib. I, c. 67, 68, p. 107.

276—282. à connoître, par un nouveau symptôme, la décadence de l'empire. Cet empereur éprouva une si grande difficulté à recruter ses armées parmi les Romains, qu'après avoir vaincu les Germains, il leur imposa l'obligation de lui fournir chaque année seize mille recrues. Il est vrai qu'en les incorporant dans ses troupes, il eut l'attention de ne jamais faire entrer plus de cinquante ou soixante Germains dans le même corps. Le danger de confier aux ennemis de l'empire des armes pour le défendre, ne lui avoit point échappé, et il disoit lui-même qu'il falloit sentir le secours que le Romain recevoit du Barbare, et non pas le voir (1). D'autre part, pour repeupler les frontières que tant d'irruptions avoient transformées en déserts, il en distribua les terres abandonnées aux Barbares, qui parurent vouloir entrer dans la carrière de la civilisation ; seulement il eut soin de les séparer de leurs compatriotes par toute l'étendue de l'empire romain. Il transporta des Vandales en Angleterre, des Gépides sur les bords du Rhin, des Francs sur ceux du Danube, des Bastarnes dans les champs de la Thrace, et une seconde colonie de Francs dans le Pont, sur les bords de la mer Noire. Il sembloit ainsi s'être donné les

---

(1) *Flavius Vopiscus in Probo Imper.* Cap. 14, p. 439. — *Historiæ Augustæ Scriptor.*

plus fortes garanties contre l'insubordination et l'inconstance de ces colons guerriers, qui, ne communiquant plus avec leur patrie, avoient pour ennemis tous les autres Barbares, et pour alliés les seuls Romains; mais dans une société qui tombe en dissolution, quand les citoyens n'ont plus ni vertu, ni courage, aucune apparence ne peut remplacer la force, aucune prudence ne peut garantir le succès. Les Francs transportés dans le Pont, méprisant une vie qui leur paroissoit efféminée, et languissant de regagner leurs foyers, se saisirent de quelques vaisseaux dans un port de l'Asie Mineure, traversèrent le Bosphore et l'Hellespont, pillèrent les côtes de la Méditerranée, où l'on ne pouvoit s'attendre à une pareille attaque, saccagèrent Syracuse, et après avoir traversé le détroit de Cadix, tournant les côtes d'Espagne et de la Gaule, ils vinrent enfin débarquer parmi leurs compatriotes, dans la province de Frise. (1)

Quelques empereurs valeureux avoient relevé pour un peu de temps la majesté de l'empire romain; mais ils périrent presque tous par les mains de leurs soldats, qui ne vouloient pas se soumettre au rétablissement de la discipline. Après le meurtre de Probus, assassiné en Illy-

---

(1) *Eumenii Panegyr. Constantio Chloro Cæsari.* Cap. 18, *Paneg. veter.* p. 178. — *Flavii Vopisci Probus Imper.* Cap. 17, 18, p. 440. — *Zosimi Historiar.* Lib. I, cap. 71, p. 115.

rie, en août 282, tandis que Carus, Carinus et Numérianus succomboient l'un après l'autre, dans l'espace de deux ans, plusieurs usurpateurs se disputoient les Gaules, la Vénétie, la Bretagne et l'Égypte. Ces guerres civiles décidèrent dans les Gaules la révolte des paysans, qui furent désignés sous le nom de Bagaudes. Le poids de leur esclavage étoit devenu chaque jour plus accablant; les guerres civiles, les invasions des Barbares, et la tyrannie domestique avoient aggravé leur situation, bien plus encore qu'elles n'avoient ruiné leurs maîtres. On avoit diminué leur part aux produits de la terre, et augmenté le travail qu'on exigeoit d'eux; on les avoit traités, non plus en vassaux ou en serfs de la glèbe, mais en esclaves domestiques. Le désespoir leur rendit le sentiment de leurs forces; ils s'armèrent des instrumens de leur labourage, ils assaillirent partout leurs maîtres à l'improviste, ils en massacrèrent un grand nombre, ils mirent le feu à beaucoup de châteaux, de villages et de petites villes; ils glacèrent d'effroi la noblesse des Gaules, qui se réfugia dans les plus grandes cités : mais ils furent aisément défaits, dès qu'on envoya contre eux des troupes de ligne, et leur châtiment, en aggravant la condition des esclaves, hâta encore la dépopulation des Gaules. (1)

(1) *Claudii Mamertini Panegyric. Maximiano Augusto.*

Parmi les généraux qui, à cette époque, se 287—294.
disputèrent l'empire, Carausus, plus heureux
ou plus habile que les autres, réussit à conserver sept ans la pourpre qu'il avoit revêtue à
Boulogne-sur-mer, en 287. Il commandoit les
forces maritimes qu'on avoit rassemblées dans
cette ville, pour mettre les côtes à l'abri des
ravages des Francs et des Saxons. Il les conduisit en Angleterre, et, détachant cette île des
Gaules, il en fit pour la première fois une monarchie indépendante; et il s'y affermit par l'alliance des Francs, dont il favorisa les ravages
dans les Gaules. En 294, Carausus fut assassiné
par son lieutenant, qui lui succéda; et ce ne fut
que deux ans après sa mort, que la Bretagne
fut recouvrée par Constance-Chlore, qui la
réunit de nouveau à la Gaule et à l'empire romain. (1)

Déjà Dioclétien avoit été élevé à l'empire par 284—305.
l'armée de Perse, le 17 septembre 284; et l'année
suivante, il avoit été reconnu par l'Occident.
Cet habile politique sentit qu'il étoit temps de
donner à l'empire une organisation nouvelle, qui

Cap. 4, p. 114. — *Panegyricum Maximiano et Constantino.*
Cap. 8, p. 194. — *Aurelii Victoris de Cæsar.* Cap. 39,
§. 2, p. 749. — *Histor. Miscella.* Lib. X, cap. 40, p. 875.

(1) *Aurelius Victor de Cæsar.* Cap. 39, §. 2 et 4, p. 749,
550.— *Eumenii Panegyr. Constantio Chloro Cæsari.* Cap. 12,
p. 174. — *Historia Miscella.* Lib. X, cap. 41, p. 875.

284.

le mît enfin en état de résister aux attaques sans cesse répétées des Barbares, et aux révoltes des généraux et des soldats. Il ne chercha point un appui dans les souvenirs de la république, auxquels sa naissance servile le rendoit étranger,

292.

et qui d'ailleurs ne servoient depuis long-temps qu'à aggraver le poids du despotisme. Il réserva aux empereurs seuls le pouvoir suprême; mais comme s'il eût senti que tout pouvoir sans bornes est chancelant, il le partagea pour l'affermir. Au lieu d'un despote, objet de la haine et de l'envie de tous, il en voulut quatre associés ensemble, pour que, si l'un étoit opprimé, les autres se trouvassent prêts à le défendre ou à le venger. Ce ne fut pas proprement l'empire qu'il partagea, mais seulement le commandement des armées et des provinces, qui toutes étoient censées appartenir à un même corps. Dans cette organisation nouvelle, les Gaules, auxquelles se trouvoient alors réunies l'Espagne et les îles Britanniques, furent attribuées, le 1er mars 292, au césar Constance-Chlore, tandis que Maximien prit pour lui l'Afrique et l'Italie, Galère l'Illyrie, et Dioclétien les régions du Levant. (1)

292—306.

Le règne de Constance-Chlore dans les Gaules fut heureux et glorieux. Cependant il ne put pas préserver cette contrée de toute invasion;

---

(1) *Aurelii Victoris de Cæsaribus.* Cap. 39, §. 4, p. 749.

les peuples limitrophes, accoutumés à en ravager les campagnes et à venir, y enlever du butin et des esclaves, poursuivirent leurs expéditions désastreuses. Les Allemands (c'est le nom qu'avoit pris une confédération nouvelle, formée parmi les peuples de la race des Suèves) pénétrèrent jusqu'à Langres; Constance fut lui-même surpris hors de cette ville ; l'ennemi arriva avant lui jusqu'aux portes, et le général, pour rejoindre son armée, fut obligé de se faire hisser avec des cordes par dessus les murs. Mais en moins de cinq heures, ses troupes se réunirent ; à leur tête, il sortit de Langres, il attaqua les Allemands, dont il fit un massacre effroyable, et il obligea le reste de leur armée à repasser le Rhin. Cependant un nombre prodigieux de captifs étoit resté entre ses mains ; il les distribua aux propriétaires des terres situées autour d'Amiens, Beauvais, Cambrai, Trèves, Langres et Troyes, qui avoient perdu presque tous leurs esclaves, et dont, sans ce secours, les champs seroient demeurés en friche. C'est ainsi que les nations germaniques recrutèrent tour à tour les armées et les bandes serviles, avant de donner aux Gaules des vainqueurs. Aussi la vanité chercheroit-elle vainement à démêler entre ces races diverses les ancêtres des nobles et des roturiers de nos jours. Tous les élémens ont été mêlés par le temps, et dans toutes les classes de la société, il y a sans doute des Français qui descendent du Romain comme du Celte, du Germain comme du Scythe, de l'esclave comme de l'homme libre. (1)

D'autres Barbares des nations bastarne et sarmate, se voyant menacés dans leurs propres foyers par des ennemis auxquels ils craignoient de ne pouvoir résister, obtinrent de Constance-Chlore la permission de fonder des colonies militaires dans les districts déserts des Gaules. On leur abandonna un sol dont tous les anciens habitans avoient disparu. Ils promirent d'en payer les impôts sur le même pied que les Romains, et de le défendre avec une valeur qu'on ne trouvoit plus que chez les Barbares. C'étoit le même expédient auquel Probus avoit eu déjà recours pour réparer les désastres de la guerre, et la seconde épreuve n'eut pas plus de succès que la première; les Sarmates établis près de Trèves abandonnèrent bientôt leur colonie pour reprendre leur vie errante. Ils avoient cru voir dans les provinces romaines les riches récoltes qui fondent l'opulence, les commodités de la vie qui promettent le bonheur. Mais l'expérience leur fit connoître les vexations sourdes

---

(1) *Eumenii Paneg. Constantio Cæsari.* Cap. 21, p. 180. — *Ejusdem Panegyr. Constantino Augusto.* Cap. 6, p. 205. — *Aurelii Victoris de Cæsaribus.* Cap. 39, p. 750. — *Histor. Miscella.* Lib. X, cap. 42, p. 875.

d'un despotisme régulièrement organisé, ces souffrances de tous les jours, ces humiliations, ces craintes, qui, sans troubler l'ordre établi, rendent précaires les biens, l'honneur et la vie; ces spoliations des agens du fisc, de ceux de la justice, de ceux de l'armée, qui s'exercent sans bruit, en étouffant la plainte; et à la police des Gaules les Sarmates préférèrent la liberté des déserts. (1)

La Gaule fut le théâtre de peu d'événemens pendant le règne de Constantin, qui, à la mort de son père Constance, fut, le 25 juillet 306, proclamé empereur à Yorck par l'armée. Entre cette époque et la fin de l'année 312, son empire ne s'étendoit que sur les trois provinces des Gaules, d'Espagne et de Bretagne. A deux reprises, pendant cet espace de temps, il fit la guerre à son beau-père Maximien, qui vouloit ressaisir une partie du pouvoir qu'il avoit abdiqué. Constantin l'assiégea dans Marseille, en 308 et 310; la première fois, il se contenta de le dépouiller; la seconde, il le fit massacrer (2). Mais, dans le même temps, Constantin, chargé de la garde du Rhin, s'efforçoit de re-

---

(1) *Ausonius in Mosellam.* Vers. 9, p. 295. — *Historia Miscell.* Lib. X, cap. 44, p. 876.

(2) *Lactantius, de mortibus persecutorum.* Cap. 29. *Script. Franc.* T. I, p. 710. — *Aurelius Victor.* Cap. 40, §. 2, p. 751. — *Historia Miscell.* Lib. XI, cap. 4, p. 879.

306—312. pousser les invasions annuelles des Francs et des Allemands. Il remporta, en 310, sur ces deux peuples, une grande victoire, à la suite de laquelle plusieurs de leurs princes demeurèrent au nombre de ses prisonniers. C'est la première fois que les rois des Francs sont nommés dans l'histoire. Constantin les fit livrer aux bêtes féroces, dans l'amphithéâtre de Trèves, avec un très-grand nombre de leurs soldats (1).

312—337. En 312, Constantin commença la guerre civile, qui lui soumit d'abord l'Italie et l'Afrique, qui, en 315, y joignit l'Illyrie, et en 324, l'Orient. Durant ces combats et depuis, jusqu'à sa mort survenue en 337, Constantin ne fit rien de remarquable dans les Gaules, qu'il abandonna bientôt sans retour. Dans ce long espace de temps, l'histoire de cette province ne présente aucun événement.

Dans le partage de l'empire entre les fils du grand Constantin, les Gaules furent tour à tour l'apanage de Constantin II et de Constant: mais il ne reste presque aucun souvenir du règne de ces deux princes, à la réserve de quelques lois qui, dans le Code théodosien, portent la date de Trèves, de Boulogne et d'Autun, et d'un mot

---

(1) *Eutropii Histor. Roman.* Lib. X, cap. 3, *Scr. Franc.* T. I, p. 572. — *Nazarii Panegyric. ad Constantin. August.* Cap. 17, 18, p. 262. — *Historia Miscell.* Lib. XI, cap. 4, p. 879.

de saint Jérôme, qui nous apprend qu'en 342 Constant battit les Francs dans les Gaules, et les contraignit à la paix (1). Au reste, l'histoire semble à cette époque se réduire à raconter le massacre des princes; et ces boucheries sont d'autant plus révoltantes, que le plus souvent les liens du sang unissent les bourreaux à leurs victimes. Au moment où les trois fils de Constantin avoient succédé à l'empire, ils avoient fait égorger deux de leurs oncles et cinq de leurs cousins. Constant fit ensuite périr Constantin II, le 9 avril 340; celui-ci fut assassiné dans les Pyrénées, le 27 février 350, par Magnence, son capitaine des gardes; ce Magnence, vaincu à deux reprises par Constance, se donna lui-même la mort à Lyon, le 10 août 353. (2)

Ces guerres civiles, auxquelles le peuple demeuroit étranger, et qui lui donnoient et lui enlevoient tour à tour des maîtres auxquels il ne pouvoit prendre aucun intérêt, détruisoient cependant la seule garantie que les citoyens réclamassent en retour de tous leurs sacrifices, celle de leur fortune et de leur repos. Le Gaulois étoit pillé par le soldat romain, comme s'il avoit fait cause commune avec le vaincu; il étoit aban-

(1) *Chronicon Hieronymi Presbyteri. Script. Franc.* T. I, p. 610.

(2) *Zosimi Historiar.* Lib. II, cap. 39 et 40, p. 199. — *Historia Miscell.* Lib. XI, cap. 17 et séq., p. 883.

donné aux invasions des Barbares, comme s'il n'existoit aucun établissement militaire, et qu'aucune armée ne couvrît la frontière. Bien plus, les concurrens à l'empire livroient eux-mêmes les provinces aux Barbares dont ils invoquoient le secours. Pour disputer le pouvoir à Constance, Magnentius conduisit, dans les plaines de la Basse-Pannonie, une armée composée de Gaulois, d'Espagnols, de Saxons et de Francs. Les redoutables auxiliaires de la Germanie se mêloient toujours plus avec les sujets romains, et ceux dont on avoit sollicité l'assistance dans la guerre civile, n'obéissoient point quand, après la paix, on vouloit les renvoyer au-delà des frontières (1). Cette armée, qui auroit dû couvrir les Gaules, fut, sous les ordres de Magnence, défaite près de Murse, le 28 septembre 351, et sa destruction presque absolue augmenta les dangers de l'empire. Deux ans plus tard, Magnence fut poursuivi dans les Gaules mêmes, par l'armée de Constance, tandis que cet empereur sollicita les Germains d'y tenter de leur côté une nouvelle invasion. La défaite et la mort de Magnence mirent fin, il est vrai, à la guerre civile, mais non point à la désolation des Gaules, dont les chefs eux-mêmes du gouvernement avoient follement ouvert l'entrée aux Barbares. (2)

(1) *Zosimi Historiar.* Lib. II, cap. 46, p. 213.
(2) *Ibid.* Cap. 50, p. 223.—*Libanii Sophistæ Oratio decima*

Ceux-ci ne songeoient plus à distinguer les partis dans la guerre civile; ils pilloient, massacroient, ou incendioient également tout ce qui s'appeloit romain. Quarante-cinq villes florissantes, parmi lesquelles on comptoit Tongres, Cologne, Trèves, Worms, Spire et Strasbourg, avoient été saccagées, et, pour la plupart, réduites en cendres. Les Allemands s'étoient établis dans les provinces qui portent aujourd'hui le nom d'Alsace et de Lorraine; les Francs dans l'île des Bataves, et dans une partie du Brabant, qui avoit pris le nom de Toxandrie. Des sources du Rhin jusqu'à son embouchure, les conquêtes des peuples germaniques s'étendoient partout jusqu'à quarante milles de distance sur la gauche de la rivière; leurs ravages avoient ruiné une étendue de terrain, dont la largeur surpassoit trois fois celle de leurs conquêtes; dans ce vaste espace, tous les villages étoient abandonnés, et les habitans, s'enfermant dans les villes, n'y comptoient, pour leur subsistance, que sur ce qu'ils pouvoient semer et recueillir dans l'enceinte même de leurs murs. (1)

353—355.

in Juliani necem. p. 268. — *Juliani Imper. Oratio* 1ª. p. 40, et 2ª. p. 74.

(1) *Zosimi Historiar.* Lib. III, cap. 3, p. 239. — *Juliani Imper. Epistola ad senat. populumque Atheniens.* p. 277 et *Scr. Franc.* T. I, p. 725. — *Ammiani Marcellini.* Lib. XV, cap. 19, p. 477.

353—355. Constance, qui avoit invité les Allemands à envahir les Gaules, pour augmenter les embarras de son rival, lorsqu'il se vit seul maître de l'empire par la mort de Magnentius, songea à
355—361. les contraindre à se retirer. Il chargea de cette tâche difficile Julien, neveu du grand Constantin, et frère de Gallus, que ce même Constance venoit de faire périr : il le nomma césar; mais en même temps il lui confia un nombre si petit de soldats, il mit tant d'entraves à son autorité, il recommanda si fort à ses lieutenans de le surveiller et de le dénoncer, qu'il sembloit vouloir préparer des défaites plutôt que des succès à un rival qu'il haïssoit. Julien, formé à l'école des philosophes, ressentoit pour les grands hommes de l'antiquité une admiration qui élevoit son âme et affermissoit son courage, mais qui n'étoit pas exempte d'affectation. Jamais il ne se montra plus grand que dans les deux campagnes de 356 et 357, pendant lesquelles il avoit en même temps à se tenir en garde contre les intrigues et la jalousie de la cour de Bysance, et à repousser, avec une poignée de soldats découragés par de longs revers, un ennemi infiniment supérieur en forces. Julien n'avoit pas plus de treize mille hommes sous ses ordres, quand il gagna, sur les Allemands, la bataille de Strasbourg, et qu'il les chassa au-delà du Rhin. (1)

(1) *Ammiani Marcellini*. Lib. XVI, cap. 26, seq. p. 492.

La victoire de Julien à Strasbourg est un des nombreux exemples que nous fournit l'histoire de la supériorité de la discipline, comparée à la bravoure obstinée des Barbares. En vain les armées romaines avoient dégénéré, et ne conservoient plus leur ancienne valeur; en vain elles avoient perdu leur esprit national en adoptant dans leurs rangs des corps entiers d'étrangers; il suffisoit que le général ne fût pas indigne des aigles qu'elles portoient, pour que la tradition de l'ancienne discipline et de l'ancienne tactique leur donnât un avantage indisputable. On ne peut, il est vrai, accorder une foi bien entière aux historiens qui, dans les batailles, nous donnent le nombre des soldats, ou des Romains, ou des Barbares; mais, quel que fût ce nombre, on demeure convaincu que le soldat discipliné n'étoit jamais vaincu par le soldat barbare qu'à cause des fautes de son général.

Ensuite, au milieu de l'hiver, Julien attaqua les Francs sur le Bas-Rhin, et il remporta sur eux divers avantages; cependant, s'il contraignit les Chamaves à repasser sur la rive droite du fleuve, il permit aux Francs saliens de s'affermir dans la Toxandrie, et il les y reçut

— *Zosimi Historiar.* Lib. III, cap. 3, p. 241. — *Juliani Epistola ad senat. populumque Atheniens.* p. 279, et in *Scr. Fr.* T. I, p. 725.

comme auxiliaires perpétuels du peuple romain. (1)

A son tour, Julien, qui avoit recruté et raffermi son armée, passa le Rhin pour punir les peuples germains de leurs ravages; il remporta sur les Allemands une grande victoire, près de la forêt Hercinienne ; il y fit prisonnier le fils de l'un de leurs rois, et il inspira tant de terreur à la nation, que tous les Germains lui demandèrent la paix, et s'engagèrent à lui rendre tous leurs captifs. Mais ils ne s'étoient pas attendus à ce que Julien eût un dénombrement exact de ceux qui manquoient dans chaque ville. Ils avoient cru le satisfaire en remettant en liberté les hommes les plus marquans, ou ceux qu'ils retenoient en captivité le plus près des frontières ; tandis que Julien avoit pris des informations si exactes dans toutes les provinces, que ses notaires redemandèrent nominativement plus de vingt mille Gaulois réduits en esclavage par les Barbares. Ce fut à cette condition seulement qu'il leur accorda la paix. (2)

Julien s'occupa ensuite de relever les murailles des villes qui avoient été détruites pendant la guerre, et de réparer les ravages de tant

---

(1) *Ammiani Marcellini.* Lib. XVII, cap. 17, p. 503. — *Zosimi Historiar.* Lib. III, cap. 8, p. 259.

(2) *Zosimi Historiar.* Lib. III, cap. 4, p. 246. — *Ammiani Marcellini.* Lib. XVII, cap. 21, p. 505.

d'invasions ; surtout, il orna et il agrandit Paris, où il fixa sa résidence d'hiver, et qu'il aimoit de préférence à toutes les autres villes des Gaules. Jusqu'alors Paris n'avoit point été compté parmi leurs grandes cités. La ville étoit presque en entier enfermée dans l'île de la Seine, où se trouve aujourd'hui sa cathédrale. Julien, le premier, éleva quelques édifices publics sur la rive méridionale du fleuve, et c'est à dater de sa résidence dans les Gaules, que Paris a pu commencer à prétendre au rang de capitale (1).

« J'avois mes quartiers d'hiver, dit-il lui-même,
« dans ma chère Lutèce, car c'est ainsi que les
« Celtes appellent la petite ville de Paris. Elle
« est bâtie dans une île peu considérable, que le
« fleuve baigne de toutes parts ; des ponts levis,
« jetés sur l'un et l'autre bras, y conduisent. Il
« est bien rare que ce fleuve croisse ou dimi-
« nue ; tel on le voit en hiver, tel il est encore
« en été ; mais il fournit à la boisson des ha-
« bitans une eau très-agréable, et qui paroît
« toujours pure. Enfermés dans une île, c'est
« aux eaux du fleuve qu'ils sont nécessairement
« réduits. » (2)

Pendant les années 357, 358 et 359, Julien

―――――

(1) *Zosimi Historiar.* Lib. III, cap. 2, p. 263. — *Ammiani Marcellini.* Lib. XVII, cap. 5, p. 499.

(2) *Juliani Imperator. Misopogon.* P. 240, *Script. Franc.* T. I, p. 728.

avoit conduit trois fois son armée en Germanie. Dès l'année suivante, Constance, qui dans le même temps étoit engagé dans une guerre inquiétante contre les Perses, demanda au césar de lui faire passer les légions qui jusqu'alors avoient combattu dans les Gaules contre les Germains. Quelques corps de troupes s'acheminèrent en effet vers l'Orient; mais lorsque les soldats qui défendoient le Rhin, surent que l'armée presque entière étoit appelée en Syrie, et que la cour, jalouse de leur chef, étoit plus disposée à les punir qu'à les récompenser de leurs exploits, ils saluèrent Julien du nom d'Auguste; ils l'élevèrent sur un bouclier; ils placèrent sur sa tête un collier de soldat, en guise de diadème, et ils le forcèrent à les conduire en Orient pour disputer l'empire et non pour y renoncer (1). La mort de Constance, survenue le 3 novembre 361, empêcha que le sang des légions ne fût versé dans une guerre civile. Cependant, les défenseurs de la Gaule avoient passé avec Julien à Constantinople; bientôt ils le suivirent dans son expédition contre les Perses; et ses regards, pendant le peu de temps qu'il régna encore, de même que

---

(1) *Ammiani Marcellini.* Lib. XX, cap. 5, 12, p. 334. — — *Zosimi Historiarum.* Lib. III, cap. 10, p. 261. — *Juliani Imper. Epistola ad senat. populumque. Athen.* P. 282 et in *Script. Franc.* p. 276.

ceux de son successeur Jovien, purent à peine se reporter sur l'Occident.

Julien, qui s'étoit engagé au-delà du Tigre, à la poursuite de Sapor, fut tué le 26 juin 363. Dès que la nouvelle en parvint dans l'Occident, les Germains se préparèrent de nouveau à attaquer la frontière de l'empire, qu'il leur avoit appris à respecter. Cependant leurs ravages ne commencèrent dans les Gaules qu'avec la campagne de 365. Déjà Jovien, successeur de Julien, étoit mort le 17 février 364, et Valentinien, que l'armée lui avoit donné pour successeur, s'étant associé son frère Valens, avoit pris l'Occident pour son partage. Il étoit à peine parvenu à Milan, lorsqu'il apprit que les Barbares, encouragés par la ruine de l'armée que Julien avoit conduite en Perse, avoient de toutes parts franchi les frontières de l'empire, et qu'ils ravageoient dans tous les sens les provinces romaines (1). Les Allemands, qui avoient envahi en même temps les Gaules et la Rhétie, ne trouvèrent nulle part de résistance; ils incendièrent les villages, et, avant de pouvoir être atteints par les généraux impériaux, ils en conduisirent les habitans captifs dans les forêts de la Germanie. Au mois de janvier suivant, ils repassèrent de nouveau le Rhin sur les glaces, et ayant ren-

(1) *Ammiani Marcellini.* Lib. XXVI, cap. 10, p. 612. — *Zosimi Histor.* Lib. IV, cap. 3, p. 348.

contré deux corps de troupes conduits par deux comtes romains, ils les défirent et leur enlevèrent leurs étendards ; mais ces corps étoient : l'un, celui des Hérules ; l'autre, celui des Bataves ; car l'armée romaine ne se composoit plus que de Barbares. On avoit même renoncé au soin de les faire entrer dans le cadre des légions, et de dissimuler leurs forces à leurs propres yeux. C'étoit en corps de nation qu'ils faisoient la guerre à la solde des empereurs ; ils ne changeoient plus leur nom, leur langage, les habits et les armes qui leur étoient propres ; souvent même ils servoient sous des chefs héréditaires de leur nation, et non sous des commandans romains. (1)

Toutefois les généraux de Valentinien remportèrent plusieurs victoires sur les Allemands, dans le voisinage de Metz, sur la Moselle, et près de Châlons en Champagne. L'empereur, parcourant lui-même les villes de Reims, d'Amiens, de Trèves, de Worms et de Cologne, s'efforçait de remettre les Gaules en état de défense. Pendant ce temps, il est vrai, les Allemands, profitant d'une solennité des chrétiens, surprirent Mayence, en 368, et en emmenèrent tous les habitans en esclavage (2).

(1) *Ammiani Marcellini*. Lib. XXVII, cap. 1, p. 622. — *Zosimus Historiar*. Lib. IV, cap. 9, p. 361.
(2) *Ammiani Marcellini*. Lib. XXVII, cap. 21, p. 629.

Mais cet affront fut vengé par l'empereur, qui passa le Rhin, et remporta sur les mêmes Allemands, à Solicinium, dans le duché actuel de Wurtemberg, une victoire brillante. Il fit élever ensuite une chaîne de fortifications sur les frontières de la Germanie; et, pendant neuf ans du moins, la Gaule fut en repos de ce côté.

Valentinien contribua encore à sa sûreté par l'alliance qu'il contracta avec les Bourguignons, et la guerre qu'il réussit à exciter entre eux et les Allemands. Les Bourguignons étoient un peuple de race vandale; ils occupoient alors les deux bords de l'Elbe, la Lusace et la Thuringe, et leurs démêlés avec les Allemands avoient eu pour origine la possession de quelques salines. Ils s'avancèrent en vainqueurs au nombre de quatre-vingt mille hommes, jusqu'aux rives du Rhin; mais Valentinien, qui leur avoit promis son assistance, refusa en ce moment de se joindre à eux, pour ne pas leur donner un avantage trop complet sur les Allemands leurs rivaux. Il perdit ainsi les fruits d'une alliance qu'il regardoit comme le triomphe de sa politique. Ses sujets portèrent la peine de son inconstance; les Bourguignons irrités, avant de retourner dans leurs foyers, massacrèrent les nombreux citoyens romains qu'ils avoient dans leur camp. (1)

---

(1) *Ammianus Marcellinus.* Lib. XXVIII, cap. 29 et 30, p. 643.

365—375. Tandis que la frontière du Rhin jouissoit de quelque tranquillité, toute la côte maritime des Gaules étoit ravagée par les Saxons. Ceux-ci partoient des bouches de l'Elbe, et ils osoient affronter la haute mer dans des barques tissues d'osier, qu'ils rendoient imperméables par une doublure de cuir. Ces barques tiroient si peu d'eau qu'elles pouvoient remonter toutes les rivières, et elles étoient si légères que les pirates les charrioient sans peine d'une rivière à l'autre, et qu'on les voyoit avec étonnement descendre la Loire ou même le Rhône sur des bateaux qui avoient remonté la Seine. D'autre part, la Gaule étoit si dépeuplée, la résistance étoit si impossible, partout ailleurs que dans les grandes villes, qu'on voyoit des poignées de brigands partir des bouches de l'Elbe pour répandre la désolation le long de toutes les rivières jusqu'à quatre-vingt et cent milles dans les terres. (1)

Dans le même temps les brigandages s'étoient multipliés dans les Gaules. Les villageois, réduits au désespoir, et ne pouvant gagner leur subsistance par un travail honnête, aimoient mieux encore attendre les passans au coin d'un

---

(1) *Ammianus Marcellinus.* Lib. XXVIII, cap. 27 et 28, p. 643. — *Sidonius Apollinaris in Panegyrico Aviti.* p. 369, et Lib. VIII, Epist. 6, p. 223, editio Sirmondi. Script. Fr. T. I, p. 807. — Abbé Dubos, *Hist. crit. de la Mon. franç.* Liv. I, chap. 16, p. 195-207.

bois, pour les dépouiller, que d'y périr eux-mêmes de faim; la communication entre toutes les villes étoit sans cesse interrompue; les voyageurs n'étoient pas seulement dépouillés, les brigands les enlevoient encore, et les retenoient captifs dans leurs retraites pour les rançonner. Quelques parens de l'empereur éprouvèrent eux-mêmes ce sort dans les Gaules (1). Valentinien élevé en soldat, sans connoissance des lois ou de l'ordre civil, sans respect pour la vie des hommes, se mettoit en fureur lorsqu'il apprenoit ces désordres; mais sa colère étoit un nouveau fléau plus redoutable encore que ceux qu'il vouloit arrêter. Il ordonnoit à toute heure des supplices atroces; mais, quoiqu'il fût chrétien et zélé catholique, la foule, accoutumée à décerner le nom de martyrs à tous les suppliciés, vénéroit les victimes de sa tyrannie, et consacroit leurs tombeaux *aux innocens*. Il venoit de commander qu'on égorgeât les *ordres* de trois villes, c'est-à-dire le corps d'où l'on tiroit leurs magistrats, lorsque le préfet Euphraxius l'interpella: « Usez-en, prince
« clément, lui dit-il, avec plus de modération;
« car ceux que vous ordonnez qu'on tue comme
« coupables, la religion chrétienne les vénère
« comme des martyrs accueillis par la Divinité. »

(1) *Ammiani Marcellini*, Lib. XXVIII, cap. 16, p. 639.

365—375. Le préfet Florentius imita cette hardiesse salutaire, continue Ammien Marcellin, dans une occasion où Valentinien venoit de donner l'ordre de tuer trois hommes par curie, dans un grand nombre de villes. Florentius lui demanda: « Mais, que fera-t-on si la ville n'a pas tant de « *curiales*? Ne conviendroit-il pas d'ajouter à « l'édit, qu'on ne tuera trois hommes par ma- « gistrature, qu'autant que la magistrature en « contiendra plus de trois(1)?» Tel étoit l'homme à qui la Gaule étoit forcée de se confier, pour éviter de plus grands désastres, et que bientôt elle fut réduite à regretter.

375—383. En effet, Valentinien, frappé d'apoplexie à l'occasion d'un violent accès de colère, mourut en Pannonie, le 17 novembre 375 (2). Son fils aîné Gratien, âgé de seize ans et demi, avoit été élevé par le poète gaulois Ausone. Pendant un règne de près de neuf ans, il ne s'éloigna guère des Gaules, où il publia quelques lois utiles, surtout pour l'encouragement de la culture des lettres; il résida presque constamment à Trèves, tandis qu'il avoit abandonné l'Italie et l'Afrique au gouvernement de Valentinien II, son plus jeune frère, que l'armée lui avoit asso-

---

(1) *Ammiani Marcellini.* Lib. XXVII, cap. 16, p. 628.— *Zosimus.* Lib. IV, cap. 16, p. 377.

(2) *Ammiani Marcellini.* Lib. XXX, cap. 23, p. 669.— *Zosimus. Hist.* Lib. IV, cap. 17, p. 380.

cié, et qu'il avoit confié l'Orient au grand
Théodose, dont il avoit fait son collègue, d'après le sentiment seul de son mérite. (1)

Une nouvelle invasion des Allemands fournit à Gratien une occasion de signaler son courage; il remporta sur eux une grande victoire, au mois de mai 378, près de Colmar. On assure que trente-cinq mille de leurs guerriers furent détruits dans cette bataille, et les foibles restes de leur armée furent encore une fois obligés d'évacuer les Gaules (2). Mais cette victoire même affermit l'établissement des Francs sur la rive gauche du Rhin. Ce peuple germanique, non moins redoutable que les Allemands, occupoit toujours, depuis qu'il avoit été admis à l'alliance de l'empire, un rang distingué dans toutes les armées de l'Occident. Ses capitaines, après s'être signalés dans les camps, obtenoient des commandemens importans dans les provinces, ou des places de confiance à la cour, et les Francs gouvernoient les Gaules au nom des empereurs, long-temps avant de les avoir conquises. Gratien fut, pendant presque tout son règne, bien plutôt tenu en tutelle que servi par Mellobaudes, l'un des rois des Francs, qui n'avoit pas dédaigné de joindre à

---

(1) *Ammiani Marcellini.* Lib. XXX, cap. 31, p. 672. — *Zosimus.* Lib. IV, cap. 19, p. 383; et c. 24, p. 400.

(2) *Ammiani Marcellini.* Lib. XXXI, cap. 26 et seq. p. 683.

ce titre celui de comte des domestiques (1). Ses compatriotes fournissoient une excellente infanterie, constante, inébranlable, obstinée au combat; et cependant facile à manœuvrer; aucun autre peuple ne pouvoit mieux remplacer dans les armées de l'empire l'ancienne infanterie romaine, qui avoit dû aux mêmes qualités la conquête du monde.

Bientôt après, il est vrai, Gratien offensa les Francs par une légèreté de jeunesse. Un corps d'Alains, appelé des bords du Volga à ceux de la Seine, fut comblé de toutes les faveurs de l'empereur. Celui-ci, qui étoit passionné pour la chasse, admiroit dans les Alains les meilleurs archers et la meilleure cavalerie légère qui pût combattre, ou contre les hommes, ou contre les bêtes fauves. Mais les Romains, accoutumés à recevoir des Germains dans leurs armées, n'y voyoient pas entrer sans indignation les Scythes qu'ils méprisoient; et les Francs, tout en s'honorant du nom de barbares, ne vouloient pas être confondus avec les sauvages habitans de la Tartarie. Magnus Maximus s'aperçut de ce mécontentement et en profita; il prit la pourpre en Angleterre, où il commandoit les armées romaines; tous les soldats de Gratien abandon-

---

(1) *Ammiani Marcellini.* Lib. XXXI, cap. 27, p. 684. — *Pauli Orosii. Histor.* Lib. VII, cap. 33, p. 552.

nèrent ce jeune prince, pour passer sous les drapeaux du nouvel usurpateur. Gratien, réduit à s'enfuir, fut tué à Lyon, le 25 août 383, et Mellobaudes périt avec lui. (1)

Maximus, proclamé par les légions des Gaules, régna de 383 à 387, dans la préfecture qui portoit leur nom, et qui s'étendoit aussi sur la Bretagne et l'Espagne. Valentinien II, frère de Gratien, qui régnoit sur l'Italie et l'Afrique, et Théodose qui avoit pour partage l'Illyrie et le Levant, reconnurent le collègue que l'armée leur avoit donné. Un seul événement signala le gouvernement de Maximus dans les Gaules, ce fut le supplice de Priscillien et de ses sectateurs, ordonné à l'instance des évêques d'Espagne. C'étoit la première fois que l'Église, à peine échappée aux persécutions, versoit à son tour juridiquement le sang des hérétiques. Priscillien regardoit l'âme de l'homme comme une émanation consubstantielle de la Divinité, et les trois personnes de la Trinité comme trois acceptions différentes d'un même être. Cette explication des mystères fut condamnée par le concile de Sarragosse, en 381, et par celui de Bordeaux en 385. Il y avoit loin encore de cette décision à l'horreur du supplice de Priscillien

---

(1) *Zosimi Histor.* Lib. IV, cap. 35, p. 431. — *Pauli Orosii Hist.* Lib. VII, cap. 34, p. 556. — *Hist. Miscella.* Lib. XII, cap. 23, p. 900.

et de six de ses disciples, parmi lesquels on comptoit une noble matrone de Bordeaux. Le préfet du prétoire les condamna à Trèves, où ils furent d'abord exposés à la torture, puis exécutés. Dans cette occasion, saint Ambroise et saint Martin prirent la défense de l'humanité outragée, et refusèrent de communier avec les évêques qui avoient demandé le sang des priscillianistes. Mais le cardinal Baronius, annaliste de l'Église, après avoir cherché avec embarras à expliquer comment des hommes si purs se sont abstenus d'applaudir au zèle ardent des persécuteurs, a aimé mieux avouer que la tolérance inusitée des saints ne fut pas, dans cette circonstance, exempte de péché. (1)

Maximus ne fut pas content d'un partage qui sembloit devoir satisfaire son ambition. Il envahit l'Italie en 387, il en chassa Valentinien II, et il attira ainsi sur lui les armes de Théodose, qui le vainquit sur les bords de la Save, au mois de juin 388, et qui l'ayant fait prisonnier à Aquilée, lui fit trancher la tête, ainsi qu'à son fils, le 26 août de la même année. (2)

(1) *Baronii Annal. Eccles.* An. 385, t. IV, p. 439; an. 386, p. 450. — *Sulpicii Severi Hist. sacra.* Lib. II, cap. 62, 64, p. 573. — *Labbei Concilia generalia.* T. II. *Cæsar Augustanum*, p. 1009. *Burdigalense*, p. 1033. *Trevirense*, p. 1035.

(2) *Zosimi Hist.* Lib. IV, cap. 42, p. 452. — *Paulus Orosius.* Lib. VII, cap. 35. — *Pacatus, Panegyricum Theodosii Augusti.* Cap. 30 et seq. p. 335.

Valentinien II, rétabli sur le trône de l'Occident par Théodose, dont il avoit fait son beau-frère, fixa sa résidence à Vienne, sur le Rhône. Sa cour fut remplie bientôt de seigneurs francs, non moins que ne l'avoit été celle de Gratien son frère. Arbogaste et Baudon étoient les plus puissans : le premier, qui, dans le gouvernement de l'empire, sembloit remplacer Mellobaudes, avoit déjà joui d'une grande autorité sous Gratien ; sa bravoure, ses talens militaires et sa libéralité lui avoient tellement attaché les soldats, parmi lesquels il comptoit un grand nombre de ses compatriotes, qu'il exerça les fonctions de maître de la milice, sans en avoir été revêtu par l'empereur. Valentinien supportoit impatiemment ce joug étranger ; il essaya, pour le secouer, de destituer le Franc arrogant qui commandoit dans sa propre armée. « Ce « n'est point vous qui m'avez donné le pouvoir, « lui répondit Arbogaste ; il ne dépend pas de « vous de le reprendre. » En effet, malgré l'édit de l'empereur, les troupes continuèrent à obéir au seul Arbogaste. Valentinien effrayé demanda vainement des secours à Théodose ; le prince franc n'attendit pas l'arrivée des armées de l'Orient. Valentinien II fut trouvé, le 15 mai 392, étranglé dans son lit à Vienne, et Eugène, secrétaire d'Arbogaste, lui fut donné pour successeur. (1)

(1) *Zosimus.* Lib. IV, cap. 53, p. 480.—*Historiæ Miscellæ.*

392—394. Théodose ne voulut point reconnoître pour collègue le grammairien qu'un Franc venoit de couronner dans les Gaules. Cependant Eugène régna sous les ordres de son maître de la milice, et il se passa deux ans avant que les souverains de l'Orient et de l'Occident pussent se mesurer sur le champ de bataille. Le combat livré entre eux, au pied des Alpes Juliennes, dura deux jours ; le premier, Eugène remporta l'avantage ; il fut battu le second, et sa tête fut tranchée sur le champ de bataille, le 6 septembre 394. Arbogaste, qui s'étoit enfui dans les montagnes, fut bientôt après réduit à mettre fin lui-même à son existence. (1)

395. L'empire romain se trouva, par cette victoire, réuni de nouveau sous un seul maître ; mais Théodose eut à peine le temps de se faire reconnoître dans l'Occident. Il avoit acquis quelque gloire dans la guerre gothique, par la défense de la Grèce ; et la protection qu'il accordoit à l'Église, aussi-bien que la rigueur de son orthodoxie, avoient excité l'admiration des prêtres, qui lui décernèrent le nom de Grand. Ses vertus ni son zèle religieux n'eurent aucune influence sur la Gaule, qu'il ne visita point et qu'il ne gouverna jamais. Il mourut à Milan,

Lib. XIII, cap. 11, p. 905. — *Pagii in Baronium.* Ann. 392, §. 3, p. 581. — *Philostorgii epitome.* Lib. XI, cap. 1. *Scr. Fr.* T. I, p. 601.

(1) *Zosimi Hist.* Lib. IV, cap. 58, p. 492.

le 17 janvier 395, quatre mois après sa victoire sur Eugène. L'empire qu'il venoit de réunir fut de nouveau partagé entre ses deux fils, Arcadius et Honorius. Le second, qui avoit accompagné son père à Milan, fut immédiatement investi de l'empire d'Occident. Il étoit alors à peine âgé de dix ans et demi, et c'est pendant son règne honteux, qui se prolongea de 395 à 423, que les Barbares, après avoir si souvent ravagé les Gaules, s'y établirent enfin à demeure. (1)

---

(1) *Zosimi Hist.* Lib. IV, cap. 59, p. 495. — *Historia Miscella.* Lib. XII, cap. 16, p. 906.

CHAPITRE II.

État des Gaules sous la domination romaine au quatrième siècle.

Le précis que nous venons de tracer des révolutions des Gaules sous la domination romaine, a déjà pu faire sentir que la longue paix dont elles avoient joui pendant les deux premiers siècles de l'ère chrétienne et la moitié du troisième, n'avoit point été accompagnée, pour les riches, de sûreté, pour les pauvres, d'une honnête récompense de leurs travaux, pour l'état, de l'accroissement d'une population vaillante et vertueuse. Le long silence de l'histoire n'indiquoit point le bonheur des peuples; quand ce silence vint à être rompu, la province ne présenta aucun symptôme de prospérité. D'autre part, le siècle et demi qui suivit cette longue paix est une des périodes les plus désastreuses de l'histoire. Tout homme sembloit menacé à toute heure de se voir enlever ses biens, sa vie, ou les objets de ses plus tendres affections. Aucune retraite n'étoit assez assurée pour qu'on ne pût y voir pénétrer les Barbares; et ceux-ci, qui n'avoient besoin d'aucune provocation pour répandre le sang, ou pour infliger des supplices, croyoient user de miséricorde quand ils réduisoient en esclavage et condamnoient aux plus rudes travaux le citoyen qui jusqu'alors avoit vécu dans l'opulence et la mollesse.

Des recherches plus exactes ne servent qu'à rembrunir les teintes de ce triste tableau; elles nous font voir le despotisme desséchant ou empoisonnant successivement toutes les sources de la vie; la proscription est sans cesse suspendue sur la tête des riches ; les bourgeois sont exposés à des vexations si intolérables, qu'elles leur font déserter leurs demeures et abandonner leurs priviléges; les paysans se voient enlever leurs atelages, le fruit de leurs travaux, et jusqu'aux plus chétifs moyens de vivre ; les esclaves, traités plus durement que les bêtes de somme, périssent à la peine, et ne laissent point de postérité. La population diminue chaque année; la nation disparoît, et c'est dans un pays à moitié désert que les Barbares finissent par s'établir. Nous verrons bientôt l'oppression régulière et systématique d'une société parfaitement civilisée faire place à celle d'une armée barbare, puis celle-ci à l'oppression d'une foule de petits seigneurs. Pendant une suite de siècles, les souffrances nationales se combinent diversement, mais ne s'arrêtent point; le peuple est également opprimé, quoique par des maîtres divers; on soupire en vain pour une période de repos, de sûreté, il n'en faut point attendre; car la liberté n'entre dans aucune des combinaisons qui se succèdent, et sans liberté il n'y a point de garantie, sans garantie il n'y a point de bonheur.

Lorsque nous jugeons l'empire romain d'après les historiens, les philosophes, les poètes de son époque la plus brillante, dont les écrits nous sont restés, nous nous figurons une société comparable aux plus civilisées des temps modernes. Les Gaules étoient une des plus riches parmi les provinces soumises aux césars; nous voyons qu'elles contenoient de très-grandes villes, quelques grandes manufactures, un grand commerce, de grandes armées, des hommes éminemment distingués dans toutes les carrières de l'esprit; nous sommes dès lors disposés à nous représenter ces provinces comme étant dans un état à peu près semblable à celui où nous les voyons aujourd'hui.

Rien ne ressemble moins cependant à la France moderne que celle où les Barbares s'établirent au cinquième siècle. On pourroit bien plutôt comparer les Gaules aux provinces éloignées de l'empire de Russie, où l'on trouve quelques familles de princes qui participent à la plus haute civilisation européenne, quelques villes qui connaissent tous les arts et tout le luxe de la France; tandis que les campagnes sont esclaves, et qu'à de certaines époques elles sont exposées aux ravages des Tartares. De même dans les Gaules on trouvoit quelques centaines de familles affiliées au sénat de Rome, et dont le patrimoine couvroit des provinces entières; on trouvoit cent quinze cités où le commerce et les arts avoient formé une sorte de bourgeoisie; mais la terre n'étoit cultivée que par des mains serviles, et la grande masse de la population ne participoit pas plus aux progrès de l'art social que si les druides n'avoient jamais été chassés de leurs bois sacrés.

Les Gaules, même en ne comprenant point sous ce nom la Cisalpine, couvroient un espace beaucoup plus considérable que la France actuelle. Au couchant et au midi, la mer et les Pyrénées formaient également leurs limites; mais au levant elles renfermoient une grande partie du Piémont, sous le nom d'Alpes maritimes, la Savoie, le Valois, et tous leurs débouchés du côté de l'Italie, sous le nom d'Alpes grecques, et toute la Suisse, réunie à la Franche-Comté, sous le nom de Séquanoise. Au nord elles étoient bornées par le Rhin, depuis sa sortie du lac de Constance jusqu'à l'embouchure de la Meuse; et sous le nom de première et seconde Germanie, et de première et seconde Belgique, elles contenoient des provinces que les Germains et les Belges habitent encore aujourd'hui.

Quoique les Gaules surpassassent en étendue au moins d'un quart la France actuelle, loin d'avoir le sentiment de leur importance, elles s'apercevoient au contraire qu'elles faisoient une partie peu considérable de l'empire romain. Cet empire avoit été divisé en quatre préfectures, dont celle d'Orient égaloit presque en étendue les trois autres réunies; celle d'Illyrie qui venoit ensuite comprenoit les pays situés entre la mer Noire, la mer Adriatique et le Danube; celle d'Italie comprenoit, outre cette presqu'île, toute l'Afrique, des frontières de l'Égypte jusqu'à l'Océan occidental. La préfecture des Gaules enfin réunissoit sous ce nom les îles Britanniques, la Gaule et l'Espagne. La Gaule comptoit donc à peine pour un douzième dans l'étendue de l'empire romain.

Le préfet du prétoire des Gaules résidoit habituellement à Trèves, et lorsque l'empire romain étoit partagé, l'auguste ou le césar auquel les Gaules étoient échues en partage demeuroit ordinairement dans la même ville. Le préfet étoit chargé de la direction générale de la justice et de celle des finances, et il correspondoit pour ces deux objets avec les curies ou magistratures de toutes les cités des Gaules. Mais Constantin ôta aux préfets du prétoire l'autorité militaire qu'ils avoient auparavant exercée; il leur substitua dans chaque préfecture un maître des cavaliers et un maître des fantassins, auxquels il subordonna les ducs, les tribuns et les centurions, qui commandoient les différens corps de troupes (1). Le préfet du prétoire avoit un vicaire dans chacune des grandes divisions de sa préfecture, et celui des Gaules résidoit à Arles. Les recteurs des dix-sept provinces des Gaules lui étoient immédiatement subordonnés; parmi ceux-ci, six portoient le titre de président, et les onze autres celui de proconsul. Enfin, au-dessous de ces derniers se trouvoient des comtes, qui, dans chaque cité, veilloient à l'administration de la justice et aux affaires de police et de finances. (2)

(1) *Zosimi Historiar*. Lib. II, c. 33, p. 189. Edit. senæ. 8°.

(2) On trouvoit le long du Rhin les deux Germanies et les deux Belgiques; le long des Alpes, la Séquanoise, les Alpes grecques et les Alpes maritimes; sur la Méditerranée, les deux Narbonnoises et la Viennoise; entre la Loire et les Pyrénées, les deux Aquitaines et la Novempopulanie; au centre de la Gaule enfin, les quatre Lyonnoises. Les provinces proportionnellement trop grandes avoient été divisées, tout en leur laissant le même nom : il en résulte quelque confusion dans la géographie, et l'on conçoit à peine qu'il faut placer la seconde Lyonnoise dans la Normandie, la troisième dans la Bretagne, et la quatrième dans l'Orléanois. (Abbé Dubos, *Histoire critique de la Monarchie françoise*, Liv. I, chap. 7. — *Notitia dignitatum imperii sub Honorio*, Scr. Franc. T. I, p. 125.)

Au temps de la conquête de Jules César, les habitans des Gaules parloient quatre langues diverses, l'aquitain, le celte, le belge et le germain, et chacune étoit propre à une différente race d'hommes; mais au quatrième siècle, les trois premières langues avoient presque absolument disparu pour faire place au latin : le langage teutonique s'étoit seul maintenu dans les deux Germanies; les mêmes provinces ont à peu près sans variation conservé jusqu'à ce jour l'usage de l'allemand. Malgré la différence d'origine, les Gaules formoient donc une seule province; la distinction entre les Aquitains, les Celtes et les Belges (1) étoit oubliée, et tout Gaulois parlant une même langue, obéissant aux mêmes magistrats et aux mêmes lois, reconnoissoit un compatriote dans tout homme né entre le Rhin, les Alpes, les Pyrénées et les deux mers. Mais le sentiment de patrie étoit presque anéanti en lui. Les fréquentes révolutions d'un gouvernement despotique ne laissoient espérer ni sta-

(1) Les anciens historiens font quelquefois allusion à une autre division de la Gaule, peut-être introduite par les soldats, car elle étoit fondée seulement sur le costume des habitans. La *Gallia Togata*, auprès du Rhône, comprenoit les Gaulois qui avoient adopté la toge et les mœurs romaines. Dans la *Gallia Comata*, au nord de la Loire, les habitans portoient les longs cheveux plats, qu'on retrouve aujourd'hui chez les Bas-Bretons. La *Gallia Braccata*, au midi de la Loire, portoit pour costume national les pantalons *braccæ*.

bilité dans les propriétés, ni respect pour les lois, ni sûreté vis-à-vis des étrangers. D'ailleurs la Gaule n'étoit pas un état, mais seulement un membre de l'empire d'Occident; et à ce titre, le Gaulois devoit se dire concitoyen de l'Espagnol, du Breton, de l'Italien, du Dalmate et du Maure. Un lien aussi relâché n'avoit guère de puissance sur le cœur ou sur les souvenirs. Jamais le Romain des provinces n'avoit occasion de s'enorgueillir au nom de la société dont il faisoit partie. Les victoires du chef de l'état pouvoient pourvoir à sa sûreté, ou tout au moins diminuer ses dangers; mais il n'avoit aucun rapport de mœurs, de sentimens, d'habitude, de nom avec ceux qui les avoient remportées; il ne ressentoit pour eux aucun enthousiasme, il n'influoit aucunement sur la chose publique, et l'ordre politique auquel il étoit soumis ne lui inspiroit jamais que de la douleur ou de l'inquiétude. Il évitoit d'y penser, il s'occupoit plutôt d'intérêts domestiques, de littérature, de philosophie, de religion; ou même il repoussoit toute occupation d'esprit: car dans ces siècles désastreux, toute méditation devoit produire de la souffrance, et jamais l'ignorance ne fait des progrès si rapides que lorsque la science est une occasion de douleurs.

On trouve de loin en loin dans l'histoire de

l'empire romain quelques traces d'une diète des villes des Gaules, où elles envoyoient leurs députés pour délibérer sur les affaires communes de la province. Ces villes, ou plutôt ces cités, étoient au nombre de cent quinze ; chacune avoit formé autrefois un état indépendant, gouverné du temps des Gaulois, quelquefois en république, quelquefois en monarchie, mais toujours dans l'intérêt du peuple, et avec des formes de liberté. La circonscription des anciens états avoit été respectée, avec de légers changemens introduits par la fondation de quelques colonies romaines. Sous le nom de la cité on comprenoit le territoire qui avoit dépendu d'elle, avec ses châteaux et ses bourgades. Ainsi elles formoient encore des corps politiques, autant du moins que le despotisme peut en reconnoître là où il est établi.

Auguste, en l'année 726 de Rome, ou vingt-sept ans avant Jésus-Christ, convoqua à Narbonne une diète des députés de toutes les cités, et il y fit le dénombrement des trois Gaules que son père adoptif avoit vaincues. Tel est l'argument qui nous a seul été conservé d'un livre perdu de Tite Live. Mais ces mots ne nous font point connoître la composition ou les droits de cette assemblée. Les autres historiens de cette époque, en faisant allusion au même événement, ne sont pas moins laconiques (1). Sous le règne de Vespasien, à la fin d'une guerre civile, les Rémois convoquèrent chez eux, l'an 70 de Jésus-Christ, une diète des Gaules. Ils envoyèrent demander à toutes les cités de nommer des députés qui délibérassent en commun, pour choisir entre la paix et la liberté. L'assemblée se détermina à la soumission, et elle écrivit aux cités de Langres et de Trèves, au nom de toutes les autres, pour les faire renoncer aux armes. Mais cette assemblée ne devoit peut-être l'autorité qu'elle s'arrogeoit, et même son existence, qu'à la guerre civile (2). Enfin un édit adressé par Honorius, le 17 avril 418, au préfet du prétoire des Gaules, ordonna la convocation d'une assemblée annuelle de sept des provinces des Gaules, qui devoit se réunir à Arles, du 13 août au 13 septembre, sous la présidence du préfet du prétoire, et qui devoit se composer des juges et des officiers de chaque cité, et des députés des propriétaires. (3)

Mais les diètes ordonnées par Honorius n'ont

---

(1) *Titi-Livii Historiar. epitome* Libri CXXXIV, p. 849. — *Dionis Cassii Historiar.* Lib. LIII, p. 512 et *Scr. Franc.* T. I, p. 520. — *Sexti Aurelii Victoris.* Cap. I. — *Eutropii Histor. Rom.* Lib. VII, p. 547.

(2) *Cornelii Taciti Histor.* Lib. IV, cap. 67, 68, 69, *Scr. Franc.* T. I, p. 443.

(3) *Sirmondus in notis ad Sidonium Apollin.* p. 245, et *Scr. Franc.* T. I, p. 766. — Abbé Dubos, Histoire critique de la Monarchie franç. Lib. II, chap. 5.

laissé aucune trace dans l'histoire ; nous ne voyons point qu'elles aient exercé quelque influence sur le gouvernement; et en effet, sous une constitution despotique et militaire, on ne comprend pas quelle sorte de fonctions auroit pu leur être assignée. Sans doute que de telles diètes étoient usitées dans les Gaules lorsqu'elles étoient encore libres, et qu'elles se défendoient contre les Romains; peut-être continuèrent-elles encore quelque temps à s'assembler depuis la conquête, parce que les Romains ne détruisoient jamais violemment les coutumes des peuples vaincus : mais enfin elles tombèrent en désuétude, parce qu'elles se trouvèrent sans fonctions. Aussi, lorsque Honorius essaya de les renouveler dans un temps de souffrance universelle, et qu'il se flatta apparemment de retrouver une antique vigueur dans une antique institution, il lui fut impossible de réveiller les Gaulois, et de les intéresser sans liberté à une assemblée qui ne pouvoit flatter qu'un peuple libre.

Cependant plusieurs villes s'étoient élevées à une grande population et une grande richesse; Trèves, Aix-la-Chapelle, Cologne et Strasbourg avoient servi tour à tour de résidence impériale; aussi l'on y avoit construit, à l'imitation de Rome, des palais magnifiques, des bains, des cirques et des théâtres. Trèves, chef-lieu de la préfecture des Gaules, se trouvoit en quelque sorte capitale d'un grand empire. Arles, résidence du vicaire propre de la Gaule, participoit à cette magnificence. On mettoit encore au nombre des villes plus importantes Nîmes, Lyon, Marseille, Narbonne et Vienne ; enfin la résidence des trésoriers, des directeurs de monnoies, des manufacturiers d'armes pour le compte du public, avoient augmenté les richesses et la population de Mâcon, d'Autun, de Soissons, de Reims, d'Amiens, de Tournay et de Metz. (1)

Chaque ville étoit gouvernée par une curie, les curiales ou décurions présidés par deux duumvirs annuels, formoient un sénat municipal, à l'image de celui de Rome. Mais ce corps politique appartenoit à la province, et non à l'empire ; il avoit d'abord été chargé de défendre les intérêts de la cité, il le fut bientôt de répondre pour elle. Au défaut des diètes, les magistratures municipales exerçoient seules une autorité qu'elles tenoient du peuple. Ce n'est pas qu'elles fussent proprement élues par lui ; les curiales formoient seulement dans chaque ville la haute bourgeoisie; la loi avoit fait d'eux le premier *ordre* entre les habitans. Il semble que tous les chefs de famille de cet ordre votoient au sénat, et que les duum-

---

(1) *Notitia dignitatum Imperii sub Valentiniano III. Scr. Franc.* T. I, p. 125.

virs et autres magistrats étoient choisis entre eux, ou par le sort, ou à tour de rôle. Au-dessous d'eux les villes contenoient encore plusieurs classes d'habitans. Les calamités des campagnes y avoient fait refluer une population nombreuse. Les progrès du luxe, en augmentant les profits du commerce, avoient donné un peu plus de dignité à cette profession, et les petits propriétaires, qui ne trouvoient plus d'indépendance dans leurs champs, où ils ne pouvoient travailler sans être confondus avec les esclaves de leurs riches voisins, se réfugioient dans les villes, et cherchoient à augmenter leur aisance par quelque industrie. En même temps le corps des affranchis exerçoit presque tous les arts et métiers; il étoit nombreux, et il se recrutoit sans cesse; mais il ne jouissoit d'aucune considération ou d'aucune autorité, il étoit soumis à des règlemens vexatoires; et les empereurs, au lieu de laisser la société s'organiser d'elle-même, s'étoient crus obligés de mettre en toute occasion la loi à la place de l'intérêt privé. (1)

La magistrature d'une opulente capitale auroit dû être une dignité fort importante, et l'être d'autant plus qu'il n'y avoit dans l'empire aucun autre rang qui ne dépendît pas des caprices de la cour. Chacune même des cent quinze

---

(1) *Codex Justinianus*. Lib. X, tit. LXIV; Lib. XI, tit. I à XXVI, *et cœtera*.

cités des Gaules pouvoit être considérée comme une grande ville : les ruines des moins célèbres donnent à connoître qu'elles occupoient un grand espace de terrain, et qu'elles étoient ornées d'édifices somptueux. Les plus vertueux empereurs s'étoient toujours proposé de relever la dignité des curiales; d'ailleurs il étoit dans la nature des événemens qui dévastoient la Gaule, d'augmenter les prérogatives des magistrats. Une ville qui se trouve abandonnée par le gouvernement central, au moment où elle est menacée par l'invasion d'un ennemi ou d'un rebelle, a des intérêts communs si pressans, que ceux qui se trouvent à la tête de son administration sont presque sûrs de l'assentiment de leurs concitoyens, lorsqu'ils s'attribuent tous les droits de la souveraineté.

Mais l'avidité fiscale détruisit tout ce que les lois ou les circonstances avoient attribué d'autorité aux curies. Les curiales furent déclarés solidaires pour toutes les exactions imposées aux provinces. Les contributions avec leurs surcharges étoient d'abord acquittées par eux, pour être réparties ensuite sur les contribuables : les levées de soldats étoient également exigées d'eux; c'étoient eux qui fournissoient des chevaux et des équipages aux juges de province et à tous les officiers civils et militaires qui voyageoient aux frais de l'état. Comme les décurions étoient responsables envers le préfet du prétoire et les présidens, de l'exécution des ordres qu'ils recevoient, et comme dans un gouvernement despotique, accablé de calamités de tout genre, ces ordres devenoient toujours plus onéreux; les curiales se voyoient aussi toujours plus vexés par leurs supérieurs, et toujours plus odieux à leurs concitoyens. Alors on vit ceux qui formoient le premier ordre de l'état après les familles sénatoriales chercher avec empressement à se soustraire à leurs dignités, comme à un fardeau intolérable. Les juges, les présidens de province furent accablés de pétitions de citoyens qui, sous mille prétextes, demandoient à être rayés du rôle de la curie, et dispensés d'entrer dans la magistrature provinciale. Le code est plein de décisions qui écartent tous ces vains prétextes, et qui rappellent les vieillards, les militaires, les ecclésiastiques à l'accomplissement de ce devoir : ceux mêmes qu'un jugement a déclarés infâmes ne peuvent échapper à l'honneur de servir leur pays. (1)

Le poids effroyable qui écrasoit les villes dans les Gaules comme dans le reste de l'empire, et la misère de leurs magistrats, ne se montrent

---

(1) *Codex Justiniani Imper.* Lib. X, tit. XXI, l. 12. — Savigny, *Geschichte des Römischen Rechts im Mittel alter.* Chap. 2.

nulle part plus à découvert que dans la novelle que publia l'empereur Majorien, l'an 458 de J.-C., pour remédier au désordre. « Chacun « sait, dit-il, que les curiales sont les servi- « teurs de la république, et la partie vitale des « cités. Aussi l'antiquité appeloit-elle, avec « raison, leur assemblée, un sénat inférieur. « Mais l'iniquité des juges, et la vénalité punis- « sable des exacteurs les ont réduits au point que « plusieurs, désertant leur patrie, négligeant la « splendeur de leur naissance, cherchent à se « dérober à leurs fonctions, et se cachent dans « des demeures serviles ou des juridictions « étrangères. Ils ajoutent même à leur faute la « honte de se souiller par le mariage de filles « de colons ou d'esclaves, afin de se procurer « ainsi la protection des hommes puissans à « qui ces esclaves appartiennent. Ainsi les or- « dres des villes périssent, en même temps « que les fugitifs, en s'associant à des esclaves, « perdent leur propre liberté....... En con- « séquence, nous ordonnons, pour l'avenir, « que si quelque régisseur de domaine, ou « quelque procureur accueille chez lui, à « l'insçu de son maître, un curiale, et ne le « rend pas avant l'année écoulée à la ville à « laquelle il appartient; que ce régisseur, s'il « est libre, soit dégradé, et envoyé aux ate- « liers des artisans; que s'il est esclave, il pé-

« risse par le supplice du fouet (1) ». Quel devoit être l'état d'une société où l'on punissoit de mort celui qui receloit un magistrat se dérobant à sa magistrature ? Tout le reste de la loi aggrave encore la servitude de cet ordre, dont elle prétend relever *la splendeur*. Elle donne à la cité le droit de réclamer la fille d'un curiale qui veut s'éloigner, afin que, par son mariage, elle soutienne un ordre prêt à s'éteindre. Le fils du curiale, qui veut entrer dans l'Église, s'il est clerc seulement, est obligé à y renoncer, pour servir sa municipalité; s'il est ordonné prêtre, il perd la disposition de tout son bien, qui doit servir de garantie aux dettes de la curie. Dans cet état d'oppression, c'étoit une faveur insigne, et rarement accordée par le monarque, que de rayer un homme du rôle des curiales, pour le porter dans celui des simples possesseurs. Théodoric avoit accordé cette grâce à un solliciteur, et Cassiodore, en la lui annonçant, au nom du roi, lui fait connoître, avec une éloquence déplacée, les charges attachées à la faveur qu'il avoit obtenue, et la condition des citoyens qui se trouvoient placés immédiatement au-dessous des curiales. « Désormais, « dit le rhéteur, il devra souffrir lui-même les « avanies qu'il imposoit auparavant aux autres,

---

(1) *Legum novellarum Divi Majoriani Aug.* Lib. IV, tit. I. *Cod. Theodosian.* T. VI, p. 32.

« se troubler à l'annonce d'un nouveau tribut,
« s'effrayer à l'apparition des percepteurs, et
« craindre autant qu'il étoit craint autrefois. » (1)

Malgré l'oppression où les tenoit le fisc, les magistrats des cités avoient la disposition de quelques revenus municipaux. Les droits d'entrée qu'on percevoit aux portes des villes étoient employés à subvenir aux dépenses municipales et au payement des dettes de la curie. Ils avoient d'abord été soumis à une réserve du tiers de leur produit en faveur du fisc; l'empereur Théodose abandonna ce tiers aux municipalités; mais en même temps, il interdit aux magistrats d'établir de nouveaux droits de leur autorité privée (2). De plus, les villes avoient des biens fonds qui leur appartenoient en propre, et les curiales disposoient de leurs revenus. En même temps, ils avoient le commandement des milices, et, s'il y avoit à prendre quelque mesure de défense commune, c'étoit à eux à l'ordonner. Mais, au quatrième siècle, ces milices n'avoient probablement plus ni organisation ni armes, et le Gaulois, devenu Romain, avoit perdu tout esprit militaire et tout courage.

Au commencement de la domination des Romains dans les Gaules, les cités conservoient

(1) *Cassiodori variarum.* Lib. IX, epist. 4, p. 671.
(2) *Codex Justinian. Repet. Prælect.* Lib. IV, tit. LXI. *De Vectigalibus.* Leg. 10 et 13, tit. LXII. *Vectigalia nova institui non posse.*

encore quelque ardeur militaire, et leurs milices avoient quelquefois combattu à côté des légions. Tacite parle, dans plus d'une occasion, des auxiliaires belges, bataves et gaulois qui avoient secondé les Romains (1). Il rapporte même deux exemples de guerres privées entre deux villes rivales. La guerre entre Néron et Galba, l'an 68 de J.-C., réveilla l'antique discorde des Lyonnois avec les Viennois. Ils s'attaquèrent tour à tour, et leurs combats furent bien plus fréquens, et soutenus avec bien plus d'animosité que s'ils avoient songé seulement à la querelle des empereurs. Galba, demeuré vainqueur, confisqua les revenus des Lyonnois, et combla les Viennois d'honneurs. Lorsque Othon lui succéda, l'année suivante, les Lyonnois voulurent persuader à son lieutenant qu'il devoit les venger sur les Viennois, et, ceux-ci ne fléchirent les soldats qu'avec peine, en leur abandonnant leurs armes (2). De nouveau, dans la guerre excitée par Civilis contre les Romains, l'on vit les habitans de Langres combattre avec acharnement contre les Séquanois (3). Des écrivains modernes se sont saisis avec avidité de ces deux faits, comme s'ils suffisoient à démontrer, ainsi qu'ils l'ont avancé, que le droit de guerre

---

(1) *Tacitus Historiar.* Lib. IV, cap. 17, 20, 25.
(2) *Cornelii Taciti Historiar.* Lib. I, cap. 65, p. 429.
(3) *Ibid.* Lib. IV, cap. 67, p. 443.

privée étoit bien antérieur dans les Gaules à l'invasion des Barbares, et au système féodal, puisqu'il datoit de l'ancien droit celtique. (1). Ils savoient cependant que chez les Celtes les guerres entre deux cités n'étoient ni des guerres civiles, ni des guerres privées, mais des guerres entre deux états indépendans; que la jalousie et la haine de voisinage avoient pu survivre à cette indépendance; que ces rivalités de voisinage existent entre des villes qui n'ont jamais songé à se faire la guerre; et que les événemens d'une guerre civile prouvent, non les droits des cités, mais la violence des passions qu'elles ressentent.

Au reste ces passions populaires, et cette surabondance de vie, ne purent pas se maintenir dans les Gaules, après la ruine des campagnes et les désastres des villes : lorsqu'il éclata des guerres civiles dans le second et le troisième siècle, le peuple y demeura complétement étranger. Les bourgeois, assurés d'être vexés également par tous les princes et toutes les armées, restèrent indifférens entre tous les usurpateurs. On ne les vit plus prendre les armes pour personne, ni manifester leur haine ou leur rivalité contre aucuns voisins. Ils n'avoient même plus assez d'énergie pour tenter de se défendre contre

(1) Abbé Dubos, *Histoire critique.* Liv. I, ch. 3. — Montlosier, *de la Monarchie française.* Liv. I, p. 92.

les Barbares, quoiqu'il s'agît pour eux d'éviter ainsi le pillage, le massacre ou la captivité. Lorsque des partis peu nombreux battoient la campagne, les bourgeois fermoient leurs portes, et gardoient leurs murailles; mais rien n'étoit si rare que de leur voir soutenir un siége devant une armée. En toute occasion, l'impuissance du peuple et sa foiblesse physique se manifestoient comme sa pusillanimité.

L'organisation des curies survécut à la domination romaine : les mêmes cités, que les empereurs avoient reconnues, continuèrent à former des corps politiques sous les rois visigoths, bourguignons et francs; ceux-ci n'avoient garde de briser un lien qui leur étoit si utile, et de renoncer à l'action que, par les curies, ils pouvoient exercer sur tous les citoyens. Bien plus, comme les communications étoient moins faciles entre les Barbares, et l'obéissance moins assurée, les municipalités gagnèrent une partie de ce que perdoit l'autorité publique, jusqu'au temps où une autre autorité s'éleva auprès d'elles, dans chaque province, et les écrasa de nouveau.

La perception des revenus du fisc, et la levée des soldats étoient les deux plus rudes fardeaux imposés aux curies. C'étoit à leur occasion que les curiales éprouvoient des extorsions si ruineuses; c'étoit en les recouvrant à leur tour qu'ils se rendoient si odieux à leurs concitoyens. Les finances et l'armée étoient les deux plaies de l'empire romain. Le citoyen, succombant sous les charges qui lui étoient imposées, renonçoit souvent à élever une famille ; il abandonnoit le soin de sa propriété ; il désertoit la terre qui lui étoit confiée ; il alloit même jusqu'à se réjouir de la conquête du Barbare, car il se flattoit que celui-ci du moins condamneroit à l'oubli la pernicieuse science des financiers.

Autant que nous pouvons comprendre les finances de l'empire romain, le revenu du fisc se composoit : de deux impositions directes, l'une par arpent de terre, l'autre par tête ; du produit en nature des terres appartenantes à l'état ; et de quelques impôts indirects moins considérables.

La taxe sur les terres étoit assise d'après un recensement et un cadastre ; sa quotité étoit fixée tous les quinze ans, et cette opération destinée à égaliser l'impôt, ou à le proportionner aux changemens que la culture avoit éprouvés, donna naissance au cycle des indictions qui, à dater du 24 septembre 313 où il commença, a servi à marquer la chronologie. L'impôt de l'indiction paroît avoir pris au propriétaire, entre le tiers et la moitié du produit net (1). Mais, indépendamment du principal

(1) *Lex Theodosii* 6 *idus Octobris* 424, *in Cod. Justinian.* Lib. X, tit. XVI, l. 12.

invariable pendant quinze ans, de cette contribution, le contribuable étoit exposé à des *superindictions*, ou surcroîts extraordinaires de la taxe, qui devoient être payés aux mêmes termes, et de la même manière. Jusqu'à l'an 382, le droit de lever une superindiction avoit été abandonné aux préfets; il fut dès lors réservé aux empereurs. (1)

La taxe sur les personnes, ou la capitation, étoit levée indifféremment sur toutes les personnes libres; cependant il y avoit des provinces où les femmes n'y étoient soumises qu'après l'âge de douze ans, et les hommes que de quatorze à soixante-cinq (2). De ce qu'un homme vit, on peut bien conclure qu'il a des besoins, mais nullement qu'il ait des revenus, ou qu'il soit en état de payer: une capitation qui confond le riche avec le pauvre, celui qui peut donner avec celui qui doit demander des secours, est donc non-seulement le plus cruel et le plus injuste des impôts, mais encore il doit être l'un des moins productifs; car il faut bien qu'il se proportionne aux facultés des plus misérables. Lorsqu'on sait qu'aucune preuve d'indigence n'étoit admise pour se soustraire à la capitation (3), on a peine à comprendre com-

---

(1) *Cod. Justinian.* Lib. X, tit. XVIII, *lex unica*.
(2) *Pandectarum.* Lib. L, tit. XV, *de Censibus*. Lex 3ª.
(3) *Salviani de Gubernatione Dei.* Lib. V, p. 104.

ment cet impôt désastreux avoit pu être porté à vingt-cinq pièces d'or par tête, ou environ 336 francs, par les ministres de Constance. Julien, à son arrivée dans les Gaules, le réduisit à sept pièces d'or, ou environ 92 francs, et cette somme même paroît encore exorbitante (1). Il est vrai qu'on rétablissoit quelque proportion entre la capitation et les facultés des contribuables, tantôt en chargeant les plus riches de plusieurs cotes, tantôt en en partageant une seule entre plusieurs pauvres. Une loi, rendue par Valentinien et Valens en 383, permit d'associer jusqu'à trois hommes et jusqu'à quatre femmes pour une seule capitation ; tandis que le poète Sidonius Apollinaris se plaint d'avoir été traité comme Cerbère, et taxé comme s'il avoit trois têtes (2). D'après les calculs de l'abbé Dubos, confirmés par Gibbon, la Gaule romaine, plus étendue d'un quart que la France actuelle, ne contenoit pas plus de cinq cent mille contribuables (3). Le territoire des Éduens, qui correspond à peu près aux deux départemens de Saône et Loire, et de

---

(1) *Ammiani Marcellini.* Lib. XVI, cap. 8, p. 485.

(2) *Codex Justinian.* Lib. XI, tit. XLVII, *lex* 10. — *Sidonius Apollinaris Carm.* XIII. *Scr. Franc.* T. I, p. 811.

(3) Abbé Dubos, *Histoire critique de la Monarchie franç.* Liv. I, chap. 12. — Gibbon, *Decline and fall of the Rom. Emp.* Chap. 17, T. III, p. 93.

la Côte-d'Or, et qui contient aujourd'hui au moins six cent mille habitans, ne comptoit, au temps de Constantin, que vingt-cinq mille contribuables; encore réduisit-il leur rôle à dix-huit mille. (1)

Il semble d'abord qu'on ne devroit pas ranger parmi les charges publiques les revenus que le fisc retiroit de ses propres terres. Il paroît cependant qu'entre tous les revenus publics c'étoit celui qui causoit le plus de vexations aux agriculteurs. Tantôt ces terres étoient cultivées par des esclaves du fisc, et tantôt elles étoient données à ferme; mais leur rente étoit toujours réservée en nature, et les denrées qu'elles produisoient étoient transportées dans les magasins de l'état, pour servir à la nourriture des troupes. Ces transports se faisoient aux frais des cultivateurs, et pour les accomplir on soumettoit les provinciaux à des corvées continuelles. Le Code et le Digeste sont pleins de lois qui règlent ou limitent les priviléges en vertu desquels on prétendoit se dispenser de ces travaux publics (2). Cependant les attelages des laboureurs étoient détruits par des charrois ruineux, leur temps se consumoit sur les grandes routes, leurs per-

(1) *Eumenii gratiarum actio Constant. Augusto.* Cap. 11, *Panegyr. veter.* p. 227.

(2) *Pandectarum.* Lib. L, tit. IV, V, VI. — *Codex Justin.* Lib. X, tit. XVI, XXII, XXVI.

sonnes mêmes étoient soumises aux mauvais traitemens des percepteurs, et un service toujours irrégulier ouvroit la porte à toutes les exactions arbitraires. Aussi n'étoit-il point rare de voir les petits propriétaires, après avoir perdu tout leur fonds de culture, obligés de s'enfuir en abandonnant leur patrimoine, et de se cacher dans les bois pour se soustraire aux charges attachées à toute jouissance de la propriété.

Parmi les terres que possédoit le fisc, plusieurs lui avoient été acquises par la confiscation : C'étoit chez les Romains le droit de la guerre. Après la soumission de chacune des cités des Gaules, César, en punition de leur résistance, leur avoit imposé l'obligation d'abandonner au peuple romain le tiers ou le quart de leurs terres. Un vainqueur qui calcule lui-même que dans sa première campagne contre les Helvétiens dans les Gaules, il fit périr deux cent cinquante huit mille hommes, femmes ou enfans; qui pour punir les Attuates d'avoir voulu le surprendre, en fit vendre cinquante-trois mille comme esclaves ; ne croyoit pas user d'une grande rigueur quand il ne confisquoit que des terres (1). Dans la suite, la part du fisc ne cessa de s'augmenter par des déshérences; les familles

(1) *Julii Cæsaris Commentar. de Bello Gallico.* Lib. I, cap. 29; Lib. II, cap. 33.

entières s'éteignoient, parce que chacun redoutoit de se marier, et de transmettre à ses enfans une existence devenue misérable; d'autres fois toute la population d'un district étoit massacrée ou emmenée en captivité par les Barbares, ou par ceux que la guerre civile rendoit ennemis. Lorsqu'il ne se présentoit plus personne pour réclamer l'héritage désert, la loi l'attribuoit au fisc. Mais bientôt les empereurs s'aperçurent que ces acquisitions ruinoient leurs revenus, loin de les augmenter. Au lieu d'étendre les droits du fisc, ils cherchèrent vainement à rendre aux particuliers une propriété devenue publique. Ils invitèrent les voisins, les curiales, les hommes industrieux de tous les pays à se saisir des terres abandonnées. Après trois ans de culture, la propriété leur en fut assurée par une loi de Constantin, sans qu'ils dussent demander le consentement de personne, ou sans aucune formalité préalable; et ce terme paroissant encore trop long, Valentinien II et Théodose le réduisirent à deux années. (1)

Malgré cette libéralité envers les nouveaux colons, une grande partie des champs qui avoient été cultivés étoit abandonnée. Alexandre Sévère commença le premier, en 225, à distribuer aux soldats ces terres désertes, pour

---

(1) *Codex Justinianeus.* Lib. XI, tit. LVIII. *De omni agro deserto.* Lex 1 et 8.

les intéresser ainsi à la défense de leur patrie (1). Son exemple fut ensuite fréquemment imité par tous ses successeurs; mais avec quelque générosité qu'ils partageassent quelquefois des provinces presque entières en portions égales entre les soldats ou romains ou barbares, ils ne purent épuiser le fonds des terres qui appartenoient à l'état, car il se renouveloit sans cesse par l'extinction des générations successives.

Le caractère belliqueux des voisins septentrionaux de l'empire romain avoit donné la plus haute importance militaire à la frontière des Gaules. Au couchant, les Romains s'étendoient jusqu'au grand Océan occidental, et n'avoient pas de voisins. Au midi, leurs possessions couvroient tout le pays susceptible de culture, jusqu'aux déserts de l'Afrique et de l'Arabie, en sorte qu'ils pouvoient tout au plus craindre de ce côté, sur une frontière de 3,800 milles de longueur, les brigandages de quelques Maures et de quelques Arabes errans. Au levant, l'empire romain avoit un redoutable voisin dans celui de Perse. Cependant les déserts de l'Arabie et les montagnes de l'Arménie resserroient le théâtre ouvert à leurs armes, et la frontière de l'Euphrate sur laquelle les légions étoient

(1) *Lampridius in Alexandro Severo.* Cap. 58. *Historia Augusta*, p. 354.

cantonnées, n'avoit pas trois cents milles d'étendue. Au nord seul, l'empire romain étoit sans cesse menacé par une foule innombrable de peuples belliqueux qui, partant des extrémités de l'Asie comme de celles de l'Europe, et tournant la mer Noire, rarement sillonnée par leurs vaisseaux, arrivoient tous sur les bords du Danube ou sur ceux du Rhin. Cette frontière septentrionale, quoique moins étendue que celle du midi, avoit cependant environ dix-huit cents milles de développement, à quoi il faut encore ajouter une centaine de milles pour la frontière septentrionale de la Grande-Bretagne. Le Danube couvroit la Rhétie, le Norique, la Pannonie et tout l'empire grec; le Rhin couvroit les Gaules, et avec elles l'Italie, l'Espagne et même l'Afrique. Toutes les légions romaines étoient en effet distribuées en Bretagne, derrière le mur des Écossois, en Gaule sur le Rhin, de la Rhétie à la Dacie sur le Haut et le Bas-Danube, et en Syrie sur l'Euphrate : le reste de l'empire n'avoit pas besoin de soldats.

Depuis le temps d'Auguste jusqu'à celui de Constantin, huit légions furent destinées à défendre la Gaule; elles furent stationnées exclusivement dans les deux provinces qui, quoique gauloises, portoient le nom de Germaniques, et dont les habitans parloient en effet la langue teutonique. Quatre légions occupoient la Germanie supérieure, dont la capitale étoit Mayence, quatre autres la Germanie inférieure, dont la capitale étoit Cologne. Dans le reste des Gaules il n'y avoit le plus souvent pas plus de douze cents hommes en cantonnement, et cette foible troupe suffisoit pour contenir toute la province dans le devoir. Les huit légions formoient environ quarante-huit mille hommes : c'étoit là tout l'état militaire de la Gaule unie à l'Espagne, et destinées à couvrir l'Italie et l'Afrique. (1)

Les légions avoient toujours occupé des camps fortifiés; Constantin les en retira pour les établir dans les grandes villes. Il changea toute l'organisation de l'armée; il augmenta le nombre des légions, en diminuant celui des soldats dont elles se composoient. Il les soumit à deux généraux, dont l'un porta le nom de maître des cavaliers, l'autre de maître des fantassins, et il les rendit indépendans du préfet du prétoire. Au-dessous d'eux il établit cinq ducs, auxquels il donna le commandement des deux Germanies, de la seconde Belgique, des Séquanoises et des Armoriques. Les Séquanois commençoient à être exposés aux invasions des Barbares, depuis que les Allemands s'étoient établis sur la frontière de la Suisse; les Armo-

(1) Abbé Dubos, *Histoire crit.* Liv. I, chap. 5. — *Flavii Josephi de Bello judaico.* Lib. II, cap. 28. *Script. Franc.* T. I, p. 374.

riques ou provinciaux des bords de l'Océan étoient désolés par les invasions maritimes des Saxons. Un comte militaire, établi à Argentine ou Strasbourg, étoit indépendant des ducs, et gardoit le Haut-Rhin. Cette organisation nouvelle ne changea point la force de l'armée destinée à garder la Gaule; elle ne passa jamais cinquante mille hommes (1). Dans une notice des dignités de l'empire, qu'on croit écrite du temps de Valentinien III, on trouve le nom de quarante-neuf corps de fantassins et de douze corps de cavaliers, destinés à la défense des Gaules. Ces noms sont fort bizarres; ils semblent pris tour à tour de celui du commandant, de celui de la province, ou de celui du peuple qui avoit fourni les soldats. On a peine à y retrouver un souvenir de l'armée romaine. (2)

A la même époque on voit figurer dans les Gaules, indépendamment des soldats de l'armée active, que les Romains nommoient *præsentes* ou *præsentales*, des corps de Barbares, qui, lorsqu'ils servoient sous leurs chefs héréditaires avec les armes qui leur étoient propres, en conservant leur langue, leurs mœurs et leurs usages, étoient désignés par le nom de

---

(1) *Zosimi Historia.* Lib. II, cap. 33, 34, p. 189.

(2) *Notitia Dignitatum Imperii per Gallias.* Scr. Franc. T. I, p. 125. — Abbé Dubos, *Hist. critique de la Monarchie française.* Liv. I, chap. 8.

fœderati ; des vétérans qui paroissent aussi d'origine barbare, et auxquels on avoit donné des terres à cultiver ; ils sont désignés par le nom de *læti* ; enfin les soldats des colonies militaires, qui tenoient par une sorte d'inféodation leurs terres du gouvernement, sous condition qu'eux et leurs enfans, dès l'âge de dix-huit ans, seroient toujours prêts à prendre les armes pour la défense de leur province. On les nommoit *limitanei*. (1)

Un établissement militaire d'environ cinquante mille hommes, qui devoit couvrir les Gaules, l'Espagne, et jusqu'à un certain point l'Italie et l'Afrique, et qui pouvoit en revanche se recruter dans ces vastes régions, n'auroit pas dû être bien difficile à entretenir au complet. Cependant, malgré le prix très-élevé de la solde, malgré les punitions sévères dont étoient frappés ceux qui se refusoient au service, malgré l'indulgence des recruteurs qui admettoient dans les rangs jusqu'à des esclaves, il étoit devenu toujours plus impossible de recruter les légions parmi les sujets de Rome. Longtemps on admit des Barbares individuellement dans les rangs des Romains ; ensuite on en vint à engager dans les armées les nations ennemies tout entières, avec leur rois à leur tête. Sans

---

(1) *Lampridius in Alexandro Severo*. Cap. 58 ; p. 354. — *Flavius Vopiscus in Probo Imp*. Cap. 16, p. 440. — Dubos, *Hist. crit.* Liv. I, chap. 9 et 10.

doute la mollesse et la lâcheté avoient fait d'étranges progrès parmi le peuple, sous le gouvernement despotique des Césars; mais une autre cause rendoit le recrutement impossible, et cette cause, qui jusqu'ici n'a point été assez remarquée, étoit l'exploitation des campagnes par des esclaves. Elle avoit causé l'extirpation de la classe si importante des paysans, et la disparition presque absolue de la population libre.

Aussi long-temps que les Gaules étoient demeurées indépendantes, les chefs eux-mêmes du peuple s'étoient occupés d'agriculture; mais ils ne pouvoient pas accomplir tout l'ouvrage des champs avec leurs bras, surtout puisque dès lors on leur avoit permis de réunir de très-vastes propriétés. La guerre, qui peut-être leur avoit donné occasion de s'attribuer ces immenses héritages, leur avoit aussi donné des esclaves pour les cultiver. Ils en conservèrent une partie dans leurs maisons, ils en établirent un plus grand nombre sur leurs terres, et ils les leur donnèrent à travailler, moyennant une redevance, ou fixe, ou proportionnée aux récoltes (1). La condition de ces colons partiaires ou

---

(1) M. de Montlosier affirme que *lorsque les Romains entrèrent dans les Gaules, les terres (chose singulière) avoient des conditions et des rangs.* (Monarchie franç. T. I, p. 5.) Pourquoi ne s'appuie-t-il d'aucune citation pour établir un

tributaires nous est fort mal connue; mais César, décrivant les Gaules avant sa conquête, nous apprend « qu'on n'y trouve que deux classes d'hom-
« mes jouissant de quelque crédit, savoir, les
« druides et les chevaliers; car la populace est
« presque rangée dans l'ordre des esclaves; elle
« n'est rien par elle-même, et elle n'est appelée à
« aucun conseil. La plupart, lorsqu'ils sont acca-
« blés par leurs dettes, par la pesanteur des tri-
« buts, ou par les injures des puissans, se con-
« sacrent à la servitude des nobles; ceux-là ont
« alors sur eux tous les mêmes droits que les
« maîtres ont sur leurs esclaves. Quant aux
« chevaliers, quand il en est besoin, ils se ren-
« dent tous à la guerre, et selon qu'entre eux
« chacun est plus ou moins distingué par sa
« naissance ou ses richesses, il rassemble au-
« tour de lui un nombre plus ou moins grand
« de vassaux (*ambacti*) ou de cliens; les nobles
« ne connoissent point d'autre moyen de faveur
« ou de puissance. » (1)

Ainsi donc dès cette époque reculée, les sei-

---

fait qu'il regarde comme si singulier, et sur lequel il édifie presque tout son système? Je ne connois rien qui vienne à l'appui de la distinction dont il parle; mais si elle est en effet indiquée quelque part, apparemment qu'on doit l'entendre de la terre donnée aux colons partiaires, par opposition à celle que le maître se réservoit pour cultiver sous sa main.

(1) *Julii Cæsaris Commentaria de Bello gallico.* Lib. VI, cap. 13 et 15.

gneurs gaulois avoient élevé de grandes fortunes territoriales, tandis que le menu peuple, après avoir perdu sa liberté, ne travailloit plus que pour ses maîtres. Le nombre des cliens qu'un seul homme pouvoit mettre en mouvement étoit même prodigieux, et l'on a peine à comprendre comment une république, lorsqu'elle comptoit des citoyens si puissans, pouvoit les forcer à respecter ses ordres. Orgétorix, le premier et le plus riche des Helvétiens, réussit à se soustraire à un jugement, en rassemblant ce que César nomme sa famille; avec ses cliens et ses débiteurs, elle montoit à dix mille hommes. Le Séquanois Casticus et l'Éduen Dumnorix semblent n'avoir pas été moins puissans. (1)

Mais enfin ces cliens, ces *ambacti* ou vassaux, étoient dans une condition approchant de celle des esclaves; c'est dire assez qu'ils n'étoient pas complétement réduits à l'esclavage : d'ailleurs, aussi long-temps que les hommes libres cultivent eux-mêmes leurs terres, la condition de l'esclave en doit être moins fâcheuse. La communauté de travail établit toujours une sorte de fraternité, tandis que le joug devient intolérable quand le maître regarde l'esclave comme étant d'une autre espèce que lui. Nous

(1) *Julii Cæsaris de Bello gallico Comment.* Lib. I, cap. 3 et 4.

ne connoissons point le contrat que faisoit le seigneur gaulois avec le colon qui cultivoit sa terre; mais il semble que les paysans gaulois habitoient au milieu des champs qui leur étoient distribués, et non dans la maison du maître. Ils avoient donc quelque intérêt dans la propriété, quelque droit aux récoltes qu'ils faisoient naître, et leur condition étoit peut-être la même que celle des colons partiaires, ou tout au plus que celle des serfs de la glèbe.

Il faut bien que le sort des paysans tributaires, dans les Gaules indépendantes, fût tolérable, puisqu'il leur permettoit de multiplier. En effet, on voit que la population s'y proportionnoit au besoin du travail; de même elle s'est maintenue dans le moyen âge, et elle se maintient en Russie; tandis que l'esclavage domestique détruit rapidement la classe qui lui est soumise, et que si on ne la renouvelle pas par une traite ou une importation constante, cette classe finit par s'éteindre.

La conquête des Gaules avoit été accompagnée d'un épouvantable massacre de leurs habitans; il semble, d'après le récit de César, qu'un quart de la population périt par l'épée des Romains. Mais, dès que les Gaules furent soumises, les arts du luxe et de la mollesse y firent dans les villes des progrès rapides; un immense commerce échangea leurs produits et augmenta leur opulence; et les besoins de la consommation étant plus considérables pendant le premier siècle de leur soumission aux Romains, la population des campagnes s'accrut rapidement pour y pourvoir. En une génération le vide laissé par la guerre fut comblé; l'agriculture s'enrichit des découvertes faites par les observateurs de la nature en Italie et en Grèce. Les Gaules furent regardées comme une des plus riches et des plus fertiles provinces de l'empire; la culture de la vigne y fut introduite; elle s'avança dans le nord jusqu'au voisinage de Paris, tandis que d'autres districts, mieux situés, furent signalés pour leurs vins exquis. (1)

Au milieu même de ce progrès vers l'opulence, un double changement s'opéra dans la population libre, et dans la population servile. Les petits propriétaires, ruinés par la durée de la guerre, et dépouillés par les usuriers, furent plus que jamais obligés de se mettre sous la clientelle des seigneurs puissans. Bientôt ils ne purent plus soutenir leur concurrence; ils vendirent leurs propriétés, que les acquéreurs en petit nombre réunirent par grandes masses. Ces immenses propriétés, que les Romains désignoient par le nom de *Latifundia*, perdirent la

---

(1) *Plinii Historia naturalis.* Lib. XIV, cap. 2, 3, 6, 9, et cætera.

Gaule aussi-bien que l'Italie (1). Tous les petits propriétaires, tous ceux qui travailloient leurs propres champs de leurs propres mains, disparurent. C'étoient eux qui formoient proprement la nation ; avec eux finit la race des Gaulois et la langue celtique. Les grands seigneurs, au contraire, repoussèrent toutes les traditions nationales, comme des restes d'une barbarie dont ils rougissoient. Ils adoptèrent tout le luxe des Romains, ils firent consister le progrès de la civilisation, autant dans les jouissances de la mollesse que dans les développemens de l'esprit ; ils renoncèrent à tous les travaux rustiques ; ils sollicitèrent leur admission dans le sénat de Rome ; ils se réunirent dans les grandes villes ; ils soumirent leurs esclaves à l'inspection de régisseurs mercenaires, et en les réduisant à une condition beaucoup plus dure, beaucoup plus misérable, ils arrêtèrent aussi beaucoup plus tôt leur reproduction.

Bientôt la culture des campagnes, par des colons partiaires ou tributaires, fut considérée par les Gaulois civilisés, comme un reste de la barbarie de leurs ancêtres. Il étoit impossible, disoient-ils, de faire admettre par ces grossiers paysans aucun des progrès de la science rurale, et pour réformer l'agriculture, il leur parois-

---

(1) *Latifundia perdidére Italiam. Plinii Histor. naturalis.* Lib. XVIII, cap. 6.

soit nécessaire de substituer à des colons presque indépendans, des esclaves qui n'eussent d'autre volonté que celle de leurs maîtres. En vain Columelle leur recommandoit-il d'employer des esclaves seulement lorsqu'ils pourroient les diriger eux-mêmes, et de s'en tenir aux cultivateurs libres, aux colons, si leurs possessions étoient éloignées, et s'ils ne vouloient pas vivre dans les champs, à la tête de leurs ouvriers (1). Le *villicus*, ou le commandeur d'esclaves, s'efforçoit de leur persuader le contraire; il employoit tous les raisonnemens que nous voyons reproduire par les agens des planteurs aux Antilles; et l'orgueil ou le goût du pouvoir absolu, plus puissant que l'intérêt personnel, les faisoit écouter.

Les paysans, réduits à un complet esclavage, périssoient rapidement à la peine. Depuis la disparition des petits propriétaires, leur condition avoit cruellement empiré; pour mesurer avec discrétion le travail, il faut le connoître; et le luxe qui augmente la cupidité, diminue la sympathie des hommes pour leurs semblables. Cependant la traite combloit avec facilité les vides de la population servile. Pendant longtemps les Romains s'étoient crus assurés d'un marché d'esclaves toujours abondamment fourni. Leur république avoit constamment fait la

(1) *Columella de re rusticâ.* Lib. I, cap. 7.

guerre avec succès, et à peine croyoient-ils abuser de la victoire lorsqu'ils faisoient vendre sous la lance tous les habitans d'une ville prise d'assaut. Nous voyons dans les Antilles qu'il ne faut que quinze ans à des maîtres chrétiens pour détruire toute une population servile qui n'est pas renouvelée par la traite ; on ne doit pas croire que les maîtres gaulois et romains eussent plus d'humanité. Aussi la nation gauloise fut en quelque sorte détruite entre leurs mains ; ainsi périt un langage national qui, des extrémités de l'Hibernie à celles de la Gaule cisalpine, avoit été parlé par tant de millions d'hommes ; phénomène toujours rare dans l'histoire, et qui ne peut s'expliquer que par l'esclavage. En effet les esclaves qui avoient remplacé les anciens paysans, rassemblés parmi des races différentes, et souvent amenés de pays lointains, étoient obligés d'apprendre le latin, seule langue commune, pour s'entendre les uns avec les autres, ou pour comprendre les ordres de leurs régisseurs et de leurs maîtres. C'étoit à eux à faire toutes les avances ; car entre l'esclave et l'ingénu, c'est toujours le premier qui apprend la langue de l'autre.

La langue des vainqueurs avoit cependant été repoussée par la troisième Lyonnoise ou l'Armorique, la race des paysans avoit mieux maintenu son indépendance, et a conservé jusqu'à nos jours le bas-breton; et par les deux Germanies, qui ne renoncèrent jamais à l'usage de la langue teutonique. De nouveaux peuples germains venoient fréquemment se mêler aux anciens conquérans, et chaque invasion confirmoit l'amour de tous les usages de leur race parmi des peuples fiers de leur origine. Dans le reste des Gaules on ne parloit plus que latin, et tout au plus distinguoit-on encore à la prononciation un Aquitain d'avec un Celte. (1)

Mais, deux siècles environ après la conquête des Gaules, la fortune abandonna les Romains; ils ne soumirent plus de nouvelles régions à leur empire; ils ne réussirent plus, en faisant des incursions chez les Barbares, à en ramener de nombreuses bandes de captifs. Ils se bornèrent à défendre la frontière du Rhin et du Danube; et, loin de pouvoir recruter leurs laboureurs avec des esclaves enlevés aux Germains, aux Sarmates et aux Scythes, ils virent bientôt les nations barbares pénétrer dans leurs provinces, ravager leurs moissons, et entraîner, dans les forêts de la Germanie, pour les revendre ensuite aux Italiens et aux Grecs, les esclaves qu'elles enlevoient à la Gaule. Une seule campagne pouvoit tout à coup faire disparoître toute

---

(1) *Sulpicius Severus*, *Dialog. primus.* Cap. 20. *Scr. Franc.* T. I, p. 574. — *Sidonius Apollinaris.* Lib. III, epist. 3. *Scr. Franc.* T. I, p. 790.

cette population servile qui, n'étant point attachée au sol et n'ayant rien à perdre, ne redoutoit point de passer en de nouvelles mains. Les esclaves, espérant toujours changer un mauvais maître contre un meilleur, et préférant l'inconnu au connu, suivoient sans difficulté le vainqueur barbare, qu'ils aidoient à se charger des dépouilles de la ferme. De tout le butin que le soldat pouvoit atteindre, c'étoient les esclaves qu'il transportoit avec le plus de facilité, et qu'il revendoit avec le moins de perte. Cependant les familles auxquelles la culture de la terre étoit confiée, s'éteignoient rapidement, et les maîtres, ruinés par la guerre, ne pouvoient plus racheter de nouveaux agriculteurs, pour remplacer ceux qui leur échappoient.

On vit alors commencer, pour les propriétaires, un état de détresse, qui a laissé des traces profondes dans la législation des Romains. L'on s'occupa d'abord de fixer les colons sur les terres de leurs maîtres. Par une loi d'Arcadius et Honorius, la populace, dans plusieurs provinces des Gaules, fut enregistrée et retenue au service des terres (1); de grandes facilités furent aussi données aux maîtres pour réclamer leurs colons fugitifs, lorsqu'ils désertoient de leurs champs. (2)

(1) La loi emploie le mot de *plebs*, qui ne désigne pas les esclaves. *In Codice Theodosiano*. T. IV, p. 36, 13, *Flav. Manl. Theodor. Coss*. Ann. 399.

(2) *Codex Theodosian*. Lib. V, tit. IX et X. T. I, p. 419,

Ainsi, la rapide destruction des esclaves qu'on avoit cessé de remplacer, avoit forcé d'en revenir à la culture libre; mais en même temps le législateur restreignoit cette liberté qui pouvoit encore relever la population, et il assimiloit presque la condition des colons à celle des esclaves qui avoient disparu. Il s'aperçut bientôt cependant qu'il devoit au contraire protéger le colon contre l'oppression de son maître, s'il ne vouloit pas que cette seconde classe disparût comme la première. Quelques lois furent portées pour empêcher le maître d'abuser de son pouvoir, et d'augmenter les redevances que les colons payoient d'après un ancien usage (1). Ce travail contradictoire du souverain décèle son embarras. Tantôt le propriétaire se plaignoit que les terres ne lui rendoient rien, et qu'il ne pouvoit payer les impôts, à moins qu'on ne l'armât de lois plus sévères contre ses paysans ; tantôt de vastes districts, des provinces tout entières, revenoient au fisc, après l'abandon ou la mort de tous leurs habitans, et avertissoient ainsi le prince d'adoucir une législation trop sévère.

ad ann. 400. Lib. VI, tit. II, ad ann. 398. T. II, p. 21 ; avec une dissertation savante de Godefroi sur les droits et la condition des colons.

(1) *Codicis Justiniani.* Lib. XI, tit. XLIX, l. 1 et 2. Sur la condition des colons, voyez le Code, Lib. XI, tit. XLVIII et seq., et le Code théodosien, Lib. V, tit. IX, X et XI. —Voyez aussi *Sancti Augustini de civitate Dei.* Lib. X, cap. 1.

Les jurisconsultes multiplioient leurs décisions ; mais en même temps les forêts et les bruyères envahissoient des campagnes autrefois fertiles. Le despotisme promenoit sa faux terrible sur les Gaules, et leurs habitans disparoissoient devant elle plus rapidement qu'ils n'avoient fait devant le glaive de César.

Deux corps peuvent encore mériter de fixer nos regards dans l'organisation des Gaules romaines, savoir : la noblesse et le clergé. Il est important de savoir ce qu'ils étoient sous les empereurs, pour juger ce qu'ils devinrent, et comment ils le devinrent sous les rois barbares.

Les distinctions de naissance avoient existé dès le commencement de la république romaine; et, malgré la lutte qui s'étoit établie de bonne heure entre la démocratie et l'aristocratie, malgré les victoires que le principe de l'égalité avoit successivement obtenues, ces distinctions subsistèrent jusqu'aux derniers temps de l'empire romain, tant elles étoient intimement liées avec les mœurs de tout le peuple. Entre les nations de l'antiquité, les Romains seuls avoient adopté l'usage des noms de famille; par leur moyen, ils transmettoient à leurs enfans le nom et la gloire des pères comme un héritage. Les peuples qui n'ont point connu cet usage si simple, ne peuvent jamais attacher la même importance à l'antiquité des races. Plus l'empire avoit subsisté long-temps, et plus ces antiques souvenirs paroissoient imposans; aussi, sous le règne de Théodose et de ses fils, dans le quatrième et le cinquième siècle, le sénat de Rome s'enorgueillissoit-il de ceux de ses membres qui lui portoient beaucoup de faisceaux consulaires. Les noms les plus illustres de la république étoient tous éteints, il est vrai; mais les Bassi, les Paulini, les Anicii et les Symmachi, se rattachoient, par leurs alliances, aux plus anciennes familles patriciennes.

Tous les personnages importans, dans les Gaules, tous ceux qui pouvoient prétendre à une longue illustration, avoient adopté l'usage romain des noms de famille, et ces noms, dès le temps de Tacite, avoient une tournure latine, même dans l'armée indépendante de Julius Civilis. Dès lors les distinctions pouvoient être attachées à la naissance, et demeurer héréditaires tout aussi-bien que dans le sénat de Rome. Il est probable que sous ces noms nouveaux, se cachoient les descendans des anciens chefs des républiques gauloises. Ils s'étoient faits latins pour entrer dans le sénat de Rome; mais leur aristocratie, fondée sur leurs richesses et sur l'étendue de leurs possessions territoriales, se maintenoit en dépit des révolutions. Les nobles et les chevaliers dont avoit parlé César, étoient probablement les ancêtres de ces familles sénatoriales, dont Grégoire de Tours parle au sixième siècle, quoiqu'il n'y eût plus de sénat.

Cependant, la manière dont l'empire romain étoit gouverné, n'étoit pas propre à confirmer les préjugés de la naissance. Une distinction importante avoit existé long-temps entre les citoyens romains et les provinciaux ou sujets de l'empire; elle fut abolie par l'édit de Caracalla, qui accorda à tous les provinciaux, sans exception, les droits de citoyens romains. La distinction entre les patriciens et les plébéiens avoit été depuis long-temps supprimée; il ne restoit donc plus que celle de l'ordre sénatorial, qui ne se trouvoit étayée par aucune autre, et qui étoit fréquemment accordée par les empereurs à des favoris indignes de toute considération. Au milieu du troisième siècle, l'empereur Gallien, jaloux de ce qui restoit encore de crédit au sénat, interdit aux sénateurs d'exercer jamais aucune fonction militaire, ou même de s'approcher des camps et des légions (1). Dès lors, la noblesse romaine s'abandonna, sans plus de retenue, à la mollesse et aux vices; et comme le commandement des armées étoit la

---

(1) *Sexti Aurelii Victoris de Cæsar. in Gallieno.* Cap. 33, §. 5, p. 747 *et in Probo*, cap. 37, p. 748, *Script. Histor. Augustæ.*

route ordinaire par laquelle on arrivoit à l'empire, à dater de cette loi, les empereurs, leurs grands officiers, les tribuns des légions, et tous ceux qui, dans l'empire, exerçoient un grand pouvoir, ne sortirent plus que de familles plébéiennes, provinciales, et le plus souvent barbares.

Un peuple accoutumé à ce que le pouvoir, le talent, la richesse, appartiennent exclusivement aux hommes dont il a pu suivre l'élévation récente, ne sauroit conserver un grand respect pour l'antiquité de race. L'empire romain tout entier appartenoit aux parvenus, tandis que, selon Aurélius Victor, « les sénateurs se délec- « toient dans leurs loisirs, trembloient toujours « pour leurs richesses, en préféroient l'usage « et l'affluence à l'éternité elle-même, et pré- « paroient ainsi la voie aux soldats, et presque « aux Barbares, pour dominer sur eux et sur « leur postérité. » (1)

Dès cette époque, et au temps de l'invasion des Barbares, nous trouvons quelquefois le titre de *nobiles* appliqué aux familles plus riches et plus puissantes de la Gaule ; mais il n'avoit que son sens étymologique de *notabiles*. Aucun rang, aucune prérogative, aucune distinction réelle ne leur étoient assurés par les lois ; ils deve-

---

(1) *Sexti Aurelii Victoris in Probo.* Cap. 47, p. 748.

noient notables en acquérant de la richesse ou du pouvoir ; ils cessoient de l'être en perdant l'une ou l'autre, et ils s'occupoient trop peu de l'histoire nationale, ou des temps antiques, pour qu'un nom qui auroit retracé la mémoire d'un ancien pouvoir ou de belles actions, fût une partie essentielle de leur héritage.

Le clergé étoit en quelque sorte le seul corps qui eût survécu à la dissolution de l'empire, et son organisation acquéroit des forces à mesure que les autres liens de l'ordre social se relâchoient. Tandis qu'aucun citoyen ne songeoit plus à la chose publique, les chrétiens, qu'animoit toujours la première ferveur de leur conversion, étoient sans cesse occupés d'étendre leur Église. L'homme ne peut se passer de toute espèce de passions politiques, et ce besoin d'action publique, qui fait partie de son être, avoit pris sa direction vers les affaires ecclésiastiques. C'étoit dans la carrière religieuse qu'on s'animoit par l'exemple, qu'on recevoit et qu'on communiquoit l'enthousiasme, qu'on brilloit par l'éloquence, qu'on agissoit sur la multitude, qu'on acquéroit enfin de la gloire, des richesses et du pouvoir. Tous les esprits ardens, tous les cœurs ambitieux, s'enrôloient dans la milice sacrée ; c'étoit la seule qui présentât l'espoir du succès. Le Gaulois, au contraire, qui entroit dans l'armée, devoit se résigner, par avance, aux revers et aux privations, à l'humiliation et aux défaites. L'incapacité de ses chefs, et le despotisme du maître commun ne pouvoient lui faire attendre autre chose. Dans aucune autre carrière, un homme ne pouvoit déployer toute son énergie; mais comme prêtre, il se sentoit homme libre; comme prêtre, il participoit au gouvernement républicain de l'Église, à ses conciles, à son empire sur la multitude, à son crédit auprès des princes.

La religion chrétienne avoit pénétré plus tard dans les Gaules que dans les provinces orientales de l'empire. C'est sous le règne de l'empereur Marc-Aurèle, en l'année 179 de Jésus-Christ, qu'on place les premières conversions et les premiers martyres. Sulpice Sévère, qui étoit Gaulois, et qui mourut vers l'année 420, s'est contenté de dire dans son Histoire sacrée: « La cinquième persécution agita l'Église sous « Marc-Aurèle, fils d'Antonin; c'est alors que « pour la première fois on vit des martyrs dans « les Gaules; la religion de Dieu ayant beaucoup « tardé à passer les Alpes (1). » Mais pendant ce temps on nourrissoit la dévotion des fidèles orientaux, en leur racontant que dans les pays les plus éloignés, la foi étoit exposée à des épreuves, et remportoit des victoires bien plus écla-

(1) *Sulpicii Severi Historia sacra.* Lib. II, cap. 46. *Apud Script. Franc.* T. I, p. 573.

tantes que celles qu'ils voyoient autour d'eux. Eusèbe de Césarée rapporte une lettre des Églises de Vienne et de Lyon à celles d'Asie et de Phrygie, pour leur rendre compte de cette persécution, dont toutes les circonstances sont tellement fabuleuses, qu'on ne peut s'empêcher d'y reconnoître une de ces fraudes pieuses qui confondent à chaque pas l'histoire ecclésiastique (1). Cent ans plus tard, et sous le règne de Décius (249-251), des évêques étrangers arrivèrent dans les Gaules, et y fondèrent les Églises d'Arles, Narbonne, Toulouse, Limoges, Clermont, Tours et Paris. Saint Denys, premier évêque de Paris, étoit un de ces missionnaires. C'est proprement à cette époque que le christianisme paroît s'être introduit dans les Gaules (2). Pendant les trois premiers siècles, cette contrée, quoique distinguée par son zèle pour les belles-lettres, n'avoit pas encore donné naissance à un seul écrivain ecclésiastique.

Les persécutions auxquelles les chrétiens furent exposés dans les autres parties de l'empire

(1) *Eusebii Historia ecclesiastica.* Lib. V, cap. 1, p. 125, 134. *In Valesii Script. Græcis Historiæ ecclesiast.* T. I. — *Baronii Annal. eccles.* Ann. 179, T. II, p. 230.

(2) *Gregorii Turonensis Histor.* Lib. I, cap. 28, p. 147. — *Baronii Annal. eccles.* Ann. 254, t. II, p. 494. — Gibbon, *Decline and fall.* Ch. 15, p. 367.

romain, atteignirent à peine les Gaules. Pendant la durée de la plus sanglante, sous Dioclétien, elles furent gouvernées par le césar Constance-Chlore, chrétien lui-même, ou du moins très-favorable aux chrétiens. Aussi à cette époque les Gaules devinrent-elles l'asile d'un grand nombre de chrétiens qui fuyoient la persécution exercée dans les autres parties de l'empire. Leur exemple fit faire à la religion de rapides progrès pendant la fin du troisième siècle et le commencement du quatrième. Mais ce fut surtout lorsqu'elle se fut assise sur le trône avec Constantin, que les conversions, quelquefois achetées par des récompenses pécuniaires (1), et toujours encouragées par la faveur du prince, furent rapides et nombreuses.

Tout le corps du clergé catholique fut exempté par les empereurs de tout service public ou privé, de tout office municipal, et de cette solidarité ruineuse qui accabloit les curiales, de toute taxe personnelle et de tout ce qu'il y avoit de plus onéreux dans les poursuites du fisc (2). De tels priviléges le rendirent bientôt plus nombreux que les légions de l'empire. D'autre part, l'édit que Constantin publia à Milan, en 312, pour rendre la paix à l'Église, lui avoit

---

(1) *Baronii Annal.* ad ann. 324, §. 67, 74. T. III, p. 230.
(2) *Codex Theodosianus.* Lib. XVI, tit. II. *De Episcopis eccles. et clericis.* T. VI, p. 15.

fait restituer toutes ses propriétés saisies pendant la persécution de Dioclétien; et un nouvel édit, publié à Rome en 321, accorda à tous les fidèles le droit de léguer à l'Église jusqu'à la totalité de leurs biens, au préjudice de leurs familles (1). Dès lors le clergé encouragea la prétendue générosité des mourans, qui dépouilloient leurs enfans de leur héritage, pour gagner à prix d'argent leur entrée dans le ciel. Le siècle n'étoit pas moins noté pour son égoïsme que pour sa superstition, et dans le cours de peu d'années, d'immenses richesses furent laissées aux églises par testament. Constantin donna l'exemple de racheter ainsi des mains des prêtres la paix d'une conscience troublée. Ses libéralités comme ses vices s'accrurent avec l'âge; la pénitence de chaque crime royal étoit pour l'Église l'occasion d'acquérir un nouveau trésor. Le meurtre de Crispus son fils, de Fausta sa femme, de Maximien son beau-père, de Licinius son neveu, et bien d'autres encore, furent rachetés par l'édification d'un grand nombre d'églises, et par leur abondante dotation. (2)

Le clergé n'étoit point encore satisfait de l'immunité accordée aux personnes ecclésiasti-

---

(1) *Codex Theodos.* Lib. XVI, tit. II, lex 4, t. VI, p. 23.
(2) *Eusebius Histor. ecclesias.* Lib. X, cap. 6, p. 321. — *Ejusdem vita Constantini.* Lib. IV, cap. 28, p. 445. — *Baronii Annal. eccles.* Anno 324, §. 3, p. 198.

ques. De même qu'un citoyen, en entrant dans les ordres, étoit affranchi de la capitation, il auroit voulu que toute terre donnée à l'Église fût affranchie de l'impôt territorial. Le synode de Rimini décréta que cette immunité faisoit partie des franchises de l'Église; mais il ne put obtenir la sanction de l'empereur, à cause du bouleversement que cette exemption auroit causé dans les finances de l'empire, et en 387, saint Ambroise reconnut, quoique avec répugnance, que les ecclésiastiques étoient dans l'obligation de payer l'impôt territorial. (1)

A cette époque, c'étoit par une élection purement démocratique que le clergé se recrutoit de membres nouveaux. Les évêques eux-mêmes étoient élus par leurs troupeaux, et les citoyens les plus obscurs concouroient à cette nomination importante. Ce n'est pas que les deux autorités civile et ecclésiastique n'eussent cherché de concert à écarter la populace des élections. Un canon du concile de Laodicée interdisoit à la foule de prendre part aux élections pour le sacerdoce, et une novelle de Justinien ordonnoit au métropolitain qui apprenoit la mort d'un de ses évêques, de convoquer seulement les clercs, et les premiers citoyens de la ville, en même temps qu'il donnoit une com-

---

(1) *Codex Theodosianus*. Lib. XVI, tit. II, lex 15, t. VI, p. 42. — *Baronii Annal. eccles.* Ann. 387, t. IV, p. 461.

mission à quelque autre de ses suffragans pour administrer le siége vacant, et présider à l'élection (1). Mais la multitude accouroit toujours de toutes les parties du diocèse, dans le lieu où l'on alloit lui choisir un nouveau pasteur ; elle réclamoit ses droits au nom de l'égalité des fidèles devant Dieu ; ses acclamations à la vue de quelque saint personnage étoient prises pour une voix du ciel ; aussi, dans les récits des vies des saints, et dans les lettres où Sidonius Apollinaris raconte la nomination de quelque évêque des Gaules, on voit presque toujours les clameurs populaires l'emporter sur le vœu des prêtres et sur celui de l'aristocratie. (2)

Les évêques avoient seuls le droit de recruter le corps du clergé, et de conférer la prêtrise par l'imposition des mains. Ce corps, formé d'une manière si indépendante de l'autorité civile, étoit ensuite, et pour la vie, soustrait à sa juridiction. Les évêques ne pouvoient être jugés que par leurs pairs, même dans le cas d'une accusation capitale. Le clergé infé-

(1) *Concilii Laodicensis canon* 13. *Labbei Concilior. gener.* T. I, p. 1498. — *Novella CXXIII*, cap. 1. Authent. collectio 9, tit. VI.

(2) *Sulpicius Severus in vitâ S. Martini.* Cap. 7. *Script. Fr.* T. I, p. 574. — *Sidonius Apollinaris.* Lib. IV, epist. 25. Lib. VII, epist. 5 et 9. *Script. Franc.* T. I, p. 794, 797.

rieur ne jouissoit pas, il est vrai, du même privilége; ce n'étoit que pour les fautes vénielles qu'il étoit renvoyé à la seule correction des évêques; lorsqu'un prêtre étoit accusé de crimes capitaux, il rentroit sous l'autorité des magistrats de l'empire. D'autre part, les laïques pouvoient être soumis de différentes manières à la juridiction ecclésiastique. Toutes les fois que les parties en litige recouroient aux évêques pour un arbitrage, la décision de ceux-ci étoit rendue exécutoire par les tribunaux. Toutes les fois qu'un criminel pouvoit entrer dans un temple chrétien, il y jouissoit du droit d'asile, qui s'étendoit même à tout le pourtour de l'église, et il ne pouvoit plus être traduit devant la justice civile (1). Toutes les fois enfin que la juridiction civile se trouvoit en conflit avec l'ecclésiastique, tous les évêques également s'attribuoient le droit d'excommunication, et dès le siècle de Théodose, ils en frappoient indifféremment les gouverneurs des provinces, les préfets au prétoire et les mandataires du souverain. (2)

Le christianisme une fois monté sur le trône fit dans les Gaules, en moins d'un siècle, les plus rapides progrès. Presque tous ceux qui étoient attachés à la cour, à l'armée, à une car-

(1) *Codex Theodosianus.* Lib. IX, tit. LXV, lex 4, t. III, p. 363.

(2) Gibbon, *Decline and fall.* Chap. XX, t. III, p. 300.

rière publique d'aucun genre, embrassèrent une religion que favorisoit le monarque; presque tous ceux qui avoient quelque occasion de craindre pour leur fortune ou pour leur repos, recherchèrent la protection du seul corps qui fût encore puissant dans l'état. La religion païenne n'avoit point jeté de profondes racines dans les âmes; aucun de ses sectateurs ne lui étoit assez dévoué pour vouloir s'exposer pour elle aux dangers et au martyre qu'avoient bravés les premiers chrétiens. Aussi la persécution qui affermit les sectes naissantes triompha-t-elle presque sans peine d'un culte qui se maintenoit par l'habitude plutôt que par la foi. En 392, une loi de Théodose défendit les sacrifices aux idoles, sous peine de mort, en les qualifiant de haute trahison contre l'état (1). Toutes les fêtes publiques, tous les actes de l'ancien culte furent épiés et punis avec acharnement par les magistrats et les évêques. Dans les Gaules, saint Martin, qui fut élevé au siége épiscopal de Tours en 372, et qui se signala dans ses fonctions par le zèle le plus ardent et le plus intolérant, accomplit dans son diocèse la destruction des temples des idoles. C'étoit à la tête d'une troupe de gens armés qu'il alloit attaquer successivement ces sanctuaires; mais comme les

(1) *Codex Theodosianus*. Lib. XVI, tit. X, lex 12, p. 273.

habitans du voisinage lui résistoient quelquefois, son biographe assure que des miracles confirmoient sa mission divine, et que les peuples étoient convertis en voyant de leurs yeux la victoire des agens célestes sur les agens infernaux (1). L'exemple de saint Martin fut suivi par les prélats les plus illustres des Gaules. Les païens, rejetés de la cour, de la justice, de l'administration, de l'armée, privés de la protection, des honneurs, des richesses dont jouissoit l'Église, furent enfin poursuivis dans les obscurs villages où ils gardoient encore le culte de leurs pères ; leurs cérémonies furent punies de mort, leurs temples furent attaqués avec le fer et le feu ; lorsqu'ils essayèrent de les défendre, leur sang coula en abondance ; et cependant les prêtres affirmèrent et les magistrats crurent que ce sang n'étoit point versé par des hommes, mais par des anges vengeurs. Ainsi fut accomplie dans le quatrième siècle la conversion des Gaules ; et tandis que, sous le règne de Constantin, les chrétiens n'y formoient encore qu'une très-foible minorité, sous le règne d'Honorius il étoit difficile d'y trouver encore des païens parmi les citoyens romains.

(1) *Sulpicius Severus in vitâ Martini.* Cap. 9, 12. — *Baronii Annal. ecclesiast.* Anno 389, t. IV, p. 524.

CHAPITRE III.

Invasion générale des Barbares; établissement des Visigoths et des Bourguignons dans les Gaules. 400—423.

Lorsque la domination romaine expira dans les Gaules, ces provinces étoient réduites à peu près à la condition où sont tombées aujourd'hui celles de l'empire turc. Elles ne formoient ni un état par elles-mêmes, ni une province, mais plutôt une vaste étendue de pays dont les habitans ne se sentoient unis les uns aux autres par aucun lien social. S'ils consultoient leurs souvenirs historiques, tout leur rappeloit qu'ils provenoient des races les plus dissemblables; s'ils ne s'attachoient qu'à leur état présent, ils se trouvoient sans organisation qui leur fût propre, sans institutions conservatrices, sans esprit de vie qui pût changer en compatriotes les hommes que le hasard avoit rassemblés sur un même sol. On distinguoit encore dans les Gaules les restes des Celtes, des Belges, des Aquitains et des Germains, aussi-bien que ceux de plusieurs peuples moins illustres qui, confinés dans quelque district ou des Pyrénées ou des Alpes, conservoient obscurément le souvenir de leur ancienne indépendance. Les races étrangères qui s'étoient rencontrées dans les Gaules étoient plus nombreuses encore. Les Marseillois, descendus des Phocéens, continuoient à s'enorgueillir de leur origine grecque, quoique leurs ancêtres fussent arrivés pour la première fois sur les côtes de Provence près de six cents ans avant Jésus-Christ. D'autres Grecs cependant s'y trouvoient en assez grand nombre; ils s'y étoient introduits à la suite des césars de Bysance et de leurs armées, comme marchands, comme sophistes et grammairiens, ou comme prêtres : on y voyoit des Italiens, et des sujets de toutes les provinces de l'empire, venus de la Bretagne, de l'Espagne, de l'Afrique, de l'Illyrie et de l'Orient; l'armée ou la carrière des emplois civils les avoit conduits à la recherche de la fortune dans un pays soumis au même gouvernement que leur patrie, et ils devenoient citoyens des lieux où ils avoient vieilli. On y rencontroit, sous le nom d'affranchis, une classe plus nombreuse encore, qui tiroit son origine de toutes les nations diverses contre lesquelles les Romains avoient porté les armes.

Les marchands qui faisoient l'infâme commerce des hommes trouvoient presque toujours leur avantage à dépayser les captifs, soit pour éviter qu'ils ne tentassent de s'enfuir au-delà des frontières, soit pour imposer silence aux réclamations qu'ils auroient pu former sur une injuste capture. Ces captifs amenés de loin obtenoient ensuite en assez grand nombre leur liberté. Les Romains mettoient leur point d'honneur à célébrer un jour propice pour eux par l'affranchissement de beaucoup d'esclaves, et presque toujours ils en mettoient aussi en liberté par leur testament. Cet usage étoit devenu plus fréquent depuis qu'on voyoit communément les riches renoncer au mariage et aux soucis de la vie; ils s'inquiétoient peu de diminuer le partage de leurs héritiers, et ils promettoient aux ministres de leurs plaisirs, au confident adroit, au valet habile qui les avoit bien servis pendant leur vie, la liberté pour récompense; comme nous promettrions une pension de retraite à un vieux domestique. L'affranchi acquéroit les droits de citoyen, il prenoit le nom de son maître, et se confondoit bientôt avec les fils de l'homme libre. Le législateur d'un peuple laboureur et guerrier avoit voulu que ce peuple se recrutât aisément parmi les robustes compagnons de ses travaux rustiques; mais la loi qui accordoit le droit de cité aux affranchis, conservée dans un empire corrompu, n'y introduisit plus que des êtres avilis, qui avoient gagné la faveur de leur maître par la bassesse et l'intrigue.

Enfin une dernière classe, plus nombreuse

que toutes les autres prises ensemble, complétoit la population des Gaules; c'étoit celle des esclaves, dont les uns, descendus des anciens habitans du pays, cultivoient la terre moyennant des redevances fixes; les autres, achetés en pays étrangers, travailloient dans les champs ou dans les ateliers, sous le fouet d'un commandeur et pour le profit de leur maître.

C'est au milieu d'une race déjà si mêlée que l'invasion des Barbares, au cinquième siècle, introduisit des élémens nouveaux. Les peuples de tout le nord de l'Europe et de l'Asie, depuis le Rhin et le Danube jusqu'à la Scandinavie, et depuis l'Océan germanique jusqu'aux murailles de la Chine, se précipitèrent sur l'empire romain. Ils se pressèrent, se culbutèrent les uns les autres, et lors même qu'ils ne réussirent pas à fonder une domination durable dans les pays qu'ils avoient envahis, ils y laissèrent du moins des colonies militaires, qui ne s'incorporèrent que lentement avec le reste des habitans. Tous contribuèrent ainsi à former la nouvelle nation française, qu'il ne faut point chercher uniquement dans la petite tribu des Francs. Aussi croyons-nous convenable de passer ici tous ces peuples en revue, pour rassembler quelques notions sur leur première origine et sur leurs mœurs.

La frontière septentrionale de l'empire romain,

à l'époque où il avoit acquis son plus grand développement, étoit menacée par les trois nations ou les trois grandes races des Germains, des Sarmates et des Scythes. Chacune d'elles se partageoit en plusieurs peuples divers qui changeoient fréquemment de nom, parce que leurs peuplades détachées se formoient en confédérations nouvelles. Mais elles étoient toujours reconnoissables à leur langage teutonique, slave, ou tartare, à leur manière de faire la guerre, à leurs habitudes, et à leurs demeures fixes ou errantes.

Les Germains s'étoient arrêtés dans la carrière de la civilisation à un degré qui se présente rarement dans l'histoire du monde; ils ne pouvoient plus être considérés comme un peuple pasteur, bien moins encore comme un peuple chasseur, malgré les rapports qu'on a souvent observés entre leur condition et celle des sauvages de l'Amérique septentrionale. Ils connoissoient l'agriculture, et ils vivoient de ses produits; toutefois leur vie étoit presque toujours errante; ils dédaignoient toutes leurs anciennes habitudes, tous les souvenirs d'enfance et les affections qui attachent les hommes à leur pays; ils désiroient toujours changer de lieux. Ils connoissoient les arts, le travail des métaux, le commerce; la fabrication de leurs armes déceloit une intelligence et une expérience qui, s'ils les avoient appliquées à l'industrie, auroient suffi pour leur procurer toutes les commodités de la vie. Mais leur horreur pour l'habitation des villes, pour toute contrainte, pour tout ce qui peut amollir l'homme ou lui donner des habitudes efféminées, les maintenoit, depuis que les Romains avoient fait connoissance avec eux pour la première fois, toujours au même degré d'ignorance, de pauvreté et de barbarie. Ils n'aimoient, ils n'estimoient que la guerre ; ils croyoient qu'aucune gloire ne pouvoit être acquise dans aucune autre carrière. Ils ne faisoient cas que des jouissances qui peuvent être conquises les armes à la main, et des richesses qui se dissipent dans la salle des festins aussi rapidement qu'elles s'acquièrent sur le champ de bataille. Comme ils n'accumuloient aucune richesse, qu'ils ne préparoient aucun fonds pour l'avenir, qu'ils ne perfectionnoient jamais leur agriculture, ou n'augmentoient point l'étendue de leurs champs, l'accroissement de leur population leur seroit bientôt devenu à charge. Cependant tous leurs jeunes gens se marioient en arrivant à l'âge d'homme ; la simplicité de leurs mœurs assuroit la fécondité de leurs unions, et le nombre des naissances surpassoit infiniment les besoins de nation ou ses moyens de subsistance. Chaque année une population surabondante entroit dans les rangs de l'adolescence, et la guerre étoit nécessaire à l'existence du peuple même, pour le débarrasser de cet essaim de guerriers qu'il n'auroit pu nourrir.

Les Germains ne permettoient de bâtir dans leur pays aucune ville murée ou aucune forteresse, et lorsqu'ils en étoient réduits à la guerre défensive, ils préféroient n'avoir pour retraites que les bois et les marécages. Ils habitoient dans des villages épars, dont les maisons n'étoient pas contiguës. Cette dispersion même empêchoit qu'ils pussent être assujettis à aucune tyrannie. Un prince qui n'a ni forteresses ni troupes de ligne, qui n'a par conséquent ni cachots ni archers pour maintenir la juridiction de ses tribunaux, ne peut réussir à asservir une nation fière et belliqueuse. De même qu'il n'a point de force qui soit à lui, il ne peut guère disposer de celle du peuple. Dans une ville un chef de parti s'élève quelquefois au pouvoir absolu par le dévouement de ses propres concitoyens; mais un prince germain ne pouvoit inspirer un enthousiasme populaire à des villageois épars dans de vastes campagnes, et qui ne se rassembloient jamais sous ses yeux. Il ne devoit compter que sur une obéissance volontaire. En effet, les rois germains partageoient l'autorité avec le sénat des plus notables et l'assemblée de tout le peuple; ils n'avoient d'autre prérogative que le droit de proposer leur avis, et d'autre force que la persuasion. La société civile à peine liée n'avoit proprement ni trésor, ni armées, ni lois, ni ordre judiciaire. Jamais souverain n'auroit songé à lever un impôt sur des Germains. Le fisc ne contenoit que les dépouilles des ennemis, qu'on partageoit ensuite entre les soldats. L'armée étoit toute la nation lorsqu'il s'agissoit de se défendre; tous ceux qui étoient avides d'aventures nouvelles, lorsqu'il s'agissoit d'attaquer. Les tribunaux se composoient de vieillards, qui siégeoient plutôt comme arbitres que comme juges; la coutume enfin tenoit lieu de lois, et la plus grande peine que la société pût infliger étoit l'exil, quoique les citoyens le choisissent souvent d'eux-mêmes, lorsque dans leur inquiétude ils alloient se ranger sous les ordres de quelque chef étranger, pour tenter une expédition nouvelle.

Les Germains connoissoient l'esclavage; c'étoit le sort le plus ordinaire de leurs captifs, et ils les employoient souvent à la culture de la petite portion de terre qu'ils avoient défrichée. Cependant, avec une population déjà surabondante, la multiplication de leurs esclaves auroit été une calamité pour eux; aussi les revendoient-ils de préférence aux Romains, et ceux qui restoient en Germanie travailloient avec les membres de la famille, et, n'étant surveillés par aucune force publique, ne pouvoient être réduits à une condition très-dure. Les Germains n'avoient pas proprement de noblesse; tous se glorifioient également de leur liberté, et ils n'attachoient de prix à leur naissance que par opposition aux esclaves et aux étrangers. En général, ils n'avoient point l'usage des noms de famille, et lorsqu'ils commencèrent à avoir des historiens, on ne vit ceux-ci donner aucune attention aux généalogies : presque jamais ils ne prennent la peine de nous rappeler quel étoit le père ou l'aïeul de leur héros. Cependant plusieurs tribus avoient mis à leur tête une famille antique pour laquelle elles montroient une prédilection presque superstitieuse. Cette famille, d'où l'on tiroit toujours exclusivement les rois, les ducs ou les princes, étoit alors distinguée par le nom de son premier père. Telles étoient celles des Balthes chez les Visigoths, des Amales chez les Ostrogoths, des Agilulfinges chez les Bavarois, et des Mérovingiens chez les Francs. Ces noms de famille sont les seuls qu'on trouve dans leur histoire, et la distinction de naissance n'avoit d'autre usage chez eux que de limiter à une seule race l'élection de leurs rois.

Ce n'étoient pas néanmoins toujours les rois qui commandoient les armées ; souvent un hardi aventurier se présentoit à la jeunesse pour lui proposer une expédition nouvelle, et selon qu'il lui inspiroit une plus haute idée de sa force, de sa bravoure, de sa prudence ou de sa générosité, il engageoit un nombre plus ou moins grand d'aventuriers à se confier à lui et à le suivre. Sa réputation s'accroissoit avec le succès de ses entreprises; des nations entières se rangeoient ensuite sous ses étendards, et celui qui étoit entré dans la carrière des armes à peu près comme un chef de brigands, prenoit plus tard son rang parmi les conquérans ou les grands monarques. Plusieurs des titres conservés dans les lois des Barbares, qui ont dans la suite désigné des distinctions de rang et presque de naissance, tirèrent leur origine de cette première association volontaire entre des égaux. Les *Antrustions* étoient ceux qui s'étoient confiés à leur capitaine, ou qui s'étoient mis sous sa garantie, les *Leudes* ceux qu'il avoit sous sa conduite. (1)

Parmi les nations germaniques qui attaquèrent les Gaules, les Saxons habitoient encore, au quatrième siècle, autour des bouches de l'Elbe, et ils n'étoient guère connus que par leurs expéditions maritimes. Cependant le petit pays qui portoit alors leur nom n'auroit jamais suffi à fournir les essaims de pirates qui infestoient sans cesse les côtes de la Gaule et

(1) *An trôsten*, se confier; *leute*, les gens; de *leiten*, conduire.

de la Bretagne; et il est probable que tous les aventuriers des pays qui entourent la mer Baltique, et même des bords des rivières de la Russie et de la Pologne, se réunissoient dans leurs ports pour aller ensemble à la recherche du danger, du butin et de la gloire.

Les Francs se trouvoient alors cantonnés entre les Saxons et les Gaules, ou entre les bouches de l'Elbe et celles de la Meuse. Les Francs étoient une confédération nouvelle de peuples germains; parmi eux on distinguoit les Saliens, les Bructères, les Ripuaires, les Chauces, les Chérusques, les Chamaves, les Cattes, les Teuctères, les Angrivariens, et d'autres encore. Ces peuples divers se maintenoient indépendans; chacun d'eux avoit un roi; mais un point d'honneur plus encore qu'un devoir fédéral les obligeoit à se défendre les uns les autres. On croit que les rois des divers peuples francs étoient tous de la même famille, dont l'aïeul primitif étoit nommé Mérovée (*Meer-wig*, guerrier de la mer). D'après lui, ces princes furent nommés Mérovingiens (*Meer-wings*); on les distinguoit entre leurs compatriotes par leur longue chevelure qu'ils ne coupoient jamais. Un Mérovée, aïeul de Clovis, régna, dit-on, sur les Francs, entre 448 et 456; mais son nom seul est resté dans quelques anciens historiens (1), et l'on ne sait absolument rien de plus ni sur sa famille, ni sur sa puissance, ni sur la tribu qui lui obéissoit : en sorte qu'on ne voit aucune raison pour que ses descendans eussent pris son nom. Près d'un siècle auparavant, un roi franc dont le nom étoit fort semblable, Mérobaudes, contemporain de Valentinien, fut revêtu de la dignité romaine de comte des domestiques, et, en 377 et 383 (2), de celle de consul. Peut-être faut-il chercher beaucoup plus anciennement encore le héros demi-fabuleux, *le guerrier de la mer*, qui donna son nom aux Mérovingiens. Les Francs paroissent, pour la première fois, dans l'histoire de l'empire vers l'année 241 (3). Quelque grand capitaine put seul réunir, à cette époque, vingt peuples divers en une confédération nouvelle; ce chef fut apparemment le Mérovée dont le nom parut si long-temps un titre de gloire à tous ses descendans, quoique la tradition ne conservât plus aucune trace de ses victoires.

S'il nous est permis de fixer aujourd'hui des limites entre des peuples qui n'en reconnurent

(1) *Prosperi Tyronis Chron.* p. 640. — *Gregor. Turoniens.* Lib. II, cap. 9, p. 167. — *Hadrianus Valesius Rer. Franc.* Lib. III, p. 144.

(2) *Ammiani Marcellini.* Lib. XXX, cap. 20, p. 668. — *Aurelii Victoris Epitome.* Cap. 45, p. 768. — *Historiæ Miscellæ.* Lib. XII, cap. 9, p. 896. Cap. 22, p. 900.

(3) *Flavii Vopisci in Aureliano.* Cap. 7, p. 415.

aucune, il semble que nous devons assigner aux Allemands leurs demeures au levant des Francs, sur les frontières des Gaules. Les Francs au quatrième siècle occupoient la rive droite du Rhin, depuis son embouchure jusqu'à l'endroit où il reçoit le Mein dans son lit; les Allemands s'étendoient sur cette même rive, depuis le Mein jusqu'au lac de Constance et au Danube. Ils confinoient au midi non-seulement avec les Gaules, mais avec les trois provinces romaines de Rhétie, de Norique et de Pannonie, qui répondoient à peu près aux Grisons, au Tyrol, à la Bavière et à l'Autriche méridionale. C'étoit sous le règne de Gallien, et vers l'année 260, qu'on avoit vu pour la première fois les Allemands pénétrer par ces provinces, dans la Gaule et l'Italie, et les ravager. Leur confédération nouvelle avoit attiré l'attention à peu près en même temps que celle des Francs; de même elle avoit pris un nom fantastique pour indiquer non son origine, mais les vertus auxquelles elle prétendoit. Le nom des Francs devoit rappeler qu'ils étoient tous libres, celui des Allemands qu'ils étoient tous de vrais hommes ou des héros (1). Les Suèves, les Marcomans et les autres peuples qui du temps de Tacite habitoient au centre de la Germanie avoient

(1). *Aurelii Victoris de Cæsaribus.* Cap. 33, p. 748. — *Historiæ Miscellæ.* Lib. X, cap. 32, p. 872.

peu à peu renoncé à leurs appellations distinctives, pour se confondre tous sous le nom d'Allemands. Cependant on les vit quelquefois reparoître plus tard sous leurs anciennes dénominations. (1)

Il faut encore ranger parmi les peuples germains d'origine les Goths, qui paroissoient moins appelés que les précédens à envahir jamais les frontières des Gaules, et qui cependant furent les premiers à y fonder un royaume barbare, au milieu des débris de l'empire romain. Les fréquentes migrations des Goths troublent la géographie, et les font arriver sur les frontières de l'empire par les contrées appartenant aux Sarmates. Il ne faut point cependant les confondre avec la race slave; leurs mœurs, leur langage, leurs lois et leur manière de combattre les font reconnoître pour Germains; eux-mêmes ils se disoient originairement issus de la Scandinavie, et ils prétendoient en être partis en trois divisions, celle des Visigoths, des Ostrogoths et des Gépides, dont les noms signifioient les Goths occidentaux, les orientaux et les traîneurs. Ils poussèrent successi-

(1) Les étymologistes allemands conjecturent que les noms de Saxons et de Suèves ne désignoient pas des peuples, mais des conditions diverses dans la société. Les Suèves étoient les Germains nomades, du mot *schweben*, flotter; les Saxons, les cultivateurs, du mot *sassen*, s'établir. *Möser Osnabr.-Geschichte*. T. I. *Abschn.* 3, §. 5.

vement leurs conquêtes jusqu'aux extrémités méridionales de l'Europe; mais dans leur progrès vers le midi, ils restèrent toujours les uns à l'égard des autres dans le même rapport qui leur avoit fait imposer ces noms en Scandinavie. Les Visigoths jusqu'à la fin demeurèrent au couchant, et les Ostrogoths au levant. Les uns et les autres choisissoient toujours leurs rois dans une famille non moins distinguée que celle des Mérovingiens chez les Francs. Les Balthes seuls régnoient sur les Visigoths, les Amales sur les Ostrogoths, et dans la nation on ne reconnoissoit pas d'autre noblesse. (1)

En quittant la Scandinavie, les Goths s'étoient d'abord établis sur les bords de la Vistule; ils y séjournèrent long-temps; ils s'étendirent au levant, dans des plaines presque désertes, ou dont ils subjuguèrent les habitans; et c'est là qu'ils multiplièrent de manière à former un grand peuple. Vers l'année 270 ils passèrent les monts Carpathes, et s'emparèrent de la Dacie; ils poussèrent alors leurs frontières jusqu'au Danube et au Pont-Euxin, et ils devinrent limitrophes de l'empire. Tantôt ils dévastèrent les provinces de l'Orient par leurs invasions; tantôt, au contraire, ils les défendirent en s'engageant dans les armées romaines

(1) *Jornandes de rebus geticis.* Cap. 3, 4, 5, p. 1089.

sous le nom de fédérés. Mais en l'année 376, une redoutable invasion des Huns les chassa de leur pays, et les réduisit à implorer la protection de l'empereur Valens. Frappés d'une terreur panique, ils n'essayèrent pas même de résister à l'immense multitude des peuples scythes qui s'étoient jetés sur leurs frontières. Ils ne croyoient pouvoir sauver leur vie qu'en abandonnant leur pays, et ils se pressoient sur les bords du Danube, demandant en grâce qu'on leur permît de le passer, pour mettre cette barrière entre eux et les Huns. Valens ne leur refusa point une grâce qui précipita la ruine de l'empire romain; il accueillit avec joie une nation qui lui parut devoir repeupler les déserts de la Thrace, et fournir à ses armées d'abondantes recrues. (1)

Mais les Goths, accoutumés à la plus entière liberté, ne purent pas supporter long-temps les vexations des gouverneurs romains; ils se révoltèrent et ravagèrent la Thrace et la Grèce. Si quelquefois ils se réconcilièrent à l'empire et s'engagèrent à sa solde, leur inconstance naturelle et leur arrogance, ou la perfidie des Grecs, ne laissèrent pas durer long-temps cet état de paix. Vers l'an 398, Alaric, le plus brave de leurs capitaines, fut proclamé roi des Visigoths,

(1) *Ammiani Marcell.* Lib. XXXI, cap. 9, 10, 11, p. 677. — *Historiæ Miscellæ.* Lib. XII, cap. 14, p. 898.

à peu près vers le temps où Arcadius, effrayé de ses succès, et voulant le réconcilier à l'empire, l'avoit déclaré maître des soldats de la préfecture illyrique. Il commandoit ainsi à la vaste contrée située entre le Danube, l'Adriatique et la mer Noire. Les Visigoths, organisés en corps d'armée plutôt que de nation, obéissoient à ses ordres. De là ils menaçoient également les deux empires, et ils vendoient tour à tour leur alliance à l'un et à l'autre. Alaric résolut enfin de pénétrer dans celui d'Occident, pour conquérir un royaume; et c'est en ravageant l'Italie tout entière qu'il ouvrit à ses compatriotes le chemin de la Gaule. (1)

Entre les Germains et les Goths se trouvoient placés les Vandales, qui dans leurs mœurs, leur religion, leur langage, avoient avec les Goths une ressemblance frappante. En effet, on les croyoit comme eux sortis de la Scandinavie, et on les trouvoit répandus sur les rives de l'Oder et sur les côtes du Mecklembourg et de la Poméranie, à l'époque où les Goths habitoient plus au levant, sur les bords de la Vistule (2). Les Vandales eurent aussi leurs migrations; comme les

---

(1) *Jornandes de rebus geticis.* Cap. 29 et 30, p. 1102. — *Historiæ Miscellæ.* Lib. XII, cap. 26, p. 909.

(2) *Plinii Historiæ naturalis.* Lib. IV, cap. 14, p. 380. — *Procopius in Bello Vandalico.* Lib. I, cap. 2, p. 345. — Gibbon, *Decline and fall.* Cap. 10, p. 392.

Goths, ils commencèrent par s'étendre vers l'Orient, et dans les plaines des Sarmates ils atteignirent le Dniéper et le Tanaïs; mais une année de famine leur fit abandonner l'Ukraine; ils traversèrent toute l'Allemagne du levant au couchant, et c'est par la frontière qu'occupoient les Francs sur le Bas-Rhin, qu'ils entrèrent dans les Gaules. (1)

On distinguoit encore dans la race vandale, outre la nation qui portoit proprement ce nom, trois autres peuples qui se vantoient d'avoir avec elle une commune origine, les Bourguignons, les Hérules et les Lombards. Les Hérules s'établirent dans les terres marécageuses des bords des Palus-Méotides, et leur infanterie légère obtint une haute réputation. Les Lombards ne parvinrent sur les frontières de l'empire que dans le sixième siècle, et c'est par l'Italie qu'ils devinrent limitrophes des Gaules. Mais les Bourguignons eurent une plus grande part à la formation de la nation française. Leur monarchie, qui s'établit dans les Gaules avant celle des Francs, se fondit ensuite avec la leur, et les deux peuples n'en firent plus qu'un seul.

Les autres peuples teutoniques avoient peu d'estime pour les Bourguignons; ils les accusoient d'avoir dégénéré de la valeur de leur

---

(1) *Procopius in Bello Vandalico.* Lib. I, cap. 3, p. 347.

race, en habitant dans des bourgades, d'où leur nom *Burgundii* étoit venu ; et ils les regardoient comme bien plus adonnés aux professions mécaniques de forgerons et de charpentiers qu'à la vie militaire (1) Cependant on avoit vu, sous le règne de Valentinien 1er, les Bourguignons partis des bords de la Vistule arriver avec une armée de quatre-vingt mille combattans, jusqu'au bord du Rhin. Il est probable que dès lors ils se maintinrent au milieu des Allemands et des Suèves, jusqu'à l'époque où ils passèrent le Rhin comme les autres, et se formèrent dans les Gaules un établissement.

Deux autres races d'hommes, absolument étrangères aux Germains, se mêlèrent à eux dans l'invasion des Gaules, et eurent ainsi quelque part à la formation de la nation nouvelle qui se recrutoit dans ce pays; ce furent les peuples slaves et tartares. Cependant comme ils étoient beaucoup plus éloignés des frontières gauloises, comme ils y arrivèrent, ou du moins y séjournèrent en beaucoup moindre nombre, nous en parlerons plus rapidement. Les Hénéides, les Quades et les Sarmates appartenoient à la race slave; ils ne jouèrent jamais un rôle important dans la subversion de l'empire ro-

---

(1) *Socratis Histor. ecclesiast.* Lib. VII, cap. 30, t. II, p. 303. — *Histor. ecclesiast. græc. Script.* T. II, p. 604. — *Ammianus Marcell.* Lib. XXVIII, cap. 29 et 30, p. 643.

main. Une partie fort considérable des pays où la langue slave est aujourd'hui répandue, la Pannonie, l'Illyrie, la Dacie et la Mésie, étoit alors réduite en provinces romaines, et les vastes plaines qui sont au nord de ces provinces, ouvertes également aux invasions des Tartares et à celles des Germains, n'avoient pu conserver leur indépendance. Les peuples qui les habitoient n'avoient pas eux-mêmes un caractère bien déterminé. Le Slave de tout temps avoit été cultivateur ; il se distinguoit ainsi du pasteur tartare et du guerrier germain qui confinoient avec lui ; mais son industrie même l'avoit rendu plus facile à asservir, et l'on peut douter si les Quades et les Sarmates qui ravagèrent l'empire romain étoient bien du même sang que les paysans qui cultivoient leurs terres.

Les Quades avoient envahi les provinces romaines d'Illyrie en 357, de concert avec les Sarmates leurs voisins, qui, au dire d'Ammien Marcellin, se confondoient avec eux; et par leurs mœurs et par leurs armures. Plus propres au brigandage qu'à la guerre, ajoute-t-il, ils sont armés de longues lances et de cuirasses écailleuses; elles sont faites avec des lames de corne cousues sur une étoffe, qui se recouvrent les unes les autres. Leurs chevaux parcourent d'immenses espaces avec rapidité, et ils en conduisent le plus souvent deux ou trois en main, pour pouvoir passer de l'un à l'autre, aussitôt que leur monture est fatiguée. Cette cavalerie légère fut entraînée dans les Gaules à la suite des Hérules et des Vandales, qui partoient à peu près des mêmes pays; elle y répandit plus rapidement la dévastation; mais seule elle n'auroit pas été redoutable. (1)

Enfin quelques peuples scythes pénétrèrent aussi dans les Gaules, à la suite des Vandales : on peut citer les Alains, partis du pied du mont Caucase, entre la mer Caspienne et la mer Noire; les Tayfales, qu'Ammien Marcellin place sur les bords du Pruth (*Hierassus*), et dont une peuplade s'établit dans le Poitou; les Huns enfin, venus des parties les plus reculées de la grande Tartarie. Ces peuples pasteurs n'ont jamais entrepris aucune sorte de culture, jamais ils ne se sont établis à demeure fixe; mais sans cesse errans, ils traînent après eux, dans des chars couverts, leurs femmes et leurs familles voyageuses, tandis qu'ils combattent et qu'ils vivent en quelque sorte toujours à cheval. Accoutumés à se repaître de chair crue et de laitage, ils rejettent toute nourriture végétale. Les Tartares n'avoient aucune sorte de rapport avec les peuples germaniques qu'ils accompagnèrent dans les Gaules; ils n'avoient point

(1) *Ammianus Marcellinus.* Lib. XVII, cap. 23, p. 506.

l'intention d'y faire des conquêtes ; la terre qu'ils traversoient étoit pour eux toujours étrangère ; mais ils s'enorgueillissoient de leurs ravages ; ils songeoient moins à signaler leur bravoure dans la guerre qu'à effacer les traces de la civilisation, contre laquelle ils sembloient animés d'une sorte de fureur. S'ils étoient parvenus en plus grand nombre dans les Gaules, ou s'ils y avoient séjourné plus long-temps, ils ne se seroient point reposés qu'ils ne les eussent rendues semblables aux steppes de la Tartarie d'où ils étoient sortis, et où aucune clôture, aucun défrichement, aucune trace du travail de l'homme ne retardoit les pas de leurs chevaux, ou les chars de leurs femmes. (1)

400—406. Les victoires de Toulun, qui prit le titre de khan ou khagan, vers l'an 400, paroissent avoir imprimé, dès les frontières mêmes de la Chine, le mouvement qui fit refluer les Tartares du levant au couchant. Ils s'étoient jetés sur les Sarmates et les Slaves, et ceux-ci à leur tour sur les Germains qui habitoient les bords de la Baltique. Ces peuples impatiens, excités une fois à la guerre, et bien plus désireux d'aventures nouvelles que de vengeance, au lieu de tourner leurs armes contre les guerriers qui, fugitifs ou conquérans, se pressoient sur leurs

(1) *Ammianus Marcell.* Lib. XXXI, cap. 2 et seq. p. 675.

frontières orientales, préférèrent attaquer eux-mêmes leurs opulens voisins, dont les dépouilles et les fertiles campagnes pouvoient donner du prix à la victoire.

400-406.

Les deux foibles successeurs de Théodose, Arcadius enfermé dans les murs de Constantinople, et Honorius dans ceux de Milan, hâtoient par leur incapacité la ruine de l'empire. Ceux qui se proposent de changer une constitution libre en gouvernement despotique, s'efforcent de concentrer dans le seul monarque toute l'autorité, toute la prévoyance, tout l'intérêt national; à lui seul est laissé le soin de songer au bien public, et de le procurer par ses efforts; mais lorsqu'il arrive que ce monarque n'est point en état de remplir les vastes fonctions qu'il s'est réservées, la vie nationale, qui n'existoit plus qu'en lui seul, finit avec lui. Arcadius et Honorius, à peine entrés dans l'adolescence quand ils montèrent sur le trône, et auxquels le cours des années ne donna jamais de maturité, furent tous deux gouvernés, l'un par Rufin, puis par l'eunuque Eutrope; l'autre par Stilichon. Ces favoris, qui après leur chute furent représentés comme les derniers des hommes, avoient tous trois des talens; Stilichon avoit même des vertus : mais les grandes qualités qui fondent la gloire et la prospérité des nations, quand on les rencontre dans un monarque ou dans les chefs d'un état libre, sont presque toujours funestes dans les ministres d'un despote; leur ambition n'est point la même que celle de la nation qu'ils gouvernent; ils ne songent qu'à se supplanter les uns les autres, et c'est à écraser leurs concitoyens qu'ils emploient le reste de la vigueur nationale. Les légions romaines de l'Occident furent l'instrument qui renversa Rufin à Constantinople et Gildo en Afrique. Mais les victoires qu'elles remportèrent pour Stilichon préparèrent celles des Barbares.

Trois grands événemens signalèrent dans les Gaules l'époque calamiteuse du règne d'Honorius, et en même temps l'origine de la monarchie françoise; savoir, l'invasion universelle des Barbares, qui renversèrent à la fois toutes les barrières de l'empire romain; la fondation dans la Gaule méridionale de la monarchie des Visigoths, et la fondation dans la Gaule orientale de la monarchie des Bourguignons.

Stilichon avoit vaincu Alaric, roi des Visigoths, à Pollenza, près d'Asti, le jour de Pâques 402; mais cette victoire, qui fut chèrement achetée, hâta peut-être l'invasion universelle des Barbares, et leur ouvrit les portes de l'empire. Le général d'Honorius, pour former son armée, avoit rappelé des frontières de la Rhétie et de la Gaule tout ce qui restoit de légions romaines, et il avoit laissé ces belles provinces sans défense (1). Rhadagaise, qui paroît avoir régné dans la partie plus septentrionale de la Germanie, sur les bords de la mer Baltique, mais qui, au moment de l'attaque des Tartares, avoit rassemblé tous les peuples voisins sous ses étendards, profita de ce que la frontière étoit dégarnie pour conduire une multitude innombrable de Barbares au centre de l'empire romain. Les Vandales, les Suèves, les Bourguignons, les Alains, et beaucoup d'autres peuples dont le nom même n'étoit pas connu, obéissoient à ses ordres, ou agissoient de concert avec lui. On assuroit que deux cent mille guerriers recevoient de lui leur impulsion. Les historiens ne nous ont donné quelque détail que sur la marche du chef de cette terrible expédition. Rhadagaise, avec un corps considérable de Barbares, avoit passé les Alpes, et étoit entré en Italie au printemps de l'année 406. Stilichon, ne s'attachant qu'à lui, avoit rassemblé toutes les légions du Rhin et du Danube; il en avoit formé une armée de trente à quarante mille hommes, avec laquelle il se contenta de suivre Rhadagaise sans le combattre; et lorsqu'il le vit engagé dans les collines stériles

---

(1) *Prosperi Aquitani chron. Script. Franc.* T. I, p. 626. — *Cassiodori chronicon.* pag. 1361. — *Historiæ Miscellæ.* Lib. XIII, cap. 26, p. 909.

de l'Apennin, il le fatigua par des escarmouches, il l'arrêta dans des lieux déserts, il lui coupa les vivres, il le força à chercher un refuge sur les hauteurs de Fiésole, il l'y assiégea enfin, et il l'y contraignit à se rendre. (1)

La captivité et le supplice de Rhadagaise calmèrent les terreurs d'Honorius, mais ne sauvèrent point l'empire. Les deux tiers des guerriers qui obéissoient à ses ordres n'avoient point marché à sa suite. Toutes ces nations barbares, conduites par leurs chefs différens, profitèrent de ce que Stilichon avoit retiré des Gaules les légions destinées à les défendre, et s'acheminèrent vers le Rhin pour le traverser. Elles trouvèrent sur ses bords les Francs qui se considéroient toujours comme les alliés et les soldats de l'empire romain, et qui leur opposèrent une vigoureuse résistance. Les Vandales, conduits par leur roi Godegisile, étoient arrivés les premiers sur les frontières de la Gaule ; ils furent vaincus par les Francs, et leur roi périt dans le combat. Mais les Alains accoururent au secours de leurs alliés, et dans une seconde bataille, les Francs furent vaincus à leur tour.

(1) *Olympiodorus apud Photium.* Pag. 146. — *Zosimi Hist.* Lib. V, cap. 26, p. 576. — *Pauli Orosii.* Lib. VII, cap. 37, p. 567. — *Prosperi Aquitani,* p. 627. — *Jornandes de Regnor. successione.* Cap. 95, p. 1078. — Gibbon, *Decline and fall.* Chap. 30, p. 213. — *Muratori Annal.* 405.

Le 31 décembre 406, le Rhin fut franchi par l'armée barbare, et les nations qui se répandirent alors dans les Gaules n'évacuèrent plus les provinces de l'empire romain. (1)

406.

Cette invasion finale des Barbares est un des plus grands événemens de l'histoire de l'empire d'Occident; c'est à elle qu'il faut rapporter la vraie origine du peuple français, bien plutôt qu'aux irruptions d'un petit roi franc dans une petite province. Mais les historiens qui sont parvenus jusqu'à nous, et qui pour la plupart semblent nous avoir conservé seulement la table des chapitres d'ouvrages plus considérables, ne nous donnent aucun détail sur cette terrible catastrophe. Une lettre de saint Augustin nous fait seule connoître la désolation des Gaules, que les auteurs de chronique ont indiquée par une seule ligne : « Des nations féroces et innombrables, dit-il, ont occupé toutes les Gaules; tout ce qui se trouve entre les Alpes et les Pyrénées, entre l'Océan et le Rhin, est dévasté par le Quade, le Vandale, le Sarmate, l'Alain, le Gépide, l'Hérule, le Saxon, le Bourguignon, l'Allemand et le Pannonien lui-même, qui, pour le malheur de

406—412.

---

(1) *Gregorii Turonensis.* Lib II, cap. 2, p. 157. Cap. 9, p. 165. — *Zosimi*, Lib. VI, cap. 3, p. 652. — *Prosper Aquitanus*, p. 627. — *Prosper Tyro*, p. 637. — *Pauli Orosii Hist.* Lib. VII, cap. 40, p. 597.

« la république, est aussi devenu ennemi.
« Mayence, autrefois ville illustre, a été prise
« et détruite; plusieurs milliers d'hommes y
« ont été massacrés dans l'église. Worms a
« été ruinée par un long siége; la puissante
« ville de Reims, Amiens, Arras, Térouane,
« située à l'extrémité des Gaules, Tournay,
« Spire, Strasbourg, ont vu tous leurs habi-
« tans transportés dans la Germanie. Tout est
« ravagé dans les Aquitaines, la Novempopu-
« lanie, les Lyonnoises et Narbonnoises, à la
« réserve d'un petit nombre de villes que le
« glaive menace au dehors, et que la faim tour-
« mente au dedans. Je ne puis, sans verser des
« larmes, parler de Toulouse; si cette ville
« n'est pas encore prise, c'est aux vertus de son
« saint évêque Exupérius qu'elle le doit. L'Es-
« pagne elle-même est dans la consternation,
« et se sent à la veille de sa perte. » (1)

La désolation des Gaules, parcourues d'une extrémité jusqu'à l'autre par ces peuples barbares, ne peut en effet se comparer à aucune de leurs précédentes calamités. Les conquérans, sûrs de ne rencontrer nulle part d'armée qui pût leur tenir tête, se partageoient en petites troupes, pour que toutes les provinces contribuassent à les nourrir, et que rien n'échappât

---

(1) *Sancti Hieron. Epistola Acheruntiæ matronæ.* Ep. 91, p. 748, et *Script. franc.* T. I, p. 744.

à leurs dévastations. Tandis que la guerre se présentoit partout à la fois, le gouvernement romain survivoit à tant de désastres; mais il ne subsistoit plus que pour nuire. Les exacteurs des taxes redoubloient leurs demandes, et les besoins toujours plus pressans du fisc leur donnoient un motif plausible pour le faire. D'autre part, l'ambition de ceux qui prétendoient à l'empire n'étoit point découragée par les désastres de l'état. Les légions cantonnées en Bretagne proclamèrent successivement trois empereurs, et le troisième, dont le nom *Constantin* leur avoit paru d'un heureux augure, fut reconnu en 407 par les Gaules, et en 408 par l'Espagne. Tout ce qui n'étoit pas envahi par les Barbares se flattoit, en invoquant un général romain, quelque titre qu'il portât, d'obtenir de lui quelque protection. Mais cette espérance fut trompée; les prétendans à l'empire, qui ne trouvoient point de soldats pour le défendre, en trouvoient encore pour s'attaquer réciproquement; et ce fut au plus fort des déprédations des Barbares, qu'Honorius d'une part et Constantin de l'autre firent marcher leurs troupes vers les Alpes qui séparent la France de l'Italie, pour en forcer ou pour en défendre les passages. (1)

(1) *Zosimus.* Lib. VI, cap. 3, p. 652. — *Olympiodori Eclogæ Histor. Byz. Venet.* T. I, p. 146. — *Prosperi Aqui-*

406—412.   La population étoit tellement détruite, et les armées étoient si affoiblies, que Constantin n'employa pas plus de cinq mille hommes à faire la conquête de l'Espagne; ceux-ci même étoient tous des Barbares pris à la solde des Romains, tandis que les troupes qui lui furent opposées étoient des esclaves ou des paysans enrégimentés par les frères de Théodose, dans leurs possessions en Lusitanie (1). A cette époque, on vit d'autres paysans s'armer dans la Gaule pour une cause qui leur étoit moins étrangère. Las de souffrir en même temps les exactions du fisc impérial et l'oppression des Barbares, ils s'enfuirent dans les montagnes, dans les marais, dans les lieux forts, au milieu des bois. Ne pouvant plus conserver les fruits de leur propre industrie, ils essayèrent de vivre de brigandage. Ils dressèrent des embûches aux soldats qui avoient cessé de les défendre, et ils dévalisèrent au passage des Alpes Sarus, général goth, qu'Honorius avoit envoyé contre Constantin (2). On les nomma les Bagaudes, et ces malheureux que le désespoir

tani, p. 627.—*Historia Miscella*, Lib. XIII, cap. 72, p. 710. — Gibbon, *Decline and Fall*. Chap. 30, t. V, p. 231.

(1) *Zosimus*. Lib. VI, cap. 4, p. 653.—*Historia Miscella*, Lib. XIII, cap. 30, p. 910.

(2) *Zosimus*. Lib. VI, cap. 2, p. 651.—Abbé Dubos, *Hist. critique*, Liv. II, chap. 2.

avoit poussés à la révolte, commencèrent à être regardés comme une puissance, et à être respectés, dès l'instant qu'eux-mêmes ne respectèrent plus les lois.

Il semble que les Bagaudes ne furent pas seuls à secouer le joug impérial, et que les provinces situées le long de la mer, qu'on nommoit les Armoriques, essayèrent de leur côté de se donner un gouvernement indépendant ; mais cette tentative, qui demandoit plus d'énergie qu'on n'avoit coutume d'en trouver dans les provinces romaines, ne nous est connue que par quelques mots de Zosime. « Les Barbares,
« dit-il, qui avoient traversé le Rhin, poussant
« partout leurs ravages, réduisirent alors, soit
« les habitans de l'île de Bretagne, soit quelques
« nations celtiques, à la nécessité de renoncer
« à l'empire romain, et de secouer ses lois, pour
« vivre à leur propre gré. Les Bretons ayant
« pris les armes et bravé tous les dangers, mirent
« leurs cités à couvert des Barbares qui les
« menaçoient. De même toute la contrée armorique
« et d'autres provinces des Gaules ayant
« imité les Bretons, se mirent en liberté d'une
« manière semblable. Ils renvoyèrent les magistrats
« romains, et ils se constituèrent à leur
« gré une sorte de république. » (1)

(1) *Zosimi Hist.* Lib. VI, cap. 5, p. 656, *in Script. franc.* T. I, p. 587.

Ce peu de mots a donné matière à d'amples commentaires, et au développement de beaucoup de conjectures ingénieuses. L'abbé Dubos, en expliquant le silence des historiens, a fondé sur des sous-entendus une histoire assez complète de la république armorique. Nous serons souvent appelés à nous tenir en garde contre le zèle des écrivains que ne satisfait point l'aridité de nos chroniques, et qui y suppléent par des divinations. Plus d'une fois le lecteur pourra être surpris en voyant à combien peu se réduit ce que nous savons réellement sur un événement assez célèbre pour avoir motivé de gros livres. (1)

Une partie des peuples barbares qui s'étoient jetés dans les Gaules, après les avoir dévastées pendant trois ans, les quittèrent pour porter plus loin leurs ravages. Les Suèves, les Vandales et les Alains franchirent les Pyrénées le 13 octobre 409 ; ils pillèrent l'Espagne jusqu'aux Colonnes d'Hercule ; après quoi ils en partagèrent entre eux les provinces, pour s'approprier le sol même qu'ils avoient jusqu'alors mis à contribution. Les Suèves et les Vandales prirent pour eux l'ancienne Galice, les Alains la Lusitanie, et les Silinges, qui appartenoient

---

(1) Abbé Dubos, *Histoire critique*, Liv. II, chap. 3, p. 253, Gibbon, *Decline and Fall.* Chap. 31, t. V, p. 363.

aussi à la race vandale, la Bétique (1). Cependant d'autres Alains et d'autres Vandales étoient demeurés dans les Gaules, et en 410 ils portèrent leurs ravages dans les provinces situées sur l'Océan, où jusqu'alors on n'avoit encore vu d'autres Barbares que les Saxons. (2)

Après six ans de dévastations depuis la première entrée des Barbares, les Gaules n'éprouvoient encore aucun soulagement, lorsque Honorius essaya enfin de les pacifier ; mais le seul expédient auquel il sut recourir fut d'en abandonner quelques provinces à ceux des rois barbares qui voudroient bien prendre le titre d'alliés de l'empire, sous condition que ceux-ci le délivreroient des autres. Les deux peuples avec lesquels il traita une semblable alliance furent les Visigoths et les Bourguignons ; c'est ainsi qu'ils acquirent les premiers un établissement régulier dans la Gaule.

Les Visigoths, alors conduits par le redoutable Alaric, avoient, en 408, passé de la Pannonie dans la Norique, et contraint le sénat de Rome à racheter l'Italie par une contribution de quatre mille livres d'or. Tandis qu'ils étoient au pied des Alpes, le lâche et imbécille

---

(1). *Cassiodori Chronic.* pag. 1362. — *Historiæ Miscellæ.* Lib. XIV, cap. 3 ; p. 912. — *Pauli Orosii.* Lib. VII, cap. 41, p. 598. — *Mariana de rebus Hispan.* Lib. V, cap. 1.

(2) *Prosperi Tyronis Chron.* pag. 637.

406—412. Honorius fit assassiner Stilichon, le seul homme qui pût encore défendre l'empire; son fils et presque tous ses officiers furent massacrés avec lui. Les Visigoths qui servoient à la solde de l'empire avoient laissé leurs femmes et leurs enfans dans les villes romaines; ils furent tous égorgés en même temps. Tous les traités que Stilichon avoit conclus avec Alaric furent annulés, et la cour de Ravenne sembla prendre plaisir à provoquer un ennemi qu'elle n'avoit aucun moyen de combattre. Alaric traversa la Vénétie sans rencontrer de soldats Romains qui essayassent de l'arrêter; il s'avança jusque sous les murs de Rome, et il en forma le siége. Cette fois il consentit à s'en éloigner, après avoir reçu une immense rançon (1). Mais Honorius, qui n'avoit pris aucune mesure pour défendre Rome, ne voulut jamais consentir à ratifier aucun des traités par lesquels on pouvoit la sauver. Son obstination, qu'il prenoit pour un noble orgueil, rappela Alaric devant Rome. Il y entra le 24 août 410, et la livra pendant six jours au pillage (2). Le grand nom de Rome ce-

(1) *Zosimi Histor.* Lib. V, cap. 29, p. 586. Cap. 32-42, p. 594.

(2) Le sac de Rome est rapporté par les uns à l'an 409, par d'autres à l'an 410. Voyez Gibbon et Muratori. — *Olympiod. apud Photium*, p. 147. — *Historia Miscella.* Lib. XIII, c. 27, 28, p. 909. — *Jornandes de rebus geticis.* Cap. 30, p. 1193.

pendant inspiroit encore au Barbare un respect involontaire. Il avoit essayé de sauver la ville éternelle en créant lui-même un empereur. Après l'avoir pillée, il se hâta d'en retirer ses troupes, pour les porter dans l'Italie méridionale. C'est là qu'au bout de peu de mois il fut frappé de mort subite à Cosenza, dans la Calabre. *406—412.*

La mort d'Alaric causa un rapprochement inattendu entre les Visigoths et l'empereur. Le beau-frère d'Alaric, Ataulphe avoit été élevé sur le pavois par le suffrage unanime des guerriers de son armée, et Ataulphe avoit trouvé à Rome une sœur d'Honorius, Placidie, fille de Théodose, dont il étoit devenu amoureux. Celle-ci, fort supérieure à ses frères en audace et en ambition, avoit persuadé au nouveau roi visigoth que tout ennemi de l'empire étoit un rebelle, qu'il ne pouvoit y avoir de gloire qu'au service de Rome, et qu'au lieu de conquérir des provinces, Ataulphe devoit s'efforcer de les obtenir en don de leur souverain légitime. La majesté romaine étoit encore tellement imposante aux yeux de ses vainqueurs eux-mêmes, que les Visigoths qui n'étoient pas, comme leur roi, aveuglés par son amour pour Placidie, acceptèrent le traité qu'elle proposoit. La vanité d'Honorius fut flattée en voyant marcher à la suite de ses aigles l'armée redoutable qui les avoit si sou- *412—414.*

vent fait fuir ; il lui abandonna avec joie les provinces du midi de la Gaule, pour sauver celles de l'Italie, assuré que leurs plaintes parviendroient plus difficilement jusqu'à lui. Les Visigoths s'avancèrent de nouveau de la Calabre jusqu'aux Alpes, ils furent introduits, sans avoir besoin de livrer de combats, dans la Gaule narbonnoise. Ils vainquirent à Valence dans la Viennoise, Jovinus et Sébastianus, qui y avoient pris la pourpre, et ils envoyèrent leurs têtes à Honorius, bien plus empressé à se défaire de tous les prétendans à l'empire que des Barbares. Ils s'assurèrent des villes de Narbonne, Toulouse et Bordeaux, et malgré quelques combats avec Constantius, général des Romains dans les Gaules, et ennemi personnel d'Ataulphe, ils furent reçus dans la province comme alliés de l'empire, et ils étendirent leur autorité de la Méditerranée à l'Océan. Le mariage d'Ataulphe avec Placidie, qui paroît avoir été déjà consommé à Forli, fut célébré de nouveau à Narbonne avec plus de solennité ; et le roi des Visigoths, pacifiquement reconnu dans la Gaule méridionale, promit de chasser de l'Espagne les Vandales qui la dévastoient. (1)

---

(1) *Jornandes de rebus geticis.* Cap. 31-32, p. 1104. — *Olympiodori*, p. 148. — Hist. génér. du Languedoc. Liv. IV, chap. 7 à 18, p. 162.—*Hadriani Valesii rer. francis.* Lib. III, p. 110.

Lorsque les Visigoths s'établirent dans les 412—414.
Narbonnoises et l'Aquitaine, le pays soumis à
leur puissance n'éprouva pas proprement une
révolution. Ils se disoient toujours soldats des
Romains. En même temps que leur roi commandoit leurs bataillons comme chef électif de
la nation, il se revêtoit aussi de l'autorité de général de l'empire, et il paroissoit plutôt tenir ses
troupes en quartier dans les provinces qu'il occupoit, qu'en avoir fait la conquête. Les édits
de l'empereur étoient toujours reconnus ; les
lois, les tribunaux, les monnoies, les administrations municipales, les droits des personnes
et des propriétés, tout étoit resté sur le même
pied. Le Goth avoit été logé chez le Romain
ou le Gaulois qu'il nommoit son hôte, et très-probablement il s'y regardoit comme un hôte
en effet, exerçant tous les droits que s'arrogent
les soldats qu'on met en quartier chez les bourgeois. Il mangeoit à sa table, il s'entretenoit à ses
dépens, et en le faisant il ne le vexoit pas plus
que n'auroit fait tout autre soldat romain, accoutumé dans ses cantonnemens à user à discrétion de tous les biens de l'habitant qui le
recevoit.

Il y avoit déjà quarante-trois ans que les
Goths avoient passé le Danube, pour se mettre
à couvert des attaques des Huns. Dès lors ils
n'avoient plus eu de demeures fixes ; mais ils

avoient sans cesse erré avec leurs femmes, leurs enfans et leurs richesses, au milieu des peuples civilisés. Ils y avoient acquis plus de goût que les autres Barbares pour les douceurs de la vie sociale. Ils étoient cultivateurs dans la Dacie qu'ils avoient été forcés d'abandonner; ils avoient de nouveau voulu cultiver la terre dans les concessions que l'empereur leur avoit faites en Thrace, et pour cette raison même ils avoient refusé de s'associer aux peuples pasteurs, qui, sans partager leurs travaux, en auroient partagé les fruits (1). Il est probable que fatigués de leur vie vagabonde, ils furent à peine établis dans la Narbonnoise et l'Aquitaine, qu'ils voulurent goûter de nouveau les plaisirs de la propriété. Une très-grande partie du pays étoit demeurée déserte, surtout depuis les derniers ravages des Barbares, dont la peste et la famine avoient été la conséquence; ces terres furent distribuées aux soldats Visigoths, aux conditions mêmes auxquelles les empereurs romains en avoient précédemment distribué à leurs soldats provinciaux. Les lois des Visigoths indiquent un partage des terres fait en quelque sorte volontairement entre le Romain et son hôte barbare, d'après lequel le tiers des terres seulement seroit demeuré au

---

(1) *Prisci Rhetoris excerpta de Legation. Byzant. Venet.* T. I, p. 31.

Romain, et les deux tiers au Visigoth, qui sans doute renonçoit, à cette condition, à être nourri et défrayé par son hôte; mais l'histoire ne nous apprend point à quelle époque cette division fut faite, et probablement elle n'eut lieu qu'après l'invasion de l'Espagne, lorsque la nation voulut assurer un sort à tous ses guerriers. (1)

L'exemple des Visigoths fut presque immédiatement imité par les Bourguignons. Il est probable que ceux-ci, depuis leur invasion dans le pays des Allemands, sous le règne de Valentinien Ier, n'avoient jamais regagné les bords de la Vistule. Les nations septentrionales, attirées une fois vers les régions du Midi, ne reculoient point ensuite. Mais les Bourguignons, resserrés entre les tribus allemandes, sans cesse en guerre avec elles, et ne possédant point de demeures fixes, languissoient de conquérir une nouvelle patrie. Ils acceptèrent avec empressement les offres de Jovinus, un des usurpateurs qui succédèrent dans les Gaules à Constantin, et qui disputèrent l'autorité d'Honorius. En l'année 411, leur capitaine ou leur roi Gonthiaire, et un capitaine alain, nommé Goar, encouragèrent Jovinus à prendre la

---

(1) *Codex Legum visigotharum.* Lib. X, tit. I, lex 8. *Scr. franc.* T. IV, p. 428. — Hist. génér. du Languedoc, Liv. IV, chap. 30, 31, p. 176.

412-414. pourpre à Mayence ; en même temps ils établirent leurs quartiers dans la province des Gaules située sur la gauche du Rhin, qu'on nommoit Germanie supérieure. Ensuite ils songèrent fort peu à défendre Jovinus, dont la tête fut bientôt envoyée à Honorius, à Ravenne. Peut-être est-ce pour prix de cet abandon qu'Honorius les reçut parmi les alliés de l'empire, comme il venoit d'y recevoir les Visigoths. Il leur permit d'étendre leurs quartiers des bords du lac de Genève jusqu'au confluent de la Moselle avec le Rhin. Ainsi commença dans les Gaules la monarchie des Bourguignons. (1)

Les lois des Bourguignons attestent, tout aussi bien que celles des Visigoths, un partage primitif des terres entre le Romain et son hôte barbare. De même le premier ne garda que le tiers de son ancien héritage, et il dut céder aux Bourguignons, avec les deux tiers de ses champs et de ses prairies, le tiers de ses esclaves pour les cultiver. Toutefois, lorsqu'un Bourguignon avoit reçu du roi une concession ou de terres ou d'esclaves, il n'avoit rien à demander à son hôte romain. Sans doute la condition des provinciaux étoit bien misérable, puis-

---

(1) *Olympiodorus. Byz. Venet.* T. I, p. 147. — *Prosperi Aquit. chron.* p. 627.—*Cassiod. chron.* ad ann. 413, p. 1362. — *Histoire de Bourgogne*, par un P. Bénédictin. Liv. I, p. 32.

qu'une spoliation aussi violente et aussi universelle de la propriété n'a laissé aucune trace dans l'histoire; tandis qu'elle est attestée par les lois des deux peuples, aucun écrivain du temps n'a daigné en parler. Au contraire, Paul Orose célèbre la douceur et les vertus civiles des Bourguignons. « De notre temps, dit-il, les « Gaules ont éprouvé leur puissance, quoique « par la providence de Dieu, ils aient tous em- « brassé récemment la foi chrétienne et catho- « lique, qu'ils aient reçu nos prêtres auxquels « ils obéissent, et qu'ils vivent innocemment, « traitant les Gaulois avec douceur et mansué- « tude, non comme des vaincus, mais comme « de vrais frères en Jésus-Christ. » (1)

Nous ne savons plus rien de l'histoire des Bourguignons dans les Gaules, depuis leur établissement en 411 jusqu'à l'année 435. Celle des Visigoths n'est pas si dépourvue d'événemens. Ataulphe leur avoit fait passer les Pyrénées, soit qu'il voulût, pour servir Honorius, chasser les autres Barbares de l'Espagne; soit, au contraire, qu'il voulût s'éloigner du général Constantius, qui avoit récemment assiégé les Visigoths dans Narbonne. Il s'étoit rendu maître de Barcelonne, où Placidie lui avoit donné un fils qui ne vécut que peu de mois. C'est là qu'il fut

---

(1) *Lex Burgundionum*. §. 54. T. IV, p. 271. — *Pauli Orosii*. Lib. VII, cap. 32, p. 550. *Script. franc.* T. I, p. 597.

assassiné par un de ses domestiques, au mois d'août 415. Son successeur Sigéric fit égorger six enfans qu'Ataulphe avoit eus d'une première femme; peu de jours après il fut lui-même massacré, et les Goths lui donnèrent Wallia pour successeur. Wallia renouvela avec Honorius, au commencement de l'année 416, le traité de subsides par lequel Ataulphe avoit mis les Visigoths à la solde de l'empire. Il conduisit ensuite ses guerriers contre les Barbares qui ravageoient l'Espagne. Il extermina les Silinges, et il força les restes des Vandales, des Suèves et des Alains à se retirer dans les montagnes de Galice. (1)

Vers la fin de l'année 418, Wallia ramena les Visigoths de l'Espagne dans la Gaule, et un nouveau traité qu'il fit avec le général Constantius fixa avec plus de précision les provinces qui furent abandonnées aux Visigoths. Toulouse devint leur capitale, et leur domination s'étendit de cette ville jusqu'à l'Océan, sur les districts de Toulouse, Agen, Bordeaux, Périgueux, Saintes, Angoulême et Poitiers. C'est alors aussi probablement que le partage des

---

(1) *Jornandes de rebus geticis.* Cap. 31, 32, p. 1104. — *Idatii chron.*, p. 615. — *Prosperi Aquit.*, p. 627. — *Prosperi Tyronis.*, p. 638. — *Isidori hispalens. Histor. Gothor.* T. II. *Script. franc.*, p. 701. — *Chronolog. Gothor.*, p. 704. — *Histoire génér. du Languedoc*, Liv. IV, chap. 18-23, p. 168.

terres mentionné dans leurs lois fut accompli: 414-423.
Wallia, qui mourut vers la fin de l'année 418,
n'eut point le temps de donner à sa nouvelle
monarchie des institutions durables ; mais
Théodoric, fils du grand Alaric, que le libre
choix des guerriers lui donna pour successeur,
affermit, pendant un règne de trente ans, l'empire que les Visigoths avoient fondé dans les
Gaules sur les ruines de celui des Romains. (1)

Tandis que les Barbares se partageoient ainsi
les provinces romaines, Honorius étoit toujours
reconnu comme empereur de l'Occident. Bien
plus, jamais le faste de la maison impériale
n'avoit été poussé plus loin que sous ce règne
malheureux; jamais on n'avoit rejeté avec plus
de mépris les offres de paix des ennemis qu'on
ne pouvoit pas même combattre. Honorius,
enfermé dans les marais inaccessibles de Ravenne, croyoit faire preuve d'une noble fierté,
d'une constance héroïque, en ne se laissant décourager par aucun revers, et en ne rabattant
rien de ses prétentions, lorsque des armées
victorieuses parcouroient ses états d'une extrémité jusqu'à l'autre, ravageoient ou incendioient les villes et les villages, et égorgeoient
des sujets que l'autorité publique ne protégeoit

(1) *Jornandes de rebus geticis.* Cap. 33, 34, p. 1105. —
— *Historiæ Miscellæ.* Lib. XIV, cap. 3, 4, 5, p. 912. —
Idatii Ep. chron., p. 616.

plus. Honorius mourut enfin à Ravenne, le 15 août 423, après vingt-huit ans de désastres et de honte. De grands talens s'étoient cependant développés sous son règne; mais ils n'avoient servi qu'à attirer sur l'empire de nouveaux malheurs; de grandes victoires avoient été remportées en son nom, mais elles l'avoient privé des hommes mêmes qui auroient pu sauver l'univers romain. Constantin, ses deux fils, Jovinus, Sébastianus, Attalus avoient été successivement revêtus de la pourpre par les légions ou les provinces qui sentoient le besoin d'un chef pour résister aux Barbares; tous périrent assassinés, à la réserve du dernier, qu'Honorius se contenta de faire mutiler; tous furent flétris du nom de tyran, qu'aucun ne méritoit à l'égal du fils de Théodose; et ce dernier triomphant, par une sorte de force d'inertie, des talens, des vertus, du courage de ses rivaux, sembloit leur survivre à tous pour prouver ensuite au monde que ce ne sont pas les grandes passions ou les grandes fautes qui perdent les empires, mais la lâcheté, l'incapacité, la foiblesse, lorsque l'orgueil les accompagne, et lorsque celui qui est moins qu'un homme se croit presque une divinité.

CHAPITRE IV.

Derniers revers et fin de l'empire d'Occident ; conquêtes de Clovis ; la Gaule divisée entre les Francs, les Bourguignons et les Visigoths. 423 — 500.

L'empire d'Occident subsista encore cinquante-trois ans après la mort d'Honorius; mais ce demi-siècle ne peut plus être considéré que comme la longue et cruelle agonie de ce grand corps. La disparition toujours plus rapide de toute population dans ces vastes contrées, autrefois fertilisées par tant de millions d'hommes, aiguisoit la cupidité des Barbares, qui ne vouloient point reconnoître de droits exclusifs sur la terre à ceux qui n'en faisoient aucun usage. Ils venoient disputer les fruits d'une opulence passée à ceux qui ne pouvoient ni les défendre, ni les remplacer. Pendant la guerre, ils détruisoient les hommes et les richesses; mais à la paix ils se fondoient toujours sur l'abandon où le Romain laissoit les plus riches campagnes, pour demander un partage de ces déserts dont les empereurs ne pouvoient tirer aucun parti. La force des armes appuyoit une demande qui sembloit équitable;

l'exemple de concessions précédentes contraignoit à en faire de nouvelles ; et les empereurs, dont l'autorité étoit toujours reconnue, dont le nom étoit toujours invoqué des extrémités de la Bretagne à celles de l'Illyrie, comptoient plus d'étrangers que de sujets dans leurs états, et voyoient plus de vingt rois élever leur trône dans l'enceinte des provinces romaines.

425-455. Le règne de Valentinien III, fils du général Constantius et de Placidie, et petit-fils, par cette dernière, du grand Théodose, remplit plus de la moitié de cette période de calamités. Il avoit été établi, en 425, sur le trône de l'Occident par les armes de Théodose II, son cousin, après que l'usurpateur Jean, couronné à Ravenne, eut été massacré. A cette époque, Valentinien III n'étoit âgé que de six ans, et toute l'autorité étoit réellement confiée à sa mère Placidie. Ce fut celle-ci qui, en reconnoissance de l'aide qu'elle avoit reçu, céda à l'empire d'Orient la Dalmatie, la Pannonie et le Norique, et accomplit la division des deux empires, en stipulant que les lois de l'un ne seroient point obligatoires pour l'autre. Tant qu'elle vécut, ou jusqu'à l'an 450, ce fut proprement elle seule qui régna sur l'Occident. Dans les cinq ans que son fils lui survécut, il donna lieu aux peuples de regretter le temps de sa régence.

Placidie, fille de Théodose, et veuve de deux

hommes distingués, Ataulphe, roi des Visigoths, et Constantius, général des Gaules, qui en 421 fut décoré de la pourpre, n'étoit pas si indigne que ses deux frères de celui de qui elle avoit reçu la vie. Elle eut du moins le mérite de savoir distinguer les talens d'Aétius et du comte Boniface, auxquels elle confia, à l'un le commandement de l'Italie et de la Gaule, à l'autre celui de l'Afrique, et que l'on peut considérer comme les derniers des Romains. Par leur activité, leur courage et la confiance qu'ils inspirèrent, ils réussirent à former de nouvelles armées romaines, presque uniquement composées de Barbares. Mais leur rivalité fut fatale à l'empire. Le comte Boniface, poussé à la révolte par Aétius, et croyant ne pouvoir sauver autrement sa tête, appela en Afrique, en 429, Genséric, roi des Vandales. Ce peuple, qui avoit tour à tour vaincu les Suèves dans la Galice, les Romains et les Visigoths dans la Bétique, n'hésita point à abandonner ses conquêtes pour chercher de nouveaux établissemens. Cinquante mille guerriers tout au plus suivirent Genséric, quoique, en faisant entrer dans son dénombrement les vieillards, les enfans et les esclaves, il prétendît commander à quatre-vingt mille hommes. C'étoit la nation des Vandales tout entière, à laquelle les Alains et un grand nombre de Visigoths étoient venus se

429-439. joindre. Le pays qu'ils attaquèrent, au moins trois fois plus étendu que les Gaules, n'avoit encore été ravagé par aucun ennemi. Mais la population y avoit été détruite par les mêmes causes qui anéantissoient partout celle de l'empire. Les Vandales furent constamment victorieux ; l'Afrique fut désolée en même temps que conquise, et Carthage, où Genséric entra le 9 octobre 439, fut dépouillée de toutes ses richesses, que le vainqueur partagea entre ses Vandales. (1)

428-450. Mais tandis que l'Afrique étoit perdue, le patrice Aétius maintenoit une partie des Gaules dans l'obéissance. Fils d'un Scythe mort au service de l'empire, et élevé comme otage auprès d'Alaric, il avoit encore plus de crédit chez les Barbares qu'à la cour de Ravenne : les Huns surtout lui étoient devoués. Quelquefois il dirigea leurs armes contre ses rivaux ; souvent aussi il s'en servit contre les ennemis de Rome, et avec cette vaillante cavalerie, il remporta dans les Gaules plusieurs victoires sur les peuples germaniques qui combattoient à pied. En 428, il battit les Francs dans le voisinage de Reims (2); et dès lors jusqu'à l'année 450, de

---

(1) *Jornandes de rebus geticis.* Cap. 33, p. 1104. — *Hist. Miscella.* Lib. XIV, cap. 9 et 10, p. 914. — *Cassiodori chron.* p. 1363.

(2) *Prosper Aquitan.* pag. 630.

fréquens succès couronnèrent ses armes. Il força 428—450. en 434 et 436 Gondicaire, roi des Bourguignons, à se renfermer dans la Savoie; il fit lever en 436, à Théodoric, roi des Visigoths, le siége de Narbonne; il vainquit enfin, près de Tours et près de Chinon, les Bagaudes, et peut-être les Armoriques. (1)

Ce grand général, en combattant les Barbares, ne se proposoit point de les faire ressortir des frontières de l'empire; il étoit satisfait lorsqu'il pouvoit les amener à reconnoître les magistrats de Rome, et à se ranger parmi ses alliés. Il savoit bien que ce n'étoit que chez eux qu'il pourroit trouver des soldats; mais c'étoit surtout sur les hordes tartares qu'il comptoit pour arrêter les Germains; aussi multiplia-t-il leurs colonies dans les Gaules. C'est à lui que les Alains dûrent leur établissement à Valence et à Orléans. Par eux il vouloit demeurer maître du passage du Rhône et de celui de la Loire; mais le pays au milieu duquel il fixoit ces Barbares de Scythie souffroit cruellement de leurs déprédations. (2)

Tel étoit l'état des Gaules, tandis qu'Attila, 433—450.

(1) *Prosper Tyro.*, p. 639. — *Sidonius in Panegyr. Majoriani*, vers. 212. *Scr. fr.* T. I, p. 802. — *Historiæ Miscellæ.* Lib. XIV, cap. 11, p. 915. — Abbé Dubos, *Histoire critique*, Liv. II, chap. 14, p. 29. — Hadr. *Valesii.* Lib. III, p. 126.

(2) *Prosper Tyro.* pag. 659.

roi des Huns, portoit dans l'empire d'Orient ses ravages jusqu'aux portes de Constantinople, et qu'il contraignoit Théodose le jeune à se soumettre aux conditions les plus honteuses. Théodose rendit à Attila tous les Huns fugitifs qui avoient cherché un asile dans ses états, et qui furent aussitôt mis en croix, sous les yeux mêmes des ambassadeurs chargés de les livrer. Bien plus, il força ses propres sujets qui s'étoient échappés de la captivité des Tartares, à retourner prendre leurs fers, à moins qu'ils ne se rachetassent au prix de douze pièces d'or par personne (1). Attila, dont la domination s'étendoit sur toute la longueur du Danube, et qui se trouvoit ainsi limitrophe des deux empires, résolut, après avoir ravagé l'Illyrie et la Grèce, de porter aussi ses armes dans l'Occident, et de pénétrer dans les Gaules, à la tête des nations tartares et germaniques qu'il avoit contraintes à suivre ses étendards.

Lorsque Attila partit de son village royal dans les plaines de Hongrie, il conduisoit, si l'on en peut croire Jornandès, cinq cent mille guerriers à sa suite. Mais on ne doit s'attendre à aucune exactitude dans l'estimation du nombre des armées barbares ; leurs chefs n'en savent point eux-mêmes le compte, et elles parois-

---

(1) *Prisci Rhetor. de Legationib. Byzant. Ven.* T. I, p. 25 et 32.

sent toujours innombrables aux malheureux dont elles dévastent le pays. Les Huns traversoient sans magasins et sans convois un pays peu cultivé, et déjà ruiné par des guerres continuelles. On a peine à comprendre comment ce pays auroit pu nourrir une armée de cent mille hommes, et ce nombre peut-être étoit plus qu'il n'en falloit aux Huns pour achever tout ce qu'ils entreprirent. (1)

D'ailleurs, pour envahir la Gaule, Attila ne comptoit pas seulement sur ses propres forces. Deux frères se disputoient alors la royauté chez les Francs, ou du moins dans l'une de leurs tribus, et l'un d'eux avoit recouru à lui, tandis que l'autre s'étoit mis sous la protection d'Aétius et des Romains. Dans les Gaules mêmes, les Scythes que commandoit Aétius étoient prêts à se joindre au roi de leur nation, et Sangiban, qui étoit à la tête des Alains d'Orléans, avoit promis de lui livrer cette ville. Honoria enfin, sœur de Valentinien III, avoit offert sa main à Attila, et lui avoit promis l'aide d'une faction parmi les Romains : car dans ce siècle on entendit pour la première fois parler des droits des princesses, et l'on regarda les monarchies comme devant être divisées ou réunies, selon les prétentions héréditaires des familles régnantes, et non selon les droits des peuples. De

---

(1) *Jornandes de rebus geticis*. Cap. 35, p. 1106.

plus, Genséric, roi des Vandales, avoit contracté alliance avec Attila, et lui avoit promis de le seconder, aussitôt que des armées parties de Hongrie et d'Afrique pourroient agir de concert. (1)

C'est vers le confluent du Rhin avec le Necker qu'Attila fut joint par ceux des Francs qui s'étoient engagés à le seconder. C'est là aussi qu'il passa le Rhin. Dès lors répandant sa cavalerie dans les provinces de la Gaule, il porta partout en même temps le ravage et la désolation. Après avoir pris la ville de Metz, il en fit massacrer tous les habitans, et mettre le feu aux bâtimens; tout fut consumé par l'incendie, à la réserve de la seule chapelle de Saint-Étienne (2). Tongres fut également ruiné. Orléans fut assiégé; mais les Alains, qui avoient promis de livrer cette ville, en avoient été retirés; et l'armée d'Aétius et de Théodoric, roi des Visigoths, parut dans le lointain, et força Attila à lever le siége, lorsqu'il ne restoit déjà plus de ressources aux Orléanais.

Aétius n'avoit amené d'Italie qu'une poignée de soldats; mais il avoit mis son espérance dans la réunion des Barbares cantonnés dans les

(1) *Jornandes de rebus geticis.* Cap. 36, p. 1106. — *Hist. Miscellœ*, Lib. XV, cap. 2 et 3, p. 919. — *Prisci Rhetor. excerpta Byzant. Ven.* T. I, p. 27. — *Pagi critica* ad ann. 451, §. 20-23, p. 324.

(2) *Gregorii Turonensis.* Lib. II, chap. 6, p. 161.

Gaules ; l'invasion des Scythes n'étoit guère moins redoutable pour eux que pour les Romains. Ces féroces conquérans, dans la désolation de toute une contrée, dans le massacre de toute une population, prenoient rarement la peine de distinguer entre les amis et les ennemis. Ceux mêmes qu'ils auroient admis dans leur alliance ne devoient pas s'accommoder long-temps de la domination des peuples pasteurs. Aétius s'adressa à toutes ces colonies militaires dont quelques-unes n'avoient jamais renoncé à leur indépendance, dont d'autres l'avoient récemment recouvrée, après avoir été long-temps à la solde de l'empire. Mais la plus importante de ces négociations fut celle dont il chargea le sénateur Avitus auprès de Théodoric, roi des Visigoths à Toulouse. Ce prince, fils du redoutable Alaric, avoit succédé à Wallia dès l'an 418 : durant un règne de plus de trente ans, il avoit si bien affermi ses compatriotes dans le midi de la Gaule, que les Visigoths ne pouvoient plus être confondus avec les tribus errantes, et qu'ils sentoient enfin qu'ils avoient recouvré dans l'Aquitaine une patrie, au lieu de celle que les mêmes Huns, qui les menaçoient, avoient ravi à leurs aïeux dans la Dacie. Théodoric et Aétius s'étoient combattus plusieurs fois, et ils s'observoient encore avec jalousie. Cependant Avitus fit sentir au premier la nécessité de se réunir aux

451. Romains pour sauver ensemble les Gaules; il excita le ressentiment des Goths, que les Huns sembloient poursuivre jusqu'aux extrémités de la terre, et il engagea le vieux roi à s'avancer avec ses deux fils et ses plus braves guerriers à leur rencontre, jusqu'à une grande distance de ses états. (1)

Le reste de l'armée qu'Aétius avoit réunie dans les Gaules se composoit de Francs que les modernes ont supposé être Saliens et sujets de Mérovée; de Ripuaires qui étoient aussi de la race des Francs, de Saxons qui avoient un établissement à Bayeux, de Bourguignons qui depuis quarante ans avoient fondé leur monarchie près du lac de Genève, de Sarmates qui avoient passé dans les Gaules lors de la grande invasion des Barbares en 406, d'Alains d'Orléans ou de Valence, de Tayfales du Poitou, de Bréons cantonnés en Rhétie, d'Armoriques, peut-être soldats des provinces qui avoient secoué le joug, et de *læti* ou de vétérans barbares, qui après avoir servi l'empire, en avoient reçu en récompense des terres qu'ils s'étoient engagés à défendre (2). La composition de cette armée donne à connoître l'étrange condition des Gaules, qu'on regardoit toujours comme une

---

(1) *Sidonius Apollin. Panegyr. Aviti.* V. 328 et seq. *Scr. franc.* T. I, p. 806.

(2) *Jornandes de rebus geticis.* Cap. 36, p. 1107.

province romaine, tandis que tant de peuples indépendans s'en étoient partagé les provinces.

451.

L'armée qui envahissoit la Gaule ne contenoit pas un moindre mélange de races diverses. Depuis qu'Attila, fils de Mundzuk, avoit succédé en 433 à son oncle Rugilas, il avoit soumis à son empire les pays mêmes d'où étoient sortis les peuples qui, depuis 406, dévastoient les Gaules. Peut-être que la prodigieuse émigration qu'ils avoient soufferte à cette époque leur avoit laissé moins de moyens de résister aux Huns. Ainsi des peuples de même nom, de mêmes armes, parlant la même langue, et se reconnoissant pour être du même sang, se trouvoient opposés dans les deux armées. Trois frères de la famille des Amales conduisoient les Ostrogoths; un frère du roi franc qui suivoit Aétius, conduisoit d'autres Francs à la suite d'Attila. Les Bourguignons, les Thuringiens, les Rugiens, les Hérules marchoient avec eux. Les Gépides enfin, sous leur roi Ardaric, confident du roi des Huns, appartenoient à cette armée.

Il semble que, lorsque Attila, près de se rendre maître d'Orléans, vit approcher Aétius, il se retira avec précipitation vers les plaines de la Champagne, où il comptoit que son immense cavalerie pourroit se développer avec plus d'avantage. Les deux armées se rencontrèrent près de Châlons; un petit monticule s'élevoit entre elles; les deux généraux jugèrent son importance décisive, et se le disputèrent avec acharnement. Enfin Thorismond, fils aîné du roi des Visigoths, en demeura maître. La bataille générale qui s'engagea alors fut, selon l'expression du seul historien qui nous en ait conservé quelque détail, « atroce, multiforme, « effroyable, opiniâtre, et telle que l'antiquité « n'avoit rien pu voir de semblable. » Il assure que le petit ruisseau qui couloit au bas du monticule fut tellement gonflé de sang, qu'il inonda ses bords comme un torrent. Théodoric, roi des Visigoths, fut tué dès le commencement de la bataille, et demeura enseveli sous un monceau de morts; son fils Thorismond et Aétius se trouvèrent l'un et l'autre séparés du gros de leur armée, et exposés à demeurer prisonniers des Huns : mais pendant ce temps, Attila, effrayé de la perte énorme qu'il avoit faite, s'enferma dans une enceinte de ses chars scythes, qu'il opposa comme une fortification aux assaillans. La nuit survint avant qu'on pût reconnoître à qui étoit demeurée la victoire. Ce ne fut que le lendemain que l'immobilité des Huns laissa voir qu'Attila se regardoit comme vaincu. Selon Jornandès, cent soixante-deux mille hommes étoient restés sur le champ de bataille. Une aussi prodigieuse exagération indique du moins un effrayant massacre. Les deux armées se sentoient également épuisées. Attila demeura plusieurs jours immobile; Thorismond s'empressa de retourner à Toulouse, pour s'assurer du trône des Visigoths, que ses frères auroient pu lui disputer. Aétius n'essaya point de renouveler les combats, et lorsque Attila prit le parti de la retraite, il le laissa évacuer les Gaules, sans l'inquiéter dans sa marche. (1)

La victoire d'Aétius dans les plaines de Châlons est la dernière dont l'empire d'Occident ait pu s'enorgueillir. Il subsista vingt-cinq ans encore, mais pour supporter toujours plus le poids de l'infortune, et marcher plus rapidement à sa ruine. Cependant l'empire des Huns, qui avoit menacé l'Europe de la plus cruelle servitude, fut renversé avant lui. Dès l'année suivante, Attila envahit l'Italie; c'est alors qu'il détruisit Aquilée, qu'il ravagea la Lombardie, qu'il causa dans la Vénétie l'émigration à laquelle Venise dut son origine, et qu'il se retira

451.

452.

---

(1) *Jornandes de rebus geticis.* Cap. 36-42, p. 1106-1110. — *Cassiodori chronic.* p. 1364. — *Histor. Miscella,* Lib. XV, cap. 3, p. 920. — *Gregorii Turonensis Hist.* Lib. II, cap. 7, p. 161-163. — *Sidonius Apollin. Panegyr. Aviti.* Carmen 7, *Scr. franc.* T. I, p. 806. — *Ejusdem Epistolæ.* Lib. VIII, ep. 15, p. 801. — *Vitæ Sanctorum Lupi, Aniani, Lupicini, etc. Scr. franc.* T. I, p. 644. seq. — *Prosperi Aquit.,* p. 634. *Prosperi Tyronis,* p. 640. — *Idatii episc.* p. 619. — *Fredegarii fragmentum Idatio tributum.* T. II, p. 462. — *Isidori Hispalensis.* T. II, p. 701. — *Hadriani Valesii.* Lib. IV, p. 153.

enfin à l'intercession du pape Léon. Mais en 453 il mourut dans l'ivresse d'un festin; et son empire s'écroula avec lui. Son favori Ardaric établit la monarchie des Gépides dans la Dacie, entre les monts Carpathes et le Pont-Euxin, dans le lieu même qu'Attila avoit regardé comme le siége de sa puissance. Les Ostrogoths s'emparèrent de la Pannonie, entre Vienne et Sirmium, et Irnak avec les Huns se retira dans la petite Tartarie, où les restes de ce peuple furent asservis, peu d'années après, par les Igours, sortis des plaines de la Sibérie. (1)

La chute de la redoutable monarchie des Huns enhardit le lâche Valentinien III; il ne crut plus avoir besoin de ménager le grand général dont il étoit jaloux, et de la première épée qu'il eût jamais maniée, il tua Aétius dans son propre palais, en présence de ses eunuques et de ses courtisans. Ceux-ci s'empressèrent de prendre part à cet assassinat; et le corps du dernier des Romains fut transpercé de cent blessures. La mort de Valentinien III suivit de près celle de son général. Il avoit offensé par ses débauches les sénateurs de Rome. Pétronius Maximus vengea, le 16 mars 455, l'outrage fait à sa femme, par le meurtre de son souverain. (2)

---

(1) *Jornandes de rebus geticis.* Cap. 49, p. 1114.
(2) *Procopius de Bello Vandalico.* Lib. I, cap. 4, p. 35e. *Byzant. Ven.* T. I.

Depuis la mort de Valentinien III, neuf empereurs universellement reconnus et deux prétendans à l'empire, régnèrent simultanément ou successivement dans l'Occident, pendant les vingt-un ans que cet empire continua encore à subsister, sans qu'un seul d'entre eux transmît la couronne à son successeur autrement que par une révolution. Tant de convulsions, tant de guerres civiles auxquelles se trouvoit exposé coup sur coup un corps déjà dépourvu de toute vigueur, achevèrent d'anéantir ses forces. La Gaule avoit à peine le temps d'apprendre le nom de l'empereur que s'étoit donné l'Italie, lorsque déjà il étoit renversé. Depuis la perte de l'Illyrie et de l'Afrique, la Gaule étoit demeurée au centre de l'empire d'Occident, qui partout menacé, partout envahi, s'étendoit cependant encore sur les îles Britanniques, l'Espagne, la Rhétie et l'Italie. Profitant de cette position centrale, la Gaule essaya de donner un successeur à Valentinien III, et le même Avitus, qui avoit négocié l'union des Visigoths avec les Romains contre Attila, fut revêtu de la pourpre par les Visigoths et les Romains.

Avitus, noble Auvergnat, et beau-père du poète Sidonius Apollinaris, se trouvoit alors en ambassade à Toulouse auprès de Théodoric II; celui-ci avoit massacré deux ans auparavant son frère Thorismond, et étoit monté sur le

455.

trône à sa place. Cependant à peine regardoit-on alors une telle conduite comme criminelle. Théodoric II, loué par les saints et par les évêques, étoit comparé à Théodoric Ier son père; comme lui on le disoit zélé pour la justice, et sans cesse occupé du bien de ses sujets (1). Avitus avoit été lieutenant d'Aétius, puis préfet du prétoire; enfin Pétronius Maximus lui avoit confié le commandement des armées des Gaules, et l'avoit en même temps chargé d'une négociation auprès du roi de Toulouse; c'est là qu'Avitus apprit que ce même Maximus avoit été assassiné à Rome, et que cette ville avoit été pillée par Genséric et les Vandales. Théodoric, auquel il étoit venu demander la paix, lui offrit son alliance et le secours de ses guerriers, s'il vouloit se saisir de l'empire devenu vacant. En effet, Avitus fut proclamé empereur à Toulouse par les Visigoths, le 10 juillet 455, et cette cérémonie fut répétée à Arles, le 15 août de la même année, au milieu d'une assemblée des fonctionnaires publics des Gaules. Le nouvel auguste s'achemina ensuite vers Rome, pour s'y faire reconnoître par le sénat, tandis que Théodoric, de concert avec lui, entra en Espagne, pour y combattre les Suèves, dont les

---

(1) *Sidonii Apollinaris Epist.* Lib. I, ep. 2, p. 783. — *Isidori Hispal. Episc.* p. 701. — Histoire génér. du Languedoc, Liv. IV, chap. 58, p. 195.

dépouilles lui étoient offertes en récompense
par Avitus. Tout ce qu'il pourroit conquérir
sur eux devoit lui demeurer, pour qu'il le gou-
vernât au nom des Romains. Théodoric remporta sur leur roi nommé Réchiarius, qui étoit
en même temps son beau-frère, une victoire
décisive non loin d'Astorga. Il fit mourir Réchiarius qui étoit tombé entre ses mains, et il
anéantit presque sa nation. (1)

455.

Ainsi s'élevoit la monarchie des Visigoths, et
elle sembloit destinée à s'étendre à la fois sur
toute la Gaule et toute l'Espagne. Théodoric II
n'accomplit point cependant la conquête de
cette seconde contrée. Il en fut rappelé par les
désastres d'Avitus son allié, bientôt déposé à
Rome, et probablement mis à mort. Il eut à se
défendre contre son successeur Majorien, qui,
dans la dernière période de l'empire, ramena
sur le trône des talens et des vertus qui sembloient n'appartenir qu'à la république romaine. Majorien visita la Gaule et l'Espagne; il
fut reconnu par ces provinces, et il y rassembla, non des troupes nationales, il n'en existoit plus, mais des auxiliaires barbares, pour
l'expédition contre les Vandales d'Afrique qu'il
méditoit. (2)

457–461.

(1) *Idatii Lemicensis Episc. chron.* T. I, p. 620.—*Jornand.
de rebus geticis.* Cap. 44, p. 1111.

(2) *Sidonius Apollinar. Panegyr. Majoriani.* Vers 385-440.
—*Procopius de Bello Vandal.* Lib. I, cap. 7, p. 356.—*Priscus exc. de Legat.* pag. 28.

457—461. L'espérance que les vertus de Majorien avoient fait naître, ne tarda pas à se dissiper. Il fut victime, au mois d'août 461, d'une insurrection excitée dans son camp près de Tortone, par le patrice Ricimer, que tous les fédérés ou soldats barbares reconnoissoient pour chef. Dès lors il n'y eut proprement plus de gouvernement romain dans les Gaules. Les Barbares n'étoient cependant pas encore prêts à conquérir ce que l'empire perdoit. Les provinces du centre, la Narbonnoise, l'Auvergne, et le pays qui s'étendoit de la Loire jusqu'à la Somme, se regardoient toujours comme appartenant à la république, quoique la république et l'empire n'existassent plus. L'empereur Léon Ier qui régnoit à Constantinople, envoyoit successivement à Rome Anthémius, Olybrius, Népos, qui, à peine reconnus par l'Italie, étoient presque aussitôt massacrés. Les provinciaux qui avoient déjà vu l'empire ébranlé par de semblables convulsions, regardoient celles-ci comme également passagères; cet empire n'en subsistoit pas moins à leurs yeux, malgré l'interrègne. Enfin, en 476, Odoacre qui commandoit en Italie les soldats fédérés, après avoir déposé Augustule, déclara qu'un seul chef suffisoit à l'empire romain, et renvoya au monarque de l'Orient les ornemens impériaux. Ainsi finit l'empire d'Occident; mais cette révolution ne parut point aux contemporains ce qu'elle nous paroît à nous qui en voyons les suites. Par la puissance de l'habitude, par la croyance à la légitimité, l'empire continua à subsister dans le souvenir de tous ceux qui lui avoient été soumis. Les plus riches propriétaires, ou ceux qui avoient été revêtus de quelque magistrature, exercèrent sur toute leur province une autorité que personne ne songeoit à leur disputer. Ainsi Ecdicius, fils d'Avitus, gouverna l'Auvergne, Ægidius et son fils Syagrius gouvernèrent le Soissonnois au nom de l'empire, même depuis la déposition d'Augustule.

Les restes des nations barbares qui, en 406, avoient envahi la Gaule, et qui n'avoient point passé en Espagne et en Afrique avec les Suèves et les Vandales, s'étoient, dans le cours de soixante-dix ans, incorporés avec les fédérés, les *létes*, et les autres soldats de l'empire ; ils suivirent le sort des Romains. Mais pendant ce temps trois monarchies nouvelles, au midi, au levant et au nord, celles des Visigoths, des Bourguignons et des Francs, s'affermissoient dans leurs conquêtes, s'avançoient dans les provinces demeurées vacantes, et recueilloient dans les Gaules la succession de l'empire romain.

Les Visigoths furent gouvernés de 453 à 466 par Théodoric II, fils de Théodoric Ier, et petit-fils d'Alaric. C'étoit déjà le sixième souverain de cette nation depuis son entrée en Aquitaine; avant de s'y établir, elle avoit long-temps erré dans les provinces romaines, et depuis près d'un siècle elle avoit appris à profiter des arts cultivés dans l'empire; l'exemple du développement de l'esprit humain n'avoit point été perdu pour les Goths. Aussi de tous les peuples barbares avoient-ils fait les progrès les plus incontestables vers la civilisation; mais en prenant le goût des commodités de la vie, des arts, et même des lettres, ils n'avoient point encore perdu leur ancienne bravoure, et le règne de Théodoric II fut signalé par des conquêtes. D'une part, il repoussa les Suèves jusqu'à l'extrémité de la Galice; deux fois, après des victoires, il changea leur gouvernement; et lorsqu'il reconnut enfin leur nouveau roi Rémismond, ce fut à des conditions qui le rangeoient presque sous sa dépendance (1). D'autre part, il se rendit maître, en 462, de la ville de Narbonne, qui lui fut livrée par son comte; il poussa aussi ses armées vers la Loire; mais son frère Frédéric, qu'il avoit chargé de la conquête de l'Armorique, et qui s'étoit emparé de Chinon, fut tué en 463 près d'Orléans, dans une bataille qu'il livra au comte Ægidius. Théo-

---

(1) *Jornandes de rebus geticis.* Cap. 44, p. 411. — *Isidori hispal. Hist. gothor.* p. 701. — Histoire génér. du Languedoc, Liv. IV, chap. 66, p. 200.

doric étendit enfin le domaine des Visigoths jusqu'au Rhône; il attaqua même Arles et Marseille, mais il ne put les soumettre. Au bout de treize ans d'un règne glorieux, il fut tué avant le mois d'août 466, par son frère Euric qui lui succéda. (1)

Théodoric étoit monté sur le trône par un fratricide; il fit place à Euric par un fratricide. Ce crime étoit alors si commun, qu'il n'inspiroit aucune horreur. C'étoit la condition nécessaire des rois barbares, comme c'est encore aujourd'hui celle des princes musulmans; l'histoire des peuples qui renversèrent l'empire romain est souillée à chaque page par la répétition de ces massacres. Ils étoient également fréquens dans les deux systèmes d'hérédité pour la couronne, qu'on voyoit pratiquer en même temps dans l'enceinte des Gaules, celui de la primogéniture, et celui de l'égalité des partages. Les Goths, plus avancés dans la civilisation qu'aucun autre peuple germanique, ne regardèrent jamais leur monarchie comme une propriété patrimoniale qui pût se transmettre ou se diviser par la volonté du testateur, sans égard au bien du peuple. Quelquefois ils élurent leurs rois, plus souvent ils se soumirent à l'aîné de la famille du défunt, mais ils ne donnèrent jamais deux chefs en même temps à leur mo-

(1) Hist. génér. du Languedoc, Liv. IV, ch. 84, 85, p. 210.

453—466. narchie. Au contraire, les Bourguignons, les Francs, et les autres peuples germaniques, sans avoir un respect fort religieux pour le sang royal, regardoient comme égaux les droits de quiconque en étoit issu. Ils auroient cru commettre une injustice s'ils avoient dépouillé le fils d'un roi du titre de roi, et d'une autorité égale sur ses compagnons d'armes : mais dès qu'ils ne vouloient plus de lui, ils le faisoient mourir, pour ne pas le réduire à l'humiliation d'une condition privée.

466—484. Euric, monté sur le trône à Toulouse en 466, montra plus de talens encore que ses deux prédécesseurs : il poursuivit le projet qu'ils avoient formé de réunir les provinces de la Gaule en une seule monarchie, et de profiter pour cela de la chute de tous les empereurs éphémères, qui annonçoit les dernières convulsions de l'empire romain. Il repoussa les Bretons, dont l'empereur Anthémius avoit invoqué le secours; il attaqua, en 473, la province d'Auvergne et Clermont sa capitale, où Ecdicius, fils d'Avitus, qui se faisoit appeler *très-noble sénateur*, commandoit presque en souverain ; il la conquit en 475, et s'en fit confirmer la possession par l'empereur Népos. Il avoit alors acquis pour frontières la Loire et le Rhône ; en Espagne, il soumit toute la province tarragonaise ; dans l'Armorique, il punit les Saxons de leurs ravages. Il conquit enfin la Provence, et fut reconnu pour souverain dans Arles et dans Marseille vers l'an 480. Aucun prince ou civilisé ou barbare n'étoit alors redouté à l'égal d'Euric; et s'il avoit vécu plus long-temps, sans doute ce seroit aux Visigoths, non aux Francs, qu'auroit appartenu l'honneur de reconstituer les Gaules; mais il mourut à Arles, vers la fin de l'année 484, laissant seulement un fils en bas âge, couronné sous le nom d'Alaric II, à l'époque même où les Francs reconnoissoient pour chef un habile guerrier. (1)

Les Bourguignons avoient de leur côté fait des progrès rapides dans la partie la plus orientale des Gaules, ou celle qui étoit le plus rapprochée de l'Italie. En général, ils se présentèrent aux provinces où ils faisoient la guerre, comme soldats des Romains. Gondicaire, qui régnoit sur cette nation, peut-être dès l'an 406, quand elle passa le Rhin, et tout au moins dès l'an 413, où son établissement dans la Bourgogne actuelle fut reconnu par Honorius, conserva plus de cinquante ans la couronne. Il avoit été vaincu en 435 par Aétius, lorsqu'il

(1) *Sidonius Apollin.* Lib. VII, epist. 1 et 7, p. 797-799. — *Isidori hispal. chron.* p. 701. — *Marii Episc. Avent.* T. II, p. 13. — *Gregorii Turonens.* Lib. II, cap. 20, p. 171. — *Jornandes de rebus geticis.* Cap. 47, p. 1113. — *Hist. génér. du Languedoc.* Liv. V, ch. 1-9, p. 215.

avoit voulu joindre la première Belgique aux autres provinces qu'il occupoit; il avoit perdu alors vingt mille de ses guerriers, et il avoit été obligé de se retirer dans les montagnes de la Savoie (1). Mais plus tard il étoit rentré dans l'alliance des Romains, il avoit été décoré par eux du titre de maître de la milice : il les avoit secondés dans la guerre contre Attila, et en retour on lui avoit permis de nouveau de s'étendre dans les provinces voisines. Après sa mort, qu'on fixe à l'année 463, ses quatre fils, Gondebaud, Chilpéric, Godégisile et Godemar, commandèrent les diverses bandes des Bourguignons, et portèrent tous indifféremment le titre de rois. L'aîné, Gondebaud, avoit de plus reçu des Romains le titre de patrice; il prit une part importante aux dernières révolutions de l'empire d'Occident, et c'est lui qui plaça Glycérius sur le trône (2). En même temps son frère Chilpéric, qui avoit fixé sa résidence à Genève, avoit reçu des empereurs le titre de

---

(1) *Hadriani Valesii.* Lib. III, p. 136.

(2) *Cassiodori chron.* p. 1366. — *Marii Avent. Ep. chron.* p. 13. — Dubos, *Histoire critique de la Monarchie française*, Liv. III, ch. 12, p. 180. — Hist. de Bourgogne, Liv I, p. 32. Le père des quatre princes bourguignons est appelé tour à tour Gondicaire, Gondioc et Gonthiaire; mais peut-être ces noms divers désignent-ils deux personnages, un père et un fils. En effet, il est difficile de croire que Gondebaud, mort en 516, fût fils aîné de Gondicaire, régnant en 406.

maître de la milice. Dans un temps où presque chaque année une révolution donnoit un empereur nouveau à l'Occident, ces capitaines avoient mille prétextes pour saisir, au nom de l'un des compétiteurs, les provinces qu'ils vouloient enlever à l'autre, et pour les dépouiller tous également. C'est de cette manière, qu'en protestant toujours de leur fidélité à l'empire, ils s'emparèrent de toute la province séquanoise, de la première lyonnoise, et de plusieurs cantons dans la Viennoise et la première Aquitaine. (1)

Après la déposition d'Augustule, Odoacre, limitant ses prétentions à l'Italie, invita ses confrères les barbares des Gaules, à s'attribuer comme lui la souveraineté des provinces qu'ils occupoient. En effet, les quatre rois Bourguignons partagèrent entre eux l'armée, les provinces et les tributs des villes. Mais la division territoriale ne pouvoit être que très-vaguement tracée par leur ignorance; et celle de l'armée, vraie source de leur pouvoir, ne dépendoit pas d'eux. Les soldats s'engageoient à leur gré à suivre celui des chefs qui leur faisoit espérer le plus de victoires, et qui leur promettoit le plus de licence. La loyauté des simples guerriers étoit sans cesse mise à l'enchère par les princes.

(1) *Sidonius Apollinaris.* Lib. V, epist. 7, cum notis Sirmondi. *Script. franc.* T. I, p. 795.

463-500.	Des intrigues continuelles troubloient chaque résidence et chaque camp. Lorsque les soldats abandonnoient leur prince, il ne paroissoit pas juste que celui-ci conservât sous sa domination une étendue de provinces qu'il ne pouvoit plus exploiter. Quelque solennels qu'eussent été les partages, on étoit toujours prêt à en revenir, et chaque frère menaçoit sans cesse les provinces, la capitale, la couronne, la vie même de son frère.

Gondebaud fut le premier attaqué par ses deux frères, Chilpéric et Godemar; sans doute le quatrième étoit alors engagé dans quelque guerre lointaine. Les deux princes bourguignons avoient appelé à leur aide les Allemands, qui avoient déjà pénétré dans les provinces que nous nommons aujourd'hui l'Alsace et la Lorraine, ainsi qu'en Helvétie. Gondebaud fut battu auprès d'Autun et obligé de s'enfuir. Mais ses deux frères ayant renvoyé les Allemands, pour partager sans eux son héritage, Gondebaud rassembla ses partisans, et surprit les vainqueurs dans Vienne. Il tua de sa main son frère Chilpéric qui s'étoit rendu prisonnier : il fit lier une pierre au cou de sa femme et la précipita dans le Rhône; il fit trancher la tête à ses deux fils, et jeta leurs corps dans un puits; il ne garda prisonnières que les deux filles, dont l'une Clotilde, ensuite épouse de Clovis, eut

une grande influence sur le sort de la monarchie française. L'autre frère de Gondebaud, Godemar, s'étoit réfugié dans une tour ; le barbare fit amasser au bas, des matières combustibles, et l'y brûla tout vivant (1). On rapporte par conjecture cette tragédie à l'année 491, tandis que ce fut seulement en l'an 500 que Gondebaud, comme nous le verrons en son lieu, fit également périr son quatrième frère Godégisile. Cependant il se crut obligé sans doute de témoigner quelques remords après tant d'atrocités ; mais comme Gondebaud, qui professoit la foi arienne, laissa percer quelque disposition à passer à la foi catholique, saint Avitus, évêque de Vienne, s'empressa de calmer ces remords, et de lui présenter le repos de sa conscience comme prix de sa conversion. « Tu
« pleurois avec une piété ineffable, lui écrivoit-
« il, sur les funérailles de tes frères ; et l'afflic-
« tion de ton peuple étoit la conséquence de ta
« tristesse publique. Mais d'après l'intention
« secrète de la Divinité, ces causes de douleurs
« nous préparoient de la joie. C'étoit le bon-
« heur du royaume qui diminuoit le nombre
« des personnes royales, et qui ne conservoit
« au monde que celles-là seules qui suffisoient

(1) *Valesius rer. franc.* Lib. V, p. 250. — *Gregorii Turon.* Lib. II, cap. 28, p. 175. — *Fredegarii epitome.* Cap. 17 et 19, p. 398.

« à l'empire...... Crois-en mon expérience, tout
« ce qui parut fâcheux dans cette occasion est
« devenu un avantage ; tout ce que nous avons
« pleuré alors, nous nous en réjouissons au-
« jourd'hui. » (1)

Les autres peuples barbares s'étoient tous établis dans les limites de l'empire avant les Francs. Ceux-ci, qui devoient enfin rester maîtres de la Gaule, et donner leur nom aux races mélangées qui s'uniroient à la leur, étoient demeurés long-temps fidèles à l'alliance des Romains. Ils avoient vaillamment, mais vainement défendu les frontières contre la grande invasion des Barbares en 406. A plusieurs reprises ils avoient obtenu des partages de terres, comme soldats romains, dans les provinces voisines de celles où ils s'étoient établis. Mais leur condition n'étoit point semblable à celle des Goths ou des Bourguignons qui, chassés de leur patrie, erroient avec leurs femmes, leurs enfans et leurs richesses, en cherche d'une nouvelle demeure. Les Francs s'étoient affectionnés à la contrée qui portoit leur nom, et qui s'étendoit sur la rive droite du Rhin jusqu'à l'Océan. Ils ne songeoient nullement à l'abandonner, et en effet ils en retinrent la possession, alors même que toute la Gaule se fut soumise à

(1) *Alcimi Ecdicii Aviti episcopi Viennensis Ep.* 5. Editio Sirmondi. Apud Dubos, Liv. III, ch. 17, p. 262.

leur pouvoir. Quelques aventuriers seulement enrôloient chez eux les jeunes gens les plus entreprenans, et les conduisoient dans les Gaules, à la recherche du pillage et des dangers. Malgré leur préférence pour le service des Romains, ils ne s'interdisoient pas les déprédations dans les provinces voisines. De l'an 400 à l'an 440, Trèves fut saccagée quatre fois par eux (1). Il paroît aussi que dans le même espace de temps, ils formèrent plusieurs établissemens sur la gauche du Rhin, le long de la Meuse et de l'Escaut.

Les Francs semblent avoir joué un rôle beaucoup plus important dans les Gaules, à la fin du quatrième siècle qu'au milieu du cinquième; la concision des historiens de la dernière époque nous fait peut-être illusion. Cependant, comme c'étoit l'usage de la nation de diviser toujours la monarchie entre tous les fils de chaque roi; comme nous savons qu'en 480 chaque peuple franc avoit un roi différent, et que chaque roi ne commandoit pas à plus de trois ou quatre mille guerriers, il est assez probable que cette division croissante aura empêché les princes francs de soutenir entre 400 et 480 le rôle qu'on avoit vu jouer à un Mel-

---

(1) *Salviani de Gubernatione Dei.* Lib. VI, p. 130, 138. *Script. franc.* T. I, p. 780. — *Pagi critica* ad ann. 411, §. 7, p. 105.

lobaudes ou à un Arbogaste. Nous ignorerions absolument les noms de tous ces petits rois, si une chronique qui porte le nom de Prosper Tyro, ne contenoit pas, sous les années 420, 427 et 448, une courte phrase qu'on croit même avoir été interpolée plus tard, dans cet ouvrage déjà suspect, et qui nous apprend que Pharamond, Clodion et Mérovée, régnèrent en France. (1)

Si les trois noms qu'on trouve dans Prosper Tyro, sont en effet ceux de princes français, rien du moins ne donne lieu de croire qu'ils régnassent sur toute la nation. Aussi le travail des écrivains postérieurs qui rapportent à l'un ou à l'autre les diverses expéditions des Francs, repose-t-il sur une supposition tout-à-fait gratuite. De même si Mérovée régna sur les Francs-Saliens, en 448, ce n'étoit pas dans sa tribu qu'il y avoit, en 451, deux frères prétendant à la couronne, dont l'un recourut aux Romains,

___

(1) *Prosperi Tyron. chron.* p. 638-640. *Script. franc.* T. I. *Arcadii et Honorii.* 26. *Faramundus regnat in Francia.* *Valentiniani.* 5. *Clodius regnat in Francia.* 25. *Meroveus regnat in Francia.*

La Chronique de Prosper Tyro, qui s'étend de l'an 379 à l'an 455, paroît n'être autre chose que celle de Prosper d'Aquitaine, à laquelle un copiste a fait des changemens et des additions presque toujours suspectes. Les trois phrases que nous venons de rapporter n'ont aucune connexion avec ce qui précède ou ce qui suit.

et fut vu à Rome par le rhéteur Priscus ; l'autre joignit Attila. C'est confondre l'histoire au lieu de l'éclaircir, que d'attribuer à un homme qui peut-être n'exista jamais, ce que les anciens historiens ont dit d'une nation.

Grégoire de Tours, qui vivoit cent cinquante ans plus tard, lorsque la monarchie des Francs couvroit déjà les Gaules, a travaillé avec une érudition et une diligence rares pour son siècle, à rassembler tout ce qui pouvoit jeter quelque lueur sur les premiers établissemens des Francs au-delà du Rhin. Il ne nomme point Pharamond, et il ne parle des rois antérieurs à Clovis, qu'avec une extrême défiance. Selon lui, Clodion, dans un temps qu'il ne fixe point, partit de sa résidence au château de Disparg, en Thuringe, et s'empara de Cambrai, puis de tout le pays situé entre le Rhin et la Somme. « Quelques-uns assurent, ajoute-t-il, que le roi « Mérovée, qui eut pour fils Childéric, étoit de « sa race. (1) » Grégoire de Tours n'ajoute pas un mot ni sur Clodion ni sur Mérovée. Il nous apprend seulement que Childéric, s'abandonnant à la débauche, se fit chasser de son pays par les Francs dont il avoit séduit les femmes et les filles. Pendant son exil en Thuringe,

---

(1) *Gregorii Turonensis Histor.* Lib. II, cap. 9, p. 167. Il a été copié par tous les anciens écrivains, et commenté par tous les modernes.

457-464. qui dura huit ans, il séduisit aussi Basina, la femme de son hôte dont il eut pour fils Clovis. Durant son absence, les Francs obéirent à Egidius, maître des soldats de l'empire. Ce fut probablement l'époque (457-464) où ce comte Egidius se distingua au service de Majorien et dans la guerre contre les Visigoths. A la mort d'Egidius, en 464, les Francs rentrèrent sans doute dans leurs foyers, et ils rappelèrent leur roi Childéric. (1)

481—486. Rien de plus ne nous est connu ou ne peut jamais l'être sur les ancêtres de Clovis. Celui-ci succéda à son père Childéric en 481; l'on croit qu'à cette époque il n'avoit pas plus de quinze ans, et qu'il régnoit sur une colonie de Francs saliens établis à Tournai où son père étoit mort; il ne fit point parler de lui jusqu'à l'année 486, la cinquième de son règne. Il y avoit alors déjà dix ans que l'empire d'Occident étoit supprimé; mais les provinces romaines attendoient toujours la révolution prochaine qui devoit, elles n'en doutoient point, relever le trône légitime des Césars. La ville la plus voisine des Francs saliens sujets de Clovis étoit Soissons, qui, aussi-bien que Tournai et Cambrai, faisoit partie de la seconde Belgique. Afranius-

---

(1) *Gregorii Turon.* Lib. II, cap. 12, p. 168. — *Fredegarii Epitomata.* Cap. 11, p. 396. — *Gesta reg. francor.* Cap 7, p. 545.

Syagrius y commandoit, et peut-être son autorité étoit-elle reconnue dans toutes les provinces qui, depuis la chute de l'empire, n'avoient point passé à de nouveaux maîtres, et qui demeuroient toujours attachées à un État qui n'existoit plus. Aussi Grégoire de Tours lui donne-t-il le nom bizarre de roi des Romains. Syagrius étoit fils de ce comte Egidius, maître de la milice, qui avoit soutenu vaillamment la guerre contre les Visigoths, et sous les ordres duquel les Francs eux-mêmes avoient long-temps combattu. (1)

Clovis, roi des Francs de Tournai, s'associa à Ragnacaire, roi des Francs établis à Cambrai. Chacune de ces petites tribus pouvoit mettre tout au plus trois ou quatre mille guerriers sous les armes (2). Ensemble ils envoyèrent défier Syagrius, et ils le battirent. Celui-ci, ne trouvant dans un État désorganisé rien de prêt pour la résistance, se rendit à Toulouse pour y implorer les secours des Visigoths. Les conseillers d'Alaric II, qui en 484 avoit succédé à Euric, avant d'être parvenu à l'âge d'homme, firent charger de chaînes Syagrius, et le renvoyèrent à Clovis, qui le fit mourir en prison. Grégoire de Tours, contre toute vraisemblance, attribue cette lâche action à la peur que Clovis

(1) *Gregorii Turon.* Lib. II, cap. 27, p. 174.
(2) Abbé Dubos, *Histoire critique.* Liv. III, ch. 19, t. II.

inspiroit aux Visigoths. Il est plus probable que ceux-ci voulurent se défaire du seul guerrier qui défendît encore contre eux les provinces romaines. (1)

Le partage du butin enlevé par les Francs se fit à Soissons. Ils étoient encore païens, et ils avoient sur leur passage dépouillé toutes les églises. Saint Remi, alors évêque de Reims, vint réclamer à Soissons un vase d'argent enlevé à son église. Clovis vouloit le rendre en effet; mais un soldat frappant la coupe de sa francisque, s'écria que le roi n'avoit de droit sur aucune partie du butin, qu'après qu'elle lui seroit échue en partage par le sort. Clovis dissimula son ressentiment; mais peu de mois après, dans une revue, il accusa ce soldat de tenir ses armes mal en ordre; et en même temps il jeta sa francisque à terre. Le soldat se baissa pour la relever; à l'instant Clovis le frappa de la sienne à la tête, en s'écriant : *C'est ainsi que tu as frappé le vase de Reims* (2). Cette anecdote, rapportée par Grégoire de Tours, a été répétée ensuite par tous les historiens. Nous possédons un si petit nombre de faits sur l'histoire des premiers rois Francs, que le moindre trait qui peut servir à faire deviner leur ca-

---

(1) *Gregor. Turon.* Lib. II, cap. 27, p. 175.
(2) *Gregor. Turon.* Lib. II, cap. 27, p. 175. — *Fredegarii Epit.* Cap. 16, p. 398. — *Gesta reg. francor.* p. 547.

ractère, leurs droits et les mœurs de la nation, a été relevé et commenté de mille manières. Il faut cependant se défier des inductions ingénieuses tirées par les écrivains modernes, d'un fait peut-être altéré par les passions ou les préjugés du seul historien qui nous en ait transmis la connoissance. (1)

Clovis continua ses expéditions guerrières, nous dit Grégoire de Tours, et la dixième année de son règne, il soumit les Tongriens. Il n'étoit encore alors que le chef d'une petite bande armée qui dominoit dans un très-petit pays. Cependant, lorsqu'il voulut se marier, il ne choisit point sa compagne parmi ses compatriotes, comme faisoient toujours les empereurs romains. Les rois barbares se regardoient comme formant une classe séparée, au milieu des hommes; ils ne se marioient qu'entre eux, et cette recherche de femmes étrangères établissoit des rapports inattendus entre les peuples les plus éloignés. Ainsi les filles de Théodoric I avoient épousé l'une le roi des Suèves, en Espagne, l'autre le roi des Vandales, en Afrique. Clovis n'auroit peut-être point obtenu la fille

---

(1) Boulainvilliers, *Mémoires historiques*. T. I, p. 21. — Abbé Dubos, *Histoire crit*. Liv. III, chap. 21, t. II, p. 341. — Mably, *Observations sur l'Hist. de France*. Liv. I, ch. 1, p. 222, et note 2, p. 306. — Montlosier, *Monarchie franç*. T. I, p. 46.

d'un roi puissant; mais ses ambassadeurs rencontrèrent en Bourgogne la jeune Clotilde, fille de Chilpéric, que son oncle Gondebaud, roi des Bourguignons, avoit condamnée à l'exil. Quoique pauvre et persécutée, elle étoit de sang royal. Ayant remarqué sa figure et sa sagesse, nous dit saint Grégoire, ils en parlèrent à leur roi Clovis qui, sans retard, la demanda en mariage à Gondebaud; il l'obtint et l'épousa en 493. Déjà il avoit eu d'une concubine un fils nommé Théodoric ou Thierri. (1)

C'est là tout le récit de saint Grégoire; seulement, pour flatter l'orgueil des Francs, il attribua à la peur la condescendance de Gondebaud, aussi-bien que celle d'Alaric II, comme si le petit prince de Tournai pouvoit paroître bien redoutable, avec ses quatre mille guerriers, au roi des Bourguignons ou à celui des Visigoths. Dans les deux ou trois siècles suivans, les écrivains qui copièrent saint Grégoire, se plurent à orner et à développer ses récits en y ajoutant une foule de petites circonstances. Presque tous les historiens modernes ont ensuite recueilli ces anecdotes, comme si elles avoient été conservées par la tradition. Quelques-unes reçoivent du vieux langage des chroniques de Saint-Denis une certaine naïveté qui nous fait regretter de ne pouvoir les admettre; mais plus

---

(1) *Gregor. Turon.* Lib. II, cap. 28, p. 176.

on compare les anciens historiens, plus on demeure convaincu qu'ils traitoient le texte de Grégoire ou de Frédégaire, comme un sujet d'amplification ; que lorsque ceux-ci leur manquoient, ils tomboient dans une nuit absolue, et que les romans de chevalerie, plus que les traditions, leur fournissoient les circonstances dont ils ont orné leurs récits. (1)

(1) *Fredegari Epit.* Cap. 18, p. 398. — *Gesta regum francor.* Cap. 11, 12, 13, p. 548-550. — *Aimoini, monachi floriacens.* Lib. I, cap. 13, t. III, p. 37. — *Vita sanctæ Chlotildis reginæ Francor.* Cap. 3, t. III, p. 397. — Chroniques de Saint-Denys. Liv. I, chap. 16, t. III, p. 167.

« Quant li roy Clodovées oy que la pucelle estoit de si grant
« biauté, il fu maintenant espris de s'amor, et si ne l'avoit
« onques veue. En espérance chai d'avoir le roiaume de Bour-
« goigne por occasion de li. Un sien familier, qui avoit non
« Aureliens tramist en Bourgoigne pour parler à la pucelle :
« dons et joiaus li porta de par le roy : si li fu commandé que
« il rapportast certainement la devise et la descricion de sa
« biauté, et tentast la volenté de la pucelle, savoir mon se elle
« le voudroit prendre, se il la faisoit requerre. Aureliens s'ap-
« pareilla, un anel prist entre les autres joiaus. En Bourgoigne
« vint au plus tost qu'il pot. Quant il aprocha de la cité ou
« la damoiselle demouroit, il laissa ses compaignons es bois ;
« habit de poure home mendiant prist, si se mist entre les
« poures gens qui atendoient l'aumosne à la damoiselle : du
« palais s'aprocha ou plus convenable leu que il pot trouver
« pour parler à li. Diemenches estoit ; si ert jà la dame alée au
« moustier pour rendre à Dieu ses oblacions. Après le service
« issi de la chapelle, par les poures s'en vint, pour ses au-
« mosnes faire, si comme elle avoit adés accoustumé. Aureliens
« se traist avant pour s'aumosne recevoir : einsi comme elle li
« tendoit le denier, il la saisi parmi la main, la manche li

Clotilde étoit chrétienne et orthodoxe; son père et sa mère avoient été également attachés à cette croyance, tandis que le reste des princes bourguignons, les Visigoths et presque tous les barbares qui avoient embrassé le christianisme, avoient adopté les opinions des ariens. Clovis, ainsi que les Francs, étoit demeuré fidèle au culte des dieux de la Germanie. Ce culte cependant étoit pour les Germains une habitude plutôt qu'une croyance; leur attachement étoit peu profond, et Clovis ne s'opposa point à ce que Clotilde fît baptiser un premier fils, fruit de leur union, qui mourut peu après, puis ensuite un second. Clotilde, pieuse, enthousiaste, entourée de prêtres auxquels elle accordoit la plus grande confiance, attendoit toujours une intervention miraculeuse de la divinité ou de ses saints dans toutes les circonstances de sa vie. Elle s'efforçoit de faire partager sa croyance à son époux, et en récompense, elle lui promettoit l'aide de son Dieu pour élever sa puissance, et pour la venger

« reboursa contremont, à sa bouche la trait, si la baisa tout
« à nu. Elle commença à rougir de la honte qu'elle en ot comme
« sainte pucelle. Quant elle fut retournée en sa chambre, elle
« envoya querre par une de ses damoiselles le poure, si comme
« elle cuidoit, que li avoit la main baisée. Devant li vint, elle
« li demanda pourquoi il li avoit la main baisée et dénue. Au-
« reliens li respondit qu'il estoit mesages au fort roy Clodovées
« de France, etc. »

de son oncle et de toute la race bourguignonne. Clovis ne répugnoit pas à des croyances surnaturelles, qui trouvoient alors du crédit auprès d'esprits bien plus éclairés que le sien; il se regardoit comme appelé à choisir entre les secours que lui offroit le Dieu de sa femme, et ceux qu'il attendoit des dieux de ses pères. Dans une occasion dangereuse où les derniers ne répondirent pas à son espérance, il crut devoir se tourner vers le premier.

493—496.

Cette occasion se présenta en 496, dans une invasion des Allemands, que les différentes tribus des Francs tentèrent de repousser en commun. Les armées des deux peuples se rencontrèrent à Tolbiac, qu'on croit être aujourd'hui Zullich, à quatre lieues de Cologne. Sigebert, roi des Francs ripuaires, qui faisoit sa résidence à Cologne, et qui combattoit avec Clovis, fut blessé dans ce combat. Les Francs paroissoient sur le point de perdre la bataille, lorsque Clovis adressa ses vœux au Dieu de Clotilde, et promit d'embrasser la religion qu'elle professoit, s'il remportoit la victoire. Sur ces entrefaites, le roi des Allemands fut tué, ses guerriers furent mis en désordre, et comme ils se croyoient près d'être massacrés par des vainqueurs féroces, peu accoutumés à épargner les vaincus, ils s'écrièrent que non-seulement ils

496.

se soumettoient, mais qu'ils reconnoissoient Clovis pour leur roi. (1)

Les deux peuples parloient la même langue, et pouvoient se considérer comme de même origine : l'usage de passer sous les drapeaux du vainqueur n'étoit point rare parmi les Germains, et les deux confédérations des Francs et des Allemands s'étoient formées originairement d'aventuriers de diverses races, que la supériorité de talens d'un guerrier brave et victorieux avoit réunis. Clovis sembloit fait pour opérer de nouveau une semblable réunion. C'est ainsi que ce capitaine d'un petit peuple se trouva tout à coup, après la victoire de Tolbiac, général d'une grande armée. La confédération des Allemands l'avoit reconnu pour chef; mais le lien social étoit fort relâché, et ceux qui portoient le nom d'Allemands ne se réunirent point tous aux Francs. Les uns avoient pénétré dans le Norique, d'autres dans l'Italie, où ils s'étoient rangés sous l'autorité de Théodoric, roi des Ostrogoths, qui en 493 avoit fondé une nouvelle monarchie, en Italie, sur la ruine de

(1) *Gregor. Turon. Hist.* Lib. II, cap. 30, p. 176. — *Fredegarii Epit.* Cap. 21, p. 400. — *Gesta regum francorum.* Cap. 15, p. 551. — *Rorico gesta Francorum.* T. III, p. 9. — *Aimoini Monach. floriac.* Cap. 15 et 16, p. 39. — Chroniques de Saint-Denys. Liv. I, chap. 19, p. 170.

celle d'Odoacre; d'autres encore n'avoient point abandonné leurs anciennes demeures au-delà du Rhin. Clovis ne commandoit qu'à ceux qui étoient entrés dans les Gaules. Cependant, leur réunion avec les Francs saliens le rendoit déjà fort supérieur en puissance aux autres rois de sa nation, auparavant ses égaux.

La victoire de Tolbiac avoit mis Clovis à la tête d'une puissante confédération germanique; mais sa conversion seule pouvoit lui assurer la bienveillance et l'obéissance des Gaulois au milieu desquels il vouloit établir son empire. Clovis se hâta donc d'accomplir le vœu qu'il avoit fait à Clotilde et à son Dieu. Pour que ce changement de religion lui fût utile, il falloit que ses soldats consentissent comme lui à embrasser le culte qu'il alloit professer. Il fit venir auprès de lui saint Remi, évêque de Reims, qui, de concert avec Clotilde, prêcha aux Francs la foi nouvelle. Le saint parloit latin, langage unique des Gaulois à cette époque. Les Francs en général n'entendoient que la langue tudesque; l'explication des mystères n'en éprouva aucun empêchement. La magnificence du culte catholique, la beauté des églises, la richesse du clergé, la confiance du peuple dans les miracles, pénétrèrent de respect les soldats barbares. De beaucoup la plus grande partie de la nation, c'est-à-dire trois mille guerriers, consentirent à recevoir le baptême avec leur chef. Et saint Remi, dans la cathédrale de Reims, le jour de Noël 496, reprenant avec son disciple le ton d'un maître, lui dit, en répandant sur lui l'eau lustrale, en présence de l'armée: « Courbe ta tête, ô Sicambre! « avec humilité. Adore ce que tu as brûlé, et « brûle ce que tu as adoré. » (1)

Par un sort singulier, Clovis se trouva être à cette époque le seul roi civilisé ou barbare qui fît profession de la foi orthodoxe. L'empereur Anastase, en Orient, étoit tombé dans quelque erreur obscure sur la doctrine de l'incarnation; le grand Théodoric, qui venoit de fonder en Italie le royaume des Ostrogoths; Alaric, roi des Visigoths à Toulouse; Gondebaud et Godegisile, rois des Bourguignons; Trasamond, roi des Vandales en Afrique; le roi des Suèves en Espagne, dont le nom n'est pas connu, étoient tous ariens. Plus la doctrine de la divinité de Jésus-Christ, et de son égalité avec son père, étonnoit la raison, plus elle paroissoit importante au clergé, et elle étoit chère au peuple. Les ariens étoient supposés faire la plus mortelle offense au fondateur de la religion, lorsqu'ils reconnoissoient en lui aucune espèce d'infériorité à l'égard du Créateur; et la foi chrétienne tout entière paroissoit alors consister dans une juste interprétation du dogme de la

(1) *Gregor. Turon.* Lib. II, cap. 31, p. 177.

Trinité. La conversion de Clovis fut pour les Gaulois et pour tout le clergé catholique un jour de triomphe. Un nouveau Constantin prenoit la défense de l'Église, et de persécutée il lui promettoit de la rendre persécutrice.

Le pape Anastase adressa de Rome une lettre à Clovis pour le féliciter, et Avitus, évêque de Vienne, sentant déjà quelle conséquence pouvoit avoir pour tout le clergé des Gaules la conversion d'un roi aussi vaillant, lui écrivit : *Votre foi est notre victoire* (1). En effet, dans les villes gauloises, qui, démembrées de l'empire, n'étoient point encore envahies par les Barbares, un clergé riche et puissant, secondé par la superstition des peuples, avoit remplacé tous les autres pouvoirs de l'état. L'évêque, premier citoyen de la ville, étoit l'oracle de la municipalité, souvent son chef, et il s'arrogeoit toutes les fonctions des comtes que l'empereur ne nommoit plus. Les rois des Visigoths avoient exercé quelque persécution contre les catholiques; le premier intérêt des Gaulois étoit de ne pas tomber entre leurs mains; leur politique la plus naturelle, de se choisir un défenseur guerrier.

Un chapitre de Procope, au livre premier de

---

(1) *Epistolæ Anastasii et Aviti PP. ad Chlodoveum. Scr. franc.* T. IV, p. 49, 50. — *Pagi critica in Baronium.* Anno 499, §. 9 et 10, p. 457.

sa Guerre gothique, nous donne les seules notions qui nous soient parvenues sur l'alliance qu'une même foi religieuse fit contracter entre les Francs et les Gaulois. Il nous dit que les Armoriques, qui confinoient avec les Francs, après avoir été attaqués par eux et les avoir vaillamment repoussés, acceptèrent leur alliance ; qu'ils convinrent de se réunir en un seul peuple, et de se régir par les mêmes lois ; qu'en même temps les soldats romains, dispersés dans diverses provinces des Gaules, et ne pouvant plus avoir de communications avec l'ancienne ou la nouvelle Rome, furent également incorporés dans l'armée et la nation des Francs, dont ils accrurent subitement la puissance. Comme la plupart d'entre eux étoient Barbares ou Germains d'origine, ils n'eurent pas de peine à s'unir à des peuples avec lesquels ils avoient cette communauté de langue et de mœurs (1). Aucune trace, il est vrai, de ce grand événement n'est demeurée dans aucun des historiens de France, ni dans aucune des lois des peuples barbares.

Cependant, dès le moment de la conversion de Clovis, nous voyons le chef de trois mille guerriers devenir le souverain de la plus belle

---

(1) *Procopius de Bello gothico.* Lib. I, cap. 12, p. 23. *In Byz. Venet.*, et T. II, p. 30, *in Scr. franc.* — Abbé Dubos, *Histoire crit.* Liv. IV, ch. 3, t. II, p. 447.

portion de la Gaule. Entre les années 497 et 500, espace de temps où Grégoire de Tours ne place aucun événement, tous les restes de la domination romaine disparurent, et toutes les provinces qui, soit réunies en confédérations, soit éparses, n'avoient encore reconnu l'autorité d'aucun Barbare, devinrent parties de la monarchie des Francs. A la fin du cinquième siècle, ou vingt-cinq ans après la suppression de l'empire d'Occident, la domination de Clovis s'étendoit jusqu'à l'Océan, jusqu'à la Loire, où elle confinoit avec celle des Visigoths; jusqu'au Rhône, où elle confinoit avec les Bourguignons; et jusqu'au Rhin, où elle confinoit avec les Allemands, ou avec d'autres Francs. La conversion de Clovis l'avoit rendu le chef de tous les Romains ; sa perfidie devoit l'élever au-dessus de tous les Barbares. Nous verrons dans le chapitre suivant comment il réussit à faire égorger tous ses parens, pour demeurer seul chef de la nation des Francs; comment il précipita la ruine d'un roi des Bourguignons et d'un roi des Visigoths, et comment il accomplit l'œuvre que sa victoire de Tolbiac avoit commencé.

497—500.

CHAPITRE V.

Fin du règne de Clovis. 500 — 511.

Clovis, à la fin du cinquième siècle, avoit rangé sous la domination des Francs un tiers à peu près de la Gaule; mais la souveraineté de ces nouveaux maîtres ne ressembloit ni à celle des Romains, ni à celle des rois de nos jours. L'armée des Barbares ne s'étoit pas contentée d'occuper des provinces autrefois civilisées, et qui conservoient beaucoup de restes de leur organisation supérieure; cette armée s'y étoit emparée de toute l'autorité, et elle l'exploitoit pour son compte. Clovis étoit le chef de ces Barbares que leurs sujets regardoient toujours comme étrangers. Il étoit le roi des hommes, non celui du pays. A peine pouvoit-il assigner lui-même les frontières de sa monarchie. Son autorité régulière ne s'étendoit proprement que sur les soldats francs toujours cantonnés à peu de distance de sa personne, toujours prêts à le suivre dans de nouveaux combats; cependant il pouvoit regarder comme une nouvelle France qu'il fondoit sur la gauche du Rhin, toute l'étendue des provinces dans lesquelles on trembloit devant ses Francs et on obéissoit à leurs ordres. Aucun lien direct ne l'attachoit aux Gaulois ou Romains qui habitoient ces provinces avant son invasion. Il n'étoit pas leur magistrat, mais leur vainqueur; il n'en attendoit pas de fidélité, et il ne croyoit leur devoir d'autre protection que celle qui résultoit de son propre intérêt, pour faire cesser leur résistance.

L'armée, qui faisoit sa force, s'étoit considérablement accrue depuis la victoire de Tolbiac; elle ne se composoit plus de trois ou quatre mille guerriers seulement, comme au jour du combat, ou à celui de son baptême dans la cathédrale de Reims : les plus belliqueux soldats de toutes les tribus des Francs étoient venus se ranger sous les étendards du chef qui avoit conduit les Saliens à de si grandes victoires; l'armée des Allemands s'étoit en même temps incorporée dans la sienne; enfin tous les Barbares dispersés dans les Gaules, et qui précédemment avoient servi dans les armées romaines, ou qui avoient été retenus au service de Syagrius et des diverses cités armoriques, ne trouvant plus de préfet ou de comte de l'empire qui leur offrît une solde, étoient venus grossir les bataillons des Francs.

Ces bataillons étoient toujours réunis en corps d'armée. Clovis ne se sentoit point assez maître du pays où il les avoit conduits, pour distribuer ses soldats dans toute l'étendue des provinces, pour les rendre à l'agriculture, ou leur donner des intérêts domestiques inconciliables avec la vie militaire. Un tel changement commença tout au plus avec la génération suivante, lorsque les compagnons du vainqueur, sentant les approches de la vieillesse, demandèrent du repos. Quant à Clovis, il se contenta de loger les Francs chez les propriétaires gaulois, aux conditions auxquelles le soldat romain y avoit déjà été logé; il donna au Barbare les droits d'un hôte, dans la maison du Romain; c'étoit presque l'autoriser à y vivre à discrétion. Les bataillons francs avoient leur quartier à peu de distance du château où Clovis établissoit sa résidence. En hiver, il leur permettoit d'étendre un peu plus leurs logemens, pour ménager le pays; mais dès que la saison commençoit à s'adoucir, dès qu'il y avoit possibilité d'entrer en campagne, les Francs s'assembloient au Champ de Mars, et la nation y paroissoit en souveraine, parce qu'elle étoit réunie tout entière dans son camp.

Les anciens historiens n'ont expliqué nulle part l'établissement et l'organisation des Francs; mais l'enchaînement des faits qu'ils rapportent, nous montre pendant long-temps encore la nation réunie autour de son chef. Aujourd'hui même, un gouvernement qui existe non loin de nos regards, peut servir à nous faire comprendre ce que Grégoire de Tours ou les auteurs de chroniques ont négligé d'exposer. Le dey d'Alger, secondé par douze ou treize mille janissaires levantins, règne sur un pays plus étendu que la France de Clovis, et habité par cinq millions de sujets qui abhorrent son joug. Clovis avoit peut-être quinze mille guerriers. Toutes les réunions dont nous avons parlé ne pouvoient guère avoir élevé plus haut ses forces; car nous ne devons point perdre de vue l'extrême petitesse de toutes les armées pendant la décadence de l'empire romain. Sa domination s'étendoit sur environ huit mille lieues carrées, habitées tout au moins aujourd'hui par huit millions d'hommes, mais qui n'en contenoient probablement pas alors plus de six à huit cent mille. Le dey d'Alger, aussi-bien que Clovis, est seulement le capitaine électif d'une milice insubordonnée, tandis qu'il règne despotiquement sur les Maures ou les peuples conquis. Comme le roi des Francs, le dey d'Alger quitte rarement sa capitale, dans laquelle ou près de laquelle des janissaires sont toujours réunis en corps d'armée : cependant ses ordres, et ceux du moindre effendi, sont révérés dans toute la Mauritanie. Le poids de l'armée souveraine se fait sentir jusqu'aux extrémités de l'empire, justement parce qu'elle est réunie, tandis que si les janissaires aujourd'hui, si les Francs autrefois s'étoient dispersés dans les provinces; si chacun, redevenu laboureur, s'étoit trouvé placé au milieu du peuple conquis, et à de grandes distances de ses compagnons d'armes, il auroit bientôt été accablé par le nombre de ceux mêmes auxquels il auroit prétendu commander.

Les empereurs romains avoient toujours trouvé dans les Gaules des terres vacantes à distribuer à leurs soldats. Les guerres désastreuses qui avoient accompagné la chute de l'empire avoient détruit de nombreuses familles de propriétaires, et augmenté considérablement le fonds des domaines dont le prince pouvoit disposer. Toutes les fois qu'un Franc se retiroit du service, et qu'il demandoit du repos, il ne devoit pas être difficile de le satisfaire, en lui concédant une de ces fermes vacantes ; il n'est pas probable non plus que le Barbare montrât un grand respect pour la propriété, lorsque la ferme qui convenoit à un soldat se trouvoit occupée. Dans les lois barbares, de semblables concessions de terres sont désignées par le nom de *sortes*; et c'est de ces domaines acquis par l'épée et garantis aux soldats nationaux, qu'il est question dans la loi célèbre d'après laquelle aucune terre salique ne peut passer aux femmes (1). Mais

---

(1) *Lex salica*. Tit. LXII, lex 92, p. 156 et 201.

les Francs n'étoient point un peuple qui eût émigré avec toutes les familles des conquérans, comme les Goths et les Bourguignons. Les femmes, les enfans, les vieillards, n'avoient point suivi Clovis ; ils étoient demeurés dans leurs anciennes possessions sur le Wahal et le Rhin, ou dans le Tournaisis. Les aventuriers seuls avoient formé l'armée, et ils se regardoient toujours comme une armée, non comme une colonie. Aussi leurs lois ne conservent-elles pas de traces du partage des propriétés romaines.

Nous avons vu que les Bourguignons et les Visigoths, en s'établissant dans les Gaules, s'étoient fait céder les deux tiers des terres par les habitans. Sans doute la part qu'ils prenoient pour eux étoit surtout destinée au pâturage ; la seule propriété rurale qu'ils eussent pu conserver dans leurs longues migrations, étoit celle de leurs troupeaux, qui probablement suivoient l'armée. Au moment de leur établissement, ils avoient été empressés de les fixer à demeure dans les pâturages déserts des Romains. Cette spoliation n'excita point chez les vaincus le ressentiment qu'on auroit pu en attendre, sans doute parce qu'on ne leur ôtoit qu'une propriété dont ils n'avoient plus les moyens de faire usage ; mais elle fut fatale aux vainqueurs. Les Bourguignons et les Visigoths se dispersèrent dans les provinces; ils cessèrent de former une armée, pour redevenir un peuple; tout occupés de leurs travaux ruraux et de leurs propriétés, ils n'eurent plus aucun empressement, et presque aucune aptitude pour la guerre. Dans celles qui ne tardèrent pas à s'allumer entre eux et les Francs, la supériorité des derniers fut toujours remarquable; c'est qu'ils étoient toujours soldats, et qu'ils combattoient des laboureurs.

Après la conquête des Barbares, les habitans du pays continuèrent à être désignés par le nom de Romains, et à être gouvernés par les lois romaines. La plupart se retirèrent dans les villes, où ils se sentoient mieux à l'abri de la licence des soldats. C'est là que se trouvoit tout le haut clergé et tous ceux que les écrivains du temps nomment *nobles*, expression qui désigne chez eux la supériorité de fortune plutôt que celle de naissance. Les auteurs de presque toutes les vies des saints ont eu soin de nous apprendre que leur héros appartenoit à cette noblesse. Elle ne faisoit point cependant un ordre dans la société; mais plus la liberté et la dignité du riche Romain se trouvoient compromises par la domination d'un maître barbare, plus il cherchoit à satisfaire sa vanité en rappelant le rang qu'il auroit occupé dans une société civilisée (1). Les colons seuls et les esclaves continuèrent à vivre dans les champs.

Mais si les Gaulois persistèrent sous le gouvernement des Francs à décider leurs contestations par le droit romain, et à prendre pour arbitres de tous leurs intérêts, ou la curie de leur cité, dont l'autorité sembloit fondée sur une mission populaire, ou l'évêque de leur ville, presque toujours d'origine gauloise ; lorsqu'ils avoient besoin de protection contre un soldat franc, c'étoit aux lois des Barbares qu'ils étoient réduits à avoir recours. Les Francs avoient apporté avec eux, des forêts de la Germanie, un code de loi, originairement rédigé par quatre jurisconsultes ou juges du pays des Saliens. Ce code, composé pendant que le peuple auquel il étoit destiné étoit encore païen, reçut du peuple franc plusieurs modifications successives. Il nous a été conservé sous le titre de Loi salique, non point tel, il est vrai, qu'il

---

(1) *Sanctus Eptadius augustodunensis civis.... parentibus secundum sæculi dignitatem non minimis, sed benè ingenuis, census aviti substantiâ locupletatis. Vita apud Labbeum.* T. II, *et Scr. franc.* T. III, p. 380.

Sanctus Sacerdos..... ex clarâ stirpe virginem sumpsit : hujus pater Laban unus de Burdigalæ civitatis primoribus extitit. Vita apud Bollandianos. 5 Martii ; *et in Script. franc.* T. III, p. 382.

Sanctus Johannes, abbas Reomaensis nobilitatem generis, nobilitate adornavit mentis. Scr. franc. T. III, p. 387.

existoit du temps de Clovis, mais tel du moins que le publièrent les rois Mérovingiens. La plus grande partie de la loi salique est destinée à réparer les dommages ruraux chez un peuple cultivateur; quelques lois cependant punissent les crimes, et c'est à leur seule protection que le Romain sujet de Clovis étoit réduit. (1)

Toutes les offenses sans exception étoient, dans la loi salique, compensées par des amendes pécuniaires; elles se proportionnôient et au rang de l'offensé, et à la nature de l'offense. Cette dernière étoit mesurée d'après des règles quelquefois puériles. Mais dans la plus grave de toutes, dans l'homicide, la loi exigeoit une amende d'une valeur double pour le meurtre d'un Franc ou d'un Barbare, que pour celui d'un Romain. La loi salique établissoit deux degrés parmi les Francs, trois parmi les Romains. On devoit racheter au prix de six cents sols d'or l'homicide de l'Antrustion, ou Franc d'un rang distingué; par deux cents, l'homicide du Barbare libre. On ne devoit que cent sols de composition pour le meurtre du propriétaire romain; mais s'il avoit eu l'honneur d'être convive du roi, s'il avoit été admis à sa table, la composition pour celui qui le tuoit s'élevoit à trois cents sols d'or. Il suffisoit d'en payer soixante-

---

(1) *Lex salica secundum varios codices. Scr. franc.* T. IV, p. 120-231.

dix pour le meurtre d'un Romain tributaire. La loi d'une autre tribu des Francs, les Ripuaires, établissoit à peu près les mêmes proportions ; mais elle assimiloit le prêtre au convive du roi, et portoit à trois cents sols d'or la composition due pour un tel homicide. (1)

C'étoit d'abord à Soissons que Clovis avoit fixé sa résidence, et c'étoit auprès de cette ville qu'il retenoit son armée, lorsqu'elle n'étoit pas appelée à quelque expédition (2). Plus tard il fit choix de la ville de Paris pour sa demeure, et il y bâtit une église aux apôtres saint Pierre et saint Paul. Mais l'époque où cette ville passa sous sa puissance est incertaine, et les conjectures par lesquelles l'abbé Dubos la fixe à l'année 497 ne reposent que sur des écrivains fabuleux. (3)

Dans les autres villes soumises à son gouvernement, Clovis envoya, pour être son lieutenant, un officier franc auquel les lois donnent le titre de Grafio, qu'on regarde comme équivalent à celui de comte. Il le chargea de présider

---

(1) *Lex salica de homicidiis ingenuorum.* Tit. XLIV, p. 147, 173, 196, 220. — *Lex Ripuariorum* Tit. IX et X, p. 207. Tit. XXXVI, p. 241.

(2) *Sancti Remigii vita ab Hincmaro episcopo.* pag. 377, 378. *Scr. franc.* T. III.

(3) *Vita S. Genovefæ apud Bollandist.* 3 Januarii. *Scr. fr.* T. III, p. 365.

les assemblées des Francs où se rendoit la justice, et de correspondre avec le gouvernement (1); mais il ne changea rien à l'administration municipale, qu'il avoit trouvée établie avant lui. Chaque cité conserva sa curie, ses coutumes propres et ses usages, et un magistrat romain, que Marculfe, dans ses formules, nomme le *défenseur*, fut placé par ses concitoyens à la tête du gouvernement municipal. (2)

A peine Clovis avoit achevé de réduire sous son commandement les provinces romaines qui n'avoient encore subi le joug d'aucun autre peuple barbare, qu'il songea à disputer aux Bourguignons et aux Visigoths celles où ceux-ci avoient formé leurs établissemens. Son armée ne se maintenoit que par la guerre; ses soldats ne s'enrichissoient que des dépouilles des vaincus; et pour continuer à régner sur les Francs, il avoit besoin de les mener toujours de victoires en victoires.

La première attaque de Clovis fut dirigée contre les Bourguignons; leur royaume s'étendoit le long de la Saône et du Rhône, et comprenoit les deux Bourgognes, la Suisse, le

---

(1) *Lex salica.* Tit. LIII-LVII, et passim.

(2) *Marculfi monachi formul.* Lib. II, §. 37. *Script. franc.* T. IV, p. 500. Cette formule est destinée à confier aux archives de la curie un testament fait selon les lois romaines, et à le revêtir de l'autorité municipale qui doit le rendre exécutoire.

Dauphiné et la Provence. La nation étoit gouvernée par deux frères, Gondebaud et Godegésile ; mais Gondebaud, après avoir fait périr deux autres de ses frères, étoit l'objet de la défiance et de la haine du quatrième. Ce dernier, ou Godegésile, qui résidoit pour l'ordinaire à Genève, envoya secrètement à Clovis des députés qui lui proposèrent une alliance pour dépouiller Gondebaud de ses états. Si, avec l'assistance des Francs, Godegésile pouvoit se faire reconnoître comme seul roi des Bourguignons, il promettoit à Clovis de lui payer un tribut. Ces conditions étant acceptées, en l'an 500, Clovis envahit la Bourgogne à la tête de ses Francs. Gondebaud, loin de soupçonner la trahison de son frère, lui fit demander des secours pour soutenir en commun une guerre nationale. En effet, les deux princes Bourguignons, à la tête de leurs troupes, rencontrèrent sur les bords de l'Ousche, près de Dijon, Clovis qui s'avançoit à la tête de son armée ; mais dans ce moment, Godegésile se réunit à l'ennemi de sa nation, qu'il avoit promis de combattre. L'aîné des princes Bourguignons fut complétement défait ; il s'enfuit devant le vainqueur, en gagnant les bords du Rhône, et il ne se crut point en sûreté qu'il ne se fût enfermé dans les murs d'Avignon.

Godegésile avoit promis aux Francs une province et un tribut ; il croyoit à ce prix s'être assuré la monarchie des Bourguignons, et il fit son entrée à Vienne en triomphe, comme dans sa nouvelle capitale. Pendant ce temps, Clovis poursuivoit Gondebaud. Il s'étoit approché d'Avignon, dans l'intention d'en faire le siége; mais les Barbares de la Germanie qui avoient déjà ruiné tant de places fortes, n'y étoient jamais entrés que par la lâcheté ou la négligence de leurs habitans. Les Bourguignons annonçoient une résistance obstinée, et Clovis, pour les dompter, aima mieux arracher les vignes, abattre les oliviers, brûler les maisons rurales de toutes les campagnes environnantes, que de s'attaquer aux murs d'Avignon qu'il n'auroit pu réduire. Après avoir continué pendant quelques jours ces dévastations, il prêta l'oreille aux suggestions d'Aridius, conseiller de Gondebaud, qui s'étoit rendu auprès de lui sous un déguisement, et qui lui offroit un tribut au nom de son maître. « Cet Aridius, nous dit « Grégoire de Tours, étoit un joyeux conteur « de fables, hardi dans les conseils, juste dans « les jugemens, et fidèle envers ceux qui se « confioient à lui. » Un traité fut, par son entremise, signé entre les deux peuples, et les Bourguignons s'engagèrent à payer un tribut aux Francs. (1)

(1) *Gregorii Turonens. Hist.* Lib. II, cap. 32, p. 178. — *Marii Episc. Avent. chron.* p. 14. — *Gesta reg. francorum*,

Les peuples barbares sont plus propres à faire des conquêtes qu'à conserver les pays conquis. Ils marchent avec empressement aux armées; mais ils s'ennuient bien vite des garnisons. Après le traité d'Avignon, Clovis ramena son armée entre Paris et Soissons. Il ne laissa parmi les Bourguignons qu'un petit nombre de Francs qui s'étoient attachés à Godegésile. A peine se fut-il éloigné que Gondebaud résolut de se venger de la trahison de son frère. Il vint l'assiéger à Vienne; les Bourguignons se joignirent de préférence à celui qui avoit défendu l'indépendance nationale, contre celui qui l'avoit compromise. Un architecte, chassé de Vienne par Godegésile, qui avoit voulu se défaire des bouches inutiles, ouvrit aux assiégeans l'entrée d'un aquéduc qui communiquoit de la ville à la campagne. Les défenseurs des murs, étonnés d'entendre dans leur enceinte les trompettes ennemies, s'effrayèrent et quittèrent leur poste. La ville fut prise, et Gondebaud, usant en barbare de sa victoire, fit arracher Godegésile de l'église où il s'étoit réfugié, et le massacra avec l'évêque qui lui avoit donné asile. Il fit saisir en même temps tous les sénateurs qui avoient secondé son frère, et tous les chefs des

cap. 16, p. 552. — *Fredegarii Ep.* Cap. 22, 23, p. 400. — — *Hincmarus vita sancti Remigii.* T. III, p. 378. — Chron. de Saint-Denis. Liv. I, ch. 20, p. 172.

Bourguignons qui avoient embrassé son parti, et il les fit tous périr dans d'horribles supplices. Les Francs seuls attachés à Godegésile furent épargnés. Ils s'étoient tous réfugiés dans une tour où ils vouloient se défendre. Gondebaud leur promit la vie sauve, et en effet il les envoya comme prisonniers au roi des Visigoths, Alaric II. (1)

Par la mort de son frère, Gondebaud se trouva seul maître de toute la Bourgogne, qui égaloit alors en étendue le royaume des Francs. Mais rendu plus circonspect par le danger qu'il avoit couru, il chercha à donner pour garantie à son autorité l'affection des Romains, qui formoient la partie la plus nombreuse et la plus riche de ses sujets. Sa domination s'étendoit sur des provinces où les Barbares avoient pénétré plus tard, et qu'ils avoient ravagées moins souvent que tout le reste de la Gaule. Aussi l'on y voyoit encore debout toutes les grandes villes que les Romains y avoient fondées, et plusieurs d'entre elles étoient enrichies par un commerce fort actif. Arles et Marseille surtout étoient très-opulentes. C'étoit par elles que tout le reste des Gaules se pourvoyoit de toutes les marchandises du levant et du midi. Chacune de ces villes étoit entourée de fortes murailles; elle

---

(1) *Gregorii Turonens.* Lib. II, cap. 33, p. 179. — *Marii Episcop. chron.* p. 14. — *Fredegarii Epit.* Cap. 24, p. 401.

étoit gouvernée par son sénat. Des dangers communs l'avoient forcée à recourir à des mesures communes de défense. Quelque esprit public avoit commencé à renaître dans les cités qui sentoient leur force ; elles formoient autant de petites républiques que l'armée des Bourguignons devoit ménager, si elle vouloit conserver quelque autorité sur leurs citoyens.

Deux causes surtout entretenoient l'inimitié entre les Romains et les Bourguignons qui occupoient leurs provinces : la religion d'abord, puis l'abus du pouvoir militaire. Gondebaud, qui, malgré sa conduite atroce à l'égard de ses frères, avoit les talens d'un grand roi, essaya d'adoucir le joug à l'un et l'autre égard. Il ne paroît pas qu'il fût lui-même fort attaché aux dogmes de la secte arienne que son peuple professoit; aussi il appela à lui Avitus, évêque de Vienne, et lui annonça son intention d'embrasser secrètement le catholicisme, en lui représentant qu'il ne pouvoit en faire une profession publique sans aliéner ses Bourguignons, qui formoient seuls sa force militaire. Avitus ne voulut point se prêter à ces ménagemens mondains, ni Gondebaud faire une abjuration publique; mais le dernier fit élever ses enfans par des évêques orthodoxes, et dès lors il traita les deux Églises avec une égale faveur. (1)

---

(1) *Gregorii Turonens. Hist.* Lib. II, cap. 34, p. 180.

500—501. La publication des lois des Bourguignons, qui fut aussi l'ouvrage de Gondebaud, dut contribuer plus encore à réconcilier les Gaulois avec leurs maîtres. Ces lois de Gondebaud, qu'on appelle les *Gombettes*, sont le plus ancien des codes barbares dont on ait conservé le texte (1). Elles continuèrent à régir le royaume de Bourgogne jusqu'au temps de Louis-le-Débonnaire, qui les abrogea. Probablement la plupart d'entre elles étoient déjà en vigueur comme coutumes nationales parmi les Bourguignons, puisqu'en les publiant, le législateur invoqua les constitutions anciennes aussi-bien qu'actuelles. Elles ne sont point émanées de la seule autorité royale, mais des comtes et des grands du royaume; et elles sont adressées à tous les officiers civils et militaires, tant Bourguignons que Romains (2), leur ordonnant de

(1) La loi des Bourguignons porte pour date le 4 des calendes d'avril (29 mars) à Lyon, et la seconde année du règne du roi, qui, dans un manuscrit, est nommé Gondebaud, et dans l'autre Sigismond; en sorte que la promulgation a pu en être faite en 502 dans le premier cas, en 518 dans le second. (*Lex Burgundion.*, p. 255, *Scr. franc.* T. IV.) Le roi Euric avoit le premier publié les lois des Visigoths dès l'an 466. Mais cet ancien code ne s'est pas conservé : celui que nous avons aujourd'hui est du septième siècle. Les lois des Francs, des Allemands et des Bavarois, telles que nous les possédons, ne furent publiées que sous les descendans de Clovis.

(2) *Sciant itaque optimates, comites, consiliarii, domestici, et majores domus nostræ cancellarii, et tam Burgun-*

s'y conformer dans le jugement de toutes les causes, soit entre Bourguignons, soit entre un Romain et un Bourguignon. Mais toutes les fois que la cause sera agitée entre deux Romains, elle devra être décidée par le droit romain seul. Dans chaque tribunal, un comte bourguignon et un comte romain sont chargés de maintenir la loi, et il est interdit à l'un de procéder jamais sans l'autre. (1)

Le but de la loi des Bourguignons paroît être constamment de protéger le Romain contre l'oppression de son hôte barbare. Sa propriété, réduite, il est vrai, par un premier partage, est désormais garantie à l'égal de celle du vainqueur. Il ne peut jamais être traduit que devant un tribunal où siége un juge son compatriote; toute offense à laquelle il peut être exposé, est punie tout aussi sévèrement que si elle avoit été infligée à un Bourguignon. La loi qui les compense presque toutes par des amendes, établit trois classes dans l'une et l'autre nation. L'optimate bourguignon et le noble romain forment la première, les hommes libres dans l'une et l'autre nation forment la seconde, les hommes de condition inférieure ou les tri-

---

diones quam Romani, civitatum et pagorum comites, vel judices deputati omnes etiam militantes, etc. Proemium legis Burg. T. IV, p. 255.

(1) *Legis Burgund. proemium.* Pag. 256.

butaires forment la troisième; Gondebaud n'établit point entre eux ces distinctions humiliantes, en vertu desquelles chez les Francs le sang du Romain étoit estimé à moitié prix de celui du Barbare. Les Ripuaires ne s'étoient pas contentés d'estimer la vie d'un Romain moitié moins que celle d'un Franc, ils avoient de plus pris un terme moyen entre ces deux amendes pour fixer le prix du sang du Bourguignon, de l'Allemand, du Frison, du Bavarois et du Saxon. Il en coûtoit cent sous d'or pour tuer un Romain, cent soixante pour tuer un étranger barbare, deux cents pour tuer un Franc. (1)

Les Bourguignons n'adoptèrent point par représailles cette loi inhospitalière; la vie de l'étranger fut à leurs yeux aussi sacrée que celle de leurs compatriotes. Cependant leur hospitalité, qui pour eux étoit un devoir étroit, et qui s'étendoit à tout le monde, étoit soumise à d'étranges restrictions, d'après les lois 38 et 39 de leur code. Elles portent : « Quiconque refusera
« son toit ou son foyer à un étranger qui surviendra, payera trois sous d'or d'amende; il
« en payera six, si cet étranger est un convive
« du roi; le Bourguignon à qui l'étranger aura
« demandé l'hospitalité, et qui au lieu de la
« donner, lui aura indiqué la maison du Romain, payera trois sous à ce Romain, et trois

(1) *Lex Ripuariorum.* §. 36, p. 241.

« sous d'amende; le colon du roi qui n'aura
« pas voulu recevoir l'étranger, sera puni par
« le fouet.... Mais celui qui aura reçu un homme
« étranger, de quelque nation qu'il soit, qui
« sera venu s'établir chez lui, devra le présenter
« au juge à examiner, pour lui faire avouer, à
« l'aide de la torture, à qui il appartient. S'il
« a laissé passer sept jours sans le faire, et si
« l'étranger reconnu esclave est réclamé par son
« maître, celui qui l'avoit recueilli sera obligé
« d'en payer trois fois la valeur, à moins ce-
« pendant que cet esclave ne soit un captif qui,
« échappant à l'ennemi, retourne vers ses maî-
« tres, ses parens, ou son sol natal (1). » Cette
torture, partie nécessaire de l'hospitalité offerte
par le Bourguignon, étoit une conséquence
du système d'esclavage que leurs lois garantis-
soient, et peut-être par cette sanction même,
croyoient-ils protéger la propriété du Romain.
Un code pénal fondé sur des amendes, ne pouvoit atteindre ni les esclaves, ni les indigens;
mais pour que celui qui ne possédoit rien ne
fût pas exempt de peines, la loi des Bourguignons convertissoit les amendes en châtimens
corporels, dans la proportion de cent coups de
fouet pour douze sous d'or d'amende.

La loi des Bourguignons n'avoit pas seulement réglé les droits, et proportionné les peines

(1) *Lex Burgundionum.* §. 38, 39, p. 266.

501—506. aux délits, elle avoit aussi établi une nouvelle procédure, et celle-là sans doute dut inspirer aux Romains plus d'effroi que de confiance. Notre expérience ne nous apprend que trop combien il est difficile de démêler la vérité au milieu des dénégations opposées des deux parties. Cette difficulté s'accroissoit pour le Barbare, elle lui paroissoit presque insoluble ; et, forcé de donner au juge une règle, il eut presque toujours recours à l'intervention miraculeuse de la Divinité.

Les Bourguignons, comme tous les Germains, étoient persuadés que tous les événemens étoient immédiatement dirigés par la Providence. Ils croyoient surtout que les saints et les reliques prenoient un soin particulier de faire respecter leur autorité, toutes les fois qu'elle étoit invoquée ; qu'un faux serment étoit immédiatement puni d'une manière visible, et par conséquent qu'un réprouvé ne se hasarderoit pas plus qu'un fidèle à se parjurer. Ils permirent donc de déférer le serment à l'accusé qui nioit un crime, de le déférer à un débiteur qui nioit sa dette, et ils regardèrent cette interpellation solennelle comme un premier jugement de Dieu.

Cependant la fréquence des parjures les avoit contraints à révoquer en doute cette certitude de la justice divine, et à donner une garantie de plus à l'ordre public. Les lois barbares obligèrent l'accusé ou le défendeur qui vouloit repousser l'accusation ou nier la dette, non-seulement à jurer lui-même pour soutenir ce qu'il avoit affirmé, mais encore à produire douze, et quelquefois un plus grand nombre de ses parens, de ses amis ou de ses voisins qui juroient avec lui, et qui attestoient ainsi son innocence ou la vérité de ses paroles (1). Ces garans assermentés ont donné naissance aux jurés. Ils étoient appelés à attester l'innocence d'un homme ou la vérité d'un fait, et pour cela ils devoient être unanimes. Avant de recevoir leur serment, on leur accorda donc le droit d'examiner eux-mêmes les circonstances du fait sur lequel le juge alloit accepter leur témoignage, et de s'assurer de la vérité. Ainsi d'une obligation absurde imposée au prévenu, et qui, dans la loi des Ripuaires, est répétée presque à chaque ligne, est née l'une des plus belles institutions de l'ordre social le plus perfectionné.

La loi des Bourguignons avoit permis au Romain, tout aussi bien qu'au Barbare, de se purger de toute accusation par le serment de sa femme, de ses enfans et de douze de ses proches. Mais en même temps elle avoit voulu que la partie adverse pût arrêter celui qui vouloit jurer avant qu'il eût prêté le serment, avant même

(1) *Lex Burgundionum.* §. 8, p. 259.

qu'il fût entré dans l'église, pour en appeler au jugement de Dieu. Dans ce cas, le juge ne put point refuser aux deux parties le combat judiciaire; et c'est en se fondant sur la fréquence des faux sermens que le législateur établit cette forme plus franche de procédure. L'issue du combat fut regardée cependant comme une preuve si indubitable de la vérité, que ceux qui avoient juré ou offert de jurer avec les vaincus, furent punis comme faux témoins (1). L'introduction des combats judiciaires est due aux lois des Bourguignons : ils ne sont autorisés ni par les lois des Saliens, ni par celles des Ripuaires, ni par celles des Visigoths. Mais cette institution étoit trop d'accord avec les sentimens et les préjugés de tous les peuples barbares, pour n'être pas rapidement adoptée. Le combat fit bientôt partie de la procédure des Francs, et de tous les autres peuples au moyen âge. Il n'y eut aucun homme d'honneur qui ne préférât échapper par ce moyen aux subtilités des légistes. Le combat judiciaire dispensoit de la torture qui, d'après la loi des Bourguignons, ne pouvoit se donner qu'aux esclaves. Quand le combat judiciaire fut aboli, la torture fut mise à sa place, et l'homme libre n'en fut point exempt; entre ces deux manières de re-

---

(1) *Lex Burgundionum.* §. 8, p. 259. §. 45, p. 267. §. 80, p. 276.

chercher la vérité, on ne sait laquelle est la plus absurde, mais celle des temps qu'on a nommés civilisés, est sans doute la plus cruelle.

Les concessions que Gondebaud avoit faites à ses sujets romains, affermirent son trône pendant le reste de la vie de Clovis. Il ne semble point que durant cet espace de temps il ait eu d'autres guerres à soutenir contre les Francs; mais le roi bourguignon étoit menacé d'un autre côté par un voisin plus puissant encore; c'étoit le grand Théodoric qui, en 493, avoit fondé en Italie la monarchie des Ostrogoths, et qui s'efforçoit d'étendre aussi sa domination sur la Gaule méridionale.

Théodoric, en soumettant à ses lois le siége antique de l'empire d'Occident, prétendoit avoir succédé à tous les droits des empereurs; il regardoit donc la Gaule comme lui devant une sorte d'obéissance. Il paroît qu'il s'étoit d'abord allié à Clovis contre Gondebaud, mais que voulant laisser ces deux rois s'affoiblir réciproquement par leurs combats, il avoit empêché ses troupes de prendre une part active à la guerre : toutefois il avoit obtenu une part dans les dépouilles du vaincu. L'histoire, à cette époque, est couverte d'épaisses ténèbres, et l'on ne sait point comment la Provence, qui avoit appartenu aux Bourguignons, passa aux Ostrogoths; si ce fut le fruit de l'alliance de Théodoric avec

Clovis, ou le prix par lequel Gondebaud acheta l'amitié du roi d'Italie. Seulement on voit, au commencement du sixième siècle, la nouvelle monarchie des Ostrogoths s'étendre jusqu'au Rhône, et Théodoric, qui avoit donné en mariage sa fille à Alaric II, roi des Visigoths de Toulouse, devenir limitrophe des états de son gendre. (1)

Les Visigoths et les Ostrogoths se faisoient gloire d'avoir une même origine; ils se ressembloient par les mœurs, le langage, la supériorité de leur civilisation, et la profession de l'arianisme. Ils cherchoient à resserrer les liens qui les unissoient les uns aux autres. En même temps le grand Théodoric s'empressoit de réveiller, chez tous les sujets de Rome, le souvenir récent encore de l'empire d'Occident. Anastase Ier qui, à cette époque, régnoit à Constantinople, voyant bien qu'il n'avoit aucun moyen d'exercer lui-même l'autorité impériale sur les provinces qui avoient secoué le joug, avoit délégué au roi des Ostrogoths la mission d'en conserver les restes. Théodoric s'efforçoit de l'étendre par ses négociations. Cassiodore écrivoit en son nom à tous les provinciaux des

___

(1) *Procopius de Bello gothico.* Lib. I, p. 342. — Histoire génér. du Languedoc, Liv. V, ch. 21, p. 237. — Abbé Dubos, *Histoire critique.* Liv. IV, ch. 6, 8, 9, etc. — *Hadr. Valesius.* Lib. VI, p. 277.

Gaules, les invitant à se soumettre avec joie aux coutumes romaines auxquelles ils étoient rendus après un long espace de temps. « Avec « l'aide de Dieu, leur dit-il, vous avez été rap- « pelés à votre antique liberté ; vous devez donc « revêtir des mœurs *dignes de la toge*, et vous « dépouiller d'une barbarie étrangère. » (1)

Théodoric faisoit en effet jouir les Romains ses sujets de tous les priviléges que leur assuroit la constitution de l'empire sous les meilleurs empereurs ; il avoit en même temps flatté leur vanité et gagné leurs cœurs. Mais il voyoit avec inquiétude que le zèle de son gendre Alaric II pour l'arianisme avoit aliéné l'affection de ses sujets. Alaric étoit accusé d'intolérance ; cependant il laissoit aux évêques catholiques l'administration de leurs diocèses, il leur permettoit même d'assembler des conciles ; et nous avons toujours les actes de celui qui fut tenu à Agde, au mois de septembre 506, auquel assistèrent en personne vingt-cinq archevêques ou évêques, avec les députés de dix autres, tous sujets du roi des Visigoths. Rien n'indique, dans ces actes, que l'Église qui les sanctionnoit fût aucunement persécutée (2) ; mais Alaric étoit forcé de surveiller les intrigues de ses prélats, et

(1) *Cassiodori Epistolæ.* Lib. III, epist. 17, p. 180.
(2) *Labbei Concilia generalia.* T. IV, p. 1381, seq. — *Hist. génér. du Languedoc.* Liv. V, ch. 31, p. 242.

leur découverte lui avoit fait exiler tantôt saint Césaire, évêque d'Arles, parce qu'il conspiroit avec les Bourguignons; tantôt saint Quintianus, évêque de Rhodès, parce qu'il correspondoit avec les Francs (1). La tolérance cesse d'être une vertu facile, lorsqu'elle est réclamée par un corps puissant, bien organisé, toujours hostile et toujours en correspondance avec les ennemis de l'état. La ligne où finit le respect pour la liberté de conscience, et où commence la défense légitime pour un monarque toujours entouré de complots, n'est point aisée à tracer.

Les querelles d'Alaric II avec son clergé ayant fait connoître à Théodoric que le roi des Francs étoit ou le moteur secret de toutes ces intrigues, ou tout au moins le protecteur vers lequel tous les prélats remuans des provinces gothiques tournoient leurs regards, il essaya de rétablir entre Clovis et Alaric II une harmonie qui commençoit à se troubler. Il écrivit à l'un et à l'autre pour leur offrir sa médiation. Il écrivit aussi à Gondebaud, roi des Bourguignons, et aux rois des Thuringiens, qui avoient tout récemment formé une puissante monarchie sur la frontière germanique de l'ancienne France, pour les engager à défendre son gendre, s'ils ne pouvoient empêcher Clovis de

(1) *Gregorii Turonens. Hist.* Lib. II, cap. 36, p. 181.

l'attaquer (1). Mais celui-ci aima mieux écarter des arbitres incommodes ; il proposa une conférence à Alaric dans une île de la Loire, près d'Amboise, pour terminer entre eux tous leurs différends. Les deux rois s'y rencontrèrent en effet, Clovis dissipa tous les doutes de son voisin, il jura que ses intentions étoient pacifiques, et il s'assura ainsi les moyens de le surprendre, malgré la protection de Théodoric. (2)

Clovis avoit adopté l'orthodoxie avec toute l'ardeur d'un nouveau converti ; la pureté de sa foi lui paroissoit pouvoir le dispenser de toutes les observances morales, et il trouvoit dans sa passion religieuse des prétextes et des alimens pour toutes ses passions humaines. Lorsqu'il eut pleinement rassuré Alaric sur ses projets par la conférence d'Amboise, il assembla, en 507, l'armée de ses Francs au Champ-de-Mars : « Je ne puis souffrir, leur dit-il, que ces Ariens « possèdent la meilleure partie des Gaules. Allons « sur eux ; et quand, avec l'aide de Dieu, nous « les aurons vaincus, nous réduirons leurs terres

---

(1) *Cassiodori Epistolæ.* Lib. III, ep. 1, 2, 3 et 4, p. 158 ; et *Scr. franc.* T. IV, p. 3.

(2) *Gregorii Turon.* Lib. II, cap. 35, p. 181. — *Histoire génér. du Languedoc.* Liv. V, ch. 19, p. 235.

Les Bénédictins, auteurs de cette histoire, croient pouvoir rapporter la conférence d'Amboise à l'année 498, plutôt qu'à l'année 506. Leurs raisons, développées note 60, p. 661, ne me paroissent point concluantes.

« sous notre domination. (1) » Il n'étoit pas besoin de discours plus artificieux pour déterminer des Francs à courir aux combats et au pillage. L'expédition fut résolue par le vœu de toute l'armée, et celle-ci se mit aussitôt en marche pour trouver Alaric, qui étoit alors à Poitiers. Cette armée, après avoir passé la Loire, devoit traverser la Touraine, qui faisoit alors partie du royaume des Visigoths. Saint Martin, qui étoit mort évêque de Tours en 397, étoit, dans le siècle qui s'étoit écoulé depuis, devenu en quelque sorte le dieu de la France. C'étoit surtout par son intercession qu'on étoit supposé obtenir une aide miraculeuse, qu'on gagnoit des batailles, ou qu'on arrêtoit le cours naturel des événemens. Clovis vouloit consulter son oracle sur l'expédition qu'il entreprenoit, et surtout il vouloit s'assurer de sa protection. La Touraine, qui avoit été le diocèse de saint Martin, lui parut devoir être encore l'objet de son affection particulière; aussi, quoiqu'elle appartînt à ses ennemis, Clovis interdit à son armée d'y faire aucun dégât. Il punit même de mort un soldat franc, pour avoir pris un peu de foin à une pauvre femme de ce diocèse. En même temps il envoya quelques officiers en avant de son armée, pour consulter le saint sur les événemens à venir. Ceux-ci avoient ordre

---

(1) *Gregorii Turon.* Lib. II, cap. 37, p. 181.

de s'arrêter à la porte de l'église, d'écouter le verset que les prêtres chanteroient à leur approche, et de le lui rapporter. C'étoient les 40 et 41 du dix-huitième psaume : « 40. Seigneur, « tu m'as revêtu de force pour le combat; tu as « fait plier sous mes coups ceux qui s'étoient éle- « vés contre moi. 41. Par ton secours j'ai mis « mes ennemis en fuite, et j'ai exterminé ceux « qui me haïssoient. » L'application ne pouvoit être plus heureuse, et le présage remplit le roi et l'armée de courage et d'espérance (1). Cependant cette consultation de l'avenir avoit été interdite par l'Église de la manière la plus expresse. Plusieurs conciles, celui d'Ayde l'année précédente, celui d'Orléans quatre ans après, ont mis cette divination au rang des sacriléges. Le clergé ne vouloit point demeurer responsable d'oracles trop souvent démentis par l'événement, et qu'il ne dirigeoit point à son gré. Mais lorsqu'il étoit servi par un heureux hasard, il oublioit les décrets des conciles, et il faisoit honneur de la prophétie à la piété du fidèle qui avoit consulté le ciel parlant par la bouche des prêtres. (2)

(1) *Gregorii Turon.* Liv. II, cap. 37, p. 181.

L'église de Saint-Martin à Tours étoit une de celles où des chœurs de prêtres, se relevant à différentes heures, ne cessoient pas de chanter des psaumes, la nuit comme le jour.

(2) *Concilium Agathense.* Anno 506, habit. canon. 42 in

507.

De nouveaux prodiges accompagnèrent Clovis dans sa marche, et assurèrent sa victoire. L'antique historien des Francs, saint Grégoire évêque de Tours, tandis qu'il supprime de ses récits toutes les circonstances humaines, ne rapporte que celles qu'il attribue à l'intervention céleste. Une biche blanche indiqua au roi des Francs un gué dans la Vienne, alors gonflée par des pluies abondantes, une colonne de feu, élevée sur la cathédrale de Poitiers, et que dans un temps moins crédule on auroit attribuée à l'évêque de cette ville, partisan de Clovis, lui indiqua la direction qu'il devoit suivre, et en même temps les renforts qu'il devoit trouver parmi ceux qui obéissoient à ses ennemis. Enfin l'armée des Francs et celle des Visigoths se rencontrèrent dans les plaines de Vouglé, à dix lieues de Poitiers, et derrière cette ville qu'Alaric paroît avoir eu dessein d'abandonner. Le combat fut acharné; Apollinaris, fils du poète Sidonius, avoit amené aux Visigoths un corps de Gaulois de l'Auvergne, qui combattirent à leurs côtés; mais presque tous furent tués. Les Goths cédèrent enfin à l'impétuosité des Francs; Alaric périt dans le combat. « Le

---

T. IV, Concil. gener. p. 1390. — *Concilium Aurelianense primum.* An. 511, habit. canon. 30. *Ib.* p. 1409. — *Capitulare Caroli Magni tertium anni* 789, §. 4, *in Baluzii Capit. Reg. franc.* T. I, p. 243.

« roi, dit Grégoire de Tours, ayant mis les
« Goths en fuite, et tué leur roi Alaric, fut at-
« taqué par deux soldats qui le frappèrent en-
« semble de leurs épieux; mais ils ne purent
« percer sa cuirasse. » On a conclu de ce peu de
mots qu'Alaric avoit été tué de la main même
de Clovis, et tous les historiens postérieurs,
sans avoir de nouvelles lumières, ont para-
phrasé ce passage, et y ont successivement
ajouté toutes les circonstances d'un combat singulier. L'armée des Goths, mise en déroute,
s'enfuit à de grandes distances, avant d'essayer
de se rallier. (1)

Les seigneurs de la nation des Visigoths, se
rassemblant à Narbonne, s'occupèrent de donner un nouveau chef à leur monarchie. Alaric II
laissoit de Théodegote, fille du grand Théodoric, un fils nommé Amalaric; mais cet enfant
n'étoit âgé que de quatre ou cinq ans, et la nation avoit besoin d'un chef qui pût manier lui-

---

(1) *Gregor. Turonens.* Lib. II, cap. 37, p. 182. — *Procopii Cæsariens. de Bello gothico.* Lib. I, cap. 12, p. 25, in *Scr. franc.* T. II, p. 32. — *Epitomata Fredegarii.* Cap. 25, p. 401. — *Fragmentum ex Idatio.* §. 4, p. 463. — *Gesta Reg. francor.* Cap. 17, p. 554. — *Adonis Vienn. Archiep. chron.* p. 666. — *Isidori Hispalensis Hist. goth.* p. 702. — *Chron. Reg. goth.* p. 704. — *Chroniques de Saint-Denys.* T. III, ch. 22, p. 173. — *Rorico mon.* Lib. IV, p. 14. — *Hincmar, vita sancti Remigii.* p. 378. — *Fortunatus, vita sancti Hilarii.* p. 380. — *Hadriani Valesii.* Lib. VI, p. 295.

même le sceptre avec vigueur, raffermir les esprits effrayés, et arrêter l'insurrection des provinces. Les Visigoths écartèrent Amalaric, pour mettre à sa place son frère naturel Gésalic, qui du moins étoit déjà en âge de porter les armes.

La domination d'une armée barbare sur un pays qu'elle contient par force sous le joug, court risque d'être anéantie par une seule défaite. Les Visigoths, dispersés dans un canton dont ils s'étoient crus les maîtres, s'y trouvoient tout à coup entourés d'ennemis. Victorieux, ils avoient compté parmi leurs sujets tous les Romains établis dans leurs provinces; vaincus, ils ne pouvoient plus prendre de confiance en des hommes qui faisoient des vœux secrets pour leurs ennemis. Les villes dont la garde étoit confiée à leurs propres citoyens s'empressoient d'ouvrir leurs portes aux vainqueurs, et les restes d'une armée défaite, ne trouvant d'asile nulle part, étoient obligés de se retirer bien plus rapidement que les Francs n'avoient moyen de les poursuivre. Clovis donna le commandement d'une partie de son armée à son fils aîné Théodoric ou Thierri (1), qui soumit

---

(1) Ces noms avoient tous, dans la langue des Francs, une signification; mais en passant par le latin, le roman rustique et le franc, ils ont subi une suite de transformations qui les rend difficiles à reconnoître. *Hlôd-wig* (guerrier fameux) est

aux Francs Rhodez, Albi, et les villes de l'Auvergne. Avec le reste de l'armée, Clovis s'empara de Bordeaux, de Toulouse et d'Angoulême. Les débris de l'armée d'Alaric, refugiés à Carcassone, avoient imploré le secours du roi d'Italie; mais ils furent bientôt assiégés par les Francs. (1)

Grégoire de Tours, qui n'a voulu célébrer que les victoires des Francs, n'a pas même indiqué les événemens des quatre années suivantes, pendant lesquelles la guerre se continua avec moins de succès pour Clovis. Il faut les deviner à l'aide de quelques mots échappés aux historiens des Goths ou des Grecs, qui pour la plupart ne méritent pas beaucoup de confiance. L'abbé Dubos l'a fait d'une manière ingénieuse, mais en donnant presque toujours trop de poids à des témoignages suspects. Gondebaud, roi des Bourguignons, joignit ses armées à celles des Francs, pour profiter dans le midi de la Gaule des désastres des Visigoths. D'autre part, Théodoric envoya d'Italie en Provence son général Ibbas, pour porter des secours à ses com-

---

devenu Chlodovechus, Ludovicus, Clovis et Louis; *Thiod-vik* est devenu Theodoricus, Theodoric ou Thierri. Nous avons cherché à nous conformer à l'usage; mais notre choix entre ces noms peut parfois paroître arbitraire.

(1) *Procopii Cæsariens. de Bello gothico.* Lib. I, cap. 12, p. 25, et *Script. franc.* T. II, p. 32. — *Gregor. Turonens.* Lib. II, cap. 37, p. 183.

patriotes. Celui-ci défit les Bourguignons et les Francs devant Arles, dont ils avoient formé le siége. Il força Clovis à lever aussi le siége de Carcassone ; mais au lieu de poursuivre ses succès, il employa les forces qu'il commandoit à détrôner Gésalic, pour faire couronner par les Visigoths Amalaric, petit-fils de son maître. Il avoit déjà reconquis toute la Narbonnoise première, entre le Rhône et les Pyrénées, lorsqu'il passa en Catalogne, où il défit Gésalic devant Barcelonne, et le contraignit à chercher un refuge chez les Vandales d'Afrique. Les hostilités continuèrent entre les Goths et les Francs, mais sans donner lieu à de grandes batailles. Clovis avoit conservé Toulouse, Bordeaux et les deux Aquitaines. Les Visigoths occupoient la Narbonnoise et les Espagnes ; les Ostrogoths, la Provence jusqu'au Rhône ; et Théodoric, tuteur de son petit-fils, Amalaric, régnoit également sur les deux nations. Gésalic cependant fit plus d'une tentative pour recouvrer le trône d'où il avoit été repoussé ; il implora tour à tour les secours des Vandales et des Francs eux-mêmes ; il rentra dans les Gaules pour disputer la couronne, à la tête des ennemis de son pays ; enfin il fut fait prisonnier par les généraux de Théodoric, lorsqu'il avoit déjà passé la Durance pour se retirer chez les Bourguignons. Il fut mis à mort par ordre du général Ibbas, avant le mois de mai de l'an 511. (1) 507-511.

L'empereur Anastase s'étoit brouillé avec le roi des Ostrogoths; il l'avoit fait attaquer en Italie, dans le temps même où Clovis attaquoit les Visigoths dans les Gaules. Dès lors il avoit cherché à s'unir aux ennemis de ses ennemis. Il s'étoit allié à Clovis, et vers l'année 510, il lui avoit envoyé à Tours les ornemens consulaires. Clovis revêtit dans l'église de Saint-Martin la tunique et le manteau de pourpre, qu'un ambassadeur grec lui avoit apportés. Il sortit ensuite de l'église, répandant de l'argent parmi le peuple, qui en retour le salua des noms de consul, de patrice, ou même d'auguste (2). Les historiens français ont attaché la plus haute importance à cette vaine cérémonie; selon eux, elle conféra à Clovis un pouvoir légitime sur ses sujets romains ou gaulois, qui jusqu'alors avoient seulement cédé au droit du plus fort. L'abbé Dubos, surtout regarde la concession d'Anastase comme ayant fondé la monarchie. Cependant la dignité consulaire n'étoit depuis

(1) *Cassiodori Epistolæ.* Lib. I, ep. 24; Lib. III, ep. 43; Lib. IV, ep. 16, etc. — *Cassiodori Chron.* p. 1368. — *Isidori Hisp.* p. 702. — *Chronicon Reg. goth.* p. 704. — *Jornandes de rebus geticis.* Cap. 58, p. 1119. — *Marii Ep. Avent.* p. 14. — Abbé Dubos. Liv. IV, chap. 10, 11 et 12, T. II, p. 561, seq. — Histoire générale du Languedoc. Liv. V, chap. 40-53, p. 248, et note 63.

(2) *Gregor. Turon.* Lib. II, cap. 38, p. 183.

long-temps qu'un vain titre, auquel aucune autorité n'étoit attachée. D'ailleurs Clovis ne fut point nommé consul, il fut seulement revêtu des ornemens consulaires, honneur fréquemment accordé par la cour de Bysance. Le vrai consulat étoit toujours inscrit dans les fastes, et servoit à désigner l'année. Le nom du roi des Francs ne s'y trouve nulle part. (1)

A son retour de la guerre gothique, Clovis étoit venu s'établir à Paris. Sa monarchie avoit acquis une étendue imposante ; loin d'être toujours l'égal des rois des autres tribus des Francs, il leur étoit devenu tellement supérieur, qu'à peine les peuples étrangers remarquoient-ils encore leur existence. Clovis n'étoit point si tranquille à leur égard. Il lui suffisoit qu'ils fussent descendus de cette même race des rois chevelus, que les Francs étoient accoutumés à respecter dès les forêts de la Germanie, pour qu'il vît en eux de dangereux rivaux. Persuadé qu'un trône n'est jamais assuré que par la perte de tous ceux qui peuvent y prétendre, il résolut de faire périr tous les princes de sa race.

(1) Dubos, *Histoire critique.* Liv. V, chap. 1, T. III, p. 1. — *Hadr. Valesii.* Lib. VI, p. 300. — *Marii Avent. chron. et fasti.* p. 14. — *Cassiod. Chron.* p. 1368. — Gibbon, *Decline and fall.* Chap. 38, T. VI, p. 338. — *Pagi critica.* T. II, p. 474, 479 et 492.

Le premier auquel Clovis tendit des embûches fut Sigebert, roi des Ripuaires. Celui-ci étoit demeuré boiteux d'une blessure reçue à la bataille de Tolbiac; son fils Cloderic commandoit pour lui ses soldats, et il avoit combattu aux côtés de Clovis à la bataille de Vouglé. Clovis profita de ses liaisons avec ce jeune prince pour lui suggérer l'infâme projet d'assassiner son père, en lui promettant en même temps son assistance pour recueillir un héritage acquis par un parricide. Le crime fut commis dans la forêt Buconia, près de Cologne, où régnoit Sigebert. Mais Cloderic, loin d'en recueillir le fruit, fut peu après assassiné par ordre de Clovis. Celui-ci fit assembler alors les Francs Ripuaires; il prêta serment au milieu d'eux qu'il n'avoit eu aucune part au meurtre de leurs deux princes, et il demanda leur couronne. Aussitôt les Francs, frappant sur leurs boucliers, répétèrent son nom avec acclamations, et l'élevèrent sur un pavois, en le nommant leur roi. « Ainsi, dit Grégoire de Tours, qui rapporte avec détail cette trame odieuse, « ainsi Dieu faisoit tomber chaque jour quel« qu'un de ses ennemis sous ses mains, et éten« doit les limites de son royaume, parce qu'il « marchoit avec un cœur droit devant le Sei« gneur, et qu'il faisoit ce qui plaisoit à ses

« yeux (1). » D'après la connexion, on pourroit croire que *les actions qui plaisoient au Seigneur* étoient, selon le saint évêque, les meurtres mêmes et les parjures qu'il a racontés dans le chapitre terminé par ces mots ; on doit cependant les rapporter plutôt aux offrandes que le roi avoit faites au chapitre de Saint-Martin de Tours, et aux richesses immenses dont il combloit le clergé ; toutes choses que saint Grégoire avoit récitées deux chapitres auparavant.

Un autre roi des Francs, Cararic, étoit établi à Térouanes, cité des Morins, et sa domination s'étendoit vers Calais et le bord de la mer. Clovis reprochoit à ce petit roi, son parent, d'avoir refusé de le seconder dans sa première guerre contre Syagrius. Il lui dressa des embûches, et s'étant emparé de sa personne, il le fit d'abord ordonner prêtre, ainsi que son fils. Mais quelques propos du dernier, qui indiquoient l'espoir de remonter sur le trône, lui ayant été rapportés, il fit trancher la tête à l'un et à l'autre ; il s'empara de leurs trésors, et il fut reconnu roi par leurs peuples. (2)

---

(1) *Gregorii Turon. Hist.* Lib. II, cap. 40, p. 184.

(2) *Gregorii Turon.* Lib. II, cap. 41, p. 184. — *Fredegarii Epitomata.* Cap. 26., 27, 28, p. 401. — *Gesta regum franc.* Cap. 18, p. 558. — *Adonis vienn. Chron.* p. 667. — Chronique de Saint-Denys, Liv. I, chap. 24, p. 175. — *Rorico*

Un autre des rois mérovingiens régnoit alors 507—511. à Cambrai; c'étoit Ragnacaire, le plus ancien des alliés de Clovis, et le premier à le seconder dans sa guerre contre Syagrius. Mais ce roi s'étoit adonné à la mollesse et au luxe : ses vices et ceux d'un favori auquel il sacrifioit toute chose, avoient excité le ressentiment des guerriers de sa tribu; Clovis n'eut pas de peine à y acheter des traîtres. Des colliers de cuivre doré qu'il donnoit pour de l'or fin, séduisirent une partie des conseillers de Ragnacaire, et les engagèrent à fermer les yeux sur les préparatifs d'attaque dirigés contre eux. Le prince et son favori furent surpris par les troupes de Clovis; ses propres soldats, au lieu de le défendre, lui lièrent les mains derrière le dos, et le présentèrent ainsi au vainqueur. « Comment as-tu « pu, lui dit Clovis, déshonorer ainsi notre « lignée, en te laissant garotter? Ne valoit-il « pas mieux mourir honorablement ? » Et en même temps, élevant sa hache, il lui en abattit la tête. « Toi aussi, dit-il au frère de Ragna- « caire, si tu avois défendu ton frère, tu ne se- « rois pas aujourd'hui prisonnier avec lui. » Et en même temps il l'égorgea aussi. Il fit encore mourir un autre de ses frères, qui, depuis la

Mon. Gesta franc. p. 17. — *Aimonii Floriac.* Cap. 23, p. 43.
— *Hermanni contracti.* p. 319. — *Chron. Virdunense.* p. 356.
— *Hincmari Vita sancti Remigii.* T. III, p. 377.

507—511. défaite de Syagrius, avoit fondé au Mans un petit royaume. Les traîtres qui lui avoient livré toute la famille de Ragnacaire demandèrent alors leur récompense, et représentèrent que les ornemens d'or que leur avoit donnés Clovis s'étoient trouvés faux. « Ils sont trop précieux « encore, leur répondit celui-ci, pour des per- « fides qui doivent s'estimer heureux si ma « clémence leur laisse la vie, après qu'ils ont « vendu leurs princes ». Beaucoup d'autres rois chevelus, descendans de Mérovée, étoient à la tête de tribus moins considérables parmi les Francs; Clovis les fit tous tuer : puis, feignant de se repentir de sa barbarie, il offrit sa protection à ceux qui auroient échappé au massacre. Il espéroit ainsi engager ceux qui avoient pu se dérober à ses poursuites, ou qui s'étoient fait passer pour morts, à lui découvrir leur asile; mais tout avoit péri; et l'œuvre de la fondation de la monarchie française étoit accomplie. (1)

Cette monarchie étoit surtout affermie par l'accord parfait du clergé avec le souverain. Il s'en est peu fallu que Clovis n'ait été reconnu pour saint, et qu'il n'ait été honoré à ce titre par

(1) L'abbé Dubos compare en effet ces massacres à celui de Remus par Romulus. Ces crimes, dit-il, étoient également nécessaires pour fonder l'empire romain et la monarchie française. (Liv. V, chap. 2, T. III, p. 20.)

l'Église gallicane, aussi bien que l'est encore son
épouse, sainte Clotilde. A cette époque, la sainteté consistoit bien moins dans les vertus que
dans la pureté de la foi ; les bienfaits accordés à
l'Eglise étoient un meilleur titre pour gagner le
ciel que les bonnes actions ; enfin c'étoit aux miracles plutôt qu'aux bonnes œuvres que l'on
reconnoissoit les bienheureux. La plupart des
évêques des Gaules, contemporains de Clovis,
furent liés d'amitié avec ce prince, et sont réputés saints. On assure même que saint Remi
fut son conseiller le plus habituel. Il faut remarquer cependant qu'il étoit alors d'usage d'appeler *saints pères* tous les prélats, comme on
appelle aujourd'hui le pape ; il est probable que
cette expression respectueuse est devenue pour
plusieurs d'entre eux leur seul titre à leur canonisation prononcée dans un siècle postérieur.
Les miracles qui signalèrent leur supériorité sur
le reste des hommes, ne manquèrent pas non
plus à Clovis ; l'assistance céleste lui procura la
victoire de Tolbiac ; une colombe lui apporta du
ciel la sainte ampoule avec laquelle il fut sacré
à Reims (1) ; une biche envoyée de Dieu lui

---

(1) La légende de la sainte ampoule se trouve mentionnée
pour la première fois par Hincmar, archevêque de Reims pendant le règne de Charles-le-Chauve. *Vita sancti Remigii*. (p. 377.
— *Vita sanctæ Chlotildis*. p. 399.) Les autres miracles sont
déjà rapportés par Grégoire de Tours.

découvrit le gué de la Vienne, et une colonne de feu dirigea sa marche sur Poitiers. Une foi orthodoxe, surtout sur la question alors si disputée de la divinité de Jésus-Christ, et une générosité sans borne pour le clergé, suffisoient, aux yeux des prêtres, pour mériter à Clovis l'assistance céleste : et c'est en souvenir de cette foi et de ces largesses, qu'il a transmis aux rois de France, ses successeurs, le titre de fils aînés de l'Église.

Clovis donna au clergé des preuves de la faveur qu'il lui accordoit, dans le concile d'Orléans, qui s'assembla d'après ses ordres, l'année 511, la dernière de sa vie. Trente évêques des Gaules y assistèrent, et parmi eux on remarqua les métropolitains de Bordeaux, de Bourges, de Rouen et d'Éause. Ce dernier siége a depuis été réuni à celui d'Auch. Le concile d'Orléans donna aux immunités ecclésiastiques une étendue qu'elles n'avoient jamais eues auparavant. Les premiers canons assurèrent le droit d'asile dans les églises, nominativement aux homicides, aux adultères, aux voleurs, aux ravisseurs et aux esclaves : avant de pouvoir en arracher aucun du sanctuaire, ceux qui les poursuivoient devoient prendre l'engagement de ne point attenter à leur vie, et de ne point les mutiler; mais si les coupables étoient de condition libre, on pouvoit les réduire en esclavage; s'ils étoient déjà esclaves, on pouvoit les rendre à leurs maîtres (1). D'autres canons réglèrent l'usage des donations immenses qui avoient été faites par Clovis aux églises; ils déclarèrent les biens-fonds du clergé exempts de toutes les taxes publiques, inaliénables, et le droit que l'Église avoit acquis sur eux imprescriptible. (2)

Ces immunités, qui furent alors sanctionnées par l'autorité de l'Église gallicane, étoient depuis long-temps respectées par la piété de Clovis. Lorsqu'il revenoit de son expédition contre les Visigoths, il écrivit aux évêques de son royaume, pour leur rendre compte des ménagemens religieux qu'il s'étoit imposés durant cette guerre. Il avoit, disoit-il, donné l'ordre à ses soldats de ne point toucher aux propriétés des églises, ou à celles des vierges et des veuves consacrées à Dieu. Il avoit encore recommandé à leurs soins non-seulement la personne des ecclésiastiques eux-mêmes, mais *celle des enfans, soit de ces prêtres, soit des veuves qui paroîtroient vivre dans leurs maisons.* Il avoit défendu d'enlever des églises, même les esclaves; et il avoit voulu

---

(1) *Canones* 1, 2, 3, apud *Labbei Concilia Gener.* T. IV, p. 414. *Baronii Annal. eccles.* Ann. 507, §. 22-26. — *Pagi Critica in Baron.* Ann. 507, §. 10, p. 472.

(2) *Canones* 5, 8, 11, 23. *Ib. Concil. aurelianens.* — Dubos. Liv. V, chap. 3, T. III, p. 36.

que toutes les fois qu'un évêque réclameroit un captif, en affirmant par serment, et sous le sceau de l'anneau pastoral, qu'il appartenoit à l'une des classes précédentes, ce captif lui fût aussitôt rendu. (1)

« Après avoir fait toutes ces choses, poursuit
« le saint évêque de Tours, Clovis mourut à
« Paris (2). Il fut enseveli dans l'église des Saints-
« Apôtres (aujourd'hui Sainte-Geneviève),
« qu'il avoit fondée de concert avec la reine
« Clotilde. Il avoit en tout régné trente ans,
« dont cinq seulement depuis la bataille de
« Vouglé, et il avoit accompli sa quarante-cin-
» quième année. » (3)

(1) *Epistola Chlodovechi apud Labbeum Concil. Gen.* T. IV, p. 1402.
(2) Le 27 novembre 511, selon l'Art de vérifier les dates.
(3) *Gregor. Turon. Hist.* Lib. II, cap. 43, p. 185.

CHAPITRE VI.

Règne des quatre fils de Clovis. 511—561.

La mort de Clovis sembloit devoir suspendre les progrès des Francs dans les Gaules. Son règne n'avoit point été assez long pour préparer les esprits à la stabilité d'une nouvelle monarchie. Aux yeux de ses contemporains et de ses propres soldats, il n'étoit encore que le capitaine heureux d'une bande d'aventuriers plus nombreuse que de coutume. Rien n'annonçoit en lui un homme supérieur à Odoacre, qu'on avoit vu, à peu près dans le même temps, fonder en Italie une domination nouvelle, domination anéantie à sa mort. Cinq ans avant que Clovis parvînt à la couronne, Odoacre, chef des fédérés ou soldats auxiliaires de l'empire, s'étoit fait reconnoître par l'Italie comme roi ; ses soldats, ramassés de pays divers, avoient pris le nom d'Hérules, parce qu'il étoit Hérule lui-même : mais lorsqu'en 493 Odoacre fut vaincu par Théodoric, ses soldats ou se dispersèrent, ou s'incorporèrent dans l'armée du vainqueur ; la nation disparut avec le monarque, et l'on ne trouva plus d'Hérules en Italie.

511.

511. De même la mort de Clovis pouvoit rompre le lien qui tout récemment avoit uni les Allemands aux Francs, et parmi ceux-ci les Ripuaires, et tous les petits peuples dont Clovis avoit massacré les rois, aux Saliens. Tous pouvoient réclamer à la fois une indépendance, dont la perfidie de leur chef venoit de les dépouiller.

Les enfans de Clovis étoient trop jeunes pour saisir d'une main ferme l'autorité que leur père laissoit échapper. Il avoit quatre fils : l'aîné, Théodoric ou Thierri, étoit né d'une concubine avant son mariage avec Clotilde. Fils d'un père âgé de quarante-cinq ans, il n'en pouvoit pas avoir plus de vingt-cinq, quoique lui-même il eût déjà un fils. Ses trois frères, Chlodomire, Childebert et Clotaire, étoient nés de Clotilde, et l'aîné n'avoit pas plus de dix-sept ans. (1)

Mais la force vitale de la monarchie des Francs n'étoit point dans la famille des rois; elle étoit tout entière dans l'armée. Le peuple régnant sentoit quelle puissance, quel crédit auprès des étrangers, quelles jouissances pour chacun de ses citoyens il avoit acquis par son union, et la mort de son chef ne lui donna aucune envie de se séparer. L'unité et la souveraineté résidoient tellement dans l'armée, que les Francs,

(1) Clotilde s'étoit mariée en 493, et l'année suivante elle avoit eu un fils mort en bas âge.

pour demeurer un seul peuple, ne sentirent pas
même le besoin de se donner un seul chef. Ils
ne se rangèrent point sous les ordres de Thierri,
l'aîné des fils de Clovis, quoique celui-ci qui
s'étoit signalé à la guerre fût seul en état de les
conduire; ils voulurent que l'héritage paternel
fût partagé également entre les quatre fils : ils
firent, selon l'expression d'Agathias, les partages par villes et par peuples, de sorte que les
quatre parts furent à peu près égales (1). Mais
tandis qu'ils sembloient anéantir ainsi le lien
social, jamais la nation ne fut plus unie, jamais
elle ne fut plus puissante et plus redoutée des
étrangers, jamais elle n'étendit plus loin ses
conquêtes.

Nous avons trop peu de documens sur l'histoire de ce siècle, pour oser affirmer quel fut le
but des Francs en faisant ce partage. Une seule
chose est bien certaine, c'est qu'il ne fut point
la conséquence de la volonté ou du testament
de Clovis. Les Francs avoient conservé trop re-
ligieusement les habitudes démocratiques d'une
armée souveraine, rassemblée chaque année
dans le Champ de Mars, où elle délibéroit avant

---

(1) *Agathiæ Schol. de rebus gestis Justiniani imp*. Lib. I,
p. 11; *et Script. franc*. T. II, p. 48. — Agathias fait un tableau très-avantageux des Francs; mais son jugement est rendu
suspect par les nombreuses erreurs contenues dans ce passage
même.

d'agir, pour se considérer jamais eux-mêmes comme un héritage, que leur maître partageoit à sa volonté entre ses enfans. Peut-être, au contraire, ressentoient-ils quelque jalousie du pouvoir que s'étoit attribué Clovis, et se plaisoient-ils à l'affoiblir; peut-être vouloient-ils, comme dans la Germanie, avoir toujours le choix entre plusieurs princes prétendant également au pouvoir et à la gloire, pour se ranger ensuite sous les drapeaux de celui qui mériteroit le mieux l'honneur de les conduire.

Clovis n'avoit réussi à fonder sa monarchie que parce qu'il s'étoit montré digne d'être le premier entre des égaux. Les crimes par lesquels il s'étoit débarrassé de ses parens, effrayoient peu les Francs. Ils savoient bien que, dans la carrière de l'ambition, le plus foible ou le moins défiant devoit céder la place au plus entreprenant ou au plus fourbe. Il n'y avoit pas précisément de sympathie entre le soldat et le prince. Lorsque le dernier périssoit sous la francisque d'un de ses parens, il subissoit la destinée qu'on croyoit attachée à un rang distingué. Les Francs auroient volontiers reconnu que, par la constitution même de leur monarchie, après avoir fait l'essai de plusieurs rois rivaux, ils devoient se réunir sous la conduite de celui que leurs historiens désignent par l'épithète de *plus utile*, tandis que tous les autres devoient être massacrés. Si la loi fondamentale de l'état n'en établissoit pas le principe, du moins ce fut l'usage constant de la nation pendant deux siècles; les passions des membres divers de la famille royale avoient toujours le même résultat. Aussi long-temps que les peuples germaniques firent la guerre hors de leur pays, cette rivalité ne fut fatale qu'aux princes foibles; mais elle devint ruineuse pour la nation elle-même, lorsque les descendans de Clovis commencèrent à intéresser leurs sujets à la défense de leur tête, et lorsqu'il fallut courir les chances d'une guerre civile, pour se débarrasser d'un roi fainéant.

La manière dont s'effectua le partage entre les fils de Clovis, est plus étrange encore que le système qui les autorisoit à partager l'état. On diroit que beaucoup plus occupés des productions naturelles du pays, et peut-être des fonds de terre qu'ils y possédoient, que d'aucune idée de gouvernement, chacun des frères avoit voulu avoir un peu de tout dans son partage, et réunir surtout les vignes et les oliviers du midi, avec les prairies et les forêts du nord. Thierri s'étoit réservé en même temps des possessions au-delà du Rhin, en Aquitaine et dans la Narbonnaise; Childebert réunissoit dans le même partage, Senlis, Meaux et l'Albigeois; Clodomire s'étendoit de Sens à la Novempopulanie; et Clothaire, de Saint-Quentin à l'Aquitaine. Une seule ville étoit fréquemment la propriété commune de deux ou plusieurs princes, et sa souveraineté se divisoit par tiers et par quart. Paris enfin, dont Clovis avoit fait la capitale du royaume, appartenoit par indivis aux quatre frères. L'abbé Dubos conjecture, avec assez de vraisemblance, qu'un des motifs, pour entremêler ainsi les partages, fut le désir de donner à chaque frère une part égale au commandement des lieux où les Francs se trouvoient établis. Ils ne s'étoient point répandus uniformément dans les provinces, la plupart étoient cantonnés en corps d'armée entre Paris et le Rhin; et le prince qui n'auroit eu aucun de leurs cantonnemens dans son partage, se seroit trouvé sans forces vis-à-vis de ses rivaux. (1)

D'ailleurs le partage de l'héritage de Clovis montre assez que les Francs n'avoient nullement compté sur leurs rois pour gouverner leur monarchie. En effet, dans chaque partage pris isolément, on ne trouvoit ni rapport des provinces avec la capitale, ni subordination, ni moyens de défense régulière au dehors, ou de protection au dedans. L'autorité personnelle des fils de Clovis étoit reconnue tout au plus dans les quatre résidences royales, à Paris, à Orléans,

(1) Abbé Dubos, *Histoire critique*. Liv. V, ch. 5, T. III, p. 57.

à Soissons et à Metz. Là, chaque roi administroit quelquefois militairement la justice, ou plutôt il y substituoit ses passions privées; il étoit entouré de gardes, et il faisoit exécuter par elles ses volontés sous ses yeux. Cependant en général la royauté consistoit uniquement pour lui dans le luxe et les richesses dont elle lui donnoit la jouissance. Il avoit un plus beau palais, une meilleure table, plus de chevaux, plus d'équipages qu'aucun de ses sujets. Il rassembloit sans scrupule dans ces palais un plus grand nombre de maîtresses; il ne recherchoit que les plaisirs des sens, et il n'avoit pas même besoin d'être remplacé par un ministre dans les fonctions royales qu'il n'exerçoit pas. L'état n'attendoit de personne l'exercice d'aucune autorité; le peuple, abandonné à lui-même, n'étoit gouverné que le moins possible, et en temps de paix, la monarchie n'existoit pas. Pour chaque prince, les fonctions de la royauté se réduisoient presque à la garde de son trésor. Il y conservoit en nature, dans un coffre-fort dont il gardoit lui-même la clef, les métaux précieux, les joyaux et les bijoux qui lui étoient échus en partage après un pillage; et plus d'un Mérovingien, comme Chloderic, fils de Sigebert, fut poignardé tandis qu'il baissoit la tête dans son coffre-fort, pour en tirer de sa propre main les trésors qu'il contenoit. (1)

(1) *Gregor. Turon.* Lib. II, cap. 40, p. 184.

Les fils de Clovis conservèrent et transmirent à leurs successeurs la marque distinctive qui, dès les forêts de la Germanie, avoit fait reconnoître leurs ancêtres parmi leurs sujets, la longue chevelure qui désignoit par avance aux Francs les princes parmi lesquels ils pouvoient se choisir un capitaine. « Jamais, dit l'historien Agathias, on ne coupe les cheveux aux fils des rois des Francs; dès leur première enfance leur chevelure tombe d'une manière gracieuse sur leurs épaules; elle se partage sur le front, et se range également sur la droite et sur la gauche; elle est pour eux l'objet d'un soin tout particulier, tandis que leurs sujets se tondent en rond, et n'ont point la permission de nourrir de longs cheveux (1). » En effet, nous verrons dans le cours de cette histoire, la longue chevelure des princes mérovingiens les désigner alternativement pour le trône comme candidats, et pour les échafauds comme victimes.

Depuis la mort de Clovis jusqu'à celle de Clothaire I, le dernier de ses fils, il s'écoula cinquante ans, pendant lesquels saint Grégoire, l'historien des Francs, attache presque uniquement ses regards sur la famille royale. Prêtre et Gaulois de naissance, accoutumé par état à des sentimens serviles, il ne voit la patrie que dans les princes,

---

(1) *Agathiæ Schol.* Lib. I, p. 11. *Bys. Ven.* T. III, et *Scr. franc.* T. II, p. 49.

et l'histoire que dans les palais. Il a cependant mal servi ceux à qui il rend cet hommage. Son récit ne se compose que d'une longue série de crimes atroces. S'il avoit quelquefois détourné ses regards des rois pour les porter sur les peuples, il ne nous auroit pas uniquement entretenu de forfaits; il nous auroit montré la nation des Francs prenant son essor, justement dans ce demi-siècle, admettant dans son association presque tous les peuples germaniques, répandant la terreur de ses armes dans toute l'Italie, et jusque chez les peuples Slaves, et s'élevant au milieu des nations de l'Occident, à un degré de puissance et de gloire qu'aucune autre n'avoit égalé.

La chronologie de tout ce demi-siècle est si confuse, elle repose si uniquement sur des conjectures, qu'il vaut mieux peut-être ranger les faits d'après leur enchaînement naturel, que d'après l'ordre des dates. Nous suivrons les conquêtes des Francs au nord, puis au midi, et nous nous attacherons plus à montrer la grandeur à laquelle parvint l'empire, que la honte dont se couvrirent ses rois.

Les princes mérovingiens que Clovis avoit fait périr, avoient tous leur résidence dans la Gaule, à Cologne, à Térouane, à Cambrai, au Mans; ils n'étoient, comme Clovis, que des capitaines d'aventuriers, d'anciens fédérés engagés au service des Romains. On ne nous raconte point dans quel temps ou de quelle manière tout l'ancien pays des Francs fut également soumis à la nouvelle monarchie ; nous savons seulement que, sous les fils de Clovis, celle-ci s'étendit des bouches de la Meuse à celles de l'Elbe, qu'elle se trouva limitée par les Saxons au nord, et par les Thuringiens au levant, et qu'elle comprit par conséquent la Westphalie et la Hollande ; il est vrai que cette grande accession de territoire fut la conséquence, non d'une conquête, mais d'une association volontaire ; que les guerriers qui prirent le nom de Francs ne renoncèrent point à d'autres appellations distinctives, à celle entre autres de Frisons ; qu'ils conservèrent leurs lois, le culte de leurs dieux, et leurs chefs héréditaires ; qu'ils ne furent jamais sujets des Mérovingiens, quoiqu'ils marchassent dans leurs armées, et que plus tard il suffit d'un acte seul de leur volonté pour recouvrer toute leur indépendance.

515. Les Saxons avoient ravagé les côtes des Gaules pendant la décadence de l'empire romain ; ils suspendirent leurs expéditions maritimes, quand ils se trouvèrent limitrophes des Francs. Ils les recommencèrent quand les frontières de ceux-ci se furent de nouveau éloignées. On rapporte à l'année 515 l'expédition qui termina la première période de leurs pirateries. Un roi des Danois, Chlochilaich, la commandoit ; il dé-

barqua dans l'Armorique, pilla une bourgade
appartenant au roi Thierri, dont on ne nous
apprend point le nom; chargea le butin et les
captifs sur ses vaisseaux, et il alloit remettre à
la voile, lorsqu'il fut à son tour attaqué par les
Francs, avec lesquels marchoit le jeune Theudebert, fils de Thierri, à peine âgé de quatorze
ans : le roi Danois fut tué, ses soldats taillés
en pièces, et les captifs restitués à leurs familles (1). Dès cette époque, les provinces maritimes de la Gaule furent respectées par les
peuples du Nord; les Saxons eux-mêmes s'associèrent à la monarchie française, sans renoncer à aucun des priviléges qui faisoient d'eux
un peuple libre; mais lorsque près de quarante
ans plus tard, ou vers 553, ils voulurent rompre un lien qui leur étoit devenu à charge,
tous les Francs les accusèrent de rebellion. (2)

Au levant des Saxons et des Francs, les Thuringiens venoient de former une nouvelle monarchie. Ces peuples s'étoient réunis aux Varnes
et aux Hérules, et ils s'étoient répandus des
bords de l'Elbe et de l'Undstrut jusqu'à ceux du
Necker. Ils avoient envahi la Hesse ou le pays
des Chattes, l'un des peuples francs, et la Franconie, et ils avoient signalé leurs conquêtes par

(1) *Gregor. Turon.* Lib. III, cap. 3, p. 187. — *Fredegarii
Epitomata.* Cap. 32, p. 401.
(2) *Gregor. Turon.* Lib. IV, cap. 10, p. 207.

d'effroyables cruautés. Après s'être fait donner des otages, ils les avoient fait périr par différens supplices; ils avoient pendu les enfans aux arbres par les pieds; ils avoient livré à la mort plus de deux cents jeunes filles, tantôt en les liant à des chevaux fougueux, tantôt en faisant passer sur elles les roues de leurs chars, et distribuant ensuite leurs membres brisés, pour nourriture, à leurs chiens et à leurs oiseaux de chasse. On ne sait point à quelle époque furent commises ces atrocités que Thierri, vers l'an 528, rappela à ses soldats, pour les exciter à les venger; mais il est probable qu'elles furent le motif pour lequel les Francs de Germanie se réunirent à ceux des Gaules, afin de trouver en eux de puissans défenseurs. (1)

Les Thuringiens, de même que les Francs, appeloient à la couronne tous les enfans du dernier roi : ils étoient alors gouvernés par trois frères, Badéric, Hermanfroi et Berthaire, tous également jaloux les uns des autres. Ces princes s'étoient récemment convertis au christianisme, et Hermanfroi avoit épousé une nièce du grand Théodoric, roi d'Italie. Celle-ci, accoutumée chez les Goths à ce que la couronne passât toujours à l'aîné des princes, reprochoit à son mari de se contenter d'un trône divisé. Hermanfroi, se rendant un jour à la salle des festins, trouva

---

(1) *Gregorii Turon.* Lib. III, cap. 7, p. 190.

la table à moitié découverte; et comme il en demandoit la raison à sa femme, « Tu te plains, « lui dit-elle, de n'avoir que la moitié d'une « table, et tu ne te plains pas de n'avoir que « la moitié d'un royaume. » Hermanfroi entendit ce reproche : pour satisfaire sa femme, il surprit d'abord Berthaire, son frère, et le poignarda. Il proposa ensuite à Thierri, l'aîné des rois francs, une association pour se défaire également de Badéric : en effet, ils l'attaquèrent de concert, et le firent massacrer. Mais Hermanfroi, demeuré seul à la tête des Thuringiens, refusa de livrer à Thierri la récompense qu'il lui avoit promise pour prix du sang de son frère. Ce fut alors seulement que le roi franc se souvint des offenses que ses compatriotes avoient reçues des Thuringiens en Germanie. (1)

Pour porter la guerre en Thuringe, Thierri s'associa son frère Clothaire; les Francs secondèrent avec impétuosité leurs deux rois : les Thuringiens furent mis en déroute, quoiqu'ils eussent creusé dans le champ de bataille de grandes fosses couvertes d'un plancher mobile, dans lesquelles beaucoup de cavaliers francs se précipitèrent. Les Thuringiens essayèrent de livrer sur les bords de l'Undstrut une seconde bataille; ils la perdirent encore, et le fleuve fut quelque temps couvert de leurs cadavres.

528.

(1) *Gregorii Turon.* Lib. III, cap. 4, p. 188.

Hermanfroi étoit en fuite, mais la fille de son frère Berthaire, sainte Radegonde, tomba entre les mains de Clothaire qui l'épousa. L'amour de sa captive n'adoucit cependant point sa férocité. Elle avoit un frère qui pouvoit réunir les Thuringiens dispersés. Clothaire le fit assassiner : ce fut probablement après ce dernier malheur, que sainte Radegonde, dont le pays avoit été conquis et dévasté, la nation passée au fil de l'épée, et la famille massacrée, renonça aux honneurs du trône, et se retira à Poitiers, où elle fonda un monastère vers l'année 544. (1)

530. Hermanfroi cependant n'étoit point tombé sous les coups des Francs, ni dans les combats, ni dans la poursuite des vaincus. Thierri l'invita à une conférence, pour y traiter de leur réconciliation. Il l'avoit reçu sous la foi des sermens, et il le combla des plus riches présens; pour lui faire fête, il le conduisit à Tolbiac ; et comme il lui faisoit faire le tour de ses murailles élevées, quelqu'un saisissant Hermanfroi par-derrière, le précipita du haut en bas des murs. Thierri protesta qu'il étoit étranger à ce crime; cependant, pour en recueillir plus sûrement les fruits, il fit égorger tous ceux des enfans d'Hermanfroi qui tombèrent entre

---

(1) *Gregorii Turon.* Cap. 7, p. 190. — *Vita sanctæ Radegundis, in actis Sanctor. Ord. Bened.* Sæc. 1, p. 319, et in *Script. franc.* T. III, p. 456 et 457.

ses mains. Les autres se réfugièrent en Italie, auprès de Théodat, frère de leur mère (1). Peut-être en furent-ils rappelés dans la suite, et devinrent-ils la tige des ducs héréditaires de Thuringe. Cette grande province fut alors réunie à la monarchie des Francs, et ses ducs, pendant deux siècles, marchèrent sous les étendards des Mérovingiens.

Les historiens ne nous ont conservé aucune indication de l'époque ou de la manière dont le duché des Allemands et celui des Bavarois furent réunis à la monarchie des Francs; cette réunion s'effectua cependant durant le règne des enfans de Clovis. La première alliance avec les Allemands, qui avoit suivi la bataille de Tolbiac, n'avoit compris que l'armée qui étoit entrée dans les Gaules. D'autres Allemands occupoient toujours la Souabe, ils s'étoient étendus dans la Rhétie et dans une partie de la Suisse; ils obéissoient à des ducs héréditaires; et ils étoient pour la plupart demeurés attachés au paganisme; avant le milieu du sixième siècle, on les vit marcher sous les étendards des fils de Clovis. Il semble que l'espoir de participer aux conquêtes des Francs, fut le seul motif de cette

---

(1) *Gregorii Turon.* Lib. III, cap. 7 et 8, p. 190. — *Gesta reg. franc.* Cap. 22, p. 556. *Adonis viennens. Chron.* p. 667. — *Procopius de Bello gothico.* Lib. I, cap. 13, p. 26, *et Scr. franc.* p. 34.

association volontaire, et ce furent les expéditions de Théodebert en Italie qui cimentèrent le lien entre les deux nations. Quant aux Bavarois, nous n'apprenons la dépendance où ils s'étoient placés de la monarchie des Francs, que par l'arrogance de Clothaire qui, vers l'an 553, fit épouser à leur duc Gariwald, une femme dont il ne vouloit plus lui-même. (1)

Ainsi se forma l'empire nouveau qui fut ensuite connu sous le nom de France orientale, et qui comprit la plus grande partie de la Germanie. Non moins barbares que les peuples qu'ils soumettoient à leur joug, les Francs, sans qu'on eût pu le prévoir, réussirent à porter la civilisation dans cette partie septentrionale de l'Europe, qui avoit toujours repoussé les lois et les armes des Romains, et à répandre l'influence des Gaulois, leurs sujets, sur les Germains qu'ils s'étoient associés.

Avant de quitter la Thuringe, Thierri voulut suivre l'exemple du roi qu'il venoit de détrôner, et se défaire comme lui de son frère. Il fit inviter à une conférence Clothaire qui l'avoit secondé dans cette guerre : une partie de son pavillon étoit destinée à l'entrevue des deux rois ; dans l'autre étoient rassemblés les hommes d'armes qui, à un certain signal, devoient égorger le plus jeune. Mais la toile qui divisoit

---

(1) *Gregorii Turon.* Lib. IV, cap. 9, p. 207.

les deux appartemens n'arrivoit pas tout-à-fait jusqu'à terre. Clothaire, en entrant, remarqua les pieds des soldats rassemblés dans l'autre moitié de la tente, et ne voulut point congédier sa garde. Thierri voyant son dessein découvert, n'entretint son frère que de son amour fraternel, en signe duquel il vouloit lui donner une coupe magnifique. Clothaire ne fit pas difficulté de l'accepter ; mais à peine l'eut-il emportée, que Thierri se reprochant comme une duperie d'avoir racheté à trop haut prix une courte honte, la fit redemander par son fils. (1)

Les progrès que les Francs firent dans la Gaule pendant ce demi-siècle, nous sont mieux connus que ceux qu'ils firent dans la Germanie, et nous pouvons les ranger avec un peu plus de régularité dans leur ordre chronologique. Quelque foible que soit la lueur qui éclaire l'histoire des Francs, son reflet seul nous fait apercevoir la Germanie, tandis que les Bourguignons, les Ostrogoths, les Visigoths et les Grecs, avec lesquels les Francs eurent des démêlés pendant ces cinquante années, ont tous quelques monumens historiques propres à éclaircir ceux de leurs rivaux. Les Bourguignons ne possèdent que la seule chronique contemporaine de Marius, évêque d'Avenches. Mais Cassiodore, Jornandes, Isidore de Séville, jettent

(1) *Gregorii Turon. Hist.* Lib. III, cap. 7, p. 190.

plus de lumière sur l'histoire des Goths; et celle des Grecs possède, pendant le règne de Justinien, Procope et Agathias, deux des meilleurs historiens bysantins.

Pendant les quinze premières années du règne des fils de Clovis, leur monarchie confinoit au midi avec un empire plus puissant que le leur. Théodoric, ou en son propre droit, ou comme tuteur de son petit-fils Amalaric, gouvernoit l'Italie, l'Espagne et le midi de la Gaule. De plus, la monarchie des Francs étoit complétement barbare, tandis que Théodoric s'efforçoit de rétablir dans l'empire des Goths, les lois, les usages et les mœurs de l'empire romain. Il parloit aux Gaulois de leur attachement à la *liberté* et à la *république*, et par ces mots, son secrétaire Cassiodore entendoit seulement les souvenirs de l'empire. Il avoit rétabli tous les magistrats autrefois institués par Rome, avec leur ancienne subordination; de 511 à 526, un préfet des Gaules, nommé Libérius, avoit relevé son tribunal à Arles, et son autorité devoit s'étendre sur la Narbonnaise première, la Provence et l'Espagne, peut-être même sur une partie des Aquitaines. Sous ses ordres, Gemellus exerçoit le vicariat des Gaules qui ne comprenoit plus que la Provence et le Languedoc. Des ducs particuliers lui étoient subordonnés dans les provinces, et des comtes dans les villes; l'administration toute entière étoit dirigée par la cour de Ravenne, tandis que le jeune Amalaric, qui avoit fixé sa résidence à Narbonne, conservoit la pompe seule, non l'autorité d'un roi. (1)

Pendant la durée du règne de Théodoric, une petite guerre se continua sur les frontières, entre la monarchie des Francs et celle des Goths : nous n'en connoissons point les détails ; il paroît seulement que Théodoric reconquit sur les fils de Clovis plusieurs des villes et des provinces que celui-ci avoit enlevées aux Visigoths après la bataille de Vouglé. Rhodez et le Rouergue furent certainement au nombre de ces conquêtes ; les historiens du Languedoc supposent qu'elles s'étendirent aussi sur l'Albigeois, le Gevaudan et le Velay (2). D'autre part, Théodoric profita des guerres des Francs avec les Bourguignons, pour conquérir sur les derniers toutes les places situées entre la Durance et le Rhône (3). Jamais l'empire des Goths n'avoit été si étendu qu'il le fut vers la fin du règne de ce prince ; mais la destinée lui refusa un fils pour recueillir tant de

(1) *Cassiodori Epistolæ*, Lib. III, epist. 16, 17, 18, 32. — Hist. génér. du Languedoc. Liv. V, ch. 57, 58, p. 254.

(2) *Gregor. Turon.* Lib. III, cap. 23, p. 198. — *Jornandes de Rebus geticis.* Cap. 58. — Hist. génér. du Languedoc, Liv. V, chap. 61, p. 256.

(3) *Cassiodori variar.* Lib. VIII, epist. 10. — *Concilium Arelat. in Labbei Concil. gen.* T. IV, p. 1623. — Hist. génér. du Languedoc, Liv. V, chap. 57, p. 260.

526—531. grandeur; et lorsque Théodoric mourut le 30 août 526, l'empire des Goths pencha aussitôt vers sa ruine.

Avant sa mort, Théodoric partagea sa monarchie entre les deux petits-fils qu'il avoit eus de ses deux filles. Il laissa le royaume des Ostrogoths en Italie, avec les provinces des Gaules qui s'étendoient jusqu'au Rhône et à la Durance, à Athalaric, fils d'Amalasonte; et celui des Visigoths en Espagne, avec les provinces des Gaules situées entre les Pyrénées, le Lot et le Rhône, à Amalaric, fils de son autre fille Théodegothe. Le premier étoit âgé de sept ou huit ans; il résida à Ravenne, et il y demeura toute sa vie sous la tutelle de sa mère. Le second, âgé de vingt-cinq à vingt-six ans, étoit déjà établi à Narbonne. Un traité entre les deux cousins fixa les droits réciproques des deux peuples : une de ses conditions fut de partager entre les deux royaumes le trésor amassé par Théodoric à Ravenne. Il avoit été épargné sur les contributions de l'un et de l'autre, ainsi, l'un et l'autre y avoit un droit égal. (1)

Dès le commencement de son règne, Ama-

(1) *Procopius de Bello gothico.* Lib. I, cap. 13, p. 345. — *Scr. fr.* T. II, p. 34. — *Marii Ep. Aventic. Chron.* p. 15. — *Jornandes de Rebus géticis.* Cap. 59, p. 1119. — *Idem de regnorum et temporum successione.* Cap. 113, p. 1082. — *Isidori Hispal. Histor. Gothorum.* p. 702. — *Cathalogus reg. goth.* p. 705.

laric conclut un traité de paix avec les rois des Francs, ses voisins; il demanda en mariage leur sœur Clotilde, fille de Clovis, qui lui fut conduite à Narbonne avec une dot somptueuse, consistant en joyaux, en habits et en meubles (1). Mais Clotilde étoit attachée à la foi catholique, et Amalaric à l'arianisme; cette différence de religion détruisit bientôt toute intelligence entre les deux époux. Amalaric voulut convertir sa femme, et selon Grégoire de Tours, il eut recours pour cela aux outrages et aux mauvais traitemens. Il paroît que Clotilde, en se rendant à l'église catholique, fut insultée et couverte de boue par le peuple; qu'elle reçut ensuite de son mari un coup qui fit couler son sang; elle recueillit ce sang sur son voile qu'elle envoya à ses frères par un serviteur fidèle. Childebert reçut ce message qui appeloit un vengeur; il n'eut pas de peine à exciter les Francs contre les Visigoths. Il se présenta avec son armée sur les frontières de la Septimanie, nom qui avoit prévalu sur celui de première Narbonnaise, pour désigner les possessions des Visigoths dans les Gaules. Grégoire de Tours cependant les confond sous le nom d'Espagne. Les Visigoths vinrent à sa rencontre, et furent battus. Amalaric, abandonnant Narbonne, s'enfuit sur ses vaisseaux à Barcelonne, où il fut tué par

---

(1) *Gregor. Turon.* Lib. III, cap. 1, p. 187.

un soldat, au mois de décembre 531, dans un soulèvement que sa lâcheté paroît avoir excité. Theudis, que le grand Théodoric avoit chargé de son éducation, et qu'Amalaric avoit depuis nommé son lieutenant en Espagne, fut désigné par l'armée pour être son successeur. Cependant Childebert étoit entré en vainqueur à Narbonne, et il avoit livré cette ville au pillage, ainsi que plusieurs autres cités de la Septimanie; mais il n'essaya point de s'assurer la possession de la province; il retourna avec son armée vers Paris, emmenant avec lui Clotilde, et les riches dépouilles des palais et des églises de Narbonne. Clotilde mourut en chemin. L'armée des Francs se dispersa, et les Visigoths recouvrèrent toutes les provinces qui avoient été ravagées pendant cette invasion rapide. (1)

Vers la même époque, les Francs obtinrent des succès plus durables, dans une autre partie des Gaules; ils avoient entrepris contre les Bourguignons une guerre qui ne se termina que par l'anéantissement de cette monarchie.

Gondebaud, roi des Bourguignons, étoit

---

(1) *Gregorii Turon. Hist.* Lib. III, cap. 10, p. 191. — *Jornandes de Rebus geticis.* Cap. 58, p. 1119. — *Fredegarius.* Cap. 31, p. 401. — *Gesta regum francorum.* Cap. 23, p. 556. *Adon. viennens. Chron.* p. 667. — *Isidori hispal.* p. 702. — *Chronol. reg. gothor.* p. 705. — Hist. génér. du Languedoc. Liv. V, chap. 72, 74, p. 263. — *Hadr. Valesii.* Lib. VII, p. 353.

mort en 516. Son fils Sigismond, que l'Église vénère comme un saint, lui avoit succédé. Élevé dans l'orthodoxie par saint Avitus, évêque de Vienne, il combloit le clergé de ses dons. Le couvent de Saint-Maurice en Valais, en latin *Agaunum*, lui dut sa fondation, ou tout au moins sa restauration et sa dotation. Mais Sigismond avoit signalé le commencement de son règne par une action atroce : sa seconde femme avoit excité sa jalousie contre un fils nommé Sigeric, qu'il avoit eu de la première, et il l'avoit fait étrangler pendant son sommeil (1). Une autre sainte étoit destinée à punir ce crime, en poursuivant Sigismond de son implacable vengeance. C'étoit Clotilde, veuve de Clovis, qui pour l'ordinaire faisoit sa résidence à Tours, auprès du tombeau de saint Martin, tout occupée de prières et d'œuvres de pénitence; et qui se rendoit très-rarement à Paris. Mais elle y vint en 523, pour communiquer à ses fils la haine inextinguible dont elle étoit animée contre sa propre famille et sa propre nation.

515.

Il y avoit au moins quarante ans que Gondebaud avoit fait périr Chilpéric, père de Clotilde. Depuis il l'avoit mariée comme sa nièce, il avoit contracté alliance avec son mari, et il

---

(1) *Gregorii Turon.* Lib. III, cap. 5, p. 188. — *Vita sancti Sigismondi*, n° 5; *in Script. franc.* T. III, p. 403.

avoit vécu quinze ans en paix, dans des relations de bon voisinage et de parenté avec la famille de Clovis. Il étoit mort depuis six ans; et son fils qui régnoit alors, étranger aux crimes de la jeunesse de Gondebaud, avoit abjuré sa religion pour adopter celle de Clotilde. Voici cependant le langage que prête à cette sainte reine le saint évêque de Tours : « Clotilde, « s'adressant à Clodomire et à ses deux autres « fils, leur dit : Faites, mes chers enfans, que « je n'aie point à me repentir de la tendresse « avec laquelle je vous ai élevés; ressentez avec « indignation l'injure que j'ai reçue, et vengez « avec constance la mort de mon père et de ma « mère. » (1) En effet, les trois plus jeunes fils de Clovis entrèrent en Bourgogne à la tête de l'armée des Francs; Thierri, leur frère aîné, étoit gendre de Sigismond ; il ne voulut point se joindre à eux contre son beau-père. L'armée des Bourguignons fut défaite, on ignore dans quel endroit; et Sigismond, cherchant à échapper aux Francs victorieux, résolut de se rendre en habit de moine au couvent de Saint-Maurice qu'il avoit fondé. Il ne doutoit point que ce saint, auquel il avoit élevé un temple, et en l'honneur duquel il avoit fondé un concert perpétuel, où des chœurs de moines se relevoient pour chanter incessamment des psaumes

---

(1) *Gregor. Turon.* Lib. III, cap. 6, p. 189.

et des litanies, ne le prît sous sa protection spéciale. Cependant il fut reconnu sous son déguisement; il fut arrêté avec sa femme et ses deux enfans, et livré à Clodomire, l'aîné des trois rois francs ligués contre lui. L'habit religieux dont il étoit revêtu lui servit quelque temps de sauvegarde. Mais son frère Godemar ayant sur ces entrefaites rassemblé les Bourguignons dispersés, et repoussé les Francs qui avoient envahi leur pays, Clodomire ne voulut pas plus long-temps épargner son prisonnier. Il repoussa l'intercession d'un saint abbé, qui lui annonçoit que Sigismond étoit déjà sous la protection divine; il fit jeter le roi des Bourguignons dans un puits à Coulmiers, près d'Orléans, avec sa femme et ses deux enfans, puis il marcha de nouveau contre les Bourguignons. (1)

523.

524.

Cette seconde campagne, entreprise en 524, ne fut pas heureuse. L'armée des Francs et celle des Bourguignons se rencontrèrent à Véséronce, sur les bords du Rhône, entre Vienne et Bellay. L'historien des Francs assure que ceux-ci étoient victorieux, lorsque Clodomire, en poursuivant les fuyards, s'écarta trop des

---

(1) *Gregorii Turonens.* Lib. III, cap. 6, p. 189. — *Marii Avent. Chron.* p. 15. — *Vita sancti Sigismundi apud Bollandianos.* 1 maii. Cap. 9. *Script. fr.* T. III, p. 403. — *Fredeg. Ep.* 34, 35. p. 402. — *Hadriani Valesii.* Lib. VII, p. 344.

526 ou 533. siens; qu'il fut alors enveloppé par les Bourguignons, et que sa tête, élevée au bout d'une pique, fut montrée aux deux armées. Les Francs, à cette vue, perdirent courage; ils évacuèrent la Bourgogne, et Godemar fut reconnu pour roi par tous les sujets de son frère. (1)

Clodomire laissoit après lui une femme nommée Gondioque, et trois fils. Clothaire, son frère, qui à cette époque avoit déjà tout au moins deux femmes, épousa Gondioque; les trois fils furent confiés à la reine Clotilde, qui se chargea de leur éducation. On devoit les croire en sûreté sous la triple protection de leurs oncles, de leur aïeule et de leur mère; mais le roi Childebert, qui résidoit à Paris, où Clotilde se trouvoit alors, remarqua avec jalousie l'affection croissante de cette reine pour ses petits-fils; il craignit qu'elle ne redemandât bientôt pour eux l'héritage de leur père. Il appela Clotaire auprès de lui, et il lui proposa de se défaire de ses neveux. Les deux frères montrèrent un égal empressement pour le crime; la seule difficulté étoit d'obtenir que Clotilde leur livrât les enfans. Ils lui firent croire que leur dessein étoit de les faire reconnoître par le peuple comme rois. Aussitôt que Clotilde, dans cette espérance, les eut envoyés à ses fils avec un nombreux cortége d'officiers de leur maison, et de jeunes

(1) *Gregor. Turon.* Lib. III, cap. 6, p. 189.

pages de leur âge, qu'elle faisoit élever avec 526 ou 533. eux, Arcadius, sénateur auvergnat, et l'un des confidens de Childebert, revint à elle avec des ciseaux et une épée nue, l'invitant à décider elle-même ce qu'il falloit faire de ses petits-fils. Dans un mouvement d'indignation et de désespoir, Clotilde s'écria qu'elle aimeroit mieux les voir morts que tonsurés et enfermés dans un cloître. Cette réponse fut acceptée comme un consentement par ses deux fils. Clothaire, saisissant par le bras l'aîné des deux princes, qui étoit à peine âgé de dix ans, le lança par terre, et lui plongea son couteau dans l'aisselle; le plus jeune saisit alors les genoux de Childebert, en lui demandant grâce. Childebert étoit touché, et les yeux baignés de larmes, il imploroit à son tour la grâce de l'enfant. Mais Clothaire en fureur s'écria : *C'est toi qui m'as excité, et tu m'abandonnes; livre-moi cet enfant, ou tu périras pour lui.* Childebert en effet le repoussa par terre, et Clothaire l'y égorgea. Tous leurs pages, leurs nourriciers et leurs domestiques furent massacrés en même temps, et Childebert partagea ensuite avec Clothaire le royaume de Clodomire. Un troisième fils de celui-ci, nommé Chlodoald, avoit échappé aux recherches de ses deux oncles. Il demeura long-temps caché; enfin, parvenu à l'âge de raison, il se coupa lui-même les cheveux, reçut l'habit religieux des mains de saint Séverin, et après un long séjour en Provence, il revint près de Paris, où il bâtit à Nogent un couvent qui porta son nom ; c'est celui de Saint-Cloud. Il y mourut vers l'an 560, et fut dès lors vénéré comme saint. Les uns rapportent le massacre de ses deux frères à l'année 526, d'autres à l'année 533. (1)

532—534. Le royaume des Bourguignons, auquel les Francs avoient déjà enlevé quelques provinces, fut gouverné dix ans environ par Godemar, frère de Sigismond. En 532, Childebert et Clothaire l'attaquèrent de nouveau. Leur frère aîné Thierri, qui avoit épousé une nièce de Godemar, ne voulut pas se joindre à eux contre son oncle ; mais ses soldats lui déclarèrent qu'ils marcheroient sans lui à l'expédition de Bourgogne. Childebert et Clothaire s'emparèrent d'abord d'Autun ; ils soumirent successivement les autres provinces, peut-être dans cette année même, peut-être dans les deux suivantes. Godemar fut fait prisonnier, et aucun historien ne nous apprend quel fut son sort. Les Bourguignons furent obligés de promettre qu'ils servi-

(1) *Gregorii Turon.* Lib. III, cap. 18, p. 196. — *Fredegarii Epit.* cap. 39, p. 402. — *Gesta reg. francor.* Cap. 24, p. 557. — *Adonis Vienn. chron.* p. 667. — *Aimoini Floriac.* Lib. II, §. 12, T. III, p. 52. — Chroniques de Saint-Denys. T. III, Liv. II, chap. 9, p. 187. — *Hugonis Chron. Virdun.* T. III, p. 356. — *Vita sanctæ Chrotildis.* Cap. 10, p. 400. — *Vita sancti Chlodoaldi.* T. III, p. 422.

roient dans les armées des Francs, et toutes les provinces qu'ils occupoient furent soumises à payer un tribut. Quatorze siéges épiscopaux furent ainsi ajoutés à la monarchie des Francs (1). Ils auroient difficilement pu faire une conquête plus importante. Ils acquéroient des provinces plus fertiles, des villes plus populeuses, des citoyens plus civilisés et plus industrieux que ceux qui leur étoient déjà soumis, et de nouveaux soldats non moins braves que les anciens. Les sujets romains étoient en plus grand nombre dans le pays des Bourguignons que dans celui des Francs, et leur influence sur la politique de la monarchie à laquelle cette conquête les associa, en devint plus puissante.

Lorsque Thierri avoit vu que ses soldats vouloient suivre ses frères à l'expédition de Bourgogne, pour les retenir sous ses étendards, il leur avoit promis qu'il les mèneroit lui-même en Auvergne, et que dans cette riche province ils trouveroient en abondance de l'or, de l'argent, des esclaves et des troupeaux, qu'ils pourroient se partager. Les Auvergnats, déterminés par Arcadius, petit-neveu de l'empereur Avitus, avoient secoué l'autorité de Thierri, pour reconnoître celle de Childebert. Celui-ci ne pa-

---

(1) *Gregor. Turonens.* Lib. III, cap. 11, p. 191. — *Marii Avent. chron.* p. 15. — *Hadr. Valesii.* Lib. VII, p. 379.

roît pas avoir songé à les défendre, tandis que les soldats de Thierri se réjouissoient de trouver presque à leur porte, et dans l'enceinte même des Gaules, des campagnes à dévaster et des villes à livrer au pillage. L'Auvergne en effet fut cruellement ravagée; Clermont assiégé se rendit à composition; les châteaux de Volore et de Merliac furent rasés, et Thierri, en se retirant, laissa la province sous le gouvernement de Sigewald son parent, qui continua, à l'ombre des tribunaux, les exactions que les soldats avoient commencées. (1)

A peine Thierri avoit quitté l'Auvergne, qu'une autre occasion se présenta à ses soldats de faire la guerre dans l'intérieur des Gaules. Un prince du sang des rois francs réclama de lui la part qu'il prétendoit lui être due dans l'héritage des Mérovingiens. Son nom étoit Monderic; mais nous ne savons point comment il appartenoit à la famille royale. Peut-être étoit-il lui-même fils de Clovis, peut-être étoit-il au contraire fils de l'un des princes que Clovis avoit fait périr. Comme issu de la race mérovingienne, il portoit les cheveux flottans, et il se disoit roi à l'égal des fils de Clovis; il avoit trouvé parmi les Francs un grand nombre de guerriers qui paroissoient empressés de s'attacher à ses étendards. Thierri lui proposa une conférence :

(1) *Gregor. Turon.* Lib. III, cap. 13, p. 192.

mais Monderic, prévoyant les embûches que lui tendroit le roi, ne voulut pas s'y rendre, et lorsqu'il apprit ensuite qu'une armée marchoit contre lui, il s'enferma dans le château de Vitry en Champagne, prêt à y soutenir un siége. Thierri en étant averti, et sachant que le siége avoit déjà duré sept jours sans apparence de succès, s'adressa à Arégisile, un de ses confidens, et lui dit : « Garde que ce perfide « ne réusisse dans sa contumace ; va auprès « de lui, et engage-toi par serment pour qu'il « sorte avec sécurité ; mais dès qu'il sera sorti, « tue-le, et détruis sa mémoire dans notre « royaume. » Monderic, en effet, assuré par serment qu'il rentreroit en grâce auprès de Thierri, et que ses fils ou aucun de ses partisans ne seroient punis pour sa rebellion, sortit de Vitry avec sa garnison ; mais à peine fut-il en rase campagne, que Arégisile fit à ses troupes le signal convenu pour le massacrer. Monderic l'aperçut, et eut encore le temps de se venger de ce traître ; il le frappa de son poignard avant d'être accablé par ses satellites, et se mettant aussitôt en défense, il périt avec tous les siens, qui, comme lui, se défendirent vaillamment. (1)

Le soulèvement de l'Auvergne en faveur de Childebert, et les ravages que Thierri avoit

(1) *Gregor. Turon.* Lib. III, cap. 14, p. 193.

exercés dans cette province en la soumettant de nouveau, avoient brouillé les deux frères. Des amis de la paix essayèrent de les réconcilier, et les engagèrent à se promettre réciproquement qu'ils ne tenteroient plus rien l'un contre l'autre. En garantie, ils se donnèrent des otages, et ceux-ci furent pris pour la plupart parmi les fils de sénateurs, c'est-à-dire parmi les nobles romains; soit que les Francs ne désirassent point une paix qui leur enlevoit des occasions de pillage, soit qu'ils ne voulussent point se rendre responsables de la foi plus que douteuse de leurs rois. Cette dernière crainte fut justifiée; car les deux frères s'étant brouillés de nouveau, commencèrent par réduire de part et d'autre en esclavage tous les otages qu'ils avoient reçus. (1)

Au lieu de persister dans cette alliance, Thierri en contracta une nouvelle avec son autre frère Clothaire, pour attaquer en commun les Visigoths. Ils chargèrent leurs deux fils de conduire leurs armées; Gonthier cependant, fils de Clothaire, après s'être montré dans le district de Rhodez, revint sur ses pas; mais Théodebert, fils de Thierri, le plus belliqueux parmi les princes francs de cette époque, conquit Rhodez, Lodève, et une partie du diocèse de Bésiers. Il poursuivoit ses succès, et il réduisoit les châteaux forts de la Provence, lors-

(1) *Gregor. Turon.* Lib. III, cap. 15, p. 193.

qu'il reçut des nouvelles alarmantes sur la santé de son père. Thierri ou Théodoric, l'aîné des fils de Clovis, quoiqu'il fût âgé de moins de cinquante ans, étoit atteint d'une maladie qui paroissoit mortelle. Il avoit élevé à sa confiance un Franc nommé Sigewald, son plus proche parent du côté de sa mère. Il lui avoit donné le gouvernement de l'Auvergne, il avoit fait présenter au baptême par son fils, le fils de Sigewald, nommé Giwald, et il avoit cherché à lier étroitement ces deux jeunes gens. Mais la maladie changea l'affection de Thierri en défiance et en rancune; il fit tuer Sigewald sous ses yeux, et il écrivit à son fils de faire subir le même sort à Giwald. Théodebert, fidèle à l'amitié, communiqua lui-même à Giwald les ordres qu'il avoit reçus, et lui donna moyen de s'enfuir d'abord à Arles chez les Goths, et ensuite en Italie. Bientôt après, Théodebert fut averti que, s'il vouloit trouver son père encore en vie, il devoit se hâter d'accourir auprès de lui. Il arriva en effet pour recevoir ses derniers soupirs. Childebert et Clothaire auroient volontiers traité le fils de Thierri comme ils avoient traité ceux de Clodomire. Mais Théodebert manioit les armes depuis long-temps; il s'étoit fait aimer des guerriers de son père, et il fut proclamé par ses leudes, qui le reconnurent pour roi. Il dut cependant apaiser ses deux oncles par des présens, pour les faire renoncer à leurs projets hostiles. (1)

Si l'on peut dire que la France fut gouvernée par ses rois, elle l'étoit alors par deux oncles et un neveu, tous arrivés à la maturité de l'âge. Théodebert, à la mort de son père, avoit plus de trente ans; ses deux oncles en avoient plus de quarante. Clothaire, dont la résidence habituelle étoit Soissons, avoit un grand nombre d'enfans; Childebert, roi de Paris, n'avoit point de fils : aussi parut-il disposé à se rapprocher de Théodebert. Il l'invita auprès de lui, l'assurant qu'il le traiteroit comme son fils. « En effet, dit « Grégoire de Tours, il l'enrichit de tant de pré- « sens, qu'il excita l'admiration de tout le « monde. De tous les biens, armes, habits et « autres ornemens qui conviennent à un roi, il « lui en donna trois paires, et tout autant de pai- « res de chevaux et de coupes » (2). Théodebert paroît avoir mérité à cette époque d'occuper la première place parmi les rois des Francs; il étoit le plus actif, le plus entreprenant, celui autour duquel les soldats se rangeoient avec le plus d'empressement, et celui qui fit le plus respecter leur valeur et leur puissance par les peuples étrangers. « En s'affermissant sur le trône, dit « saint Grégoire, Théodebert se montra grand,

---

(1) *Gregor. Turon.* Lib. III, cap. 23, p. 198.
(2) *Gregor. Turon. Hist.* Lib. III, cap. 24, p. 198.

« et se rendit éminent dans toute espèce de
« vertus. Il gouverna son royaume selon la
« justice, plein de vénération pour les prêtres
« et de munificence pour les églises, soula-
« geant les pauvres, et en comblant plusieurs
« des plus grands bienfaits, il montra un zèle
« tout plein de piété et de douceur. Dans sa clé-
« mence, il abandonna aux églises d'Auvergne
« tous les tributs qu'elles payoient à son fisc ». (1)

Théodebert avoit été marié par son père à
Wisigarde, fille du roi des Lombards; mais dans
son expédition contre les Visigoths, il fut reçu
dans le château de Cabrières par une matrone
gauloise de naissance, nommée Deuterie, dont
le mari étoit alors à Bésiers. Théodebert en devint amoureux, et l'emmena avec lui, ainsi que
la fille qu'elle avoit eue de son mari : il l'épousa
aussitôt après la mort de son père, et la garda
sept ans; mais Deuterie s'apercevant que sa
fille, devenue grande, la surpassoit en beauté,
et qu'elle excitoit déjà les désirs de Théodebert,
la fit mettre sur un char traîné par deux tau-
reaux furieux qui la précipitèrent du haut du
pont de Verdun. Théodebert en prit de l'aversion pour Deuterie, et quoiqu'il eût d'elle le
fils qui lui succéda dans la suite, il retourna
d'abord à sa première femme Wisigarde; et,

---

(1) *Gregor. Turon.* Lib. III, cap. 25, p. 199.

534. après la mort de celle-ci, à une autre qu'il épousa encore. Telles étoient les mœurs de celui que les saints regardoient comme le plus vertueux des princes. (1)

Mais si Grégoire de Tours ne jugeoit Théodebert que par sa libéralité envers les églises, les historiens grecs voyoient en lui le chef le plus redouté de la nation la plus belliqueuse. Les Grecs l'avoient eux-mêmes appelé en Italie; ils eurent bientôt lieu de connoître à quel rival ils devoient disputer cette contrée. Justinien à cette époque, servi par d'habiles et vaillans généraux, s'efforçoit de soumettre à l'empire d'Orient les provinces que les Barbares avoient enlevées à celui d'Occident. En 534, Bélisaire avoit reconquis l'Afrique, et il avoit conduit Gélimer, roi des Vandales, captif à Constantinople (2). Dès l'année suivante le même général

535. attaqua les Ostrogoths en Sicile, et il commença ses préparatifs pour les chasser de toute l'Italie (3). Depuis la mort du grand Théodoric, le royaume qu'il avoit fondé avoit décliné rapidement. Amalasonthe, sa fille, qui en étoit régente, avoit survécu à son fils Athalaric, mort

---

(1) *Gregor. Turon.* Lib. III, cap. 22, 23, 26, 27, p. 198, 199.

(2) *Procopii cæsariensis de Bello vandal.* Lib. II, cap. 9, p. 398.

(3) *Procopii de Bello vandalico.* Lib. II, cap. 14, p. 408.

le 2 octobre 534. Elle crut pouvoir transmettre la couronne de son fils à un nouvel époux, et elle fit choix d'un seigneur ostrogoth, nommé Théodat. Mais celui-ci, honteux de devoir son élection à l'amour d'une vieille femme, pour en effacer le souvenir, fit conduire Amalasonthe prisonnière dans une île du lac de Bolsène, où peu après il la fit mourir. Justinien, en attaquant les Visigoths, se donna pour le défenseur ou le vengeur de leur reine Amalasonthe; il se flatta que le souvenir de cette princesse envenimeroit les factions qui les déchiroient déjà, et exciteroit peut-être une guerre civile. (1)

Justinien, avant d'attaquer l'Italie, et Théodat, en se préparant à la défendre, sollicitèrent également l'alliance des Francs. Pour prix de leur assistance, Théodat leur offrit la cession de la partie des Gaules demeurée sous l'obéissance des Ostrogoths, entre les Alpes, la Durance, le Rhône et la mer. En même temps il s'engageoit à leur livrer deux mille livres pesant en or. Il n'eut pas le temps, il est vrai, d'accomplir ses promesses ; les Ostrogoths, se défiant de son courage, d'après ses premiers

---

(1) *Procopii de Bello goth.* Lib. I, cap. 3 et 4, p. 6-8. Le récit de Grégoire de Tours, Liv. III, cap. 31, p. 200, est si plein d'erreurs, qu'il inspire de la défiance sur tout le reste de son histoire.

revers, le mirent à mort au mois d'août 536, et lui donnèrent pour successeur leur meilleur général, Vitigés. Celui-ci se déclara prêt à acheter l'alliance des Francs, aux conditions que Théodat leur avoit déjà offertes : mais dans le même temps les Francs avoient accueilli une ambassade splendide, qui leur étoit envoyée par Justinien; ils avoient accepté les présens magnifiques dont les députés grecs étoient porteurs, et ils s'étoient engagés à seconder Bélisaire dans son attaque contre les Goths (1). C'est ainsi que commencèrent les guerres des Francs en Italie, ces guerres qu'on a eu tort de représenter comme toujours fatales à la nation, car elle y a dû, à sa bravoure, des succès presque constans, tandis que ses revers s'expliquent tous par les fautes, et surtout par la mauvaise foi de ses chefs.

Les Francs n'avoient pas seulement acquis, depuis la mort de Clovis, une immense étendue de provinces nouvelles, par leur confédération avec presque toute la Germanie, la conquête de la Bourgogne, et celle d'une partie des états des Visigoths, ils s'étoient surtout infiniment multipliés en nombre, par l'accroissement rapide d'une population tout à coup appelée à une grande aisance. Ces familles, déjà si fécondes dans

---

(1) *Procopii Cæsariensis de Bello gothico.* Lib. I, cap. 5, p. 10.

les forêts de la Germanie, s'étoient accrues bien davantage lorsqu'elles étoient entrées en possession de vastes et fertiles héritages que les prétentions des financiers romains n'accabloient plus. Aussi les armées des fils de Clovis ne ressemblent-elles plus à celles du conquérant; les milliers d'hommes y remplacent les centaines, et le sort d'un empire n'est plus confié à quelques champions. Cependant, en 538, les rois francs qui ne vouloient point encore se brouiller avec Justinien, se contentèrent d'envoyer à Vitigès un corps de dix mille Bourguignons, pour mériter ainsi la récompense promise par le roi des Ostrogoths, tout en se réservant de représenter aux Grecs ce corps auxiliaire, comme s'étant engagé dans la guerre d'Italie sans leur autorisation. (1)

Mais l'année suivante Théodebert entra lui-même en Italie, avec une armée qu'on évaluoit à cent mille combattans. Parmi ceux-ci, il n'y avoit qu'un petit nombre de cavaliers armés de lances, qui formoient la garde du roi; tout le reste combattoit à pied. Les fantassins, au lieu de l'arc et de la pique que portoient les Grecs, étoient couverts d'un bouclier, et armés d'une épée et d'une hache à deux tranchans très-aigus, tandis que le fer du milieu étoit fort épais, et

---

(1) *Procopii de Bello gothico.* Lib. II, cap. 12, p. 76. — *Marii Avent. chron.* T. II, p. 16.

le manche de bois fort court. L'usage des Francs étoit de lancer cette hache, qu'ils nommoient de leur nom *la francisque*, au premier signal du combat, et de briser ainsi le bouclier de leurs ennemis, s'ils n'atteignoient pas leur personne (1). A ces armes, Agathias assure que les Francs joignoient encore une petite lance qu'ils nommoient *angon*. « Sa pointe étoit armée de
« crochets comme un hameçon, et son bois étoit
« couvert de lames de fer. Lorsque le Franc,
« ayant lancé son angon, a atteint le bouclier
« de son ennemi, il se hâte de mettre le pied
« sur le bois de la lance qui traîne par terre, et
« faisant ainsi levier, il abaisse le bouclier de
« celui qu'il veut frapper. Lui-même ne porte
« en général ni cuirasse ni bottines, il a rare-
« ment un casque, et il marche au combat avec
« l'estomac et les épaules nues; le reste de son
« corps est couvert de grands hauts-de-chausse
« ou de toile ou de peau; un bouclier est sus-
« pendu à son épaule gauche, et une épée atta-
« chée le long de sa cuisse. » (2)

Théodebert, ayant passé les Alpes à la tête d'une armée aussi redoutable, mit en oubli l'argent qu'il avoit reçu des deux parts, et les engagemens qu'il avoit pris. Attendu par les Ostro-

---

(1) *Procopii de Bello goth.* Lib. II, cap. 25, p. 97.
(2) *Agathiæ Schol. Histor.* Lib. II, *Script. franc.* T. II, p. 65.

goths comme un libérateur, par les Grecs comme un auxiliaire, il ne cherchoit lui-même, il n'avoit promis à ses soldats que du butin et du carnage, et il étoit indifférent entre les partis. Après que les Ostrogoths lui eurent livré le pont du Tésin à Pavie, il tomba sur ces alliés eux-mêmes qui venoient de lui ouvrir un passage, et il en fit un horrible massacre, sans épargner les femmes ni les enfans (1). De là il s'avança vers le camp où Urajas, général des Ostrogoths, tenoit tête aux Grecs, commandés par Martin et par Jean, lieutenans de Bélisaire. Les Ostrogoths, attaqués à l'improviste par un ennemi bien plus barbare que celui qu'ils avoient jusqu'alors combattu, s'enfuirent vers les Grecs. Ceux-ci, jugeant d'après le désastre même de leurs ennemis, qu'ils alloient rencontrer des alliés, s'avancèrent avec joie au-devant d'eux; mais ils furent à leur tour attaqués avec fureur et dispersés. Les restes de l'armée des Goths s'enfuirent à Ravenne, ceux de l'armée des Grecs en Toscane, et Théodebert, vainqueur des deux peuples auxquels il avoit également promis et fait payer son secours, demeura maître de Pavie et d'un immense butin. (2)

Mais les Francs ne ménagèrent pas mieux les dépouilles du champ de bataille que la vie des

---

(1) *Procop. de Bello gothico.* Lib. II, cap. 25, p. 97.
(2) *Idem.*

hommes; dans la fureur de la victoire ils avoient tout détruit, tout abattu, tout incendié : palais, magasins, greniers, celliers, tout avoit subi le même sort. Au bout de peu de jours ils ne trouvèrent plus ni vins, ni blés, ni farines; il ne leur restoit que des troupeaux de bœufs pour nourriture, et les eaux du Pô pour boisson. La chaleur du soleil, les exhalaisons des marais et la mauvaise nourriture eurent bientôt produit sur l'armée leur effet accoutumé. Les dyssenteries et les fièvres contagieuses avoient déjà atteint un tiers des soldats, lorsque Théodebert reçut des lettres de Bélisaire, par lesquelles celui-ci lui reprochoit sa mauvaise foi. Ne sachant ni comment se justifier, ni comment poursuivre une campagne où il ne pouvoit plus trouver d'alliés, le roi des Francs repassa les Alpes et ramena son armée dans les Gaules. Elle étoit fort réduite en nombre, mais les survivans étoient chargés des dépouilles de la Haute-Italie. Ils se vantoient d'avoir pillé et brûlé deux des cités les plus florissantes de l'Europe, Pavie et Gênes, et ils oublioient les compagnons d'armes dont le sang engraissoit les plaines de la Ligurie, pour ne se souvenir que de leurs exploits. (1)

(1) *Procopius de Bello gothico.* Lib. II, cap. 25, p. 98. — *Marii Avent.* p. 16. — *App. ad Marcellini chron.* p. 20. — *Gregor. Turon.* Lib. III, cap. 32, p. 201. — *Fredeg. Epit.* Cap. 45, p. 403. — *Gesta Reg. franc.* Cap. 26, p. 558. — *Chron. Moissiac.* p. 650. — *Adonis chron.* p. 667.

Théodebert, qui ne repassa plus lui-même en Italie, chercha cependant à se laver des reproches de mauvaise foi qui lui avoient été adressés, et à se réconcilier avec Justinien, qui, de de son côté, désiroit la paix. En 536, Vitigés avoit retiré son général Marcias de la province des Gaules, qui appartenoit aux Ostrogoths, et il l'avoit cédée aux Francs. En 540, Justinien, pour prix d'une nouvelle alliance, confirma cette cession, et abandonna aux Francs tous les droits que l'empire romain pouvoit encore réclamer sur les Gaules. (1)

La cession de la Provence complétoit presque la soumission des Gaules aux Francs. Déjà ils s'étendoient de l'une à l'autre mer, et du Rhin aux Alpes et aux Pyrénées occidentales. La Septimanie seule, au pied des Pyrénées orientales, entre la Garonne et le Rhône, demeuroit toujours aux Visigoths. Theudis régna sur ce pays, ainsi que sur l'Espagne, de 531 à 548. Les succès que Théodebert avoit remportés sur lui en lui faisant la guerre, ceux que les Francs avoient obtenus sur toutes leurs frontières, faisoient désirer aux fils de Clovis d'enlever aux Visigoths cette dernière province des Gaules. Childebert et Clothaire s'associèrent pour les en dépouiller. Au lieu cependant d'attaquer la Septimanie, ils portèrent la guerre au

(1) *Procopius de Bello goth.* Lib. III, cap. 33, p. 542.

cœur de l'Espagne; ils passèrent les cols des Pyrénées du côté de la Navarre; ils s'emparèrent de Pampelune, menacèrent Sarragosse, et ravagèrent toute la province Tarragonoise; mais le général visigoth Theudiclès les y vint attaquer et les défit; de nouveau ils furent arrêtés au passage des Pyrénées; ne pouvant ni avancer, ni combattre, ni se procurer des vivres, peu s'en fallut qu'ils n'y périssent tous. Ils rachetèrent par des sommes considérables la permission de rentrer dans les Gaules; ils abandonnèrent leurs conquêtes, et la Septimanie demeura au pouvoir des Visigoths jusqu'à l'époque où les Sarrasins firent la conquête de l'Espagne. (1)

Quelques années se passèrent ensuite sans que les rois francs conduisissent eux-mêmes aucune armée; mais leur oisiveté n'étoit pas toujours imitée par leurs sujets. Ceux-ci, bien plus séduits par le butin qu'ils avoient vu rapporter d'Italie à leurs compagnons d'armes, qu'effrayés des contagions auxquelles tant de guerriers avoient succombé, continuèrent, aussi long-temps que dura la guerre gothique, à descendre en foule dans la Ligurie. Ils se choisirent des chefs parmi les aventuriers les plus hardis de leur armée, pour les conduire au-delà des Alpes, comme

―――――――――

(1) *Gregor. Turonens.* Lib. III, cap. 27 et 29, p. 199. — *Isidori hispal.* p. 702. — *Cathal. gothor.* p. 705. — Histoire générale du Languedoc. Liv. V, ch. 86, p. 271.

dans le siècle précédent ils s'en étoient choisis pour passer de la Germanie dans les Gaules, et ils combattirent alternativement, tantôt comme alliés des Grecs, tantôt comme alliés des Goths, tantôt comme ennemis des uns et des autres en même temps.

Il est probable que Théodebert n'auroit pas laissé long-temps ces chefs indépendans conduire les armées des Francs, et que s'il avoit vécu, il auroit été lui-même se mettre à leur tête. Son audace et son esprit d'entreprise causoient de l'inquiétude à Justinien lui-même : on assuroit que Théodebert avoit songé à conduire le long du Danube une armée de Francs, jusqu'aux portes de Constantinople (1). Il avoit su tirer parti de l'expérience des Gaulois ou Romains, dans les arts du gouvernement; et si la liberté de ses sujets en souffroit, sa puissance au dehors en étoit plus redoutée. Secundinus et Asteriolus, deux sénateurs gaulois de ses états, étoient ses conseillers pour la diplomatie: Parthenius, qui étoit de même origine, dirigeoit ses finances. Cependant Théodebert mourut, après une longue maladie, en 547, et ses trois conseillers gaulois ne lui survécurent pas: les deux premiers furent victimes de leur rivalité réciproque; le troisième, à la mort de Théodebert, fut massacré par les Francs, parce

---

(1) *Agathias Schol.* Lib. I, p. 11.

qu'il avoit voulu lever sur eux des impôts. (1)

Théodebert laissoit un fils nommé Théodebald, qu'il avoit eu de Deuterse : celui-ci, qui pouvoit tout au plus être âgé de quatorze ans, étoit d'une santé très-foible ; cependant les sujets de son père n'hésitèrent point à le reconnoître pour roi, et ses deux oncles ne paroissent pas avoir fait de tentatives pour le dépouiller de la couronne. Théodebald ne régna que sept ans, et la foiblesse de sa constitution l'empêcha de rien faire de digne de mémoire ; mais ce fut justement pendant son règne, que les chefs indépendans, qui avoient conduit les Francs en Italie, y prirent la part la plus active aux révolutions de ce pays. Dès 540 Vitigés, captif de Bélisaire, avoit été conduit à Constantinople ; Hildibalde, puis Eraric, qui lui succédèrent, ne régnèrent pas une année ; mais Totila, que les Ostrogoths choisirent ensuite pour leur chef, soutint et raffermit pendant onze ans (541-552) la monarchie des Ostrogoths sur le penchant de sa ruine. Totila fut l'allié de Théodebert, puis de Théodebald, et il ne leur disputa point les districts nombreux de la Ligurie et de la Vénétie que les Francs avoient occupés ; en revanche, il employa souvent avec succès les armes de leurs généraux contre les Grecs. Parmi ceux-ci, Lan-

(1) *Gregorii Turonensis.* Lib. III, cap. 33 et 36, p. 201 et 202.

thacaire fut tué en 548 à son service (1). Trois
autres chefs de la nation se rendirent également
fameux dans les guerres d'Italie; deux d'entre
eux, Buccelinus et Leutharis, étoient frères et
de race allemande; le troisième, Amigus, étoit
Franc. Les aventures de ces capitaines, de quelque nombre de soldats qu'ils fussent suivis,
étoient mal connues dans les Gaules, où l'on
ne regardoit point leurs expéditions comme une
guerre nationale. Grégoire de Tours se contente
de dire que Buccelinus parcourut toute l'Italie;
il ajoute même qu'il conquit la Sicile, qu'il
remporta de fréquentes victoires sur Bélisaire
et sur Narsès, et qu'il envoya à son roi de riches tributs enlevés à l'Italie. (2)

Mais Totila ayant été tué en 552, et Téjas, son
successeur, en 553, Narsès, général des Grecs,
qui avoit détruit la monarchie des Ostrogoths,
entreprit aussi de chasser les Francs d'Italie,
et ceux-ci durent songer à se défendre au lieu de
combattre pour leurs alliés. Leutharis et Buccelinus, sous prétexte de venir au secours de leurs
compatriotes qui occupoient toute la Vénétie,
passèrent les Alpes en 553, avec une armée de
soixante et quinze mille hommes, composée
en bien plus grand nombre d'Allemands ido-

(1) *Procopii de Bello gothico.* Lib. III, cap. 3, p. 41. —
Marii chron. p. 16.
(2) *Gregorii Turon.* Lib. III, cap. 52, p. 201.

lâtres que de Francs (1). Ces deux chefs, après avoir ravagé l'Italie supérieure, s'avancèrent; Buccelinus, le long de la mer de Toscane, jusqu'à Reggio et au détroit de Messine; et Leutharis, le long de la mer Adriatique, jusqu'à Otrante. Mais leurs soldats, incapables d'aucune discipline ou d'aucune modération, se trouvèrent bientôt affamés dans les provinces qu'ils avoient ravagées eux-mêmes; les fruits et les raisins dont ils furent obligés de se contenter, faute de meilleurs alimens, répandirent parmi eux la dyssenterie. L'armée de Leutharis regagna la Vénétie par Fano; mais arrivée jusqu'à Cénéda, elle ne put pas aller plus avant, et elle y périt de maladie et de misère (2). L'armée de Buccelinus, réduite à trente mille hommes, attendit, non loin de Capoue, sur la rivière Casole, l'attaque de Narsès, et elle y fut entièrement défaite. De toutes les armées des Francs qui étoient entrées en Italie, il ne resta, en 554, après dix-sept ans de guerre (536-553), que quelques soldats isolés qui purent à grande peine regagner leur pays. (3)

(1) *Agathiæ Schol.* Lib. I, p. 13. *Byz. Ven.* — *Scr. franc.* T. II, p. 52, 54.

(2) *Agathiæ.* Lib. II, p. 26, 28. — *Script. franc.* p. 62, 63.

(3) *Agathiæ.* Lib. II, p. 29-34. — *Script. franc.* p. 68-70. — *App. ad Marcellini Chronic.* p. 20. — *Pauli Diaconi de gestis Lang.* Lib. II, *Scr. franc.* p. 634. — *Chron. Moissiac,*

Théodebald, frappé de paralysie, et ayant perdu tout mouvement dans la partie inférieure de son corps, mourut dans l'année 553, à peu près à l'époque où ses généraux perdirent toutes les conquêtes des Francs en Italie. Grégoire de Tours lui attribue un mauvais caractère, sans appuyer ce jugement sur aucun fait. Sa veuve, Wultrade, étoit fille du roi des Lombards; Clothaire l'épousa, comme il avoit déjà épousé Gundioque, veuve de son frère. Il avoit bien d'autres femmes encore; après Radegonde, fille du roi des Thuringiens, et Chemsene, mère de Chramne, il avoit épousé Ingonde. Le saint évêque de Tours raconte tous ces mariages dans le langage de l'ancien Testament : « Il avoit déjà
« reçu Ingonde en mariage, dit Grégoire, et il
« l'aimoit uniquement, lorsqu'elle lui fit une re-
« quête, en lui disant : Mon seigneur a fait de sa
« servante ce qu'il lui a plu, il l'a appelée à son
« lit; maintenant, pour accomplir sa mercy,
« que mon seigneur et mon roi écoute ce que
« sa servante lui demande; elle le prie de vouloir
« bien choisir, pour Arégonde ma sœur, sa ser-
« vante, un homme utile et riche, afin que son
« alliance ne m'humilie point, mais que m'ex-
« haltant au contraire, je puisse servir mon sei-
« gneur avec plus de fidélité. Clothaire l'ayant

553.

p. 650. — *Gregor. Turon.* Lib. IV, cap. 9, p. 207. — *Frédegarii Epitom.* Cap. 50, p. 403.

« entendue, et étant fort luxurieux, s'enflamma
« d'amour pour Arégonde; il se hâta de se rendre
« à la maison de campagne qu'elle habitoit, et
« se l'associa en mariage. Après l'avoir prise, il
« revint à Ingonde et lui dit : Je me suis occupé
« de la mercy que tu m'avois si doucement de-
« mandée : tu voulois pour ta sœur un mari
« riche et sage, je n'en ai point su trouver de
« meilleur que moi-même. Sache donc que je
« l'ai épousée, et je pense que cela ne te dé-
« plaira pas. Ingonde lui répondit : Que mon
« seigneur fasse ce qui paroît bien à ses yeux,
« pourvu que sa servante trouve grâce auprès
« de son roi. » (1)

L'Église avoit été aussi patiente que l'épouse du roi; Clothaire étoit trop orthodoxe, il combloit le clergé de trop de richesses pour que celui-ci voulût s'exposer à le mécontenter. Cependant, quand Clothaire épousa encore sa petite-nièce Wultrade, les prêtres jugèrent qu'il étoit temps de faire quelques remontrances : Clothaire s'y rendit quand sa première ardeur fut passée, et il donna sa nouvelle femme en mariage à Gariwald, duc de Bavière. (2)

Clothaire ne s'étoit pas contenté d'épouser la veuve de son petit-neveu, il s'étoit aussi emparé

---

(1) *Gregor. Turon.* Lib. IV, cap. 3, p. 204.
(2) *Gregor. Turon.* Lib. IV, cap. 9, p. 207. — *Fredegarii Epit.* Cap. 50, p. 403.

de son royaume, sans en faire part à son frère Childebert. Il chargea son fils Chramne de lui soumettre l'Auvergne, tandis qu'il alla recueillir l'hommage des provinces septentrionales. En général, les historiens francs ne font presque jamais mention des vastes contrées de la Germanie qui appartenoient à leur monarchie ; elles avoient si peu de rapports avec le reste de l'empire, elles obéissoient si peu à leurs rois, que le lien volontaire qui les attachoit ensemble étoit à peine aperçu. Cependant, à l'époque où Clothaire recueillit la succession de Théodebald, il paroît que les Saxons ne voulurent pas le reconnoître, et les Francs nommèrent leur résistance une rébellion. Clothaire ravagea une partie de leur pays; il ravagea aussi celui des Thuringiens, qui leur avoient donné des secours (1) Les Saxons ne se tinrent point pour vaincus; ils reprirent de nouveau les armes, et Clothaire, à la tête d'une armée de Francs, qui s'étoit formée volontairement, s'avança pour les soumettre. A son approche, les Saxons effrayés offrirent le tribut annuel qu'ils avoient suspendu; ils offrirent même de se racheter par de plus grands sacrifices, et Clothaire désiroit accepter leurs propositions; mais ses sujets ne lui en laissèrent pas le choix; ils se jetèrent sur lui, déchirèrent sa tente, l'accablèrent de re-

<small>553.</small>

<small>555.</small>

---

(1) *Gregor. Turon.* Lib. IV, cap. 10, p. 207.

555.

proches, et le menacèrent de le tuer s'il ne les menoit pas à l'ennemi. Clothaire céda; mais les Francs eurent bientôt lieu de se repentir de s'être mis sous le commandement d'un roi qu'ils traînoient au combat malgré lui. Ils furent défaits, en 555, dans une bataille où les deux peuples combattirent avec l'acharnement le plus sanguinaire; et après avoir perdu infiniment de monde, ils furent réduits à demander la paix. (1)

555—558.

A l'époque même où Clothaire revenoit de sa malheureuse expédition contre les Saxons, il s'engagea dans la première guerre civile qui eût divisé la monarchie des Francs. On avoit vu fréquemment auparavant un membre de la famille royale tendre des embûches à l'autre, et les princes chercher réciproquement à se dépouiller ou à se faire périr; on avoit vu aussi les armées des Francs saisir avidement des prétextes pour piller les diverses provinces des Gaules, en suivant les drapeaux de leurs divers rois; mais la nation étoit demeurée indifférente dans ces querelles. Elle ne vouloit que des rois chevelus, fils de Mérovée; et elle ne tenoit pas bien vivement à l'un plutôt qu'à l'autre; elle

---

(1) *Gregor. Turonens.* Lib. IV, cap. 15, p. 210. — *Marii Avent.* p. 16, 17. — *Appendix ad Marcellini chron.* p. 20. — *Fredegarii Epitom.* Cap. 51, p. 404. — *Gesta Francorum.* Cap. 27, p. 559.

regardoit leurs fréquens massacres comme la condition nécessaire des monarchies, et elle n'avoit pas permis jusqu'alors que le sang d'un Franc fût versé dans les combats pour la cause personnelle d'un roi. Mais après le milieu du sixième siècle, les conquérans germaniques commencèrent à perdre le caractère de soldats souverains pour prendre celui de sujets. Ils avoient acquis dans les Gaules un domicile stable; ils apprenoient à considérer leurs rois comme dominateurs des provinces, et non plus des armées, et ils s'intéressoient déjà à l'étendue respective des états des différens frères. Les habitudes se prennent et se changent quelquefois avec une grande rapidité parmi les peuples barbares, justement parce qu'ils n'ont point de traditions précises, point d'histoire et point de droits incontestables. Un demi-siècle leur paroît une durée infinie, et ce qu'ils ont appris à faire la veille, ils croient l'avoir fait toujours.

Childebert ne pouvoit pardonner à Clothaire d'avoir usurpé l'héritage de leur neveu commun Théodebald; il séduisit Chramne, fils aîné de Clothaire, que celui-ci avoit chargé du gouvernement de l'Auvergne, et il l'engagea à prendre les armes contre son père. Chramne fut bientôt entouré d'une petite armée avec laquelle il mit à contribution les territoires de Limoges et de Poitiers; il força à la retraite une

555—558. armée que deux de ses frères avoient conduite contre lui ; il la poursuivit en Bourgogne, où il s'empara de Châlons et de Dijon ; il se rendit ensuite à Paris, où il eut une conférence avec Childebert. Celui-ci, attaquant à son tour les états de son frère, entra dans la Champagne rémoise, et la ravagea, en incendiant tout le pays jusqu'à Reims. Mais à son retour de cette expédition, il tomba malade, et après de longues souffrances, il mourut à Paris, en 558 : il y fut enseveli dans la basilique de Saint-Vincent, aujourd'hui Saint-Germain-des-Prés,
558—561. qu'il avoit fondée. Clothaire, survivant à tous ses frères et à tous ses neveux, réunit de nouveau tous les Francs sous une seule domination ; il s'empara des trésors de Childebert, et il envoya en exil sa femme et ses deux filles. (1)

La mort de Childebert laissa Chramne exposé sans protection au ressentiment de son père qu'il avoit provoqué par sa rébellion. Ce malheureux prince s'enfuit dans la petite Bretagne, qui jusqu'alors n'avoit point été soumise par les armées des Francs, et où régnoit un comte Comor ou Conobre, qui vers 547, s'étoit emparé de la souveraineté en faisant périr trois de ses frères. Clothaire, qui avoit rarement conduit ses armées contre les ennemis de l'état, se mit à

---

(1) *Gregor. Turonens.* Lib. IV, cap. 16, 17 et 20, p. 211, 212 et 213. — *Fredegarii Epitom.* Cap. 52, 53, p. 404.

la tête des troupes qui poursuivirent son fils dans sa retraite. Conobre et Chramne vinrent à sa rencontre avec l'armée des Bretons; mais ceux-ci furent mis en fuite, et Conobre lui-même fut tué. « Alors, poursuit Grégoire de « Tours, Chramne prit de nouveau la fuite : « il avoit des vaisseaux préparés sur mer; mais « comme il tardoit pour mettre aussi en sûreté « sa femme et ses filles, il fut atteint par les « soldats de son père, arrêté et chargé de liens. « Lorsqu'on vint l'amener au roi Clothaire, ce- « lui-ci ordonna qu'il fût brûlé par le feu avec « sa femme et ses filles. Ainsi donc on les enferma « dans la chaumière d'un pauvre homme; « Chramne fut lié et étendu sur un escabeau, « avec le linge de l'autel qu'on nomme l'*oraire*; « après quoi l'on mit le feu à la maison, dans la- « quelle il périt avec sa femme et ses filles.

« Le roi Clothaire, parvenu à la cinquante- « unième année de son règne, se rendit ensuite « avec de riches présens aux portes du temple « de Saint-Martin. Arrivé à Tours auprès du « sépulcre de cet évêque, il confessa toutes les « actions dans lesquelles il avoit à se reprocher « quelque négligence, et priant avec de grands « gémissemens, il demanda au saint confes- « seur d'obtenir la miséricorde du Seigneur « pour ses fautes, et d'effacer par son interven- « tion tout ce qu'il avoit pu commettre de dérai-

« sonnable. Lorsqu'il fut de retour, un jour
« qu'il chassoit dans la forêt de Cuise, il fut
« surpris de la fièvre, et il revint à son palais
« de Compiègne. Comme il étoit cruellement
« tourmenté de la fièvre, il s'écria : *Qu'en*
« *pensez-vous ? quel est ce roi des cieux qui tue*
« *ainsi les grands rois de la terre !* Dans cette
« souffrance il expira. Ses quatre fils le portèrent
« avec beaucoup d'honneur à Soissons, et l'en-
« sévelirent dans la basilique de Saint-Médard.
« Il mourut un jour après celui qui complétoit
« l'année depuis que son fils Chramne avoit été
« mis à mort. » (1)

(1) *Gregor. Turon.* Lib. IV, cap. 20 et 21, p. 213. — *Fre-*
deg. Epit. Cap. 52-54, p. 404. — *Gesta reg. franc.* Cap. 28,
p. 559. — *Adonis Vienn.* p. 668. — *Marii Avent.* p. 17. —
Append. ad Marcellini chron. p. 21. — Chroniques de Saint-
Denys, Liv. II, cap. 19, p. 199. — Histoire de Bretagne, par
le P. Lobineau, relig. bénédictin, Liv. I, ch. 33 et suiv. p. 10.

CHAPITRE VII.

Les fils de Clothaire Ier jusqu'à la mort de Sigebert. 561 — 575.

La monarchie des Francs, partagée pendant quarante-huit ans entre les enfans de Clovis, avoit été de nouveau réunie pendant deux ans sous un seul chef; Clothaire Ier, le plus jeune des fils de Clovis, ayant survécu à tous ses frères et à tous ses neveux, s'étoit trouvé à la tête de l'un des états les plus puissans qu'ait vus l'univers. La Gaule romaine tout entière, à la réserve de la Septimanie, obéissoit à son sceptre; et, sous le nom de Gaule, se trouvoient comprises la Savoie, la Suisse, les provinces rhénanes et la Belgique, qui n'entrent point dans la France actuelle. Cette Gaule n'étoit point telle que les Romains l'avoient laissée à son père : une population bien plus nombreuse avoit recommencé à en cultiver les campagnes, et des milliers de soldats étoient prêts à prendre les armes au premier appel de la patrie ou de l'honneur. L'empire des Francs au-delà du Rhin n'étoit guère moins étendu que celui qu'ils possédoient dans les Gaules. Toute l'ancienne

France entre le Rhin et le Weser, les duchés d'Allemagne, de Thuringe, de Bavière, le pays des Frisons, celui des Saxons eux-mêmes, étoient considérés comme appartenant à la nation des Francs. Il est vrai que ces vastes contrées étoient bien moins riches et bien moins peuplées que la Gaule; leurs habitans idolâtres, et absolument barbares, n'avoient point de villes, et reconnoissoient à peine un gouvernement régulier; mais au premier appel ils fournissoient des essaims nombreux de guerriers, et Clothaire disposoit d'armées bien plus formidables que l'empire romain n'auroit pu en mettre en mouvement pendant les trois derniers siècles de son existence.

Cependant Clothaire ne fit aucun usage de cette force colossale. Il ne reste qu'un seul souvenir des deux années pendant lesquelles il gouverna seul toute la monarchie : c'est le meurtre atroce de son fils. La sécheresse et la barbarie des historiens de cette époque ne sont point la seule cause de cette absence de faits : quand une nation n'a point de gouvernement, elle ne peut pas avoir d'histoire; et, à cette époque, les Francs avoient bien un roi, dont Grégoire de Tours pouvoit raconter les passions et les crimes; mais ils n'avoient point de forme d'administration civile, point d'unité, point d'action commune, et il étoit presque impossible de saisir leurs rapports comme peuple, ou entre eux, ou avec les autres.

L'action du gouvernement est devenue pour nous plus susceptible d'analyse, par sa division en ministères; en appliquant cette même division au gouvernement des fils de Clovis, nous sentirons mieux combien le lien social des anciens Francs étoit relâché. Il n'y avoit proprement dans les finances, la justice, l'intérieur, la guerre, la marine et les relations extérieures, presque aucune prérogative constitutionnelle qui appartînt aux rois mérovingiens.

Les finances de la monarchie étoient nulles en quelque sorte ; les Francs n'avoient voulu se soumettre ni à la capitation que les Romains avoient payée, ni même à l'impôt territorial ; et il est probable que leur résistance avoit causé l'abolition des mêmes impositions pour les Gaulois. Quelques-uns de ceux-ci, appelés dans les conseils des princes, essayèrent plus d'une fois de rétablir l'ancien système des impositions romaines ; mais ils furent toujours victimes du mécontentement populaire. Les ducs, les comtes ou les grafions percevoient cependant dans les provinces certaines redevances dont nous connoissons mal la nature ou la quotité ; mais il semble que les produits leur en étoient abandonnés presque en entier. Le trésor du roi n'y participoit que pour peu de chose : ce trésor étoit un coffre-fort matériel, dont le roi lui-même gardoit la clef. Jamais il n'en sortoit aucun argent destiné aux dépenses du gouvernement; car celui-ci, qui ne payoit ni ses troupes, ni ses armes, ni ses munitions, ni ses fonctionnaires, n'avoit aucun besoin; l'Église seule y puisoit quelquefois pour des fondations de couvens et de temples. Des péages étoient perçus aux portes des villes; mais ils appartenoient à chaque curie, et ils étoient destinés à pourvoir aux dépenses municipales. Quant aux rois eux-mêmes et à leur cour, ils vivoient des fonds de terre appartenant à la couronne, comme auroient pu faire de riches propriétaires. Ces fonds étoient en grand nombre, leurs revenus considérables, et ils étoient disséminés dans toutes les parties du royaume. Les rois voyageoient avec leur cour d'un palais à l'autre, pour consommer successivement les provisions qui y étoient accumulées. L'administration de tant de biens-fonds pouvoit être compliquée; cependant elle n'exigeoit ni écritures, ni correspondances; les biens de la terre étoient perçus et employés en nature, et quand les greniers étoient vides, les comptes étoient soldés.

Un ministre de la justice n'auroit eu, sous les Mérovingiens, presque aucune fonction à remplir. On auroit pu dire, à cette époque de la monarchie, que toute justice émanoit, non du roi, mais du peuple. C'étoit le peuple qui avoit donné les lois, c'étoit le peuple qui les modifioit, c'étoit le peuple qui fournissoit les juges. Le roi nommoit, il est vrai, les ducs, les comtes ou grafions, qui dans chaque cité présidoient aux plaids ou au *mallum*; mais cette assemblée où la justice étoit rendue, se composoit de tous les citoyens; celui qui avoit méprisé le *mallum*, ou négligé d'y venir, étoit exposé à une punition par la loi salique (1). Chaque citoyen étoit, comme juge, menacé de l'amende s'il ne prononçoit pas selon la loi; ceux qu'on voit cités dans les jugemens sous le nom de *rachimburgs*, étoient de simples citoyens auxquels l'obligation d'assister aux plaids étoit spécialement imposée; enfin les douze parens ou voisins qui, en jurant avec l'accusé, fournissoient la preuve, étoient de simples citoyens. Les rois ne furent proprement jamais les juges des Francs; ce n'est pas que la servilité de leurs courtisans, ou les richesses avec lesquelles ils pouvoient récompenser des actions basses ou perfides, ne leur donnassent souvent moyen de faire verser le sang de leurs ennemis; mais quand ils faisoient tuer un Franc, c'étoit de leur part un assassinat, non une condamnation juridique.

Aucune subordination n'existoit entre les tribunaux divers; aucun appel n'étoit admis de

(1) *Lex salica.* §. 90, p. 200, etc.

l'un à l'autre; ils ne correspondoient point entre eux ou avec l'administration centrale, et aucun ministère ne s'occupoit de maintenir dans toute la monarchie une législation uniforme; bien au contraire, chaque citoyen conservoit le droit d'être jugé selon les lois de ses aïeux, et une constitution de Clothaire en confirma le privilége aux Romains, en 560 (1). Quant aux lois des peuples barbares, elles étoient en quelque sorte indépendantes et des rois et du peuple; seulement la nation avoit donné à ses anciennes coutumes une sanction plus précise, lorsqu'elle avoit député quelques juges pour les mettre par écrit.

Cependant plusieurs changemens furent apportés à la législation pénale sous le règne des fils de Clovis; ils furent toujours l'ouvrage des assemblées du Champ-de-Mars, tenues à Cologne, à Trèves, à Andernach, en présence du roi, avec le conseil des grands du royaume et des hommes de toute condition (2). Le but de ces changemens fut toujours de rendre la punition des crimes plus sévère, et la découverte des délinquans plus facile. La peine de mort fut substituée aux amendes dans un grand nombre

---

(1) *Chlotarii I, regis Constitutio generalis.* §. 4. — *Baluzii capitularia.* T. I, p. 7, *et Script. franc.* T. IV, p. 116.

(2) *Decretio Childeberti regis.* §. 1, 2, 3. — *Baluzii capitul.* T. I, p. 17. — *Script. franc.* T. IV, p. 111.

de cas, et surtout pour les homicides. Les habitans du pays furent distribués en centuries, et les centeniers furent déclarés responsables des vols commis dans leurs districts, à moins qu'ils ne présentassent le coupable (1). La nation souffroit des désordres et de l'anarchie; elle cherchoit à les réprimer, en se donnant une police républicaine, à laquelle tous les citoyens fussent intéressés. Cette police, chacun l'exerçoit sur son voisin, comme membre d'une même société où chacun étoit égal et également responsable. Le roi ni ses ministres n'en tenoient nullement le fil; ils ne se chargeoient point de suivre et de découvrir les coupables; ils n'étendoient point leur surveillance à tous les citoyens, et l'on n'avoit pas plus à craindre leurs vexations dans le sein des familles, qu'à recourir à leur protection.

Dans le département que nous nommons aujourd'hui de l'intérieur, toutes les administrations municipales étoient nommées par d'autres que le monarque; elles étoient, de plus, sans communications avec lui. Le pouvoir ecclésiastique, qui faisoit de rapides progrès, étoit plus indépendant encore de la couronne: les élections des évêques appartenoient au peuple et au clergé de chaque diocèse; toutes les autres appartenoient aux évêques, et le gouvernement

(1) *Decretio Childeberti reg.* §. 9 et 11, p. 112.—*Decretio Chlotarii.* §. 1, p. 114.

n'exerçoit d'influence sur aucune. Les Mérovingiens ne songeoient pas même que ce pût être leur affaire d'exciter le commerce, les manufactures, l'agriculture; d'inspecter les hôpitaux et les prisons, excepté parmi ces dernières, celles où ils renfermoient leurs propres ennemis, de creuser des canaux ou d'ouvrir des chemins; c'étoit l'affaire des villes de maintenir comme elles pouvoient ceux qui existoient déjà. La correspondance du gouvernement avec les provinces étoit presque nulle; et dans une société tombée en quelque sorte en dissolution, on ne voyoit plus nulle part que des pouvoirs locaux.

La monarchie française n'avoit point de marine; ce département n'existoit pas même pour elle : celui des affaires étrangères ne pouvoit donner au gouvernement que de très-rares et courtes occupations. Les rois n'avoient point les uns chez les autres des ministres à résidence; ils recevoient et envoyoient quelquefois des ambassadeurs, même à de grandes distances, pour solliciter un mariage ou conclure une alliance; mais ils s'informoient fort peu de ce qui se passoit en pays étranger, et ils songeoient moins encore à diriger au loin les événemens par leur politique.

Tout le pouvoir royal se trouvoit compris en quelque sorte dans le département de la guerre; encore dans celui-ci il n'y avoit ni troupes de ligne, ni garnisons, ni arsenaux, ni places fortes, ni enrôlemens forcés, ni états-majors à la nomination du monarque. Les divers rois étoient autant de candidats pour un commandement militaire, entre lesquels, à chaque expédition nouvelle, les Francs choisissoient librement un chef. Ils venoient se ranger sous ses étendards avec leurs chevaux et leurs armes; leurs vivres étoient fournis par le pays qu'ils traversoient, et le pillage leur tenoit lieu de solde. Ils s'attachoient ou volontairement ou en vertu de quelque contrat réciproque, aux différens capitaines qui commandoient leurs bataillons. Après le combat et le pillage, ils étoient toujours empressés de retourner chez eux, et l'on n'avoit d'autre moyen de les fixer dans un pays nouvellement conquis, que celui de leur distribuer des terres qu'ils jugeassent supérieures à celles qu'ils laissoient dans leur pays natal. Quant aux murailles des villes, si les bourgeois qui étoient encore tous Romains, ne les défendoient pas, pour se mettre à l'abri du pillage, personne ne se mettoit en peine de les garder.

C'est en raison de cet anéantissement de l'ordre civil, que les historiens du sixième siècle nous montrent dans leurs récits les rois seulement, et jamais le gouvernement. Leurs passions privées, leurs débauches, leurs vengeances, leur avarice, tiennent assez de place dans l'histoire;

leur administration n'en tient aucune. La ressemblance des noms, quand les choses sont différentes, est une des causes plus habituelles d'erreur; nous sommes sans cesse enclins à appliquer aux rois des Francs des idées formées sur les derniers rois de France; et les écrivains du dix-septieme siècle, malgré toute leur érudition, ont souvent partagé cette illusion.

Clothaire Ier, qui avoit eu sept fils parvenus à l'âge d'homme, n'en laissoit que quatre au moment de sa mort, Charibert, Gontran, Chilpéric et Sigebert. Tous quatre prétendoient avoir un droit égal à la couronne; tous quatre furent en effet reconnus par les soldats, et invités à partager l'héritage de leur père. L'exemple des fils de Clovis n'avoit pas seulement confirmé la loi de l'état; il avoit aussi établi des habitudes qu'il étoit difficile de changer. Quatre cours, quatre capitales avoient existé pendant un demi-siècle; les grands attachés à tous ces souverains, les villes enrichies par leur présence, étoient intéressés à maintenir la division du royaume. Ces quatre capitales étoient Paris, Orléans, Soissons et Reims, villes qui ne sont pas éloignées de plus de vingt lieues l'une de l'autre; car, malgré la vaste étendue de l'empire, c'étoit toujours dans ce rayon étroit que les Francs voyoient alors la France.

Le troisième des fils de Clothaire, Chilpéric,

essaya cependant, à la mort de son père, de s'emparer de tout le royaume, ou de la ville de Paris, qu'il regardoit comme devant entraîner tout le reste. Il quitta ses frères assemblés à Soissons pour les funérailles de leur père, et accourant au palais de Braine, à trois lieues de cette ville, il y trouva le trésor de Clothaire, dont il se rendit maître. Aussitôt il distribua ces richesses en présens parmi les Francs les plus braves, et ceux qui avoient le plus de crédit sur les troupes. Avec eux il marcha vers Paris, et s'y établit dans le château qu'avoit habité le roi Childebert. Mais ses frères ne lui donnèrent pas le temps de s'y fortifier; se réunissant tous trois contre lui, ils entrèrent à leur tour dans Paris avec des forces supérieures, et contraignirent Chilpéric à consentir à ce que l'empire fût divisé en quatre parts, et à ce que le sort décidât entre eux de la portion qui écherroit à chacun. Ce fut le sort en effet qui donna à Charibert Paris, capitale de son oncle Childebert; à Gontran, Orléans, qui avoit été la résidence de Clodomire; à Chilpéric, Soissons, résidence de son père Clothaire; et à Sigebert, Reims, résidence de son oncle Thierri. (1)

Le partage du royaume fait entre les fils de Clovis servit de base à celui que firent les fils

(1) *Gregor. Turon.* Lib. IV, cap. 22, p. 214. — *Hadrian. Valesii.* T. II, Lib. IX, p. 2.

de Clothaire ; cependant l'empire des Francs étoit tout autre à cette seconde époque qu'à la première. L'accession de la Bourgogne et de la Provence, et celle de tous les pays germaniques ne permettoient point de s'en tenir à la première division. D'ailleurs, les enfans de Clothaire cherchèrent à s'arrondir un peu mieux que n'avoient fait leurs oncles, et leurs nouveaux états furent en même temps plus compactes et plus étrangers l'un à l'autre. L'empire des Francs pouvoit alors être considéré comme composé de quatre grandes provinces en Germanie, et de tout autant dans les Gaules. Les premières étoient la France germanique, l'Allemagne, la Bavière et la Thuringe ; les secondes, l'Austrasie, la Neustrie, la Bourgogne et l'Aquitaine. Mais les quatre provinces germaniques étoient alliées plutôt que sujettes ; elles obéissoient à des ducs héréditaires, qui se maintenoient presque indépendans, et leurs mœurs sauvages, leur religion, leurs lois les rendoient tellement étrangères au reste de l'empire, qu'on oublioit presque leur existence. D'autre part, la Bourgogne et l'Aquitaine étoient deux royaumes conquis par les Francs, mais qu'ils considéroient toujours comme étrangers, et où les vainqueurs n'avoient formé presque aucun établissement. La France proprement dite ne s'étendoit donc que du Rhin à la Loire, encore à l'exclusion de la petite

Bretagne, qui étoit tributaire et non sujette. C'étoit cette France habitée par les vainqueurs, qu'ils avoient partagée en Austrasie et Neustrie. On ne s'accorde pas bien sur l'étymologie de ces deux noms, dont le premier désignoit le pays oriental, le second l'occidental. A cette époque, les deux provinces étoient séparées par une ligne qui s'étendoit du nord au midi, à peu près des bouches de l'Escaut jusqu'à Bar-sur-Aube. L'Austrasie étoit à droite ou au levant de cette ligne, la Neustrie à gauche ou au couchant. Trois des capitales, Paris, Soissons et Orléans, étoient dans la Neustrie ; Reims étoit dans l'Austrasie, mais à peu de lieues de distance de la ligne de partage.

Les quatre provinces germaniques furent à peine considérées dans le partage; on les regarda comme une annexe de l'Austrasie, et à ce titre elles échurent à Sigebert, le plus jeune des fils de Clothaire, qui transporta sa résidence de Reims à Metz, pour se trouver un peu plus au centre de ses états. La Bourgogne échut en partage à Gontran qui, dans le même but, quitta Orléans pour fixer sa résidence à Châlons-sur-Saône. Chilpéric, roi de Soissons, eut la Neustrie, et Charibert, roi de Paris, l'Aquitaine; mais pour établir une contiguité entre un royaume situé au midi de la Loire et une capitale sur la Seine, on lui céda encore une langue de terre intermédiaire;

qui séparoit Orléans de la Bourgogne. Comme Charibert mourut sans enfans, au bout de six ans de règne, ses états furent partagés entre ses trois frères, ce qui contribua à confondre davantage encore la géographie et à multiplier les enclaves. La privation de toute carte géographique, et l'impossibilité où se trouvoient les rois de se représenter la forme du pays qu'ils gouvernoient, contribuèrent peut-être à leur faire adopter d'aussi bizarres partages.

Le règne des quatre fils de Clothaire fut beaucoup moins glorieux pour la nation française que celui des quatre fils de Clovis; au lieu de continuer à s'étendre au dehors, soit par des conquêtes, soit par de puissantes confédérations, à peine put-elle maintenir ce qu'elle avoit acquis. Le lien de ses alliances se relâcha; les ducs héréditaires devinrent plus indépendans, aucune guerre glorieuse contre les étrangers ne fit briller la valeur française, tandis que de honteuses guerres civiles firent verser en vain le sang de la nation pour la cause des rois. Ce n'étoit plus la dignité royale qui étoit partagée, mais la monarchie elle-même. La nation des Francs avoit consenti à être ainsi morcelée, parce qu'elle avoit déjà perdu sa première vigueur. Les conquérans, dispersés, enrichis, amollis, ne songeoient plus ni à leur patrie, ni à leur liberté, ni à leurs victoires passées, ni à leurs espérances de gloire ; et déjà les hommes du Nord avoient adopté les habitudes des Gaulois, qu'ils avoient traités en vaincus.

Au lieu d'événemens historiques, les écrivains du temps ne nous ont presque conservé que des détails honteux et atroces sur la famille régnante. Les rois des Francs voyoient bien moins dans la couronne qu'ils portoient l'emblème d'un pouvoir bienfaisant qu'ils devoient exercer sur les autres, que celui de leur propre affranchissement de toutes les lois. Se livrer sans retenue aux plaisirs des sens leur paroissoit le plus beau privilége de la royauté, et la première affaire de leur règne étoit de faire choix des plus belles femmes pour leurs plaisirs. Dans le premier transport de leur amour, ils commençoient par les épouser ; mais un lien indissoluble ne pouvoit garantir la constance de leurs sentimens : une nouvelle maîtresse succédoit bientôt aux droits de la première, et elle étoit également épousée, puis une troisième et une quatrième l'étoient aussi. Souvent, lorsque le dégoût avoit succédé à l'amour, il ne leur suffisoit point d'appeler à leur lit une reine nouvelle, ils vouloient encore écarter entièrement l'ancienne de leur palais, et alors ils la donnoient en mariage à quelqu'un de leurs ducs ou de leurs courtisans. L'exemple de la polygamie et du divorce descendoit des rois aux sujets ; quiconque étoit puissant prétendoit aux mêmes priviléges, et dans la monarchie des Francs, quiconque pouvoit nourrir des soldats devint bientôt puissant.

A cette époque même les prêtres jouissoient d'un crédit prodigieux ; la plupart d'entre eux prétendoient au don des miracles ; trente évêques de France, sous le règne de Clovis et de ses fils, sont inscrits au rôle des saints ; le nombre des prêtres et des abbés qui jouissent des mêmes honneurs est plus considérable encore (1). La fondation d'une moitié des églises date de cette époque, et jamais le clergé ne fut doté plus richement. Mais il ne se croyoit point encore assez fort pour lutter contre les passions des rois ; il fermoit les yeux sur les scandales, et réservoit ses censures et ses excommunications pour la seule défense des franchises ecclésiastiques. Ce ne fut que deux siècles plus tard qu'il se crut assez maître des consciences pour tourner à son avantage ces mêmes passions luxurieuses ; qu'il étendit les prohibitions de mariage aux degrés les plus éloignés de parenté, et qu'enlaçant les maîtres de la terre dans les liens du péché, il leur montra l'excommunication sans cesse suspendue sur leurs

(1) Voyez *Script. franc. Syllabus monum.* T. III, p. xcv; c'est le sommaire de celles des Vies des Saints d'où l'on a extrait quelque détail historique. Il y en a soixante et onze sous le règne de Clovis et de ses enfans.

têtes, pour les forcer à se racheter aussi sans cesse, par de nouveaux sacrifices, par une soumission plus entière, ou par de plus riches présens.

L'aîné des fils de Clothaire, Charibert, roi d'Aquitaine et de Paris, n'a presque laissé d'autres souvenirs de lui dans l'histoire, que celui de ses mariages. « Il prit pour femme, dit Gré-
« goire de Tours, Ingoberge, de qui il eut une
« fille qui fut mariée dans le royaume de Kent.
« Ingoberge avoit à son service deux jeunes
« personnes, filles d'un pauvre homme; l'aînée,
« qui se nommoit Marcovefa, avoit déjà pris
« l'habit de religieuse, l'autre se nommoit Mé-
« roflède. Elles étoient filles d'un artisan en
« laine, et le roi étoit fort amoureux d'elles.
« Ingoberge, qui en conçut de la jalousie, pour
« les rendre méprisables aux yeux du roi, fit
« venir en secret leur père au palais, et le mit
« à l'ouvrage sur les laines royales; pendant
« qu'il travailloit, elle appela le roi auprès de
« lui. Charibert, qui s'étoit attendu à voir
« quelque chose de nouveau, irrité de ce qu'on
« vouloit régler sa conduite, éloigna Ingoberge
« et épousa Méroflède. Il prit aussi une autre
« jeune fille nommée Theudechilde, dont le
« père étoit gardeur de brebis; on dit qu'il en eut
« un fils qui mourut en naissant (1)...... Chari-

(1) *Gregor. Turon.* Lib. IV, cap. 26, p. 215.

« bert épousa ensuite Marcovefa, sœur de Mé-
« roflède (elle étoit religieuse), et pour cette
« cause, tous deux furent excommuniés par
« saint Germain, évêque de Paris; et comme
« le roi ne vouloit point la laisser, elle mou-
« rut frappée par le jugement de Dieu; peu
« après elle, le roi Charibert mourut aussi.
« Après sa mort, Theudechilde, une de ses
« reines, envoya des messagers à Gontran, s'of-
« frant d'elle-même à lui en mariage. Le roi
« leur répondit : *Qu'elle ne tarde pas à venir à*
« *moi avec ses trésors ; je la recevrai, et je la*
« *rendrai grande aux yeux des peuples, en sorte*
« *qu'elle jouira auprès de moi de plus d'hon-*
« *neur encore qu'elle ne faisoit auprès de mon*
« *frère qui vient de mourir*. Aussitôt ayant ras-
« semblé tous ses effets, elle partit avec joie;
« ce que Gontran ayant vu, il dit : *il vaut mieux*
« *que ces trésors soient entre mes mains qu'en*
« *celles d'une femme qui étoit entrée indigne-*
« *ment dans le lit de mon frère*. Alors lui en
« ôtant la plus grande partie, et ne lui laissant
« que fort peu de richesses, il l'enferma dans
« un monastère, à Arles. Theudechilde ne se
« soumettoit qu'à regret aux jeûnes et aux veil-
« les; elle appela à elle un Goth, auquel elle
« promit que s'il vouloit l'épouser et la conduire
« en Espagne, elle se donneroit à lui avec tous
« les trésors qu'elle avoit dans le couvent. Il

« s'engagea à le faire, et déjà elle avoit rassemblé
« ses effets, et en avoit formé des ballots, lors-
« que l'abbesse l'arrêta au moment où elle alloit
« sortir du couvent. Après l'avoir fait grieve-
« ment fustiger pour la faute où elle avoit été
« surprise, elle la fit mettre dans un cachot,
« où Theudechilde demeura dans la douleur jus-
« qu'à la fin de sa vie. » (1)

Gontran, roi d'Orléans, le second des fils de
Clothaire Ier, ayant établi sa cour à Châlons-
sur-Saône, se fit appeler plus communément
roi des Bourguignons. Toute la Bourgogne en
effet étoit tombée dans son partage; et comme
elle avoit déjà été gouvernée cent trente ans
à titre de royaume indépendant, comme elle
étoit aussi plus peuplée et plus civilisée que le
reste des Gaules, elle recouvra en quelque sorte,
dès cette époque, une indépendance qui s'affermit pendant le long règne de Gontran, et qui se
maintint jusqu'à l'année 613. Les formes de l'administration établie par les anciens rois bourguignons se rapprochoient de celles des Romains, et plusieurs de leurs magistrats por-

(1) *Gregor. Turon.* Lib. IV, cap. 26, p. 216. Fortunatus,
évêque contemporain de Poitiers, a écrit le panégyrique de
Charibert, Lib. VI, carm. 4, *in Script. franc.* T. II, p. 505.
Mais il n'y a aucun prince de cette époque dont Fortunatus
n'ait célébré les vertus. — *Gesta reg. franc.* Cap. 30, p. 560.
— *Aimoini Floriac.* Lib. III, cap. 11, T. III, p. 66. — *Fredegarii Epitomata.* Cap. 56, p. 405.

toient encore des noms usités sous l'empire. Gontran maintint ou rétablit des usages propres à la Bourgogne, et auxquels les peuples étoient attachés. Le gouverneur général de la Bourgogne, le chef de la justice, des finances et des armées, portoit le titre de Patrice. Gontran, en parvenant à la couronne, trouva un Romain, nommé Agricola, en possession de cette dignité; il l'écarta pour le remplacer par un autre Romain, nommé Celsus, « homme doué d'une « grande force de corps, plein de vanité et d'en- « flure dans ses paroles, et assez avide pour « avoir envahi les biens de plusieurs églises, « mais très-versé dans le droit, et très-juste « dans ses décisions juridiques (1). » C'est la première mention que nous rencontrions de cette magistrature, et elle est remarquable, parce qu'on ne tarda guère, dans les autres royaumes, à voir s'en élever une dont les fonctions étoient presque semblables, celle des maires du palais, qui changèrent ensuite la constitution.

« Le bon roi Gontran, ajoute saint Grégoire, « fit d'abord entrer dans son lit, comme sa con- « cubine, Vénérande, fille d'un de ses offi- « ciers; il en eut un fils qu'il nomma Gonde- « baud. Il épousa ensuite Marcatrude, fille de « Magnasius; alors il envoya son fils Gondebaud

---

(1) *Gregor. Turon.* Lib. IV, cap. 24, p. 214.

« à Orléans. Vénérande, jalouse de Marcatrude,
« lorsque celle-ci eut un fils, complota la mort
« de ce fils, et mêla, à ce qu'on assure, un
« poison dans sa boisson, par lequel elle le tua.
« Mais aussitôt, par un jugement de Dieu, le
« fils qu'elle avoit mourut aussi; elle encourut
« la haine de son roi, et, renvoyée par lui, elle
« mourut peu après. Gontran épousa ensuite
« Austrechilde, surnommée Bobila, de qui il
« eut deux fils, Clothaire et Chlodomir. » (1)

Chilpéric, le troisième des fils de Clothaire Ier, qui régnoit à Soissons et dans la Neustrie, étoit encore le plus luxurieux de ces quatre princes, et ce fut aussi celui qui souilla son règne par les plus effroyables cruautés. Il n'étoit cependant encore entouré que de femmes d'un rang inférieur, parmi lesquelles on remarquoit la fameuse Frédégonde, lorsque son quatrième frère Sigebert, roi de Reims et d'Austrasie, songea à contracter un mariage plus honorable. Il envoya en Espagne une députation chargée de riches présens, pour demander Brunehault, fille d'Athanagilde, roi des Visigoths, qui avoit transporté à Tolède le siége de cette monarchie. « Brunehault, ajoute Grégoire de Tours, qui
« mourut long-temps avant elle, étoit une
« jeune fille élégante dans ses manières, agréa-
« ble de visage, honnête et décente dans ses

---

(1) *Gregor. Turon.* Lib. IV, cap. 25, p. 215.

« mœurs, douée de prudence dans les con-
« seils, et d'un langage flatteur. Son père ne la
« refusa point; il l'envoya au roi Sigebert, avec
« des trésors considérables. Celui-ci ayant ras-
« semblé auprès de lui les seigneurs de son
« royaume, et préparé des festins, la reçut
« pour femme avec une joie et une allégresse
« infinies. Elle étoit alors soumise à la loi des
« Ariens; mais par la prédication des prêtres
« et les exhortations du roi lui-même, elle se
« convertit, et crut et confessa l'unité dans
« la Trinité bienheureuse. Elle reçut le saint-
« chrême, et elle persévère jusqu'à ce jour dans
« la foi catholique du Christ. » (1)

Le mariage de Sigebert avec Brunehault fit
quelque impression sur l'esprit de Chilpéric; il
eut honte de ne s'être associé qu'à des femmes d'un
rang inférieur. « Quoiqu'il eût déjà plusieurs
« femmes, dit Grégoire de Tours, il fit demander
« Galswinthe, sœur aînée de Brunehault, pro-
« mettant, par ses députés, qu'il laisseroit toutes
« les autres, dès qu'il auroit obtenu une com-
« pagne fille de roi et digne de lui. Athanalgide,
« ayant reçu ces promesses, lui envoya en effet
« sa fille avec de grandes richesses, comme il
« avoit envoyé l'autre. A l'arrivée de Galswinthe

---

(1) *Gregor. Turon.* Lib. IV, cap. 27, p. 216. — *Fredegarii Epitomata.* Cap. 60, p. 405. — *Gesta reg. francor.* Cap. 31, p. 560.

« auprès de Chilpéric, elle fut reçue avec de
« grands honneurs ; elle lui fut associée en ma-
« riage, et il l'aima avec d'autant plus de ten-
« dresse, qu'elle lui avoit apporté de grands tré-
« sors. Mais bientôt son amour pour Frédégonde,
« qu'il avoit auparavant pour maîtresse, excita
« entre elles un grand scandale. Déjà Galswinthe
« étoit convertie à la foi catholique, et avoit reçu
« le saint-chrême, lorsqu'elle se plaignit au roi
« des injures journalières qu'elle recevoit, dé-
« clarant qu'on ne lui montroit aucun respect :
« elle demanda donc à retourner dans sa patrie,
« en abandonnant tous les trésors qu'elle avoit
« apportés. Chilpéric essaya d'abord de dissi-
« muler avec elle, et de l'apaiser, en lui par-
« lant avec douceur ; mais ensuite il la fit étran-
« gler par un page à lui, en sorte qu'on la trouva
« morte sur son lit. Après avoir pleuré sa mort,
« Chilpéric, au bout de peu de jours, épousa
« Frédégonde..... Il avoit déjà trois fils de la pre-
« mière de ses femmes, nommée Audovère. » (1)

Les événemens domestiques de la famille des fils de Clothaire Ier sont le souvenir le plus détaillé qui nous ait été conservé de leur règne. Pendant le même temps, l'histoire nationale ne nous présente que des événemens confus, obscurs, ou dont le souvenir est à la fois triste et honteux. En effet, les forces de la nation ne

(1) *Gregor. Turon.* Lib. IV, cap. 28, p. 217.

cessèrent de se consumer dans des guerres civiles, auxquelles tous les intérêts nationaux étoient étrangers, et qui ne réveilloient pas même des passions généreuses.

562.   Au commencement du règne des quatre frères, une guerre redoutable entama les frontières de l'empire des Francs. Un nouveau peuple tartare, les Ugurs, sujets de l'ancien empire turc, établi au centre de l'Asie, autour du mont Altaï, avoient récemment échappé à la tyrannie de leurs maîtres : en s'approchant du Volga et de la mer Caspienne, ils renoncèrent à leur nom, pour prendre celui des *Avares*, autre peuple d'Asie également soumis aux Turcs, et cependant plus illustre et plus redouté. En 558, ces nouveaux Avares étoient encore au pied du mont Caucase, d'où ils envoyèrent une ambassade à Justinien, pour conclure avec lui une alliance; en 562, ils avoient déjà passé le Tanaïs et le Borysthène; ils s'avançoient dans le cœur de la Pologne et de la Germanie, et, traînant à leur suite les nations vaincues, les Avares fugitifs étoient devenus les plus redoutables des conquérans. (1)

Le khan ou chagan des Avares, auxquels on donna aussi le nom de Huns, s'étoit montré

---

(1) *Theophylactus Symocatta.* Lib. VII, cap. 7 et 8. — Gibbon, *Decline and fall.* Ch. 42. — *Hadr. Valesii.* Lib. IX, p. 7.

peut-être dès l'an 562 sur la frontière la plus orientale de l'empire des Francs. Grégoire de Tours ne nous apprend point jusqu'où parvinrent ces peuples barbares ; il raconte seulement que Sigebert, roi d'Austrasie, marcha à leur rencontre, les vainquit, les mit en fuite, et traita ensuite de la paix avec leur roi, dont il accepta l'amitié (1). Ce traité n'empêcha point le chagan de tenter une nouvelle irruption en Austrasie, vers l'an 566. Sigebert marcha encore à la rencontre des Avares, mais il fut défait ; ce que Grégoire de Tours attribue au pouvoir des sortiléges de ces peuples païens. Sigebert avoit été fait prisonnier ; toutefois il racheta sa liberté par de riches présens, il contracta avec le chagan une alliance plus étroite, et les deux princes se promirent de ne plus porter les armes l'un contre l'autre (2). Des écrivains postérieurs de plusieurs siècles, placent, avec beaucoup de vraisemblance, ces combats dans la Thuringe, entre l'Elbe et la rivière Sala. Les Avares se retirèrent ensuite sur le Danube ; là ils furent accueillis par Alboin, roi des Lom-

(1) *Gregor. Turon.* Lib. IV, cap. 23, p. 214.
(2) *Gregor. Turon.* Lib. IV, cap. 29, p. 217.—*Fredegarii Epitomata.* Cap. 61, p. 405. — *Aimoini Floriac.* Lib. III, cap. 11, p. 70.—Chroniques de Saint-Denys, Liv. III, ch. 1, p. 209. — *Menandri Protectoris excerpta de Legat.* p. 103, 110.—*Pauli Diaconi, de Gestis Langob.* Lib. II, cap. 10.— *In Muratori Script. rer. italic.* T. I, p. 429.

bards, qui sollicita leur alliance contre les Gépides. Ces derniers furent vaincus, leur roi Cunimond fut tué, et leur nation anéantie. Les Avares, après avoir erré dix ans des plateaux du Thibet jusqu'aux rives de l'Elbe, s'établirent enfin au nord du Danube, dans les provinces de Valachie, Moldavie et Transylvanie, et dans une partie de la Hongrie; ils y fondèrent un royaume qui subsista deux cent trente ans. (1)

Le danger d'une invasion tartare auroit dû réunir les rois francs pour leur défense ; mais les fils de Clothaire ne voyoient au contraire, dans tous les malheurs de leurs frères, qu'une occasion de s'agrandir. Tandis que Sigebert tenoit tête aux peuples pasteurs, Chilpéric envahit les états de son frère, entra dans Reims, et leva des contributions dans ses autres cités. A son retour de l'expédition contre les Avares, Sigebert prit sa revanche sur la Neustrie; il entra à Soissons avec son armée, il y enleva Théodebert, fils de Chilpéric, qu'il fit garder comme otage pendant une année au château de Pontion, près de Vitry-le-Brûlé, et qu'il rendit à son père, lorsqu'une paix, ensuite mal observée, eût été confirmée par des sermens mutuels (2).

(1) *Pauli Diaconi.* Lib. I, cap. 27, p. 424.—Gibbon, *Decline and fall.* Ch. 45.
(2) *Gregor. Turon.* Lib. IV, cap. 23, p. 214.

Le meurtre de Galswinthe fit renouveler les hostilités. Sigebert entreprit de venger sa belle-sœur ; ses autres frères le secondèrent, et Chilpéric fut sur le point de perdre sa couronne. La paix fut cependant rétablie pour la seconde fois entre les frères par la médiation de Gontran, sous condition que Chilpéric abandonneroit à Brunehault, femme de Sigebert, les villes qu'il avoit d'abord promises pour douaire à sa sœur Galswinthe. (1)

Il est douteux que Charibert, roi de Paris et d'Aquitaine, vécût encore à cette époque. Il avoit obtenu en partage des provinces qu'aucun ennemi ne menaçoit, et il n'avoit pas plus été troublé dans leur possession par ses frères que par les étrangers. On ne connoît de son administration autre chose que la rigueur avec laquelle il maintint Emérius, évêque intrus de Saintes, contre l'autorité de l'archevêque de Bordeaux et d'un concile provincial : il condamna à des amendes considérables et cet archevêque et les pères du concile, pour avoir voulu se soustraire à l'autorité royale ; et saint Grégoire le raconte sans en témoigner aucun ressentiment (2). Charibert, uniquement occupé

(1) *Gregor. Turon.* Lib. IV, cap. 28, p. 217. — *Hadriani Valesii.* Lib. IX, p. 26.

(2) *Gregor. Turon.* Lib. IV, cap. 26, p. 215. — Fleury, *Histoire ecclésiast.* Lib. XXXIV, chap. 2.

de ses plaisirs et de ses vices, mourut à Paris au plus tard en 567 (1). Comme il ne laissoit que des filles, ses frères partagèrent entre eux les provinces qui avoient formé son royaume. Si leurs frontières étoient auparavant entremêlées, elles le furent bien davantage après ce partage ; chacun des trois frères eut dès lors son duché d'Aquitaine : ces provinces, enclavées les unes dans les autres, augmentoient les occasions de mécontentement et de brouilleries entre les frères, tandis qu'il étoit presque impossible de les défendre. Dès lors une guerre civile succéda à l'autre, presque sans interruption, et chacun des trois royaumes n'ayant nulle part de frontière militaire, et se trouvant dans toutes ses parties rapproché de quelque ennemi, fut aussi, dans toutes ses parties, constamment exposé au pillage et à la désolation.

L'Auvergne étoit échue en partage au roi d'Austrasie, aussi-bien qu'Avignon, Marseille, et Aix en Provence. Sigebert voulut à ces villes joindre encore celle d'Arles, qui appartenoit au roi Gontran ; ses lieutenans y entrèrent en effet par surprise. Mais le patrice de Bourgogne Celsus s'avança avec une armée nombreuse pour la reprendre, et en chemin il se rendit maître d'Avignon, qui appartenoit à Sigebert. Celsus livra

(1) *Gregorii Turonensis de Gloriâ Confessorum.* Cap. 19, p. 467.

devant Arles une bataille aux Austrasiens, qui furent défaits, et dont un grand nombre se noya dans le Rhône. Il recouvra la possession d'Arles, et Gontran termina cette courte guerre en rendant à son frère Avignon qu'il lui avoit enlevé. (1)

Peu de temps après, le royaume de Bourgogne fut dévasté par une peste qui semble avoir eu les caractères de celle qui désola l'Italie au quatorzième siècle. Un charbon, tel que l'auroit causé la morsure d'un serpent, se formoit ou à l'aine ou aux aisselles; son venin étoit si rapide, que tous ceux qui en étoient atteints expiroient dès le second ou troisième jour; pendant la durée de la maladie, et dès sa première invasion, les malades sembloient avoir perdu le sens. La mortalité fut extrême; il y eut des jours où l'on vit à Clermont d'Auvergne jusqu'à trois cents cadavres apportés en même temps à l'Église cathédrale. Les fossoyeurs manquoient aux morts, et l'on se vit obligé d'en jeter jusqu'à dix dans une même fosse. Lyon, Bourges, Châlons-sur-Saône et Dijon furent les villes les plus maltraitées par ce fléau. Comme on ne savoit alors prendre aucune précaution pour l'arrêter, il auroit pu faire le tour de la France; mais il semble que les vastes déserts qui couvroient encore une partie des Gaules, et qui interrom-

567—571.

---

(1) Gregor. Turon. Lib. IV, cap. 30, p. 217. — *Hadriani Valesii.* Lib. IX, p. 28.

poient entre les provinces une communication qu'aucun commerce ne rendoit bien active, sauvèrent de la contagion les villes qui furent épargnées. (1)

A peine le royaume de Bourgogne commençoit-il à se remettre des ravages de la peste, lorsqu'il fut attaqué sur sa frontière d'Italie, par laquelle les Francs ne devoient pas s'attendre à une invasion. Depuis la mort de Téjas, dernier roi des Ostrogoths, en 553, l'Italie étoit rentrée sous la domination de Justinien et des Grecs de Byzance. Sa population et sa richesse étoient détruites, et Narsès qui, parvenu à la dernière vieillesse, gouverna quinze ans sa conquête, songeoit plus à se maintenir qu'à inquiéter ses voisins. Mais long-temps avant la chute de la monarchie des Ostrogoths, dès sa première décadence, lors de la mort de Théodoric, ce peuple avoit cessé de garder le Danube, qui couvroit la Pannonie et le Norique. Pendant que les Ostrogoths en avoient retiré leurs troupes, pour combattre les Grecs en Italie, les Lombards et les Gépides y avoient fondé deux puissantes monarchies. Les Lombards, originairement issus de la Scandinavie, et constamment distingués par leur bravoure entre les nations germaniques, occupèrent quarante-deux ans la

---

(1) *Gregor. Turonens.* Lib. IV, cap. 31, p. 219. — *Marii Avent. chron.* p. 18, ad ann. 571.

Pannonie. Vers 567, ils s'allièrent aux Avares, et de concert avec eux ils renversèrent la monarchie rivale des Gépides ; puis ils cédèrent aux Avares leur conquête, et en 568, leur roi Alboin passa les Alpes pour tenter la conquête de l'Italie. Il avoit réuni sous ses étendards, avec toute la nation des Lombards, qui n'étoit pas nombreuse, une partie de ces Gépides mêmes qu'il venoit de vaincre, des Bulgares leurs voisins, et des Saxons qui avoient suivi les Avares à leur retour de Thuringe. Il rencontra peu de résistance en Italie ; Milan lui ouvrit ses portes le 4 septembre 569, et tandis que les Grecs se défendoient dans les villes maritimes, tout l'intérieur du pays fut partagé entre les ducs lombards. (1)

A peine cette conquête étoit achevée, et Pavie, qui soutint un siége de trois ans, résistoit probablement encore, lorsque les Lombards firent une irruption dans la Provence, qu'ils ravagèrent de la manière la plus cruelle. Le patrice Amatus, qui avoit récemment succédé à Celsus, marcha à leur rencontre, et leur livra bataille ; mais ses troupes furent mises en fuite ; il fut tué dans le combat, et les Lombards, après avoir fait un massacre effroyable des Bourguignons, rentrèrent en Italie chargés de butin, et accompagnés de troupeaux de captifs. Gontran éleva au patriciat Ennius Mummolus, Gaulois ou Romain

(1) *Paul. Diac. de Gestis Langob.* Lib. II, c. 7 et seq. p. 428.

de naissance, comme ses deux prédécesseurs. Celui-ci, rassemblant, en 572, l'armée des Bourguignons, surprit dans une forêt près d'Embrun, les Lombards entrés de nouveau dans les Gaules. Il y avoit fait d'avance des abatis d'arbres qui arrêtèrent leur marche; il en tua un grand nombre, et il en envoya plusieurs autres prisonniers à son roi. (1)

Le corps de Saxons qui avoit accompagné les Lombards en Italie ne put point s'accorder avec eux sur le partage du pays conquis. Les Saxons résolurent donc de passer les Alpes à leur tour, pour entrer en Provence, y vivre de pillage, et si le succès couronnoit leurs armes, y établir leurs demeures. Mais le patrice Mummolus, qui veilloit leurs mouvemens, les surprit près d'Establons, dans le diocèse de Riez, et en tua plusieurs milliers. Tandis que les deux armées se préparoient pour livrer le lendemain matin une nouvelle bataille, des négociateurs essayèrent de rétablir entre elles la paix. Ces mêmes Saxons étoient sortis d'un pays qui s'étoit uni volontairement à la confédération des Francs, et qui, en signe de soumission, payoit un tribut de bétail au roi d'Austrasie. Ils promirent de

---

(1) *Gregor. Turon. Hist.* Lib. IV, cap. 41, 42, p. 224. — *Pauli Diaconi.* Lib. III, cap. 1-9, p. 437. — *Fredegarii Epit.* Cap. 65, p. 406. — *Aimoini Monarch.* Lib. III, cap. 7, p. 69.

rentrer dans cette alliance, de se soumettre de nouveau au roi Sigebert, et de regagner leurs anciennes demeures en Germanie, en traversant pour cela toutes les Gaules. Dans ce but, ils retournèrent en Italie, pour chercher leurs femmes et leur butin; et dans la campagne suivante, cette armée barbare marcha des Alpes de Provence jusqu'aux bords de l'Elbe, non sans faire regretter aux Gaulois l'hospitalité qu'ils étoient contraints de lui donner. (1)

Après la mort d'Alboin et de Cléphis son successeur, les Lombards, qui avoient supprimé la dignité royale, et qui obéissoient à trente ducs, entre lesquels ils avoient partagé leurs conquêtes, passèrent encore les Alpes, sous la conduite de trois de ces ducs, et envahirent de nouveau la Provence. Tous les pays situés à la gauche du Rhône, depuis Grenoble jusqu'à Marseille, furent cruellement ravagés par eux, probablement en l'année 576. Mais le même patrice Mummolus qui, à plusieurs reprises, avoit vaincu leurs compatriotes, attaqua successivement leurs trois corps d'armée, qui s'étoient imprudemment éloignés à de très-grandes distances, les battit, et leur fit passer pour jamais l'envie de rentrer dans les Gaules. (2)

(1) *Gregor. Turon.* Lib. IV, cap. 43, p. 225. — *Histoire générale du Languedoc*, Liv. VI, chap. 8. et 9, p. 284.

(2) *Gregor. Turonens.* Lib. IV, cap. 45, p. 226. — *Marii Avent. chron.* p. 18, ad ann. 574.

571—575. Les Francs pouvoient acquérir quelque gloire dans leurs guerres contre les Avares et contre les Lombards ; il s'agissoit pour eux de défendre leur sol natal, leurs propriétés, leurs familles et leur honneur national. Aucun motif semblable ne se présentoit à eux dans les guerres civiles où les engagèrent leurs rois, guerres où des frères se proposoient de dépouiller leurs frères, sans offrir en récompense à ceux qui combattoient pour eux, ni de plus amples priviléges, ni une plus entière protection de leurs droits. Quand on se souvient que les rois n'avoient point de troupes de ligne, et que le service des Francs étoit presque volontaire, on a peine à concevoir le motif qui les engageoit à prendre les armes.

Chilpéric et Sigebert, rois de Neustrie et d'Austrasie, étoient animés l'un contre l'autre d'une haine acharnée, que la jalousie paroît avoir excitée de bonne heure, et que l'aversion de leurs deux femmes, Frédégonde et Brunehault, envenimoit encore. Lorsque leur frère Gontran les vit sur le point de renouveler leurs hostilités, il leur proposa de soumettre leurs différends à l'arbitrage des évêques, qu'en 573 il assembla à Paris en concile national. Mais une aveugle fureur les empêchoit de rien entendre; et les Francs, auxquels ils n'offroient plus l'espoir du butin dans des expéditions étrangères, consentoient à s'enrichir des dépouilles de leurs propres provinces. Théodebert, fils aîné de Chilpéric, se jeta dans l'Aquitaine austrasienne ; c'est ainsi qu'on nommoit les provinces cédées à Sigebert au midi de la Loire ; savoir, l'Auvergne, le Rouergue, le Gévaudan, le Velay, l'Albigeois, le Poitou et la Touraine. Un duc nommé Gondebaud, lieutenant de Sigebert dans l'Aquitaine austrasienne, étoit chargé de les défendre ; mais il paroît n'avoir eu sous ses ordres que des milices du pays, tandis que Théodebert, à la tête des Francs neustriens, défit son armée, prit Tours et Poitiers, massacra un grand nombre de leurs habitans, brûla presque tous les villages de la Touraine, contraignit le reste à se soumettre à son autorité, et passa de là dans les diocèses de Limoges et de Cahors, qu'il ruina également. Il y brûla les églises, il pilla les couvens, tua les prêtres, viola les religieuses, et fit souffrir plus de maux aux chrétiens, à ce qu'assure saint Grégoire, qui à cette époque même étoit depuis une année évêque de Tours, que Dioclétien pendant sa persécution n'en avoit infligé au monde romain. (1)

Il étoit plus facile à Sigebert de se venger,

(1) *Gregor. Turon.* Lib. IV, cap. 28, p. 228.—*Fredegarii Epitomata.* Cap. 70, p. 407.—*Gesta reg. francor.* Cap. 32, p. 561.

que de défendre les provinces qu'il possédoit sur la rive gauche de la Loire. Il appela à lui les nations germaniques d'au-delà du Rhin, qui s'étoient associées à la monarchie française, mais qui n'avoient encore adopté ni la religion chrétienne, ni aucune des habitudes de la vie civilisée. Leur barbarie inspiroit tant de terreur, que Gontran, jusqu'alors ennemi de Chilpéric, s'unit à lui pour fermer ensemble, aux Germains, l'entrée des Gaules. Mais Sigebert, ayant menacé Gontran de faire fondre cet orage sur la Bourgogne, le ramena à son parti. Alors le roi d'Austrasie conduisit sa redoutable armée dans les provinces de Chilpéric ; il brûla tous les villages des environs de Paris sur l'une et l'autre rive de la Seine, et il permit que leurs habitans fussent emmenés en captivité au-delà du Rhin. Il s'avança ensuite vers Chartres, avec intention de livrer bataille à Chilpéric qui s'y étoit retiré. Mais les seigneurs francs d'Austrasie et de Neustrie s'interposèrent, pour éviter un combat qui pouvoit anéantir les forces de leur monarchie. La paix fut signée en suite de leurs négociations : Chilpéric promit de restituer toutes les provinces que son fils avoit conquises sur la gauche de la Loire. Sigebert promit de congédier ses Germains : mais il n'étoit pas facile de les faire renoncer à la guerre, et au pillage qui leur avoit été promis. Comme à leur retour ils repassoient près de Paris, ils recommencèrent à brûler tous les villages, tous les châteaux du voisinage avec plus de fureur qu'auparavant. Ils murmuroient, ils menaçoient Sigebert, ils l'accusoient de s'être retiré au moment du combat, et leur mécontentement sembloit sur le point d'éclater par une sédition furieuse; mais le roi d'Austrasie, avec l'intrépidité qui le distinguoit, monta à cheval, courut à eux, les calma par ses discours, et fit ensuite lapider plusieurs de ceux qui avoient montré le plus de violence : ce ne fut point, ajoute Grégoire, sans l'assistance miraculeuse de saint Martin, que cette terrible armée se retira sans combat. (1)

Dès que l'armée germanique eut repassé le Rhin et se fut dispersée, Chilpéric proposa à Gontran une alliance, pour se venger ensemble sur le roi d'Austrasie, de la terreur qu'il leur avoit inspirée. En effet, au commencement de la campagne de 575, Chilpéric s'avança jusqu'à Reims, brûlant tout le pays situé entre cette ville et la frontière de Neustrie. Mais Sigebert trouva bientôt moyen de rassembler les Barbares de la France orientale, et de rentrer dans Paris à la tête de sa redoutable armée, en chassant Chilpéric devant lui. Dans le partage du

---

(1) *Gregor. Turon.* Lib. IV, cap. 50, p. 229.—Chroniques de Saint-Denys, Liv. III, chap. 3, p. 212.

royaume de Charibert, Paris n'avoit été attribué à aucun des trois frères. Ils étoient convenus que tous trois auroient un droit égal sur cette ville, mais qu'aucun des trois n'y entreroit sans le consentement des deux autres, sous peine de perdre sa part au royaume de Charibert. On ne pouvoit, il est vrai, s'attendre à ce que ces conventions fussent observées en temps de guerre; et Gontran, roi de Bourgogne, loin de réclamer contre l'entrée de Sigebert son frère à Paris, prit ce moment pour se réconcilier avec lui. Gontran n'étoit pas accessible aux passions fougueuses, à la haine et à l'ambition qui dirigeoient la conduite de ses deux plus jeunes frères; il aimoit le repos et les plaisirs; mais sa foiblesse, sa versatilité, et la rapidité avec laquelle, sans même attendre de prétexte, il passoit d'un parti à l'autre, ne furent guère moins fatales à la France que la férocité de ses deux frères.

Pendant que la Neustrie étoit inondée par les hordes barbares de la Germanie, le reste des Gaules éprouvoit aussi les désastres des guerres civiles. Théodebert, fils de Chilpéric, commandoit dans l'Aquitaine neustrienne, et les habitans de Tours et de Poitiers paroissoient lui être favorables; mais deux lieutenans de Sigebert, les ducs Godegisile et Gontran-Boson, entrèrent en Touraine avec une armée austrasienne. Ils attaquèrent Théodebert, qui, se trouvant dans le combat séparé des siens, fut tué par Gontran-Boson, et enseveli sans pompe à Angoulême. On soupçonna ce seigneur austrasien d'avoir voulu servir non moins Frédégonde que Sigebert, par le meurtre du jeune prince. La reine de Neustrie étoit jalouse des fils que son mari avoit eus d'un autre lit, et elle ne prit point de repos qu'ils n'eussent tous péri de mort violente. (1)

Mais au moment où Théodebert étoit tué en Aquitaine, Frédégonde paroissoit peu en état de récompenser l'ambition de ses serviteurs : elle sembloit au moment de se voir précipitée du trône. Chilpéric, se croyant presque sans ressources, s'étoit enfermé avec sa femme et ses enfans dans les murs de Tournai. Aucune autre ville de ses états ne paroissoit disposée à résister aux vainqueurs. Brunehault, femme de Sigebert, s'étoit rendue de Metz à Paris avec ses enfans et ses trésors ; c'étoit elle qui le poussoit à la guerre contre son frère, en lui demandant sans cesse vengeance du sang de sa sœur Galswinthe. Elle lui recommandoit de ne pas se contenter de la conquête de quelques provinces, mais de lui ravir en même temps la couronne et la vie. Saint Germain, évêque de Paris, essayoit en vain, par une lettre qui nous

(1) *Gregor. Turon.* Lib. IV, cap. 56, p. 229.

a été conservée, de lui inspirer des sentimens plus humains (1). En vain, prenant avec Sigebert un ton prophétique, il lui avoit annoncé que, s'il ne cherchoit qu'une paix honorable, il obtiendroit la victoire; mais que s'il désiroit le sang de son frère, le sien même seroit versé. En vain sainte Radegonde écrivit aux deux rois fils de son mari, pour les inviter à la concorde (2). Sigebert paroissoit résolu à poursuivre son frère dans sa dernière retraite, et à faire tomber sa tête avec celles de ses enfans.

Tandis que Sigebert s'avançoit vers Rouen à la tête de ses soldats germains, les Francs neustriens lui représentèrent qu'en poursuivant ses conquêtes, il détruiroit le trône que ses ancêtres avoit élevé, et feroit passer l'empire à une nation nouvelle, à peine attachée aux Francs par une alliance momentanée. Pour terminer la guerre, ils lui offrirent de le mettre solennellement à leur tête par une élection populaire. En effet, l'armée neustrienne s'étant rassemblée à Vitry, entre Arras et Douai, Sigebert fut placé sur un bouclier, élevé à la vue de toutes les troupes, et salué du nom de roi de Neustrie.

Chilpéric sembloit perdu; mais Frédégonde

(1) *Variorum Epist. Script. franc.* T. IV, p. 80, num. 47.
(2) *Hadriani Valesii.* Lib. IX, p. 58.

sa femme avoit préparé sa délivrance ; son caractère étoit hautain, son courage inébranlable, son esprit fécond en ressources, et aucune idée morale, aucun sentiment de préférence entre la vertu et le vice ne la gênoit dans l'exécution de ses projets. Elle avoit autour d'elle un grand nombre de pages auxquels elle avoit inspiré un dévouement sans bornes, et qui étoient toujours prêts à exécuter ses ordres au péril de leur vie. La religion du temps permettoit de croire que les grands et les riches pouvoient disposer en quelque sorte de la béatitude éternelle, pour récompenser les crimes qu'ils ordonnoient sur la terre. Frédégonde choisit deux pages de Térouane, qu'elle échauffa d'abord par des liqueurs enivrantes. « Allez, leur dit-elle, au groupe « qui entoure Sigebert ; feignez de vous joindre « à ceux qui l'élèvent sur le pavois comme leur « roi, et frappez-le de ces couteaux empoison- « nés. Si vous en revenez vivans, je vous hono- « rerai merveilleusement vous et toute votre « race ; si vous succombez, je distribuerai, « pour la félicité de vos âmes, des aumônes « abondantes aux tombeaux des saints. » (1)

Les deux pages s'approchèrent en effet de Sigebert, au moment même où l'on redescendoit le bouclier sur lequel il avoit été élevé, et le

(1) *Gesta reg. francor.* Cap. 32, p. 562.

frappèrent en même temps dans les deux flancs avec les couteaux empoisonnés que les Francs désignoient par le nom de *scrama-sax*. Sigebert tomba en poussant un cri, et il expira presque aussitôt. Le peuple, en le voyant renversé, assouvit sa haine sur ses conseillers, auxquels on attribuoit les fautes de son règne, et probablement les ravages des Germains. Charégisile, son chambellan, qu'on accusoit de s'être enrichi des biens des mourans, en interprétant faussement leurs testamens en sa faveur, fut massacré auprès de son maître. Le Goth Sigila, son général, fut déchiré de blessures ; cependant il fut réservé en vie, et recommandé à la clémence de Chilpéric ; mais dès que celui-ci fut le maître, il le fit périr par un supplice atroce, lui appliquant des cautères brûlans sur toutes les jointures, et lui faisant arracher tous les membres l'un après l'autre. (1)

Chilpéric hésitoit s'il s'enfuiroit encore de Tournai, ou s'il y soutiendroit un siége, lorsqu'on vint lui annoncer que son frère avoit été assassiné. Les Neustriens qui l'avoient tout

---

(1) *Gregorii Turon. Hist.* Lib. IV, cap. 52, p. 230. — *Fredegarii Epit.* Cap. 71, p. 407. — *Gesta reg. francor.* Cap. 32, p. 562. — *Chron. Moissiac.* p. 651. — *Adonis Vienn. Chron.* p. 668. — *Aimoini Floriac.* Lib. III, cap. 12, p. 71. — Chroniques de Saint-Denys, Liv. III, ch. 4, p. 213. — *Hadriani Valesii*, Lib. IX, p. 60.

récemment abandonné, n'hésitèrent pas à le 575.
reconnoître de nouveau. Il vint à leur rencontre
avec sa femme et ses enfans; il prit soin des
funérailles de Sigebert, qui fut déposé dans
l'église de Saint-Médard de Soissons, auprès du
tombeau de son père, et il s'achemina ensuite
vers Paris, pour prendre possession de la capitale du royaume. (1)

(1) *Gregor. Turon.* Lib. IV, cap. 52, p. 230.

CHAPITRE VIII.

De la mort de Sigebert à celle de Gontran, dernier survivant entre les fils de Clothaire Ier.
575 — 593.

La période qu'embrasse ce Chapitre est la seule, pendant toute la durée de la première race, sur laquelle nous ayons de grands détails. Grégoire de Tours a consacré les six derniers de ses dix livres d'histoire à raconter les événemens de seize années, de l'an 575 à l'an 591; lui-même étoit alors revêtu de l'épiscopat, dans la ville consacrée au saint le plus illustre de France. Le crédit de saint Martin de Tours s'étendoit sur son successeur, évêque et saint comme lui; et Grégoire étoit mêlé aux plus grandes affaires du royaume. Cependant, malgré les avantages de sa position et sa prolixité, il s'en faut bien que l'évêque de Tours nous fasse vivre avec lui dans le temps dont il parle. Les miracles, les querelles des ecclésiastiques, les discussions théologiques, et les aventures privées auxquelles il avoit pris part, occupent la plus grande partie de l'ouvrage qu'il a intitulé *Histoire ecclésiastique des Francs.* Tous ces détails, donnés sans ordre, n'aident point à concevoir la situation du pays; et peut-être en effet étoit-elle difficile à représenter, parce que rien n'étoit fondé sur les lois, rien n'étoit régulier, rien n'étoit uniforme. Les citoyens, les membres distingués de l'état, s'arrogeoient une licence qui confond, tandis qu'aucun privilége ne garantissoit ni leur liberté, ni leur vie. Des grands, des évêques même, exerçoient le brigandage : leurs crimes n'étoient pas réprimés; mais ces grands étoient exposés à leur tour au brigandage des rois. Quant aux événemens publics, le récit de Grégoire est toujours tellement confus, qu'il y a peu de lectures plus fatigantes : tantôt il supprime les causes des événemens, tantôt leurs conséquences; il ne fait presque jamais connoître les personnages qu'il introduit sur la scène, et leurs noms, leurs titres, leurs fonctions, jettent le lecteur dans une confusion inextricable. Le gouvernement, le mélange des deux nations, les droits des rois, des peuples, de l'Église, ne sont pas mieux expliqués, et nous sommes toujours réduits à deviner ce qu'avec peu de mots il auroit pu rendre clair. D'ailleurs son style froid, traînant et vulgaire, est encore obscurci par des barbarismes fréquens. Cependant les contemporains seuls nous donnent, sur les temps passés, une instruction réelle, et nous continuerons à emprunter, comme nous l'avons déjà fait, les expressions mêmes de Grégoire, toutes les fois que l'événement qu'il rapporte nous paroîtra digne de faire quelque impression.

575. L'assassinat de Sigebert précipitoit Brunehault du faîte des grandeurs au comble de la misère ; cette reine orgueilleuse et vindicative, qui avoit sans cesse excité son mari à la guerre, qui poursuivoit Chilpéric et Frédégonde d'une haine implacable, qui s'étoit avancée jusqu'à Paris, avec ses enfans et ses trésors, pour assister à la chute de sa rivale, se trouvoit tout à coup entourée d'un peuple soulevé, qui proclamoit le nom de Chilpéric et Frédégonde, et qui menaçoit les Austrasiens auxquels jusqu'alors il avoit obéi. Il semble que Sigebert avoit déjà congédié les nations germaniques à la tête desquelles il étoit entré dans les Gaules, et qu'il s'étoit confié uniquement aux Neustriens qui l'avoient élu pour roi. En effet, dès l'instant de sa mort, il n'est plus question de l'armée austrasienne : elle disparoît sans donner aucune protection à sa veuve et à ses enfans. Seulement le duc Gondebaud, qui avoit commandé pour Sigebert dans l'Aquitaine austrasienne, enleva secrètement de Paris son fils Childebert II, qu'il conduisit à Metz, au milieu des sujets de son père ; mais il laissa Brunehault à Paris avec ses filles ; et Chilpéric, qui y arriva bientôt

après, fit conduire Brunehault à Rouen, et ses filles à Meaux, se réservant de décider plus tard sur le sort de ces illustres captives. (1)

Childebert II, fils de Sigebert, n'étoit alors âgé que de cinq ans. Les Austrasiens n'hésitèrent pas cependant à le proclamer pour leur roi; ce qu'ils firent d'une manière solennelle le jour de Noël 575. Mais sa minorité apporta un grand changement dans la constitution de la monarchie. Les nations germaniques qui avoient obéi à son père, avoient chacune leur duc héréditaire, et ces ducs étoient peu disposés à recevoir les ordres d'un enfant ou de ses tuteurs: aussi n'est-il plus question pendant long-temps de ces nations; elles semblent avoir cessé de faire partie de l'empire des Francs. Les Austrasiens du midi du Rhin ne reconnoissoient pas d'autres chefs héréditaires que les Mérovingiens: cependant une puissante aristocratie s'étoit déjà formée dans leurs provinces; elle étoit composée des ducs et des comtes auxquels les rois d'Austrasie avoient confié des commandemens. Comme ils disposoient, sans en rendre compte, des revenus de la couronne, ils avoient attaché leurs créatures à leur personne, non à l'autorité royale; ils s'étoient

(1) *Gregor. Turon.* Lib. V, cap. 1, p. 232. — *Fredegarii Epitom.* Cap. 72, p. 407. — *Gesta regum francor.* Cap. 33, p. 562.

attribué d'immenses propriétés territoriales, dont les cultivateurs étoient dans leur dépendance ; et déjà il n'étoit presque plus possible au roi de destituer des officiers qu'il avoit nommés lui-même, et qui ne devoient conserver leur office que sous son bon plaisir.

Les seigneurs austrasiens, en proclamant un roi mineur, mirent à la tête de l'administration de la justice et des armées de leur royaume, un magistrat élu par eux, qu'ils nommoient tour à tour nourricier du roi, et majordome ou maire du palais. Le dernier de ces noms (*major domûs*) n'avoit probablement aucun rapport avec les fonctions qui étoient attribuées au grand-juge des Francs ; mais plutôt son nom allemand aura ressemblé par le son au nom latin d'un officier du palais des empereurs, et l'un aura été considéré comme la traduction de l'autre (1). Cet office de grand-juge étoit dès lors pour les Francs une institution ancienne. Frédégaire, auteur presque contemporain, raconte l'élection d'un maire pendant la minorité de Sigebert ; mais comme Sigebert ne fut jamais mineur, nous la rapportons à la minorité de Childébert II.

« Avant ce temps, dit-il, et pendant l'enfance

(1) *Mord-dom* signifioit mot à mot *juge du meurtre*, ou *juge à mort* (voyez ces deux mots au Glossaire francique de Schilter, Antiq. Teuton. t. III); et à l'oreille des Romains *mord-dom* ressembloit beaucoup à *major domûs*.

« de *Sigebert*, tous les Austrasiens choisirent
« pour maire Chrodinus, parce qu'il étoit vail-
« lant en toute chose, craignant Dieu, imbu
« de patience, et qu'on ne trouvoit rien en
« lui que ce qui plaît à Dieu et aux hommes.
« Mais Chrodinus, repoussant cet honneur,
« leur dit : « Je n'aurai point la force de rétablir
« la paix en Austrasie, car tous les hommes puis-
« sans dans ce royaume, ainsi que leurs enfans,
« sont mes parens ; comment les soumettre à la
« discipline, ou en envoyer aucun au supplice?
« Ils se soulèveront contre moi pour agir selon
« leur superstition. Dieu ne permettra point
« leurs actions, et à cause d'eux je serai envoyé
« aux prisons de l'enfer. Élisez donc plutôt quel-
« que autre, et celui que vous voudrez d'entre
« vous ». Comme les Austrasiens ne savoient se
« résoudre, ils prirent, d'après le conseil de Chro-
« dinus, son élève Gogon, le même qui négocia
« le mariage de Sigebert en Espagne, et ils le
« firent majordome. Le lendemain matin Chro-
« dinus se rendit le premier à la maison qu'ha-
« bitoit Gogon, pour lui rendre ses devoirs, et il
« porta sur sa tête le *bracile* ou signe de l'office
« de Gogon. Les autres, en le voyant, suivirent
« son exemple, et il gouverna heureusement
« jusqu'au temps...... où Brunehault le fit
« tuer. » (1)

575.

(1) Gogon fut majordome jusqu'en 581, ou la sixième année

575.   On voit que, selon un historien presque contemporain, le maire du palais, dès le temps de Childebert II, ou même dès celui de Clothaire, fils de Clovis, n'étoit nullement un officier royal chargé de percevoir les revenus du domaine, mais un officier du peuple, chargé de rendre la justice indépendamment du roi. La nation se dispensoit quelquefois d'élire ce grand-juge; mais quand elle le nommoit, c'étoit avec l'intention de soumettre les grands à la discipline, en envoyant les plus désordonnés au supplice. Un nom porté d'une langue à l'autre, au lieu de le traduire, a causé une longue erreur sur les fonctions de ce magistrat. (1)

Les seigneurs austrasiens, sous la présidence de leur maire, affermirent leur aristocratie, et se rendirent, chacun dans leur département, absolument indépendans de l'autorité royale. Pendant la durée de la minorité de Childe-

de Childebert II. Ce ne fut donc pas Sigebert qui le fit tuer à la persuasion de Brunehault. (*Gregorii Turonens.* Lib. VI, cap. 1, p. 266.) Chrodinus, dont Grégoire fait aussi un grand éloge, mourut en 582; ce qui confirme la transposition que nous avons supposée. (*Gregorii Turonens.* Lib. VI, cap. 20, p. 277. — *Aimoini Mon.* Lib. III, cap. 4, T. III, p. 67.)

(1) L'expression de Chrodinus, *nec quempiam interficere*, qui a quelque chose de féroce, devient toute naturelle, si en allemand c'étoit le mot même qui indiquoit ses fonctions, *Er könnte niemand* MORD-DÖHMEN. Le *bracile*, signe de l'autorité du majordome, étoit probablement *le bras* ou *la main de justice*.

bert II, ils exercèrent pour leur propre compte cette autorité; mais dès qu'ils furent obligés à y renoncer pour eux-mêmes, ils ne permirent plus qu'elle s'étendît sur eux. Dès cette époque jusqu'à l'établissement des Carlovingiens, l'Austrasie fut un gouvernement fédéral bien plus que monarchique.

575.

Pendant que les Austrasiens constituoient leur nouveau gouvernement, leur reine, Brunehault, prisonnière à Rouen, attendoit avec anxiété ce qu'ordonneroit d'elle sa mortelle ennemie. Dans la même ville étoit captive une autre rivale de Frédégonde, Audovère, première femme de Chilpéric, et mère de ses trois fils aînés. Le premier, Théodebert, avoit été tué en 574. Mérovée, le second, chargé par son père de venger sa mort, mit la Touraine et le Poitou à feu et à sang. Il se rendit ensuite à Rouen pour y voir sa mère; il trouva auprès d'elle Brunehault, qui n'avoit rien perdu de cette beauté à laquelle elle avoit dû un si grand ascendant sur l'esprit de son mari : il en devint passionnément amoureux, et, par les conseils de saint Prétextat, évêque de Rouen, et partisan de cette reine, il l'épousa. Chilpéric, averti de ce mariage, accourut pour le rompre. Les époux, qui connoissoient sa cruauté, se réfugièrent dans une petite église bâtie sur les murs, et consacrée à saint Martin. Le roi essaya vai-

576.

nement de les en tirer par divers stratagèmes, et, ne pouvant les surprendre, il prêta enfin le serment que les fugitifs lui demandoient. « Puis-« que la volonté de Dieu les a joints, dit-il, je « ne chercherai point à les séparer ». Mérovée et sa nouvelle épouse sortirent alors de l'église; le roi les embrassa et les reçut à sa table, puis au bout de peu de jours il emmena Mérovée à Soissons. (1)

Cependant une fermentation sourde régnoit dans les états de Chilpéric; les seigneurs de son royaume, qui l'avoient abandonné pour couronner Sigebert son frère, se sentoient exposés à sa vengeance, et ils la redoutoient d'autant plus, qu'ils lui voyoient contenir mieux son courroux. Godinus, qui avoit été revêtu par lui d'emplois importans, rassembla dans la Champagne une troupe de soldats austrasiens, avec laquelle il se flattoit de surprendre Frédégonde à Soissons, et peut-être de délivrer Brunehault. Chilpéric accourut au secours de sa femme, qui s'étoit dérobée par la fuite à cette attaque imprévue. Une bataille fut livrée devant Soissons, entre l'armée royale et les Austrasiens : Godinus fut mis en fuite, ses partisans se dispersèrent, après avoir perdu beaucoup

(1) *Gregor. Turon.* Lib. V, cap. 2, p. 233. — *Fredegarii Epit.* Cap. 74, p. 408. — *Gesta reg. franc.* Cap. 33, p. 562. — *Hadriani Valesii.* Lib. X, p. 70.

de monde, et la plupart de ceux qui avoient
servi Sigebert passèrent en Austrasie auprès de
son fils, tandis que les propriétés qu'ils laissoient en Neustrie furent confisquées par Chilpéric. (1)

Celui-ci accusa Brunehault et Mérovée d'avoir
secrètement donné des encouragemens aux ennemis qu'il venoit de dissiper. Il fit désarmer
son fils, et il lui donna des gardes qui répondoient de lui sans le retenir en prison ; bientôt
après il le fit tonsurer et ordonner prêtre, et il
l'envoya dans un couvent du Mans, pour y
être instruit des devoirs de son nouvel état.
Un seigneur puissant dans l'Aquitaine austrasienne, Gontran Boson, accusé d'avoir tué
Théodebert, craignit la vengeance de son père
depuis que sa patrie avoit passé sous le joug de
Chilpéric. Il s'étoit réfugié à Tours dans la basilique de Saint-Martin, et saint Grégoire avoit
pris sa défense contre les gens de Chilpéric.
Gontran Boson fit proposer à Mérovée de venir
partager le même asile. L'escorte du prince captif
fut attaquée par des mécontens que Gailenus, son
confident et son ami le plus fidèle, avoit rassemblés ; il fut délivré, et il entra dans la basilique
de Saint-Martin, au moment où Grégoire célébroit la messe. (2)

(1) *Gregor. Turon.* Lib. V, cap. 3, p. 233.
(2) *Ibid.* Cap. 14, p. 239.

576.

Grégoire protégea le fils du roi, comme il avoit protégé le meurtrier de son frère; il communia avec lui, et lorsque Chilpéric et Frédégonde demandèrent qu'il fût expulsé du temple, Grégoire s'y refusa courageusement. Tous les bourgeois de Tours, tous les habitans même de la Touraine étoient soustraits, par le respect universel qu'inspiroit le sanctuaire, à presque toutes les calamités de la guerre et de la tyrannie. De même qu'ils étoient si souvent protégés par les reliques, ils protégeoient à leur tour les réfugiés, et ils étoient toujours prêts à s'armer pour la défense des franchises du temple. Mérovée passa deux mois à Tours avec Gontran Boson, et il y rassembla environ cinq cents hommes qui s'étoient dévoués à sa fortune. Tremblant sur l'avenir, tantôt il consultoit des sorcières, tantôt les sorts sacrés des livres exposés sur l'autel; et les présages qu'il obtenoit ainsi ne servoient qu'à l'effrayer davantage. Frédégonde avoit envoyé à Tours des satellites chargés d'épier Mérovée, et de le tuer s'ils pouvoient le surprendre hors du sanctuaire. Déjà sa rivale, Brunehault, lui avoit échappé. Les Austrasiens avoient fait redemander leur reine, et Chilpéric n'avoit pas osé la refuser (1). Mais Frédégonde désiroit plus ardemment encore faire périr tous les fils de son mari, afin

(1) *Gesta reg. francor.* Cap. 33, p. 563.

d'assurer la succession des siens propres. Elle essaya de séduire Gontran Boson, pour qu'il livrât son compagnon d'infortune ; en même temps elle fit marcher vers Tours l'armée de son mari. A son approche, Mérovée et Gontran Boson partirent sous la garde des cinq cents hommes qu'ils avoient rassemblés. (1)

576.

Mérovée chercha d'abord un refuge dans les états de son oncle Gontran, roi de Bourgogne ; mais le duc d'Auxerre l'y fit arrêter ; Mérovée réussit à lui échapper. Alors, se flattant de trouver en Champagne un asile que les Austrasiens refusoient de lui donner ouvertement, il quitta la Bourgogne. Chilpéric, après avoir ravagé la Touraine, ramena son armée en Champagne, où il se flattoit de l'atteindre ; mais, quoique Mérovée fût en effet caché dans le voisinage de Reims, son père ne put jamais en avoir de nouvelles. Ne pouvant assouvir sa haine sur son fils, Chilpéric s'efforça du moins de perdre tous ceux qui lui avoient montré de l'affection. Il fit arrêter saint Prétextat, évêque de Rouen, qui avoit tenu Mérovée sur les fonts baptismaux, qui l'avoit plus tard marié à Brunehault, et qui avoit répandu beaucoup de présens parmi ses partisans. Il le traduisit en jugement devant un concile de quarante-cinq évêques, qu'il rassembla à Paris. Grégoire de Tours y prit en

(1) *Gregorii Turonens*. Lib. V, cap. 14, p. 241.

576. vain la défense des libertés ecclésiastiques; Prétextat, s'étant laissé effrayer, confessa, pour apaiser le roi, des crimes qu'il n'avoit point commis, et il fut envoyé en exil dans l'île de Jersey. (1)

Cependant les habitans de Térouanes, ayant découvert la retraite de Mérovée, eurent recours à la trahison pour se rendre maîtres de sa personne. Ils lui firent dire que, rebutés de la tyrannie de Chilpéric, ils étoient prêts à secouer son joug, et qu'ils n'attendoient plus que la présence du prince au milieu d'eux pour le reconnoître comme leur souverain. Mérovée, qui ne se sentoit pas plus en sûreté en Austrasie qu'en Bourgogne, et qui craignoit à toute heure pour ses jours et pour sa liberté, accepta ces offres, et accourut à Térouanes avec les plus vaillans de ses partisans. « Alors, dit Grégoire, « les habitans manifestant leur tromperie, l'ar« rêtèrent dans un château du voisinage, et, « l'ayant entouré d'hommes armés, ils en firent « donner avis à son père, qui se hâta de s'avan« cer de ce côté. Mais Mérovée, redoutant le « supplice auquel il pouvoit être réservé par « ses ennemis, appela à lui Gailenus, son ami, « et lui dit : *Jusqu'à présent il n'y eut jamais* « *entre nous qu'une seule âme et une seule pen-* « *sée ; ne souffre donc point aujourd'hui qu'on*

(1) *Gregor. Turon.* Lib. V, cap. 19, p. 243.

« *me livre entre les mains de mes ennemis ;*
« *prends plutôt cette épée, je t'en prie, et jette-*
« *toi sur moi.* Gailenus n'hésita point en effet,
« et le transperça de son épée ; en sorte qu'à
« l'arrivée du roi il fut trouvé mort. Plusieurs
« assurent, il est vrai, que le discours que nous
« venons de rapporter avoit été inventé par la
« reine Frédégonde, et que c'étoit elle qui avoit
« fait tuer Mérovée. Cependant Gailenus fut
« arrêté par ses ordres. On lui coupa les bras et
« les jambes, les oreilles et l'extrémité des na-
« rines, et on le fit périr au milieu de mille
« tourmens. Grindion finit ses jours sur la roue ;
« Gucilion, autrefois comte du palais du roi
« Sigebert, eut la tête tranchée ; et beaucoup
« d'autres, qui avoient accompagné Mérovée,
« périrent tous par différens supplices égale-
« ment cruels. On accusa Ægidius, évêque de
« Reims, et Gontran Boson, d'avoir dirigé les
« embûches tendues à ce malheureux prince.
« On prétendit que le second étoit en secret fa-
« vorisé par Frédégonde, depuis qu'il avoit tué
« Théodebert, fils de son mari, et qu'Ægidius
« lui étoit depuis long-temps dévoué. » (1)

Avant la mort de Mérovée, Chilpéric avoit

---

(1) *Gregor. Turon.* Lib. V, cap. 19, p. 246. — *Fredegarii Epitomata.* Cap. 78, p. 408. — *Aimoini Mon. flor.* Lib. III, cap. 23, p. 76. — Chron. de Saint-Denys, Liv. III, chap. 7, p. 218. — *Hadriani Valesii.* Lib. X, p. 84.

576. envoyé son troisième fils, Clovis, dans l'Aquitaine austrasienne, pour achever la conquête de cette province. La Touraine et le Poitou lui étoient déjà soumis; mais l'Anjou, la Saintonge, le Quercy et l'Albigeois obéissoient toujours à Childebert II. Clovis ravagea les deux premières provinces, et s'avança jusqu'à Angers et à Saintes. Didier, duc de Toulouse, qui relevoit de Chilpéric, et qui commandoit dans l'Aquitaine neustrienne, entra en même temps dans le Quercy et l'Albigeois; mais les seigneurs austrasiens avoient déterminé Gontran à prendre la défense de son neveu. L'armée des Bourguignons, commandée par le redoutable patrice Mummole, rencontra celle de Didier près de Limoges. Le combat fut un des plus acharnés que les Francs eussent encore livrés ; et si l'on en peut croire saint Grégoire, Mummole y perdit cinq mille hommes, tandis que Didier en laissa vingt-quatre mille sur le champ de bataille (1). Après cette victoire, le patrice Mummole se retira en Bourgogne, et les généraux de Chilpéric reprirent possession à peu près de toute l'Aquitaine austrasienne.

Mummole, par ses talens et sa bravoure, illustroit le règne de Gontran, et faisoit rejaillir sur lui l'éclat de ses victoires; et les Francs,

(1) *Gregor. Turonens.* Lib. V, cap. 13, p. 239. — Histoire générale du Languedoc, Liv. VI, cap. 11, p. 285.

fatigués des forfaits de Chilpéric et de l'enfance impuissante de Childebert II, aimoient à tourner leurs regards vers le *bon roi de Bourgogne*. La bonté de Gontran, cependant, n'étoit autre chose que le goût des plaisirs qu'il préféroit à des passions plus orageuses. Quand ces dernières étoient excitées, il devenoit cruel à son tour.

En 577, il fit tuer ses deux beaux-frères, les fils de Magnacaire, duc de Salins et de la Bourgogne transjurane, parce qu'ils montroient, par leurs propos, du ressentiment de ce que Gontran avoit répudié Marcatrude, leur sœur, pour épouser Austrechilde, sa servante (1); et lorsque, quatre ans plus tard, celle-ci vint à mourir de la peste, Gontran fit égorger ses deux médecins, pour les punir de n'avoir pas su la guérir. (2)

577.

Vers le temps à peu près où Gontran fit périr ses beaux-frères, il perdit ses deux fils, qui moururent de maladie. Se trouvant alors sans héritiers, il invita les seigneurs d'Austrasie à lui envoyer son neveu Childebert II, et il promit de l'adopter pour fils. Après avoir embrassé ce jeune roi, qui n'avoit pas plus de

---

(1) *Gregor. Turon.* Lib. V, cap. 17, p. 242. — *Fredegarii Epit.* Cap. 77, p. 408.

(2) *Gregor. Turon.* Lib. VI, cap. 36, p. 253. — *Fredeg. Epit.* Cap. 82, p. 409. — *Marii Avent.* p. 19.

sept ans, et l'avoir élevé sur son siége, il lui dit : « *C'est en punition de mes péchés que « je me trouve aujourd'hui privé d'enfans; « mais que désormais mon neveu devienne « mon fils; qu'un seul bouclier nous protége, « qu'une seule lance nous défende. Si je dois de « nouveau avoir des fils, je n'en compterai pas « moins celui-ci parmi les miens.* Les grands de « Childebert firent en son nom des promesses « semblables; ils mangèrent et burent ensemble, « ils s'honorèrent par des présens dignes de leur « rang, après quoi ils se séparèrent en paix. Ils « envoyèrent ensuite à Chilpéric une légation, « pour lui demander de rendre ce qu'il avoit « enlevé au royaume d'Austrasie, ou de se pré- « parer au combat. Mais Chilpéric, méprisant « cette sommation, fit bâtir des cirques à Sois- « sons et à Paris, et y donna des spectacles au « peuple. » (1)

Il ne paroît point qu'une guerre bien active ait suivi ces menaces; mais les trois royaumes compris dans les Gaules se considéroient comme ennemis. Les sujets de chaque roi se croyoient permis de piller ceux du roi voisin; et leurs possessions étoient tellement entremêlées, que des bords du Rhin aux Pyrénées il n'y avoit

---

(1) *Gregorii Turon.* Lib. V, cap. 18, p. 243. — *Aimoini Flor.* Lib. III, cap. 20, p. 75; cap. 27, p. 79.—*Marii Avent. Chron.* p. 18.

pas un village qui ne fût rapproché de quelque frontière, et exposé aux invasions de quelque ennemi. Les grands seigneurs voyoient dans ces partages l'avantage de se mettre plutôt à l'abri de la colère des rois, en passant d'une domination à l'autre. Ils confioient leurs femmes, leurs filles et leurs trésors aux sanctuaires des églises; et, avec un corps de gens armés qui se dévouoient à leur fortune, ils gagnoient aisément les états voisins. Plus les seigneurs avoient acquis de puissance, et plus de telles luttes entre les rois et les chefs de l'aristocratie devenoient fréquentes. Les rois avoient pris goût aux confiscations, mais les nobles avoient acquis d'immenses héritages; dans les temps d'anarchie la richesse est une force, et elle donne à ceux qui la possèdent les moyens d'attacher à leur propre fortune la fortune d'autrui. (1)

Ni les emplois élevés, ni l'opulence, ni les armes n'étoient le privilége exclusif des Francs, par opposition aux Romains ou aux Gaulois. Nous voyons à cette époque un duc Dracolenus Industrius, élevé dans la faveur de Chilpéric; un Sévérus dont les immenses richesses furent confisquées, qui tous deux paroissent Romains (2). A la même époque, nous voyons les milices romaines marcher à des expéditions lointaines

(1) *Gregor. Turon.* Lib. V, cap. 26, p. 249.
(2) *Idem.*

TOME I. 23

par l'ordre des rois. « Les habitans de Tours,
« de Poitiers, de Bayeux, du Mans, d'Angers,
« avec plusieurs autres, dit Grégoire, entrèrent
« ensuite en Bretagne, par les ordres du roi
« Chilpéric, et s'établirent sur la Vilaine, pour
« tenir tête à Waroch, fils de Macliau, duc de
« cette contrée. Mais celui-ci surprit pendant
« la nuit les Saxons de Bayeux, et en tua la
« plus grande partie. Le troisième jour, il fit la
« paix avec les ducs du roi Chilpéric; il leur
« donna son fils en otage, et il s'obligea par ser-
« ment à être fidèle au roi. Il restitua aussi la
« ville de Vannes, sous condition cependant
« que s'il se montroit digne de la gouverner au
« nom du roi, il en payeroit chaque année les
« tributs et toutes les redevances, sans attendre
« de sommation. Les troupes se retirèrent en-
« suite, et Chilpéric ordonna qu'on levât les
« bans sur les pauvres et les serviteurs de
« l'Église qui n'avoient pas marché à l'armée.
« Ce n'étoit pourtant pas l'usage qu'ils s'acquit-
« tassent d'aucune des fonctions publiques. (1) »
Le service de ces milices indique la confiance
que les rois commençoient à prendre en leurs
sujets gaulois. Cependant les mœurs nationales
étoient encore en opposition, les langues se
conservoient sans mélange, et dans ce passage
même les habitans de Bayeux sont désignés par

(1) *Gregor. Turon.* Lib. V, cap. 27, p. 250.

le nom de Saxons, quoique depuis deux cents ans peut-être leurs ancêtres fussent établis dans les Gaules. Au reste, Waroch oublia bientôt sa promesse, et il recommença une petite guerre, qui, pendant les années suivantes, exposa les provinces limitrophes aux brigandages des Bretons. (1)

« Vers l'année 579, à ce que nous apprend
« toujours le même historien, le roi Chilpéric
« fit faire dans tout son royaume un recense-
« ment nouveau et onéreux; pour cette cause,
« plusieurs abandonnèrent leurs cités et leurs
« propriétés, se réfugiant dans d'autres royau-
« mes : plutôt que de se soumettre à une telle
« oppression, ils préférèrent vivre loin de chez
« eux en étrangers. En effet, il étoit ordonné
« que chaque propriétaire payeroit une am-
« phore de vin par arpent pour sa propre terre.
« D'autres charges nombreuses étoient encore
« imposées, tant sur le reste des terres que sur
« les esclaves; en sorte qu'on ne pouvoit y suf-
« fire. Le peuple de Limoges, accablé d'un tel
« fardeau, s'étant assemblé le 1er mars, voulut
« tuer le référendaire Marc, qui étoit chargé de
« cette opération; et il l'eût fait sans doute, si
« l'évêque Ferreolus n'avoit soustrait cet homme
« à un péril si imminent. La multitude ras-
« semblée brûla du moins les livres du recen-

(1) *Gregor. Turon.* Lib. V, cap. 30, 31, p. 251.

356

579.
« sement. Le roi en fut fort irrité. Il fit partir
« d'auprès de lui des personnes qui affligèrent
« ce peuple par d'immenses dommages, et qui
« répandirent la terreur par des tourmens et
« des supplices capitaux. On assure que des
« prêtres et des abbés furent alors liés à des po-
« teaux et soumis à différens châtimens, parce
« que les messagers royaux les avoient accusés
« d'avoir excité le peuple à la sédition et à l'in-
« cendie des livres de compte. Ils établirent
« ensuite des tributs plus pesans que les précé-
« dens. » (1)

580.
Il est vrai que, l'année suivante, une maladie contagieuse, qui répandit la terreur dans toute la France, et qui se manifestoit par des maux de tête et des vomissemens que la mort suivoit de près, fit sentir quelques remords à Chilpéric et à Frédégonde. Elle les arrêta comme ils alloient recommencer la guerre civile. Deux fils que Frédégonde avoit eus de Chilpéric étoient atteints de cette maladie, funeste surtout pour les enfans. La reine, qui avoit déjà perdu un fils, en 577, crut obtenir la miséricorde divine en jetant au feu les descriptions ou cadastres qu'on avoit faits par ses ordres dans les villes

---

(1) *Gregor. Turon.* Lib. V, cap. 29, p. 249. — *Fredegarii Epitom.* Cap. 80, p. 409. — *Gesta regum francor.* Cap. 34, p. 563. — *Aimoini Mon. Flor.* Lib. III, cap. 31, p. 81. — Chroniques de Saint-Denys, Lib. III, cap. 11, p. 225.

qui formoient son douaire. Elle engagea Chilpéric à détruire également ceux des autres provinces, et des ordres furent donnés pour qu'aucun nouvel impôt ne fût levé sur le peuple. Ce sacrifice ne sauva point ses enfans; ils moururent l'un après l'autre, tandis que Clovis, troisième fils d'Audovère, sa rivale, sembloit destiné à recueillir seul la succession de Chilpéric. (1)

Dans l'espérance que Clovis seroit à son tour atteint par la maladie qui avoit emporté ses frères, Frédégonde lui fit donner, par son père, l'ordre de se rendre au château de Braine, où la peste exerçoit alors ses ravages. N'en ayant point été atteint, il revint à Chelles, auprès de son père. Là il commença à se vanter imprudemment, devant ses amis, de sa bonne fortune, qui avoit réservé pour lui seul la succession au trône, et qui livreroit un jour tous ses ennemis entre ses mains. Frédégonde, dans un accès de rage, accusa Clovis d'avoir fait périr ses enfans par des maléfices. Il étoit amoureux d'une des femmes de la reine, dont la mère fut représentée comme une sorcière qui l'avoit servi par ses enchantemens. Frédégonde fit saisir la maîtresse de Clovis; après l'avoir fait cruellement fustiger, elle fit planter, devant la porte du prince, un poteau que l'on entr'ouvrit avec

(1) *Gregor. Turon.* Lib. V, cap. 35, p. 253.

des coins; l'on engagea dans cette ouverture le corps de cette malheureuse; puis, retirant les coins, on l'y laissa périr dans d'horribles tourmens. Sa mère fut arrêtée à son tour, et les bourreaux lui arrachèrent enfin, par une longue torture, la confession des maléfices dont on l'accusoit. Alors la reine demanda au roi de la venger de son fils. Dans ce moment, Chilpéric partoit pour la chasse; il fit arrêter, par deux de ses ducs, Clovis, qui s'étoit rendu auprès de lui, et, l'ayant fait dépouiller de ses habits et de ses armes, il le livra chargé de liens à Frédégonde. Au bout de trois jours, pendant lesquels on tira de lui les noms de tous ses amis, il fut envoyé à Noisi, où il fut poignardé et enseveli sur les lieux. Des messagers vinrent dire au roi qu'il s'étoit frappé de ses propres mains, et que le couteau dont il s'étoit servi étoit encore dans sa blessure. Chilpéric ne fit pas une question, et ne lui accorda pas une larme; mais tous ceux qui avoient appartenu à Clovis furent persécutés. Sa mère, la reine Audovère, périt d'un supplice cruel; sa sœur, après avoir été violée par les pages de la reine, fut enfermée dans un couvent, et tous leurs biens furent confisqués au profit de Frédégonde. (1)

(1) *Gregor. Turon.* Lib. V, cap. 40, p. 256. — *Fredegarii Epit.* Cap. 84, p. 410. — *Chron. de Saint-Denys*, Liv. III, cap. 14, p. 231.

Grégoire de Tours a nommé Chilpéric le Néron de la France, et ce nom paroît en effet mérité. Ce n'étoit point un tyran ordinaire, qui, n'écoutant que son ambition ou ses craintes, sacrifioit toute chose à son intérêt personnel; il sembloit, dans sa cruauté, rechercher la jouissance du mal qu'il faisoit; elle étoit variée, active, ingénieuse, et l'invention de supplices nouveaux étoit une partie de ses plaisirs. Souvent il étendoit ses châtimens à des communautés entières; il y eut, dans ses états, un grand nombre de villes et de districts qu'il fit ravager et détruire par le feu; et, loin de sentir quelque compassion pour ceux qu'il avoit ruinés, il témoignoit de la joie à la vue des souffrances qu'il avoit causées. Il terminoit toujours les ordonnances qu'il adressoit aux juges pour ses intérêts privés par ces paroles : *Et si quelqu'un méprise ces ordres, qu'on le punisse en lui arrachant les yeux.* (1)

Chilpéric avoit, comme Néron, la prétention d'être homme de lettres, poète et grammairien; et ce Franc, abandonnant sa langue tudesque, essaya de faire des vers latins, d'introduire de nouveaux caractères dans l'alphabet pour représenter les sons grecs ou teutoniques, et de les faire recevoir par force (2). Sa cruauté ne

---

(1) *Gregor. Turon.* Lib. VI, cap. 46, p. 290.

(1) *Gregor. Turon.* Lib. V, cap. 45, p. 260. — *Aimoini*, Lib. III, cap. 40, p. 85.

l'avoit point détourné des discussions théologiques; il entreprit de réformer la foi catholique, et il inventa une explication de la Trinité assez conforme à celle de Sabellius. Cependant les évêques, qu'il pressoit de l'annoncer au peuple, s'y refusèrent, et il ne les persécuta pas pour cela (1). Enfin, il voulut aussi convertir les Juifs; et comme les moyens de persuasion ne lui paroissoient pas assez prompts, il fit administrer de force le baptême à tous ceux qu'on trouva dans ses états (2). Malgré ce zèle religieux, il avoit peu de respect pour les prêtres; les évêques étoient l'objet habituel de ses plaisanteries; souvent il se plaignoit, et non sans raison, que le fisc étoit appauvri par eux, que toutes ses richesses avoient passé aux églises, que les évêques régnoient seuls dans les villes, et que le respect pour le nom royal étoit anéanti. (3)

Chilpéric et Gontran n'avoient plus de fils; Childebert II, âgé de onze ans, survivoit seul dans toute la race royale, à l'époque où ses tuteurs lui firent abandonner l'alliance du roi de Bourgogne pour rechercher celle du roi de Neustrie. Les chefs du gouvernement, en Austrasie et en Bourgogne, avoient changé en même

---

(1) *Gregor. Turon.* Lib. V, cap. 45, p. 259.
(2) *Ibid.* Cap. 17, p. 275.
(3) *Ibid.* Cap. 46, p. 291. — *Aimoini*, Lib. III, cap. 56, p. 93.

temps; car, dans ces deux royaumes, l'autorité avoit déjà échappé au roi pour passer aux mains d'un officier du peuple. Gogon, majordome ou grand-juge d'Austrasie, mourut en 581, et Wandelinus lui fut donné pour successeur par les grands (1). En même temps, Mummolus, le célèbre patrice de Bourgogne, qui avoit remporté tant de victoires sur les Lombards et les Saxons, sur Didier, duc de Toulouse, et sur tous les ennemis de Gontran, fut réduit à s'enfuir, sans que nous en sachions la raison. Il vint, avec sa femme et ses enfans, se mettre en sûreté dans Avignon, et les Austrasiens paroissent lui avoir accordé, au nom de Childebert II, le gouvernement de cette ville. (2)

Les grands d'Austrasie s'étaient confirmés dans leur esprit d'indépendance; ils sembloient mépriser également toute la maison royale, et se proposer de faire secouer à tous les Francs le joug des descendans de Clovis. Ils accueillirent dans leur alliance Mummolus et Gontran Boson, tous deux puissans dans la Gaule méridionale. Lupus, duc de Champagne, le seul d'entre eux qui fût dévoué à la couronne, fut exposé à de fréquentes attaques de leur part; enfin, il fut entouré par l'armée des Francs, et les autres ducs convinrent de le faire mettre à

---

(1) *Gregor. Turon.* Lib. VI, cap. 1, p. 266.
(2) *Ibid.* Cap. 1, p. 266. — *Marii Avent. Chron.* p. 17.

mort. La reine Brunehault, résolue à ne point laisser périr son serviteur le plus fidèle, se jeta au milieu des bataillons armés pour solliciter sa grâce. Le duc Ursio lui répondit: « Éloigne-toi de nous, ô femme! qu'il te suffise d'avoir « gouverné ce royaume pendant le règne de ton « mari. Aujourd'hui que ton fils règne, ce n'est « pas ta protection, mais la nôtre qui fait son « salut. Écarte-toi donc de nous, si tu ne veux « que les pieds de nos chevaux te foulent en « terre. » Brunehault ne se rebuta point; elle trouva moyen de suspendre le combat, et de soustraire le duc de Champagne au courroux de ses ennemis, en le faisant passer d'abord à Laon, ensuite auprès du roi Gontran, en Bourgogne; mais elle ne put empêcher que tous ses biens ne fussent pillés, et qu'il ne fût exilé du royaume. (1)

Il semble que Gontran se proposoit d'arrêter les progrès de l'aristocratie, et que ce fut le motif des Austrasiens pour rechercher de préférence l'alliance de Chilpéric, trop odieux pour être long-temps à craindre, et trop égoïste pour refuser l'avantage qui lui étoit offert par les ennemis communs des rois. Les ambassadeurs des Austrasiens, parmi lesquels se trouvoit Egidius, évêque de Reims, furent introduits à l'audience de Chilpéric, à Nogent-sur-Seine.

(1) *Gregor. Turon.* Lib. VI, cap. 4, p. 267.

« Mes fils, leur dit ce roi, m'ont été enlevés en
« punition de mes péchés, et il ne me reste
« point d'autre héritier que Childebert, fils de
« Sigebert mon frère; qu'il soit donc reconnu
« pour mon successeur dans tout ce que je pos-
« sède, ou que je pourrai conquérir; mais aussi
« qu'on me laisse, autant que je vivrai, garder
« sans contrôle et sans scrupule tout ce que
« nous pourrons acquérir. » A ces conditions,
l'alliance de la Neustrie et de l'Austrasie fut
acceptée. Il ne s'agissoit de rien moins que de
dépouiller Gontran de son royaume, qui auroit
passé à Chilpéric, et seulement après la mort
de celui-ci à Childebert. Les grands d'Austrasie
se déclarèrent satisfaits; ils signèrent leurs
conventions, et se retirèrent dans leur pays
chargés de présens. (1)

En conséquence de cette alliance, les Austrasiens sommèrent Gontran de leur rendre la
moitié de la ville de Marseille, qui appartenoit
à leur royaume. En effet, ils la recouvrèrent
en partie par force, en partie par la faveur de
l'évêque de cette ville, qui étoit brouillé avec
le gouverneur bourguignon (2). D'autre part,
Chilpéric donna ordre à Didier, duc de l'Aquitaine neustrienne, d'attaquer Ragnovald, duc
de l'Aquitaine bourguignone. Ce dernier fut

(1) *Gregor. Turon.* Lib. VI, cap. 3, p. 266.
(2) *Ibid.* Cap. 11, p. 273.

mis en fuite. Périgueux et Agen ouvrirent leurs portes, et prêtèrent serment de fidélité à Chilpéric. Le duc de l'Aquitaine austrasienne, Bérulfus, ne voyoit pas sans inquiétude ces succès d'un allié dont la foi étoit mal assurée. Il s'établit avec son armée sur ses frontières pour les préserver de toute attaque. (1)

582—583. La guerre entre Chilpéric et Gontran se continua pendant les deux années suivantes; elle fut signalée par le siége d'Avignon et celui de Bourges; le Berri et la Touraine furent ruinés, le bétail fut détruit dans ces deux provinces, la moitié des habitans fut emmenée en esclavage; cependant le peuple d'Austrasie ne se soumettoit pas sans résistance à la tyrannie des seigneurs; une sédition contre les grands, qu'on accusoit de trahir le prince et de vendre son royaume, éclata dans le camp de Childebert II. L'évêque de Reims, chef de la faction aristocratique, s'enfuit avec tant d'effroi, qu'il arriva sans chaussure à sa métropole. Chilpéric, privé de l'assistance des Austrasiens qu'il avoit attendus, fut battu par Gontran près de Melun, et la paix fut ensuite signée entre les deux frères, sans concessions réciproques. (2)

Frédégonde avoit, en 582, donné à Chilpéric un nouveau fils, qu'il avoit nommé Thierri;

(1) *Gregor. Turon.* Lib. VI, cap. 12, p. 274.
(2) *Ibid.* Cap. 31, p. 281 et 282.

mais à peine étoit-il parvenu à sa seconde année, qu'il mourut comme les autres de dyssenterie. Frédégonde ne pouvoit se résigner aux châtimens du ciel ; elle avoit toujours besoin d'une victime qu'elle rendît responsable de chacun de ses malheurs. Elle accusa Mummolus, préfet de sa maison (qu'il ne faut point confondre avec le patrice de Bourgogne), d'avoir fait périr son fils par ses maléfices. Avant de le mettre en jugement, elle fit arrêter et mettre à la torture plusieurs femmes de Paris, auxquelles on arracha par la violence des tourmens la confession qu'elles étoient sorcières, et qu'elles avoient, par leurs enchantemens, abrégé la vie de Thierri, pour prolonger d'autant celle de Mummolus. La reine fit périr toutes ces malheureuses par le feu, par la roue, et par des tourmens variés. Elle se retira ensuite avec le roi à Compiègne, où le préfet Mummolus lui fut livré. Elle le fit suspendre à une solive, par les mains qu'on lui avoit liées derrière le dos, et elle l'interrogea sur les maléfices dont il étoit complice. Mummolus nia d'avoir eu aucune part à la mort du fils du roi ; mais il convint qu'il s'étoit plusieurs fois adressé aux femmes qu'on venoit de faire périr, pour obtenir d'elles des philtres qui le maintinssent dans les bonnes grâces du roi et de la reine. Lorsqu'on le détacha de la question, il chargea un huissier d'aller dire au roi, de sa part, que, malgré tous les tourmens qu'on lui avoit infligés, il ne sentoit plus aucune douleur. Il croyoit ainsi donner une preuve miraculeuse de son innocence; mais Chilpéric l'expliqua en sens contraire. *Comment douter, s'écria-t-il, que cet homme ne soit sorcier, puisqu'il n'a point senti des tourmens semblables?* Il le livra alors aux bourreaux, qui ne cessèrent de le frapper de leurs courroies jusqu'à ce que les forces leur manquassent à eux-mêmes; ils plantèrent aussi des aiguilles entre les ongles de ses pieds et de ses mains; mais Frédégonde ne permit point qu'on l'achevât, elle le fit partir pour Bordeaux sur un méchant chariot, et il périt en route des suites de ses souffrances. (1)

Vers cette époque, Maurice, empereur d'Orient, espérant recouvrer sur les Lombards une partie de l'Italie, entra en négociation avec les Francs, pour les attirer au-delà des Alpes. Il fit passer aux Austrasiens cinquante mille sous d'or, pour frais de leur expédition; et le pape Pélage II écrivit à l'évêque d'Auxerre, le chargeant de persuader aux rois francs que leur devoir, comme chrétiens orthodoxes, étoit de ne faire jamais aucune paix avec les Lombards ariens. Il y eut en effet, en Austrasie et en Bourgogne, de grands préparatifs de guerre, et

---

(1) *Gregor. Turon.* Lib. VI, cap. 35, p. 284.

Chilpéric en étant averti, les crut dirigés contre lui; il s'enferma dans Cambrai avec ses trésors; en même temps il envoya des messagers à tous les ducs et à tous les comtes des cités, leur ordonnant de réparer les murs de leurs villes, d'y mettre en sûreté les récoltes des champs, aussi-bien que les femmes et les enfans, et de s'y défendre vaillamment s'ils étoient attaqués. Il leur promettoit que, s'ils perdoient quelque chose dans cette occasion, un jour de vengeance ne tarderoit pas à venir, dans lequel ils seroient richement dédommagés. Ces ordres indiquent un changement dans l'art de la guerre, et le passage de l'ancien système des Germains, ennemis de toutes murailles, au système militaire du moyen âge qui couvrit l'Europe de châteaux forts. Au reste, les comtes de Chilpéric n'eurent aucune occasion de soutenir des siéges. Les Austrasiens passèrent en Italie, et s'en retirèrent après avoir levé, sur les Lombards, une forte contribution. Les Bourguignons ne firent aucun mouvement, et la paix intérieure des Gaules ne fut pas troublée. (1)

La même année, Frédégonde donna à Chilpéric un nouveau fils, qui fut ensuite Clo-

(1) *Gregor. Turon.* Lib. VI, cap. 41, 42, p. 288. — *Pauli Diaconi*, Lib. III, cap. 17, p. 635. — *Pelagii II, Epistola ad Aunacharium Episc. Antiosiod.* T. IV, p. 82, *Script. fr.* — *Hadriani Valesii*, Lib. XI, p. 174.

584. thaire II. Seul entre huit fils qu'avoit eus le roi de Neustrie, il survécut à son père. Mais Chilpéric avoit en même temps une fille nommée Rigonthe, en âge nubile; et Frédégonde désiroit la marier en Espagne. Depuis 572, Leuwigilde y régnoit sur les Visigoths. Ce monarque avoit deux fils, dont l'aîné, Herménégilde, avoit épousé Ingonde, fille de Brunehault et de Sigebert; par elle il avoit été converti à la foi catholique, il avoit fait alliance avec les empereurs grecs, et il soutenoit contre son père une guerre civile. Leuwigilde, voulant faire passer la couronne d'Espagne à son second fils, Récarède, rechercha pour lui la fille de Frédégonde (1); la haine des deux mères, épouses de deux frères rois et rivaux, devoit revivre entre les deux filles, épouses également de deux frères rois et rivaux. Des trésors considérables furent destinés pour dot à Rigonthe; entre autres, on la fit accompagner par un grand nombre de serfs fiscaux, qu'on réduisit pour elle en esclavage. « Chilpéric, de retour à Paris aux kalendes de sep-
« tembre, dit Grégoire de Tours, ordonna d'en-
« lever plusieurs familles des maisons fiscales,
« et de les établir sur des chariots; plusieurs de
« ces hommes pleuroient et ne vouloient point
« partir; il les fit jeter en prison, pour pouvoir

(1) Histoire générale du Languedoc, Liv. VI, cap. 14 et suiv. p. 288.

« ensuite les envoyer plus aisément avec sa 584.
« fille. On assure que plusieurs, craignant d'être
« séparés de leurs parens, s'étranglèrent de dés-
« espoir. Le fils étoit ôté à son père, la mère à
« sa fille; ils partoient au milieu des gémisse-
« mens et des malédictions, et les pleurs qui
« se répandirent alors dans Paris pouvoient se
« comparer à ceux qu'on versa en Égypte.
« D'autres, d'une naissance plus relevée, qui
« étoient également contraints de partir, firent
« leur testament pour donner tous leurs biens
« aux églises, les déclarant exécutoires dès leur
« entrée en Espagne, comme s'ils étoient morts.
« Chilpéric, ayant convoqué les plus notables
« des Francs, et le reste de ses fidèles, célébra
« les noces de sa fille; et, l'ayant remise aux
« ambassadeurs des Goths, il leur donna aussi
« de grands trésors. Sa mère produisit ensuite
« un immense fardeau d'or, d'argent et de vê-
« temens qu'elle lui destinoit. Le roi, en le
« voyant, crut qu'il ne lui étoit plus rien resté
« à lui-même. Frédégonde devina son inquié-
« tude, et, se tournant vers les Francs, elle
« leur dit : *Ne croyez point, nobles hommes,*
« *qu'il y ait là rien qui appartienne aux trésors*
« *de vos anciens rois. Tout ce que vous voyez*
« *est de ma propriété ; car le très-glorieux roi*
« *m'a donné beaucoup de choses, moi-même*
« *j'en ai rassemblé beaucoup d'autres par mon*

« *travail, j'en ai perçu sur les fruits et les tributs*
« *des maisons qui m'ont été accordées. A votre*
« *tour, vous m'avez enrichie de vos présens;*
« *c'est ce qui compose les richesses que vous*
« *voyez devant vous, car rien de tout cela ne*
« *provient des trésors publics.* Ainsi elle trompa
« la confiance du roi ; cependant la quantité de
« ces richesses étoit si grande que cinquante
« chars furent chargés de l'or, de l'argent et des
« vêtemens qu'emportoit Rigonthe. » (1)

Ces trésors n'arrivèrent jamais à leur destination ; les malheureux qu'on avoit donnés à la princesse comme esclaves commencèrent, dès la première nuit, à déserter, en emportant tout ce qu'ils pouvoient saisir des biens confiés à leur garde, et ils trouvèrent un refuge dans les états de Childebert. Une partie du cortége de Rigonthe ne devoit pas l'accompagner plus loin que Poitiers ; mais le reste, qui montoit encore à quatre mille hommes, continua sa route jusqu'à Toulouse, abusant, dans toutes les provinces, de l'autorité royale, pour se nourrir à discrétion chez les habitans, et leur causer un dommage aussi grand qu'auroit pu le faire une armée ennemie. Rigonthe étoit encore à Toulouse, où elle se reposoit de ses fatigues, lorsque les nouvelles de Paris lui annoncèrent combien son sort avoit changé. (2)

(1) *Gregor. Turon.* Lib. VI, cap. 45, p. 289.
(2) *Ibid.* Cap. 46, p. 290.

« Chilpéric avoit été s'établir à sa maison de
« campagne de Chelles, à quatre lieues de Paris,
« et il y prenoit le plaisir de la chasse, lorsqu'un
« jour, revenant de la forêt, à l'entrée de la
« nuit, tandis qu'on l'aidoit à descendre de
« cheval, et qu'il avoit une main appuyée sur
« l'épaule de son page, un homme s'approcha
« de lui, le frappa de son couteau sous l'ais-
« selle, et, redoublant le coup, lui transperça
« le ventre. Aussitôt Chilpéric répandit en
« abondance du sang par la bouche et par l'ou-
« verture de sa blessure, et il rendit ainsi son
« esprit inique. » Tel est le récit de Grégoire
de Tours, qui n'indique point l'auteur de ce
meurtre (1). Les écrivains postérieurs, qui le
plus souvent se contentent de le copier ou de
l'abréger, accusent de cet assassinat ou l'une
ou l'autre des deux reines. L'auteur des Gestes
des rois francs assure que ce fut Frédégonde,
et prétend que Chilpéric venoit de découvrir
ses familiarités avec Landeric, l'un de ses courtisans ; qu'elle employa, pour porter le coup,
des pages à elle, qui lui étoient entièrement
dévoués, et qu'elle enivroit quand elle vouloit
se servir de leurs bras ; qu'enfin, ce furent ces
pages qui accusèrent les premiers les émissaires
du roi Childebert. Frédégaire, avec plus de
vraisemblance, rejette le forfait sur Brune-

---

(1) *Gregor. Turon.* Lib. VI, cap. 46, p. 290.

hault, qui ne pouvoit pardonner à Chilpéric la mort de ses deux époux, Sigebert et Mérovée. On mit peu d'ardeur à la recherche des meurtriers, qu'on ne découvrit point. « Comme « personne n'aimoit Chilpéric, dit Grégoire, « personne ne le regretta ; et, au moment de sa « mort, il fut abandonné de tous. » Un évêque qui depuis trois jours demandoit en vain une audience, prit seul soin de son corps, et lui rendit les honneurs funèbres. (1)

La mort de Chilpéric laissoit son royaume dans un état de confusion extrême. Le seul de ses fils qui lui eût survécu, Clothaire II, étoit à peine âgé de quatre mois ; aucune autorité légitime n'étoit plus reconnue, et les villes qui avoient de vieilles querelles à vider entre elles, Orléans, Blois, Chartres, Châteaudun, recoururent aux armes pour se faire justice à elles-mêmes, et dévastèrent réciproquement leurs divers districts. Cependant Frédégonde s'étoit hâtée d'accourir à Paris, d'y rassembler ses trésors, et de s'y mettre en sûreté sous la protection de l'évêque Ragnemode. Le reste du trésor de Chilpéric, qui avoit été laissé à Chelles, fut

---

(1) *Fredegarii Epit.* Cap. 93, et ultim. p. 411. — *Gesta reg. francor.* Cap. 35, p. 564. — *Adonis arch. Vienn. Chron.* p. 668. — *Aimoini Mon. Floriac.* Lib. III, cap. 56, p. 92. — Chroniques de Saint-Denys, Liv. III, chap. 19, p. 238. — *Hadriani Valesii.* Lib. XI, p. 183.

porté par les trésoriers au roi Childebert, qui se trouvoit alors à Meaux. (1)

Sur ces entrefaites, des messagers de Frédégonde arrivèrent auprès de Gontran, et lui dirent, au nom de la reine : « Que monseigneur « s'en vienne pour recevoir le royaume de son « frère. Il ne me reste de lui qu'un petit enfant, « que je veux déposer entre ses bras, et sou- « mettre à son autorité. » Gontran accourut, en effet, à Paris, où il fut reçu sans difficulté. Childebert, conduit par les seigneurs austrasiens, s'y présenta de son côté; mais on lui ferma les portes de la ville. Les Austrasiens envoyèrent alors une députation à Gontran, pour réclamer l'observation des conventions établies entre les quatre fils de Clothaire, la restitution de ce que Chilpéric avoit usurpé, et le partage égal de la tutèle de son fils. Gontran leur opposa leur récente alliance avec Chilpéric contre lui, leur fréquente violation des conventions qu'ils invoquoient, et l'abus de l'autorité qu'ils exerçoient sur son neveu. Il déclara que non-seulement il prendroit seul la protection de Clothaire II, sans leur donner aucune part à son gouvernement; mais encore qu'il ne leur restitueroit aucune partie de l'hé-

(1) *Gregorii Turon.* Lib. VII, cap. 2 et 4, p. 294. — *Gesta reg. francor.* Cap. 35, p. 564. — *Aimoini.* Lib. III, cap. 57, p. 93.

ritage de Charibert, en Aquitaine. De nouveaux ambassadeurs vinrent demander que tout au moins Frédégonde fût livrée au roi d'Austrasie, pour rendre compte du meurtre de Galsuinthe, de Sigebert, de Chilpéric, de Clovis et de Mérovée; mais Gontran, qui avoit pris Frédégonde sous sa protection, et qui avoit promis qu'il ne lui arriveroit aucun dommage, renvoya tous les jugemens qui pourroient intervenir aux plaids futurs du royaume. (1)

Gontran fut bientôt entouré par tous les grands du royaume de Neustrie, qui prêtèrent serment de fidélité à son neveu Clothaire II, après quoi il les renvoya dans leurs cités, pour exiger des habitans un serment semblable. En même temps, il s'occupa de réparer les injustices commises pendant la dernière administration, de restituer ce qui avoit été saisi sans motif, et d'alléger un joug trop pesant. Durant cette réforme, il se sentoit peu en sûreté dans un pays où tant de crimes avoient été commis. Il ne paroissoit jamais ni dans les églises, ni dans les lieux publics, sans une garde nombreuse. Un jour que le peuple étoit rassemblé dans la cathédrale, et que le diacre avoit imposé silence pour commencer la messe, Gontran s'adressa aux assistans, et leur dit : « Hommes « et femmes qui êtes ici rassemblés, je vous

(1) *Gregor. Turon.* Lib. VII, cap. 5, 6, 7, p. 295.

« conjure de ne point violer la foi que vous
« m'avez donnée, de ne point me faire périr
« comme vous avez fait périr récemment mes
« frères. Je ne demande que trois ans, mais j'ai
« besoin de trois ans pour élever mes neveux,
« que je regarde comme mes fils adoptifs. Gar-
« dons qu'il n'arrive, et que la divinité ne
« permette qu'à ma mort vous ne périssiez avec
« ces enfans, puisqu'il ne reste de ma race per-
« sonne d'arrivé à l'âge viril qui vous défende. »
Au bout des trois ans que Gontran demandoit,
son neveu Childebert II auroit eu dix-huit ans,
en sorte qu'il auroit pu, à la rigueur, gouverner par lui-même, et protéger même au besoin
son cousin Clothaire II. (1)

Les Francs s'attendoient, en effet, à voir
bientôt s'éteindre la maison de Clovis; aucune
affection ne les attachoit plus à une race qui
s'étoit déjà souillée par tant de crimes, et les
grands prévoyoient avec joie le moment où la
chute du trône affermiroit leur indépendance.
Mais Gontran, le plus populaire des rois francs,
paroissoit ennemi par système de leur aristocratie naissante. Son pouvoir s'étoit fort accru
depuis la mort de Chilpéric; les grands jugèrent
convenable de lui opposer un rival que, depuis
deux ans, Gontran-Boson, le plus actif et le
plus intrigant parmi eux, avoit été chercher à

(1) *Gregor. Turon.* Lib. VII, cap. 8, p. 296.

584. Constantinople, mais qu'ils avoient ensuite tenu dans l'ombre pour attendre des circonstances plus favorables.

Ce rival étoit un fils adultérin de Clothaire Ier, nommé Gondovald, que son père avoit d'abord fait élever en prince, avec les cheveux flottans, mais qu'ensuite, sur quelque soupçon conçu contre sa mère, il avoit déclaré appartenir au mari de cette femme, qui n'étoit qu'un obscur artisan, et non point à lui. Childebert l'ancien, frère de Clothaire, avoit cependant reconnu Gondovald pour son neveu; et, plus tard, à la mort de Clothaire, Charibert l'avoit traité en frère, et lui avoit permis de porter les cheveux longs; mais, à sa mort, Sigebert l'avoit fait raser de nouveau, et l'avoit relégué à Cologne. Gondovald avoit trouvé moyen de s'évader; il avoit été joindre Narsès en Italie, il s'y étoit marié, il y avoit eu des enfans, et il avoit ensuite passé à Constantinople, où les empereurs l'avoient traité en prince des Francs, et lui avoient assigné des revenus considérables. Gontran-Boson, le patrice Mummolus d'Avignon, et Théodore, évêque de Marseille, avoient jeté les yeux sur lui, pour l'opposer à Chilpéric et à Gontran, aux persécutions desquels ils étoient en butte. Gontran-Boson alla le chercher à Constantinople; il le ramena à Marseille, avec des trésors considérables que les empereurs, ou

Tibère, ou Maurice son successeur, lui confièrent pour faire réussir une entreprise qui étoit sans doute liée à leurs projets sur l'Italie. Gontran-Boson mit en sûreté une partie de ces trésors à Avignon. Cependant, les circonstances ne lui paroissant pas favorables, il cacha Gondovald jusqu'après la mort de Chilpéric. (1)

Mais, lorsque cette mort fut connue dans le midi de la Gaule, Didier, duc de Toulouse, arrêta dans cette ville la princesse Rigonthe, qui se rendoit en Espagne, mit ses trésors sous une sûre garde, et se rendit à Avignon, auprès du patrice Mummolus, qui avoit alors Gondovald auprès de lui. Les deux ducs, ayant réuni leurs troupes dans le Limousin, leur présentèrent Gondovald à Brive-la-Gaillarde, et, l'ayant soulevé sur un bouclier, ils le saluèrent du nom de roi. (2)

Les circonstances paroissoient d'autant plus favorables à l'élévation de ce nouveau prince, que, dans le même temps, les provinces voisines, disputées entre Gontran et les ministres de Childebert, étoient en proie à la guerre civile. Limoges et Poitiers avoient prêté serment à Childebert II; Bourges se déclaroit pour Gontran, et Tours s'étoit attaché, quoiqu'à regret,

---

(1) *Gregor. Turon.* Lib. VI, cap. 24, p. 278. — *Hadriani Valesii.* Lib. XI, p. 147.

(2) *Gregor. Turon.* Lib. VII, cap. 9 et 10, p. 296.

au même parti, pour éviter que les généraux bourguignons ne missent ce diocèse à feu et à sang. (1)

Pendant que l'on combattoit dans le midi, les plaids du royaume s'assemblèrent, et il paroît que ce fut à Paris. Le royaume d'Austrasie y députa, au nom de Childebert, Egidius, évêque de Reims, Gontran-Boson et Sigevald. C'étoient les chefs de l'administration du jeune prince. Ils étoient accompagnés par beaucoup d'autres seigneurs austrasiens. « Lorsqu'ils fu-
« rent entrés, l'évêque prit la parole : *Nous
« rendons grâce au Dieu tout-puissant*, dit-il
« au roi Gontran, *de ce qu'après beaucoup de
« travaux il t'a rendu à tes provinces et à ton
« royaume. — En effet*, répondit le roi, *c'est à
« lui qui est le Roi des rois et le Seigneur des
« seigneurs que nous devons rendre grâce; c'est
« lui qui a fait ces choses par sa miséricorde,
« et non pas toi, qui, par ton conseil perfide et
« tes parjures, as fait brûler mes provinces l'an-
« née passée, toi qui n'as jamais gardé ta foi
« à aucun homme, toi dont les fraudes s'éten-
« dent partout, et qui te montres, non point en
« prêtre, mais en ennemi de notre royaume.*
« L'évêque, tremblant de colère, ne répondit
« rien à ce discours; mais un autre des députés
« dit : *Ton neveu Childebert te supplie d'ordonner*

(1) *Gregor. Turon.* Lib. VII, cap. 12 et 13, p. 297.

« qu'on lui rende les cités que son père a possé-
« dées. A quoi le roi répondit : *Je vous ai déjà
« dit auparavant que nos conventions me les ont
« conférées, en sorte que je ne veux point les
« rendre.* Un autre député lui dit : *Ton neveu
« te demande que tu ordonnes qu'on lui livre
« cette Frédégonde criminelle, qui a fait périr
« tant de rois, afin qu'il venge la mort de son
« père, de son oncle et de ses cousins.* Gontran
« reprit : *Je ne saurois la livrer en sa puissance,
« puisque son fils à elle-même est roi : d'ailleurs,
« je ne crois point vraies les choses que vous
« alléguez contre elle.* Après tous ceux-là,
« Gontran-Boson s'approcha du roi, comme
« s'il avoit quelque chose à dire ; mais, comme
« le bruit s'étoit déjà répandu que Gondovald
« avoit été proclamé roi, Gontran le prévint,
« et lui dit : *Ennemi de ce pays et de notre
« royaume, pourquoi as-tu passé en Orient, il
« y a quelques années, pour en faire venir ce
« Ballomer* (c'est ainsi que le roi appeloit tou-
« jours Gondovald), *et le conduire dans nos
« états. Toujours tu fus perfide, et tu n'as ja-
« mais gardé une seule de tes promesses.* Gon-
« tran-Boson lui répondit : *Tu es seigneur et
« roi, et tu sièges sur le trône, en sorte que
« personne n'ose répondre aux choses que tu
« avances. Je proteste seulement que je suis in-
« nocent de tout ce que tu viens de dire ; mais

« *si quelqu'un de même rang que moi m'a ac-*
« *cusé en secret de ces crimes, qu'il vienne à*
« *présent au grand jour, et qu'il parle; et toi,*
« *ô roi, tu soumettras cette cause au jugement*
« *de Dieu, afin qu'il décide entre nous, lorsqu'il*
« *nous verra combattre dans l'esplanade d'un*
« *même champ*. Chacun gardant alors le silence,
« le roi reprit : *C'est une cause qui devroit en-*
« *flammer le cœur de tout le monde, pour re-*
« *pousser de nos frontières cet étranger dont le*
« *père gouvernoit un moulin; car, c'est une vé-*
« *rité, son père a tenu le peigne à la main, et*
« *il a cardé les laines.* Or, quoiqu'il pût se faire
« que le même homme eût fait les deux métiers,
« quelqu'un des députés répondit aux reproches
« du roi : *Quoi donc! selon ce que tu affirmes,*
« *cet homme a eu deux pères, l'un meûnier,*
« *l'autre artisan en laines! Prends donc garde,*
« *ô roi, de quelle manière tu parles; car nous*
« *n'avions point encore entendu dire que, ex-*
« *cepté dans une cause spirituelle, un fils pût*
« *avoir deux pères en même temps.* A ces mots,
« plusieurs éclatèrent de rire, après quoi un
« autre des députés lui dit : *Nous prenons congé*
« *de toi, ô roi; car, puisque tu n'as point voulu*
« *rendre les cités qui appartiennent à ton neveu,*
« *nous savons que la hache est encore entière*
« *qui a frappé tes deux frères à la tête; elle*
« *abattra la tienne plutôt encore.* Ils partirent

« ainsi avec scandale, et le roi, irrité de leurs
« paroles, ordonna qu'on leur jetât à la tête le
« fumier des chevaux, la paille, le foin pourri,
« et les boues de la ville. Ils se retirèrent avec
« leurs habits tout tachés ; l'affront et l'injure
« qu'ils reçurent furent immenses. » (1)

Cependant Gondovald continuoit à obtenir des succès en Aquitaine. Lorsqu'il s'approchoit des villes qui avoient appartenu au roi Sigebert, il recevoit leur serment au nom de Childebert II. Dans les autres qui appartenoient à Gontran ou à Clothaire II, il recevoit le serment en son nom propre. C'est ainsi qu'il fut admis dans Angoulême et dans Périgueux. Lorsqu'il s'approcha de Toulouse, l'évêque de cette ville voulut persuader aux bourgeois de lui en fermer l'entrée ; mais il ne se trouva pas assez fort, surtout parce que le duc Didier étoit engagé dans le parti contraire. Quelques-uns des seigneurs qui avoient accompagné Rigonthe, et qui étoient encore à Toulouse, s'unirent à Gondovald, tandis que, d'autre part, le roi Gontran assembloit à Poitiers une armée pour lui tenir tête, et y appeloit les milices d'Orléans et de Bourges. (2)

Mais avant de commencer les hostilités, Gontran réunit de nouveaux plaids, pour entendre

(1) *Gregor. Turon.* Lib. VII, cap. 14, p. 297.
(2) *Ibid.* Cap. 24-28, p. 302.

les ambassadeurs que Gondovald lui avoit envoyés, et Childebert II s'y rendit en personne. C'étoit la première fois que ce jeune prince revoyoit son oncle. Les grands d'Austrasie avoient peut-être compté qu'il obtiendroit les restitutions vainement sollicitées par eux; mais ils auroient dû aussi s'attendre à ce qu'il échappât à leur autorité. En effet, Gontran l'accueillit avec la tendresse d'un père; dès la première entrevue il dissipa tous ses soupçons, et les deux rois, en se réconciliant pleinement, se liguèrent ensemble contre l'aristocratie, qui avoit voulu gouverner l'un et détrôner l'autre. «*Désormais* « *il est devenu homme*, dit Gontran à l'armée « en lui présentant son neveu; *cessez de le trai-* « *ter en enfant: nos péchés sont cause qu'il est* « *demeuré seul de notre race, et je lui aban-* « *donne mes cités à gouverner, comme s'il étoit* « *mon fils.*» Gontran promit alors de lui rendre toutes les cités d'Aquitaine qui étoient échues en partage à Sigebert, et que les grands d'Austrasie avoient vainement réclamées. (1)

Gondovald, dont les envoyés avoient été exposés à la torture, par ordre de Gontran, quoiqu'ils portassent les baguettes consacrées, qui, selon le droit des Francs, les rendoient inviolables, étoit à la même époque maître de toute l'Aquitaine : il avoit été reçu à Bordeaux, et

(1) *Gregor. Turon.* Lib. VII, cap. 33, p. 306.

l'évêque de cette ville avoit embrassé sa cause avec chaleur; il s'y étoit approprié une relique de saint Serge, sur la protection de laquelle il comptoit plus que sur les plus puissantes armées. Mais la nouvelle de la réunion de Gontran et de Childebert II découragea ses partisans. Les grands d'Austrasie, qui l'avoient jusqu'alors secondé de tout leur pouvoir, ne voulurent pas porter les armes contre leur roi; Gontran-Boson fut des premiers à l'abandonner en emportant une partie de ses trésors, et les soldats de son armée désertèrent en foule. Aussi, lorsque le duc Leudegésile et le patrice Ægila, généraux de Gontran, furent entrés en Aquitaine, Gondovald se vit contraint à reculer devant eux jusqu'à la ville de Cominges au pied des Pyrénées, dans laquelle il avoit rassemblé ses magasins, et où il se prépara à soutenir un siége. Il se flattoit, en traînant la guerre en longueur, que les grands d'Austrasie, que la reine Brunehault, depuis long-temps en correspondance avec lui, que les Francs enfin, menacés de l'extinction prochaine de la race de leurs rois, feroient quelque diversion en sa faveur. (1)

Le duc Didier avoit abandonné Gondovald dans sa mauvaise fortune; mais l'évêque Sagittaire, les ducs Mummolus et Bladaste, et Waddon, majordome de Rhigonte, s'étoient enfer-

(1) *Gregor. Turon.* Lib. VII, cap. 35, p. 307.

més avec lui dans Cominges. Ils y soutinrent quinze jours les attaques de Leudegésile, puis, perdant l'espérance d'un secours étranger, ils prêtèrent l'oreille aux sollicitations du général bourguignon, qui leur promettoit à tous leur grâce, pourvu qu'ils remissent Gondovald entre ses mains. Mummolus porta pour eux la parole à Gondovald; il lui représenta la nécessité de se soumettre; il l'exhorta à aller trouver le roi son frère, qui pouvoit bien lui refuser un royaume, mais qui, en le voyant abaissé, n'oublieroit pas les droits du sang. Il affirma enfin, par serment, que le général bourguignon lui avoit promis qu'on useroit envers lui de miséricorde. (1)

Gondovald ajoutoit peu de foi à ces paroles; mais il se sentoit entre les mains de ses perfides amis, et il étoit réduit à suivre leurs conseils comme des ordres. « C'est vous qui, pour servir « votre cause, m'avez invité à passer dans les « Gaules, leur disoit-il. J'y ai apporté des tré- « sors immenses; déjà Gontran-Boson en a saisi « une partie; le reste est sous votre garde dans « Avignon. Après Dieu, c'étoit en vous que « j'avois mis toute mon espérance : je n'ai suivi « que vos conseils; c'est par vous que je comp- « tois régner. Que Dieu soit témoin aujourd'hui « de ce que vous me faites faire; si vous me

(1) *Gregorii Turon.* Lib. VII, cap. 38, p. 309.

« trompez, c'est lui qui jugera ma cause. » Ses conseillers lui répondirent par de nouvelles protestations de leur sincérité; cependant ils insistèrent, et ils le conduisirent à la porte de la ville, où ils le livrèrent à Othon, comte de Bourges, et à Boson. Lorsque Gondovald vit que Mummolus et ses autres amis, au lieu de le suivre, faisoient refermer soigneusement la porte et doubler la garde, il comprit qu'il étoit perdu, et il leva les yeux et les mains vers le ciel, comme pour demander le châtiment de cette trahison. Les gardiens auxquels il étoit confié ne cachèrent pas long-temps leur dessein. Comme ils suivoient les bords des précipices, au milieu desquels étoit bâtie la ville de Comminges, le comte Othon le poussa pour le faire tomber, et le frappa ensuite à terre de sa lance. Gondovald, préservé par sa cuirasse, se relevoit, et s'efforçoit encore de s'enfuir vers la ville; mais il fut atteint d'une pierre à la tête, renversé et tué sur la place. Son corps, exposé aux outrages des soldats, fut traîné avec une corde au travers du camp; sa chevelure, signe distinctif de sa naissance royale, lui fut arrachée, et il fut laissé sans sépulture, pour devenir la proie des vautours. Le lendemain Mummolus ouvrit aux Bourguignons les portes de Comminges; mais les traîtres qui, en sacrifiant Gondovald, avoient cru sauver leur fortune, furent trahis à leur tour. Les habitans de Comminges furent passés au fil de l'épée; les femmes et les enfans ne furent pas épargnés, les prêtres eux-mêmes furent égorgés au pied des autels; le feu fut ensuite mis aux édifices, et les ruines échappées de l'incendie furent abattues par le marteau. La ville ne fut relevée que cinq cents ans plus tard par l'évêque Bertrand, d'où vient qu'on la nomma dès lors Saint-Bertrand de Comminges (1). Le patrice Mummolus et l'évêque Sagittaire furent tués dans le camp de Leudégisile, sous la foi duquel ils s'étoient placés, après que celui-ci en eut reçu l'ordre de Gontran. Didier trouva une retraite dans les châteaux forts de son duché. Waddon fut accueilli et protégé par Brunehault, et Chariulfe se réfugia dans la basilique de Saint-Martin de Tours. (2)

En se réconciliant avec Childebert II, Gontran s'étoit éloigné de Frédégonde et de Clothaire. Lorsqu'il avoit pris l'administration du royaume de Chilpéric, il avoit été assailli de tant de plaintes contre cette reine criminelle, qu'il n'avoit plus osé prendre ouvertement sa défense. Il lui avoit conseillé d'éviter les regards du public, et de se retirer à Rouen. Bientôt cette retraite se changea en exil; puis Gontran, à qui l'enfant royal, Clothaire II, n'avoit point

(1) *Gregorii Turon.* Lib. VII, cap. 38, p. 309.
(2) *Ibid.* Cap. 39, p. 310.

encore été présenté, quoiqu'il dût être son parrain au baptême, commença à élever des doutes sur sa légitimité. Pour les dissiper, Frédégonde assembla les hommes les plus considérables de la Neustrie, savoir, trois évêques et trois cents seigneurs francs, qui prêtèrent serment devant Gontran, que Clothaire étoit bien réellement fils de Chilpéric. Le roi de Bourgogne parut regarder ce serment comme une preuve suffisante de la légitimité de son neveu. (1)

En Austrasie, Childebert approchoit de l'âge d'homme; les espérances qu'un nouveau règne fait toujours concevoir lui donnoient de la popularité. Si les grands, qui pendant douze ans avoient gouverné le royaume, étoient jaloux de l'accroissement de l'autorité royale, le peuple se flattoit d'être protégé par elle. Sur ces entrefaites, Wandelinus le majordome, le grand-juge, ou, comme Grégoire l'appelle, le nourricier du roi, vint à mourir, et Brunehault trouva moyen d'empêcher qu'on ne lui donnât un successeur, représentant que Childebert II étoit déjà en état de gouverner, et qu'elle suffisoit à prendre soin de lui, jusqu'à ce qu'il fût tout-à-fait formé. En effet, pour le faire paroître plus avancé en âge, elle se hâta de lui faire épouser Faileuba, femme d'une naissance obscure, dont il eut deux fils avant d'avoir accompli sa dix-

---

(1) *Gregorii Turon.* Lib. VIII, cap. 9, p. 316.

585. septième année (1). Mais Frédégonde, jalouse du crédit qu'acquéroit sa rivale, fut accusée d'avoir envoyé deux assassins en Austrasie pour tuer Childebert et Brunehault : c'étoient deux prêtres de ceux dont elle étoit sans cesse entourée, et qui lui montroient un dévouement si absolu, qu'on prétendoit que Frédégonde avoit troublé leur raison par les boissons enchantées qu'elle leur donnoit. Ils furent arrêtés, soumis à la torture, et, après les aveux qu'on leur arracha, ils périrent dans d'affreux supplices. (2)

586. Frédégonde vivoit à Rouen sous les yeux de saint Prétextat, évêque de cette ville, qui s'étoit montré l'ami d'Audovère sa rivale, de ses fils qu'elle avoit fait périr, et de Brunehault. Des paroles amères furent échangées entre eux; Frédégonde le menaça de lui faire retrouver les jours d'exil par lesquels il avoit passé; Prétextat répondit que, dans son exil, il étoit encore évêque, mais que, dans l'exil, elle avoit cessé d'être reine. Le dimanche de Pâques suivant, tandis qu'il célébroit la messe dans sa cathédrale, il fut frappé d'un coup de couteau sous

(1) *Gregorii Turon.* Lib. VIII, cap. 22, p. 323. Théodebert, fils aîné de Childebert II, naquit en 586. (*Greg. Turon.* Lib. VIII, cap. 37, p. 330), et Thierri, son second fils, naquit en 587. (*Ibid.* Lib. IX, cap. 4, p. 335.)

(2) *Gregorii Turon.* Lib. VIII, cap. 29, p. 324.

l'aisselle, son sang ruissela sur l'autel; il fut porté chez lui, et avant de mourir, il accusa Frédégonde d'avoir dirigé son assassin. On célèbre la commémoration de son martyre le 24 février; car tous les ecclésiastiques qui mouroient de mort violente, quoique ce ne fût nullement pour la cause de la foi, étoient, dans ce siècle, inscrits au rôle des martyrs. Un des seigneurs francs qui avoient assisté Prétextat dans ses derniers momens, répéta l'accusation qu'il avoit entendue de sa bouche; il eut cependant l'imprudence d'accepter les rafraîchissemens que la reine lui fit présenter, et il tomba mort un quart d'heure après. (1)

Gontran fit vainement commencer une enquête sur le meurtre de Prétextat : Frédégonde trouva moyen d'en arrêter les suites. A la même époque, le roi de Bourgogne avoit fait une entreprise malheureuse sur la Septimanie, les Francs avoient été battus par les Visigoths conduits par Récarède. D'autres Francs, qui, vers le même temps, avoient passé d'Austrasie en Italie pour attaquer les Lombards, n'avoient pas eu plus de succès. La nation n'obtenoit plus de victoires, elle ne trouvoit, dans aucun de ses rapports extérieurs, quelque gloire qui la

___
(1) *Gregorii Turon.* Lib. VIII, cap. 31, p. 327. — *Hadr. Valesii.* Lib. XIII, p. 302.

dédommageât de la honte dont se couvroient ses chefs. (1)

Le seul Gontran, roi de Bourgogne, inspiroit encore quelque affection à ses sujets. Quoique en plus d'une occasion il se fût vengé d'une manière féroce; que, sous le nom de justice, il eût ordonné, selon ses caprices, des exécutions épouvantables; qu'il eût montré autant de cruauté envers son frère Gondovald, que de perfidie envers ceux qui l'avoient livré entre ses mains, il n'étoit pas dépourvu d'amour de l'ordre, de bonté et de générosité. Ces qualités paroissoient même dans sa conduite à l'égard de Frédégonde; quoiqu'il eût découvert des assassins envoyés par elle, pour le frapper dans son oratoire pendant qu'il y étoit en prières (2); quoiqu'il se crût sans cesse menacé par leurs poignards, il ne tourna jamais les armes contre son royaume; il ne la punit jamais des forfaits qu'elle renouveloit chaque jour. Il est vrai que son imagination étoit désormais tellement familiarisée avec les crimes, qu'il n'en ressentoit plus ni horreur ni étonnement; et s'il ne les punissoit pas dans un accès subit de colère, il

---

(1) *Gregorii Turon.* Lib. VIII, cap. 30, p. 324. — *Hadr. Valesii.* Lib. XIII, p. 294. — Histoire génér. du Languedoc, Liv. VI, chap. 42 et suiv. p. 302.

(2) *Gregorii Turon.* Lib. VIII, cap. 44, p. 332.

étoit toujours probable qu'il ne tarderoit pas à les oublier.

Mais dans le royaume d'Austrasie, les années qui auroient dû, dans leurs progrès, ajouter à la raison du jeune roi, ne développoient que ses vices et sa perfidie. Brunehault, sa mère, prenoit à tâche de le former à la dissimulation ; elle lui avoit inspiré sa haine et son ressentiment contre les grands qui, pendant douze ans, avoient administré l'état, et elle lui représentoit comme une victoire pour l'autorité royale la chute de chacun de ceux qu'il pourroit faire périr l'un après l'autre. Magnovald étoit un des plus puissans parmi ces ducs austrasiens ; on l'accusoit d'avoir fait mourir sa propre femme par ses mauvais traitemens, et d'avoir ensuite épousé la veuve de son frère ; mais aucune enquête n'avoit été ouverte contre lui ; loin de lui donner occasion de se justifier, on ne lui avoit pas même laissé soupçonner qu'il fût dans la défaveur du prince. Childebert II invita les grands à voir des fenêtres de son palais, à Metz, un combat d'animaux dans sa cour. Magnovald y fut placé auprès de lui ; le jeune roi feignoit de rire des tourmens du taureau déchiré par des chiens furieux, et il engageoit Magnovald à partager ce rire féroce. Le malheureux étoit lui-même, dans cet instant, l'objet d'une chasse plus terrible : pendant qu'il rioit aux éclats, des hom-

586.   mes apostés par le roi abattirent sa tête à coups de hache : son corps fut aussitôt jeté par la fenêtre dans la cour, au milieu des spectateurs : ses maisons furent pillées, et le fisc s'empara de toutes ses propriétés. (1)

587.   Ce meurtre fit connoître aux grands d'Austrasie le danger qui les menaçoit tous ; ils virent que le jeune homme qui jusqu'alors s'étoit contenté d'un simulacre de royauté, ne contiendroit pas long-temps les passions farouches qu'on voyoit être héréditaires chez les descendans de Clovis. Avant de renoncer à la domination qui alloit leur échapper, ils se proposèrent de faire encore un effort. Déjà Gontran-Boson, le plus puissant d'entre eux, avoit été arrêté, et confié par Childebert à la garde d'Agéric, évêque de Verdun. Rauchingus, qui, après lui, pouvoit passer pour le chef de l'aristocratie austrasienne, eut une conférence avec les principaux seigneurs de Neustrie. Clothaire II, qui régnoit nominalement dans ce second royaume, n'avoit pas plus de deux ans ; en sorte que le pouvoir avoit été transmis en entier aux ducs et aux comtes qui relevoient de lui. C'étoit à une minorité semblable que Rauchingus désiroit ramener l'Austrasie. Il fut convenu qu'on se déferoit de Childebert, qu'on partageroit l'Austrasie entre ses deux fils, dont l'un n'avoit qu'un an,

(1) *Gregorii Turon.* Lib. VIII, cap. 36, p. 329.

et l'autre que quelques semaines ; que le premier, qui auroit pour lui la Champagne, seroit mis sous la tutelle de Rauchingus ; que le second, qui domineroit sur les bords du Rhin, auroit pour tuteurs les ducs Ursio et Berthefridus ; qu'une amitié inaltérable seroit maintenue entre l'Austrasie et la Neustrie, et que Gontran seroit exclu de toute part à leur gouvernement. Comme tout se préparoit pour l'exécution de ce complot, il fut révélé à Gontran, qui en donna aussitôt avis à Childebert, en l'engageant à se tenir sur ses gardes. Le jeune roi, dont la dissimulation étoit supérieure à son âge, appela Rauchingus dans son cabinet, et l'y entretint avec une apparente familiarité de choses indifférentes, tandis qu'il expédioit des courriers pour faire saisir partout ses biens, et qu'il faisoit rassembler des meutriers à sa porte. Au moment où Rauchingus sortit, ceux-ci se jetèrent sur lui, et le taillèrent en pièces sous les yeux même de Childebert. (1)

Après cette exécution, le roi d'Austrasie accueillit, à Trèves, son oncle Gontran, qui lui avoit demandé une conférence. Les deux monarques convinrent de faire périr Gontran-Boson, ce duc si long-temps puissant en Aquitaine et en Austrasie, où il avoit eu tant de part

(1) *Gregor. Turon.* Lib. IX, cap. 9, p. 337. — *Fredegarii.* Cap. 8, p. 418.

aux précédentes révolutions. Il s'étoit réfugié dans le sanctuaire de l'évêque de Trèves; et, pour garantir sa propre vie, il retenoit de force cet évêque auprès de lui. Les rois ordonnèrent qu'on mît le feu au temple, au risque de faire périr dans les flammes le prélat avec leur ennemi ; et lorsque tous deux s'échappèrent, Gontran-Boson fut tué à la porte de l'église (1). Childebert conduisit ensuite son armée contre les ducs Ursio et Berthefridus, qui étoient entrés dans le complot de Rauchingus. Ils s'étoient réfugiés dans une église de Vaure, consacrée à saint Martin; mais lorsqu'ils virent que les assaillans n'avoient aucun respect pour les lieux saints, ils s'y défendirent avec vaillance, et plusieurs de leurs adversaires furent tués avant que leur sang coulât sur les autels (2). Egidius, évêque de Reims, survivoit presque seul aux grands qui, de concert avec lui, avoient administré l'Austrasie. Il acheta la paix par de riches présens, et en recherchant l'amitié de ce même duc Lupus que, six ans auparavant, il avoit chassé du duché de Champagne. (3)

Gontran et Childebert II, pour affermir leur bonne intelligence, avoient jugé convenable de régler par un traité tout ce qui pouvoit demeu-

---
(1) *Gregor. Turon.* Lib. IX, cap. 10, p. 338.
(2) *Ibid.* Cap. 12, p. 339.
(3) *Ibid.* Cap. 14, p. 340.

rer encore en litige entre eux sur l'ancien partage du royaume de Charibert en Aquitaine, et sur les droits de l'un et l'autre monarque à la ville de Paris. Ce traité, auquel intervint aussi la reine Brunehault, fut signé à Andelot dans le diocèse de Langres, le 28 novembre 585. Il nous a été conservé, et c'est un monument étrange du morcellement du royaume, et de la confusion qui devoit en résulter dans le gouvernement (1). Mais au lieu d'affermir la paix entre la Bourgogne et l'Austrasie, ce traité même refroidit l'un pour l'autre l'oncle et le neveu, et donna lieu à de nouvelles brouilleries. Leur mauvaise humeur se manifesta dans leurs relations avec l'Espagne, où Récarède, qui avoit succédé à son père Leuwigilde, et qui s'étoit converti à la foi catholique, recherchoit l'alliance des Francs. Childebert montra de l'empressement à s'unir à lui, tandis que Gontran s'obstina à poursuivre, sur les frontières des Visigoths, une guerre qui fut toujours malheureuse (2). De son côté, Childebert attaqua à plusieurs reprises l'Italie, non point en personne, mais par des armées que conduisirent successivement les différens ducs austrasiens.

(1) *Gregor. Turon.* Lib. IX, cap. 20, p. 343.—*Fredegarii Scholast.* Cap. VII, p. 418.

(2) *Gregor. Turon.* Lib. IX, cap. 31, 32, p. 350.—*Chron. Joh. Biclariensis.* p. 21.

590. Aucune de ces expéditions n'eut une issue glorieuse, aucune ne mérite de fixer l'attention du lecteur. Les Francs furent tour à tour victimes de leur indiscipline ou de leur intempérance ; ils ne formèrent aucun établissement durable au-delà des Alpes, et ils n'en rapportèrent point de gloire (1). Childebert vouloit peut-être, par ces expéditions, donner le change à l'humeur inquiète des grands austrasiens, et les empêcher de disputer plus long-temps son autorité. Cependant il découvrit encore, en 589, une conjuration des grands officiers de la couronne contre lui, en suite de laquelle ceux qu'il jugea les plus coupables furent réduits en esclavage. (2)

En avançant en âge, Childebert paroissoit se proposer d'extirper ceux qui, pendant sa minorité, avoient exercé l'autorité royale. Il livra Sonnégisile à des tourmens effroyables, faisant recommencer chaque jour son supplice, et ordonnant ensuite qu'on pansât ses blessures, pour lui donner la force de supporter de nouvelles douleurs. Il traduisit Egidius, évêque de Reims, malgré son âge avancé et son état de maladie, devant un concile national qu'il convoqua dans la ville de Metz. Il lui reprocha ses liaisons avec Chilpéric, son inimitié contre Bru-

(1) *Gregor. Turon.* Lib. X, cap. 3; p. 364.
(2) *Ibid.* Lib. IX, cap. 38, p. 554.

nehault, et tous les actes de son administration, et il le fit condamner, comme coupable de lèse-majesté, à la dégradation et à l'exil. Les prières de ses confrères le sauvèrent de la peine de mort dont il étoit menacé (1). Mais pendant que Childebert appesantissoit son joug sur les Austrasiens, on découvroit de nouvelles tentatives faites contre sa vie, et l'on en accusoit toujours Frédégonde. Un assassin s'étoit introduit dans la chapelle du roi à Marlheim, en Alsace; il prétendit que Frédégonde avoit chargé douze personnes de tuer le roi d'Austrasie; que six d'entre elles étoient déjà arrivées à la cour de Childebert; que les six autres étoient encore à Soissons, et ses dénonciations furent suivies de beaucoup de supplices. Ceux qui, parmi les grands et les mécontens d'Austrasie, étoient soupçonnés d'avoir favorisé les assassins, furent livrés aux bourreaux. Plusieurs, pour se dérober à des tourmens effroyables, terminèrent leur vie de leurs propres mains. (2)

L'étroite liaison de Gontran avec Childebert avoit fait place à la défiance et au mécontentement mutuel. Frédégonde crut pouvoir en profiter pour se rapprocher du roi de Bourgogne. Elle le sollicita d'accomplir sa promesse, et de tenir son fils Clothaire II sur les fonts de bap-

(1) *Gregor. Turon.* Lib. X, cap. 19, p. 377.
(2) *Ibid.* Cap. 18, p. 376.

591.

tême. Gontran ne voulut point s'y refuser. Il repoussa les représentations de Childebert II, qui voyoit dans cette cérémonie une réconciliation de son oncle avec ses plus mortels ennemis. Gontran se rendit à Nanterre auprès de Paris, où son neveu, âgé alors de sept ans, fut remis entre ses mains, et présenté par lui à l'église. Gontran combla de présens le jeune Clothaire; il reçut en retour ceux que Frédégonde lui avoit destinés, et renvoyant le jeune roi dans la Neustrie, il revint à Châlons-sur-Saône, sa résidence ordinaire. (1)

Mais à cette époque le flambeau qui éclairoit l'histoire de la première race nous manque tout à coup. Saint Grégoire, évêque de Tours, quoiqu'il ait vécu jusqu'au 16 novembre 595, ne poursuivit pas son histoire au-delà de l'année 591; et, malgré sa crédulité, son intolérance, et la confusion de sa narration, nous ne le quittons point sans de vifs regrets, pour nous réduire à des chroniques sèches, incomplètes, sans vie et sans couleur. Nous ne savons plus rien sur l'histoire de France dès cette époque, jusqu'à la mort de Gontran, survenue le 27 mars 593, à Châlons-sur-Saône, où il fut enseveli dans l'église de Saint-Marcel que lui-même avoit fondée. (2)

(1) *Gregor. Turon.* Lib. X, cap. 28, p. 381.
(2) *Fredegarii Scholast. Chron.* Cap. 14, p. 319. — *Hadr. Valesii.* Liv. XV, p. 450.

CHAPITRE IX.

De la mort de Gontran à celle de Brunehault.
593 — 613.

Gontran, roi de Bourgogne, qui venoit de mourir, étoit fils de Clothaire, et petit-fils de Clovis; en sorte que les Francs se trouvoient seulement séparés par deux générations, du fondateur de leur monarchie. A la mort de Gontran, il y avoit précisément cent ans que Clovis avoit épousé Clotilde, et que le Barbare de Germanie avoit fait les premiers pas vers le christianisme et la civilisation. C'est toujours avec quelque étonnement qu'en portant ses regards en arrière, on mesure à combien d'événemens, à quel changement absolu de mœurs, de législation, d'opinions, un siècle peut suffire; un siècle que plus d'un vieillard a compris tout entier dans le cours de sa vie.

Celui qui venoit de s'écouler, et l'on aura peine à le croire, doit être considéré comme l'époque la plus glorieuse de la première race de la monarchie française, l'époque où, par comparaison, les rois descendus de Mérovée sont qualifiés de grands hommes, où la fondation et les progrès de la domination des Francs sont attribués à leurs exploits, où l'on se plaît à supposer que de hautes vertus rachetoient des crimes universellement connus. C'est enfin l'époque qu'on est obligé d'opposer à la dégradante période des rois fainéans dans laquelle nous allons bientôt entrer.

La dégénération des races est plus rapide chez les Barbares que chez les peuples civilisés. Les premiers ne sont pas plutôt parvenus au but de leur ambition, qu'ils s'abandonnent sans retenue à toutes les jouissances et à tous les vices que la prospérité met à leur portée. Les seconds tout au moins se proposent de résister à cette influence corruptrice, et les efforts impuissans que font chez eux les grands pour occuper leurs loisirs, pour fortifier leur âme, pour relever en eux la dignité humaine, retardent le mal qu'ils ne sauroient empêcher. Les rois des peuples barbares, tant qu'ils vivent dans les forêts, tant qu'ils disputent leur subsistance à des ennemis qui demandent leur sang, sont chasseurs, sont guerriers ; ils bravent toutes les intempéries, ils dorment en plein air, ils traversent les fleuves à la nage, ils ont accoutumé leurs membres à toutes les fatigues que peut affronter le plus humble de leurs soldats ; ils ont formé leur esprit à la vigilance, à la promptitude des décisions ; ils ne prennent conseil que d'eux-mêmes, et si leur force morale aussi-bien que physique n'est pas supérieure à celle de la plupart de leurs soldats, ils ne sauroient se maintenir à leur poste. Mais aussitôt que les mêmes rois barbares ont conquis des pays opulens, qu'ils sont maîtres de vastes cités où tous les arts du luxe sont pratiqués, de palais où toutes les commodités de la vie sont rassemblées, de multitudes de valets qui se chargent de leur sauver toutes les fatigues, d'adoucir pour eux tous les exercices violens, d'éviter toutes les incommodités; aussitôt que ces rois peuvent s'entourer de nombreux conseillers, qui se chargent de se souvenir pour eux, de penser pour eux, de vouloir pour eux; ils n'essaient pas même de se retenir sur la pente du vice, ils se livrent sans partage à toutes les voluptés qui les énervent, et ils arrivent dans le cours de peu d'années à la complète imbécillité qui force les nations à se choisir de nouveaux maîtres.

Telle est l'histoire de toutes les races barbares, telle est celle en particulier de la race mérovingienne. L'on ne découvre en elle, pendant deux siècles et demi, de l'an 260, où les Francs commencèrent à faire parler d'eux, à l'an 511 que Clovis mourut, aucun signe de dégénération. Pendant tout ce temps les rois n'avoient point cessé d'être des hommes, et de se fortifier par tous les exercices militaires. Il s'écoula de même deux siècles et demi du temps de Clovis à la déposition du dernier des Mérovingiens, en 750, et cette période nous montre, dans les rois des Francs, le dernier degré de dégénération auquel une race humaine puisse parvenir. On considère, en général, la domination mérovingienne comme ayant compris un temps de grandeur et de gloire sous le règne des fils et des petits-fils de Clovis, un temps de repos et de prospérité pendant les règnes de Clothaire II, de Dagobert, et de saint Sigebert, et un temps de décadence sous les rois fainéans. Il est cependant plus exact de dire que la race mérovingienne ne cessa de déchoir depuis Clovis. Ses fils et ses petits-fils eurent encore quelque force de caractère et quelque talent. Leurs successeurs, plus vicieux et plus foibles, mais non plus criminels, furent à peine en état de gouverner par eux-mêmes. Les derniers de la race, frappés d'une réprobation générale sous le titre de rois fainéans, étoient tellement abrutis par le vice, qu'on ne cherchoit plus en eux ni souvenir, ni prévoyance, ni volonté qui leur fût propre.

Il faut pourtant convenir que l'histoire a traité les rois fainéans de la race mérovingienne avec une sévérité qu'elle exerce rarement envers les princes. Ils sont surtout flétris à nos yeux, parce que nous ne savons rien sur leur conduite et leur caractère. Les monumens historiques manquent presque absolument pendant les deux siècles que nous allons parcourir; et c'est avec peine qu'au moyen de quelques chroniques qui ne passent pas deux ou trois pages, on fixe la chronologie de chaque règne, sans pouvoir attacher à chaque nom un plan de conduite ou une suite d'actions. Sous la seconde et la troisième race, les historiens se proposèrent peut-être de décrier ceux que leurs maîtres avoient détrônés. Il est vrai que leur partialité est compensée par celle de leurs successeurs. Au dix-septième et au dix-huitième siècle, les plus anciens rois ont retrouvé des panégyristes. C'est alors que, faute de grandes actions, on leur a prêté des sentimens, des regrets, des projets, sans aucune sorte de garantie, et qu'on a créé pour eux une histoire nouvelle en se fondant sur le principe qu'à moins de preuve du contraire, tout roi doit avoir été un grand homme.

Loin de là les Mérovingiens ne furent le plus souvent pas même des hommes. C'est un phénomène fort étrange dans cette famille, que la succession constante d'enfans nés d'autres enfans. Il semble qu'on ait à faire à une race différente de celle du commun des hommes. Tout Mérovingien étoit père à quinze ans, étoit caduque à trente ; livrés dès leur enfance à une débauche effrénée, ils perdoient en même temps dans la crapule les forces de leur corps et celles de leur âme; leurs vices annonçoient d'avance l'approche de l'âge où le pouvoir auroit dû leur être confié ; mais ces vices les rendoient incapables de le saisir jamais ; la mort les surprenoit au milieu de leur ivresse, et le sceptre passoit presque sans interruption d'un roi mineur à un autre roi mineur.

C'est à cette succession rapide de minorités qu'il faut attribuer les progrès de la magistrature nouvelle, qu'on vit à cette époque s'élever auprès du trône, qui partagea long-temps les prérogatives royales, qui se les attribua toutes ensuite, et qui finit par reléguer dans un cloître le dernier rejeton d'une famille qu'elle avoit dépouillée. Malheureusement nous ne connoissons pas mieux l'histoire des maires du palais que celle des rois, et la révolution qu'ils opérerent n'est point suffisamment préparée par les événemens qui nous sont rapportés.

Des rois qui vivoient comme de riches particuliers sur les domaines de leur couronne, qui voyageoient avec leur cour d'un château à l'autre, pour consommer successivement leurs provisions, avoient besoin d'un économe pour administrer leur fortune. Le nom latin de cet économe étoit *majordomus*. Le même nom désigna les maires du palais; en sorte qu'on a universellement cherché dans cet office domestique l'origine d'une charge judiciaire, militaire, et dont la nomination appartenoit au peuple, et non point au roi. Chilpéric avoit, en effet, un économe de sa maison; ce fut ce Mummolus que Frédégonde fit périr; mais Grégoire de Tours le désigne par le nom de préfet du palais. Rigonthe, sa fille, avoit aussi un économe pour régler son voyage en Espagne; ce fut ce Waddon qui s'associa ensuite à Gondovald, et que Grégoire désigne par le nom de majordome. Enfin, le titre de majordome du palais (*major-domus regiæ*) est donné à un Badégisile qui, vers l'an 581, fut nommé évêque du Mans (1). Mais ce n'est point ainsi que le même Grégoire désigne Chrodinus, Gogon et Wandelinus, que les Austrasiens choisirent successivement pour gouverner leur pays pendant la minorité de Childebert II. Il les nomme les nourriciers ou les tuteurs du roi (*nutritius et baiulus regis*): le nom de majordome ne leur a été attribué que par des écrivains postérieurs à Grégoire, et dont la langue est plus mêlée de germanisme.

Un grand juge, un juge du meurtre, morddome ou maiordome, fut élu, en 575, en Austrasie, à la minorité de Childebert II, pour

(1) *Gregorii Turonens.* Lib. VI, cap. 9, p. 272.

conserver la paix entre des seigneurs fiers et indépendans que ne contenoit plus l'autorité royale. Un mord-dome fut également élu en Neustrie, en 584, après la mort de Chilpéric, pour gouverner le royaume pendant la minorité de Clothaire II ; un troisième fut élu en Bourgogne, en 593, ou tout au plus en 596, après la mort de Gontran. Jamais ce ne sont les besoins des rois, mais ceux des peuples, qui déterminent la nomination de ces grands officiers nationaux, pour suppléer à la foiblesse de l'autorité royale. Dans les temps barbares, tous les délits s'exécutent par la violence et à main armée; les coupables sont des hommes puissans qu'il faut vaincre avant de les punir, et l'office de juge, et surtout de grand juge du royaume, est presque absolument militaire. Lorsqu'un grand coupable se mettoit au-dessus des lois, lorsqu'il bravoit les grafions, comtes ou ducs, et les plaids des villes et des provinces, la société armoit quelqu'un du droit de le tuer, et elle accordoit à son mandataire l'emploi de la force de tous pour la tourner contre un membre rebelle.

L'autorité royale et l'autorité des maires du palais n'avoient pas seules éprouvé de grands changemens ; une révolution bien plus importante s'étoit opérée dans les provinces par l'affermissement de l'autorité des ducs. Tous ceux des Gaules avoient été nommés par les rois ;

leur office ne leur avoit été accordé que sous le bon plaisir du monarque, et il étoit toujours révocable. Mais, lorsqu'un grand seigneur s'étoit une fois établi dans une province, qu'il s'y étoit fait des créatures, qu'il avoit organisé des milices, et surtout qu'il avoit fait alliance avec l'évêque et les prêtres, on ne pouvoit plus le destituer que par la force des armes. Il falloit, ou que le roi marchât lui-même contre ce duc, ou du moins qu'il donnât une petite armée à celui qu'il destinoit à lui succéder, et qui devoit conquérir sa place. Les pachalics des Turcs sont de même des concessions temporaires des sultans ; cependant la plupart des pachas ne reconnoissent déjà plus l'autorité d'où la leur émane.

Les ducs, dans la décadence de l'empire romain, avoient gouverné chacun une des dix-sept provinces des Gaules ; mais on voyoit habituellement, dans l'empire, multiplier les dignités à mesure que les forces réelles diminuoient, et les anciennes provinces se partageoient en deux ou plusieurs duchés, pour faire un plus grand nombre de titulaires. On retrouve la même pratique dans la monarchie française ; les duchés se multiplièrent, et les provinces devinrent toujours plus petites. La division bizarre qui avoit été faite de la Gaule entre plusieurs rois mérovingiens, en morcelant les anciennes provinces, avoit forcé de renoncer aux anciens noms. Les nouveaux qui leur furent substitués furent pris tantôt des peuples qui les habitoient, comme la Bourgogne transjurane; tantôt de l'apparence du pays, comme la Champagne; tantôt du nom de celui pour qui la province avoit été formée, comme le duché de Dentelin. Au reste, la géographie de cette époque doit nécessairement demeurer confuse, puisqu'alors même elle n'étoit pas bien comprise par le gouvernement qui devoit en faire usage, et qui, dans chaque traité, la compliquoit toujours plus par son ignorance.

Pendant toute la durée de la première race, nous ne trouvons aucune trace de féodalité. Les formules que le moine Marculfe a recueillies, vers l'an 660, et qui devoient servir de règle aux notaires pour dresser tous leurs contrats, ne font jamais mention, à l'occasion des donations ou du partage des terres, de service militaire réservé, de foi et hommage, de devoirs, enfin, et de subordination résultant de la propriété. Mais en même temps, ces formules nous rappellent sans cesse l'esclavage de la grande masse de la population. La terre se vend, s'échange, se transmet par héritage ou par donation, avec toutes ses maisons, ses habitans et ses esclaves (1). Souvent les esclaves sont vendus

(1) *Cum terris, domibus, accolabus, mancipiis.* Marculfi Mon. Formul. Lib. II, cap. 14, 19, 23, p. 492, etc.

séparément de la terre; on trouve un grand nombre de formules pour l'affranchissement des esclaves, mais on en trouve aussi pour réduire des hommes libres en esclavage, surtout en compensation des amendes que des hommes plus riches ont payées pour leur compte (1). On trouve même une formule pour une donation de biens-fonds faite par un maître à son esclave. Ces formules sont variées selon que le propriétaire est Romain ou Barbare. Elles démontrent que l'une des nations ne fut nullement asservie par l'autre; mais elles démontrent aussi que le nombre des hommes libres étoit infiniment petit, comparé à celui des esclaves; et par conséquent que ces derniers, moins vexés, moins tourmentés par les Francs que par les Romains, s'étoient de nouveau multipliés beaucoup plus qu'ils n'avoient fait au temps de l'empire.

Après la mort de Gontran qui n'avoit point laissé de fils, Childebert II prit possession de la Bourgogne, qu'il réunit à l'Austrasie, son ancien patrimoine, et à l'Aquitaine, dont il possédoit la plus grande partie. Loin de songer à appeler son cousin Clothaire II, alors âgé de

593.

---

(1) Vente d'esclaves, Liv. II, f. 22, p. 496. — Affranchissement, Liv. I, f. 22; Liv. II, form. 32, 33, 34. — Réduction en servitude, Liv. II, f. 28. — Donation d'une manse à un esclave, Liv. II, f. 36, p. 499.

593. neuf ans, au partage de l'héritage de son oncle, il voulut, au contraire, profiter de l'augmentation de ses forces pour dépouiller absolument le roi de Neustrie, et venger les outrages que sa mère et lui-même avoient reçus de Frédégonde. Les ducs Quintrio et Gondebaud furent chargés d'envahir la Neustrie. Ce royaume étoit alors gouverné de concert par Landeric et Frédégonde. Le premier, homme vaillant et habile qui s'étoit élevé à la cour de Chilpéric, et que l'auteur des Gestes des rois francs accuse d'avoir été l'amant de Frédégonde, avoit été nommé maire du palais dès le moment de la mort de son mari. Il avoit gouverné la Neustrie pendant l'exil de Frédégonde à Rouen, et il étoit parfaitement d'accord avec cette reine. Il profita de la nuit pour s'avancer à l'ombre d'une forêt, et surprendre l'armée austrasienne, qu'il mit en fuite après un grand massacre. L'auteur souvent fabuleux des Gestes des rois francs prête, dans cette occasion, à Frédégonde le stratagème que les traditions des Écossais attribuent à Macduff. L'armée neustrienne, dit-il, se cacha sous des branches d'arbres, et une forêt du voisinage de Soissons parut se mouvoir comme la forêt de Dunsinane. Frédégaire, qui désormais est devenu notre guide le plus assuré, ne parle ni de Landeric, ni de Frédégonde; selon lui, Clothaire II a tout fait; Clothaire, enfant de neuf ans, a battu

les ennemis. Ce n'est point une inexactitude, c'est la manière sommaire de s'exprimer des chroniqueurs ; ils attribuent toujours au roi ce qui a été fait par le royaume. Ceux qui sont venus depuis sont tombés dans d'étranges contradictions, lorsqu'ils ont voulu prendre dans son sens littéral une expression presque toujours figurée, et supposer le roi toujours présent à une victoire remportée en son nom par ses lieutenans (1). Les chroniqueurs eux-mêmes donnent souvent la preuve que le monarque n'étoit pas présent au lieu où ils lui font obtenir une victoire.

Les Francs n'avoient pas entièrement renoncé aux guerres étrangères, où leur valeur avoit brillé de tant d'éclat; mais leurs expéditions n'étoient plus conduites par des rois belliqueux ou par des chefs de leur choix. Ils marchoient sous les étendards des ducs de leur province que la faveur avoit quelquefois élevés auprès de princes luxurieux, qui plus souvent devoient leur pouvoir à l'étendue de leurs propriétés territoriales; aussi eurent-ils, en général, peu de succès. Pendant les huit dernières années de son règne, Gontran avoit presque constamment

(1) *Fredegarii Scholastici Chron.* Cap. 14, p. 499. — *Gesta reg. francor.* Cap. 36, p. 564. — *Aimoini Floriac.* Lib. III, cap. 80, p. 106. — *Hadriani Valesii rer. francisc.* Lib. XVI, p. 466.

fait la guerre aux Visigoths sur la frontière de la Septimanie, et toujours avec désavantage. Quatre fois Childebert II envoya ses armées contre les Lombards d'Italie; elles se retirèrent toujours d'une manière peu honorable. En 594, une guerre contre Waroc et les Bretons n'eut pas une meilleure issue. Les ducs de Childebert avoient rassemblé les milices de l'Aquitaine austrasienne et de quelques comtés de Bourgogne pour envahir la Bretagne; mais les deux armées se séparèrent avec une perte égale des deux parts. L'année suivante, une guerre contre les Warnes, qui s'étoient révoltés dans le voisinage des Thuringiens, procura enfin aux Francs l'honneur de remporter une victoire complète. La nation des Warnes fut presque détruite, et son nom ne se retrouve plus dès lors dans l'histoire. (1)

Childebert II ne conduisit jamais ses armées; à peine parvenu à l'âge d'homme, on l'avoit vu poursuivre avec acharnement les grands d'Austrasie qui avoient gouverné l'état pendant sa minorité. Plus tard, nos historiens se taisent, et nous ne savons plus rien de lui. Il ne vécut pas pour recueillir le fruit des persécutions qu'il avoit exercées. À l'âge de vingt-cinq ans, il périt avec sa femme Faileuba, moins de quatre ans

(1) *Fredegarii Schol.* Cap. 15, p. 420. — *Hadr. Valesii*, Lib. XVI, p. 472.

après la mort de son oncle. On soupçonna que le poison avoit abrégé leurs jours ; et ce crime a été attribué, par des écrivains d'un âge postérieur, tantôt à Brunehault, mère de Childebert, tantôt à Frédégonde, sa plus mortelle ennemie, tantôt aux restes de la faction austrasienne, qui avoit déjà précédemment voulu le faire périr. (1)

En effet, la mort de Childebert II ramena la nation des Francs à l'état où le duc Rauchingus avoit voulu la réduire peu d'années auparavant. Les trois royaumes entre lesquels elle étoit partagée eurent pour chefs trois enfans ; et l'autorité royale, qu'aucun d'eux n'étoit en état de défendre, fut envahie par les grands et les maires du palais. Clothaire II, fils de Chilpéric, qui avoit la Neustrie en partage, avoit à peine passé sa onzième année. Theudebert, fils aîné de Childebert, âgé à peine de dix ans, étoit reconnu par l'Austrasie. Theuderic ou Thierri II, son second fils, âgé de moins de neuf ans, avoit été proclamé roi de Bourgogne. Mais, tandis que deux reines ambitieuses, hardies et familiarisées avec le crime, s'efforçoient de s'attribuer

596.

(1) *Fredegarii Schol.* Cap. 16, p. 420. — *Pauli Diaconi de gestis Langob.* Lib. IV, cap. 12, p. 637. — *Hadr. Valesii*, Lib. XVI, p. 477. — *Chron. Moissiacens.* p. 651. — *Adonis Chron.* p. 668. — *Aimoini Monac. Flor.* Lib. III, cap. 81, p. 107.

toute l'autorité, Frédégonde sur son fils, et Brunehault sur ses deux petits-fils; malgré leurs talens et leur audace, les grands profitèrent de ces minorités pour recouvrer tout leur pouvoir; et trois maires du palais nommés par le peuple, Landeric en Neustrie, Quintrio en Austrasie, et Warnachaire en Bourgogne, joignirent aux prérogatives judiciaires de leur charge le commandement des armées et l'administration de l'état.

Frédégonde profita de la confusion qui suivit la mort de Childebert II pour faire attaquer ses deux fils sans déclaration de guerre, et recouvrer ainsi Paris et toutes les villes de la Seine qui avoient été détachées du royaume de Neustrie. Elle remporta sur les Austrasiens une grande victoire dans un lieu nommé Latofao, qu'on croit être du diocèse de Sens. Après quoi elle vint s'établir à Paris avec son fils Clothaire II; et elle y mourut dans l'année suivante. Elle fut enterrée dans la basilique de Saint-Vincent, nommée depuis Saint-Germain-des-Prés, dans un même tombeau avec Chilpéric, son mari; et ce tombeau existe encore. Des crimes effroyables ont souillé sa mémoire; des talens égaux à son ambition la firent triompher de la haine universelle; ils l'aidèrent à se relever, après des revers dont toute autre auroit été accablée, et ils lui permirent de mourir en paix, dans la pleine jouissance de ses honneurs et de son pouvoir. Les flatteries dont l'encensa Fortunatus, évêque de Poitiers, qui lui survécut de quelques années, montrent quelle confiance on peut accorder aux panégyriques d'un courtisan, d'un poète et d'un prêtre. Les autres historiens, au contraire, ont presque tous regardé Frédégonde comme une victime dévouée, sur laquelle ils pouvoient rejeter tous les crimes dont ils n'osoient accuser les rois. (1)

Brunehault n'avoit pas moins que Frédégonde le désir ardent d'attirer à elle seule toute l'autorité, et elle n'étoit pas plus que sa rivale retenue par la pitié ou la conscience; mais elle avoit affaire aux plus indépendans des Francs, aux Austrasiens, qui ne s'étoient jamais entièrement soumis au joug, et qui, pendant la longue minorité de Childebert, avoient gouverné leur pays en république oligarchique. En 598, elle fit tuer Quintrio, duc de Champagne, maire du palais, et le principal chef du gouvernement. Elle se flattoit sans doute d'empêcher que les Francs lui donnassent un successeur. Theudebert avoit près de treize ans;

---

(1) *Fredegarii.* Cap. 17, p. 420. — *Fortunati Episc. Pictav. carmina histor.* Lib. IX, carm. 1 et 2, p. 522. — *Gesta reg. francor.* Cap. 37, p. 565. — *Aimoini Mon.* Lib. III, cap. 85, p. 109. — *Chroniques de Saint-Denys,* Liv. IV, chap. 10, p. 258. — *Hadriani Valesii,* Lib. XVI, p. 486.

598. et, de même qu'elle avoit donné une femme à son fils lorsqu'il avoit à peine passé cet âge, elle donna à son petit-fils, Bilichilde, esclave remarquable pour sa figure, qu'elle avoit achetée des marchands qui faisoient ce honteux commerce. Bilichilde se trouva être une femme de tête, qui gagna en même temps le cœur de Theudebert, par qui elle se fit épouser, et le respect des grands d'Austrasie; et qui, humiliée des hauteurs de Brunehault, se joignit à eux pour la faire exiler. Brunehault, enlevée du palais de Metz, fut transportée, par ses ennemis, jusqu'à Arcis-sur-Aube, frontière de l'Austrasie et de la Bourgogne; et là elle fut déposée au-delà des limites du premier royaume, seule, à pied, sans valets, sans argent, et sans que personne fût prévenu de cette rapide expédition. Elle procura, plus tard, l'évêché d'Auxerre à l'homme qui la recueillit dans son isolement, qui reconnut en elle l'aïeule de deux rois, et qui prit soin de la conduire à la cour de Thierri II, à Châlons-sur-Saône. Warnachaire, maire du palais de Bourgogne, étoit mort tout récemment; le Franc Berthoalde, qui lui avoit été donné pour successeur, étoit un homme doux et prudent, qui ne témoigna à Brunehault aucune défiance, et qui lui laissa prendre un crédit illimité sur l'esprit de son petit-fils. (1)

599.

(1) *Fredegarii Scholast.* Cap. 18 et 19, p. 420; Cap. 35,

La minorité de leurs rois auroit dû préserver les Francs des guerres civiles, à une époque où celles-ci n'étoient jamais allumées que par des intérêts de famille, et les droits contestés des frères ou des cousins. Mais la longue inimitié entre Brunehault et Frédégonde avoit passé des deux reines aux deux peuples. Des offenses mutuelles avoient aigri réciproquement les Austrasiens et les Neustriens pendant vingt-cinq ans de guerres à peine interrompues, et le fils de Chilpéric n'étoit pas moins odieux aux grands d'Austrasie et de Bourgogne qu'il auroit pu l'être à son cousin Childebert. Ces deux royaumes se réunirent en l'an 600, pour attaquer la Neustrie. Les deux armées se rencontrèrent près de Dormeilles, sur l'Ouaine, et celle de Clothaire y fut défaite avec une perte immense. En suite de cette bataille, toutes les villes et les villages des rives de la Seine, qui, quatre ans auparavant, avoient ouvert leurs portes à l'armée de Frédégonde, furent saccagés, leurs murs furent abattus, et un nombre infini d'habitans furent emmenés en esclavage, ou vendus dans le camp de Theudebert et de Thierri. Les Neustriens se virent contraints à demander la paix. Ils abandonnèrent au royaume de Bourgogne tout le

599.

600.

---

p. 424. — *Hadr. Valesii*, Lib. XVI, p. 495. — *Cointius ad ann.* 599, qui traite ce récit de fable, en se fondant sur une histoire des évêques d'Auxerre.

600.	pays situé entre la Seine et la Loire jusqu'aux frontières de Bretagne; ils livrèrent aux Austrasiens le duché de Dentelin, qui paroît avoir été situé entre la Seine, l'Oise et l'Austrasie; et ils ne réservèrent à Clothaire que douze comtés situés à la droite de l'Oise, entre cette rivière, la Seine et l'Océan. (1)

Le royaume entier d'Aquitaine étoit alors partagé entre les deux frères. Dans sa partie la plus méridionale, entre la Garonne et les Pyrénées, étoit située la Novempopulanie, qui, depuis quelque temps, étoit exposée aux invasions des Basques ou Gascons. Ce peuple, de race probablement étrangère à l'Europe, et qui différoit de tous ses voisins, autant par sa constitution physique que par sa langue, s'étoit multiplié dans la Navarre et le Guipuscoa, au-delà des Pyrénées; il avoit ensuite passé ces montagnes, vers l'an 587, et formé quelques établissemens dans le Béarn et le pays de Soule. Il avoit ensuite étendu ses conquêtes de l'un et de l'autre côté des montagnes, bravant également les Visigoths et les Francs, les généraux

---

(1) *Fredegarii.* Cap. 20, p. 420. — *Hadr. Val.* Lib. XVI, p. 503. Il est pourtant probable que la ville de Soissons demeura la capitale de Clothaire, quoiqu'elle soit située avec tout son comté à la gauche de l'Oise; mais les historiens du temps n'avoient jamais vu de cartes, et leurs descriptions confondent ce qu'elles devroient éclaircir.

de Gontran et ceux de Récarède (1). Vers l'an 602, les ducs limitrophes, qui relevoient de Theudebert et de Thierri, remportèrent sur les Gascons quelques avantages. Ils n'essayèrent pas cependant de les chasser des provinces où ces peuples belliqueux s'étoient établis; ils se contentèrent d'exiger que les Gascons se soumissent à l'autorité de la couronne, et qu'ils reconnussent un duc nommé Genialis, que les fils de Childebert leur donnèrent. (2)

Brunehault s'efforçoit alors d'affermir son autorité dans le royaume de Bourgogne; les habitans, accoutumés à l'obéissance pendant le long règne de Gontran, lui opposoient moins de résistance que n'avoient fait ceux de l'Austrasie; toutefois le patrice Ægila, qui avoit conduit les armées de Gontran, repoussoit ses usurpations; elle le fit arrêter, mettre à mort, et elle confisqua ses biens, quoiqu'il ne fût accusé d'aucune faute. En même temps, pour empêcher son petit-fils Thierri de s'occuper des affaires publiques, elle contribua elle-même à l'enivrer de voluptés et à l'entourer de maîtresses. Les courtisans, dont le crédit s'augmente avec les vices des princes, la secondoient avec

---

(1) *Gregorii Turon.* Lib. IX, chap. 7, p. 336. — Histoire générale du Languedoc, Liv. VI, chap. 58, p. 309.

(2) *Fredegarii.* Cap. 21, p. 421. — Hist. générale du Languedoc, Liv. VI, chap. 82, p. 321.

toute leur adresse. En 602, Thierri avoit à peine quinze ans, quand une de ses maîtresses lui donna un fils, qui fut nommé Sigebert. Il en eut un second en 603, un troisième en 604, auxquels on donna les noms de Childebert et de Corbus (1). Brunehault, de son côté, ne renonçoit pas aux vices qu'elle encourageoit dans les autres. Il y avoit trente-six ans qu'elle avoit été mariée à Sigebert ; elle devoit donc, en 602, avoir tout au moins cinquante ans ; mais, dès sa jeunesse, elle avoit contracté une habitude de galanterie à laquelle elle ne vouloit pas renoncer ; et les reines trouvent encore des amans long-temps après que les femmes de leurs sujets ont cessé d'entendre parler de leurs charmes. Celui de Brunehault étoit alors un Gaulois ou Romain nommé Protadius, que toute la cour regardoit comme le vrai directeur du royaume. La reine, qui sentoit décliner ses attraits, compensoit, par la grandeur de ses dons, ce qu'avoit perdu sa figure. Elle l'élevoit rapidement aux plus grands honneurs. Wandelmare, duc de la Bourgogne transjurane, étant mort en 604, elle lui accorda ce duché avec la ville de Salins, et elle y joignit la dignité de patrice, vacante depuis la mort d'Ægila. A tous ces honneurs, elle vouloit ajouter encore la mairie du palais de Bourgogne. Cette première dignité de la monar-

---

(1)-*Fredegarii Chron.* Cap. 21, 24, p. 421.

chie étoit occupée par le Franc Berthoalde, homme de mœurs régulières, sage, prudent, brave dans les conseils, et fidèle à observer sa parole. Pour se défaire de lui, elle lui donna la commission d'aller régler les tributs des villes de la Seine qui avoient été récemment enlevées à Clothaire II, et qui regrettoient d'avoir été détachées de la Neustrie. Berthoalde ne prit avec lui que trois cents hommes pour cette mission dangereuse; et Brunehault est soupçonnée d'avoir averti secrètement Landeric, maire de Neustrie, de la route que suivoit Berthoalde et de la foiblesse de son escorte. Landeric rassembla en hâte une armée où les Neustriens vinrent se ranger avec empressement. Clothaire II avoit alors vingt ans, et il semble qu'il auroit pu la commander lui-même; mais Landeric ne voulut point le faire renoncer aux voluptés qu'il goûtoit dans son palais; il aima mieux prendre avec lui son fils Mérovée, qui ne pouvoit guère avoir plus de quatre ans. C'étoit l'âge auquel les rois convenoient aux maires du palais; plus tard, ils pouvoient avoir des volontés propres, ils pouvoient gagner l'affection des soldats, et l'on avoit soin de les écarter des camps. (1)

Landeric, avec l'armée neustrienne, envahit

(1) *Fredegarii Chron.* Cap. 24, p. 421. — *Hadriani Valesii.* Lib. XVI, p. 523.

604. les pays situés entre la Seine et la Loire : les habitans, qui supportoient à regret le joug des Bourguignons, lui ouvrirent leurs portes avec empressement. Berthoalde, surpris par ce soulèvement universel, n'eut que le temps de s'enfuir à Orléans, et de se mettre en sûreté dans les murs de cette ville. A cette nouvelle, son maître Thierri rassembla une armée pour le délivrer. Les Bourguignons rencontrèrent les Neustriens auprès d'Étampes, le jour de Noël de l'an 604. Berthoalde, qui avoit rejoint son roi, et qui conduisoit l'avant-garde, passa la petite rivière de Loe, en face des ennemis ; il fut attaqué, sur l'autre bord, par Landeric, avant d'avoir été rejoint par le gros de l'armée ; son avant-garde fut taillée en pièces, et il fut tué dans le combat. Mais lorsque le reste des Bourguignons eut passé le gué, ils se trouvèrent à leur tour les plus forts ; l'armée des Neustriens fut défaite avec un grand massacre ; Landeric fut mis en fuite ; l'enfant Mérovée fut fait prisonnier, et l'on croit que Brunehault le fit mourir. Thierri recouvra les villes de la Seine qui s'étoient révoltées ; il entra en vainqueur à Paris, puis un nouveau traité fut signé à Compiègne, entre lui et Clothaire II, et les deux armées furent licenciées. (1)

(1) *Fredegar.* Cap. 25, 26, p. 422. — *Gesta reg. francor.* Cap. 37, p. 565. — *Hadriani Valesii.* Lib. XVI, p. 525.

Cependant les désirs de Brunehault étoient satisfaits ; elle avoit humilié le fils de son ancienne ennemie ; elle avoit causé la mort du maire du palais dont elle ambitionnoit la place, et, par son crédit personnel, par celui de son petit-fils, qui, en approchant de l'âge d'homme, acquéroit plus d'influence sur les élections, elle fit déférer à Protadius la place de maire. Celui-ci, nous dit Frédégaire, avoit autant de bravoure que de vices ; mais sa rapacité étoit extrême, et n'épargnoit personne. Il ne se proposoit pas moins de s'enrichir lui-même que de remplir le trésor du fisc. Il s'attachoit surtout à ruiner les grands par des procès injustes et par des confiscations, et, à cet égard, sa politique s'accordoit avec sa cupidité ; il vouloit, pour augmenter ou sa propre autorité ou celle du trône, faire disparoître toutes les familles qui, par leur puissance ou leurs richesses, pouvoient lui donner de l'ombrage, et s'assurer ainsi qu'aucune ne seroit en état de lui disputer la place qu'il occupoit. Il en ruina plusieurs, en effet ; mais aussi aucun homme ne s'étoit encore rendu autant que lui odieux aux Bourguignons. (1)

Il ne tarda pas à ressentir les effets de cette haine. Brunehault, qui ne pouvoit pardonner une injure, brûloit de colère de ce que Theu-

(1) *Fredeg.* Cap. 26, p. 422. — *Hadr. Vales.i.* Lib. XVI, p. 527.

debert avoit permis son expulsion d'Aquitaine; elle pressoit Thierri de servir sa vengeance contre son frère; elle l'assuroit que seul il avoit droit à l'héritage de son père; car Theudebert, au lieu d'être fils de Childebert et de Faileuba, comme il s'en vantoit, n'étoit que le fils d'un jardinier, amant de sa mère; elle ne cessoit de chercher des prétextes pour l'aigrir contre lui, et elle réussit enfin à déterminer ce prince, âgé de dix-neuf ans, qui ne fut jamais distingué par sa prudence, à rassembler l'armée des Bourguignons pour attaquer l'Austrasie; mais Thierri trouva parmi ses sujets une résistance à laquelle il ne s'étoit pas attendu. Cette guerre sans motif leur paroissoit aussi ruineuse pour la nation que honteuse pour la famille royale. L'armée, rassemblée à Kiersy-sur-Oise, palais des rois qui devint ensuite fameux, envoya ses capitaines auprès de Thierri, pour le solliciter de demeurer en paix avec son frère. Protadius seul, s'opposant à ce vœu national, insistoit pour qu'on livrât bataille. Les Francs n'étoient pas accoutumés à une telle résistance de la part de leurs chefs; ils se soulevèrent; ils demandèrent que Protadius, qui étoit alors dans le pavillon du roi, leur fût livré; et ils s'écrièrent qu'il valoit mieux qu'un seul mourût que d'exposer pour lui à la mort tant de braves guerriers. Thierri, demeuré dans sa tente, ne songeoit point combien la sédition étoit redoutable; il chargea un de ses officiers, nommé Uncileno, d'aller aux insurgés pour les sommer de se disperser. Mais Uncileno partageoit la haine universelle de la nation contre le favori. Arrivé auprès des soldats furieux, il leur dit : « Le sei-« gneur Thierri ordonne que Protadius soit mis « à mort. » Au moment du soulèvement, Protadius étoit dans la tente du roi, où il jouoit *aux tables* avec Pierre, son premier médecin; il y étoit demeuré dès lors comme dans son plus sûr asile. Mais, lorsque les soldats eurent entendu Uncileno, ils coupèrent de leurs épées le pavillon du roi, et, s'y précipitant de partout à la fois, ils égorgèrent Protadius à ses pieds. Thierri, rempli d'effroi, fit la paix avec son frère, et les deux armées rentrèrent dans leurs foyers. (1)

Le Romain Claudius fut donné pour successeur à Protadius, dans l'office de maire du palais. Il est assez remarquable que le premier des emplois de la monarchie, la direction suprême de la justice et de la guerre fut deux fois de suite confiée par les Francs conquérans aux Gaulois conquis. Il est vrai que la réussite de ces derniers étoit une conséquence du crédit que les rois acquéroient sur les électeurs. Les

(1) *Fredeg. Chron.* Cap. 27, p. 422. — *Hadriani Valesii.* Lib. XVII, p. 529.

606. Gaulois ou Romains avoient toujours l'avantage sur les Francs dans les arts de l'intrigue; ils savoient mieux que les Barbares flatter, servir et s'humilier; et toutes les fois que la faveur étoit le prix de la bassesse, ils étoient sûrs de l'obtenir. Claudius n'étoit point cependant indigne du rang que lui procurèrent Thierri et Brunehault. C'étoit, dit Frédégaire, un homme prudent, agréable dans ses propos, vaillant à l'épreuve, plein de patience et de bon conseil, instruit par l'étude des belles-lettres, observateur de sa parole, et qui recherchoit l'amitié de tout le monde. Son extrême embonpoint nuisoit seul à son activité. Instruit par l'exemple de son prédécesseur, il chercha à plaire à ceux que Protadius avoit offensés (1). Il ne déroba point cependant ceux qui l'avoient fait périr aux vengeances de la reine. Uncileno, qui, en falsifiant les paroles du roi, avoit prononcé son arrêt de mort, eut le pied coupé, et tous ses biens furent confisqués. Le patrice Vulfius, qui avoit également contribué à sa perte, fut mis à mort, à Favernay, par ordre du roi; et Richomer, Gaulois de naissance, fut nommé patrice à sa place. (2)

607. Les seigneurs bourguignons s'étoient flattés

---

(1) *Fredeg. Chron.* Cap. 28, p. 423. — *Hadriani Valesii.* Lib. XVII, p. 533.

(2) *Fredegarii Chron.* Cap. 29, p. 423.

de restreindre l'empire que Brunehault exerçoit sur son petit-fils, en donnant à celui-ci une épouse légitime. Ils l'engagèrent à demander, par ses ambassadeurs, Ermemberge, fille de Witteric, qui, en 603, avoit été placé, par les Visigoths, sur le trône d'Espagne, et qui l'occupa jusqu'en 610. Thierri s'engagea à renvoyer ses maîtresses, et à ne jamais dégrader sa nouvelle épouse. Elle lui fut présentée à Châlons-sur-Saône; mais Brunehault, d'accord avec Theudelane, sœur de Thierri, prit à tâche de perdre cette étrangère. Elle engagea son petit-fils à ne jamais s'approcher d'elle; et, après l'avoir abreuvée de mortifications, elle la fit renvoyer, au bout d'une année, en retenant la dot qu'Ermemberge avoit apportée. Il en résulta une courte guerre entre les Visigoths et les Bourguignons. Les deux nations n'attachèrent pas cependant un grand intérêt à cette querelle de famille. Ce n'étoit que par degrés qu'on pouvoit les amener à sacrifier leur sang et leur prospérité à des différends qui leur étoient si absolument étrangers. (1)

Brunehault, qui gouvernoit Thierri par ses maîtresses, ne redoutoit pas seulement une épouse légitime; elle craignoit aussi l'influence des prêtres, qui, après lui avoir reproché ses

607.

(1) *Fredegarii Chron.* Cap. 30, 31, p. 423. — Hist. génér. du Languedoc, Liv. VI, chap. 83, p. 321.

mauvaises mœurs, ne l'auroient réconcilié avec le ciel, qu'autant qu'il se seroit soumis sans réserve aux volontés de l'Église. Saint Didier, évêque de Vienne, avoit contribué au mariage de Thierri; il l'avoit exhorté à éloigner ses maîtresses, et il avoit surtout cherché à le soustraire à la domination de Brunehault, dont il avoit précédemment éprouvé l'inimitié. La reine, d'accord avec Aridius, évêque de Lyon, demanda à trois comtes attachés à sa cour, de le défaire d'un prélat incommode. Saint Didier revenant de Lyon à son évêché, fut attaqué au passage de la Chalaronne, et tué à coups de pierres, le 22 mai 607, à l'endroit même où existe aujourd'hui un village qui porte son nom. Ce saint, victime d'une intrigue de cour, a grossi le catalogue des martyrs. (1)

Un autre saint, qui éprouva aussi l'inimitié de Brunehault, lui causa plus d'inquiétude, parce que, protégé par sa haute réputation, il craignoit moins les violences de la reine. C'étoit saint Colomban, natif de Leinster en Irlande, qui, avec une douzaine de religieux, étoit venu dans les Gaules pour prêcher la réforme des ordres religieux. Tandis que les Saxons avoient presque absolument détruit le christianisme en Angleterre, l'Irlande avoit préservé l'instruc-

---

(1) *Fredeg. Chr.* Cap. 32, p. 423. — *Vita sancti Desiderii ab anonymo fere coævo.* T. III, p. 485.

tion qu'elle avoit reçue des Romains; son isolement même y avoit donné une nouvelle activité aux études, et il en sortit, dans ce siècle, un grand nombre de saints supérieurs et par leurs connoissances, et par une piété solide, à ceux qui obtenoient alors si facilement ce titre dans le reste de l'Occident. Colomban étoit venu dans les Gaules, vers l'an 585; il avoit fondé dans les Vosges deux couvens à Fontaine et à Anegray; plus tard, il en fonda un autre à Luxeuil, également dans les Vosges; il fonda aussi celui de Saint-Gall, auquel il donna pour supérieur le saint de ce nom, Irlandais comme lui, et son disciple. Les rois, les grands, les peuples, lui témoignaient une égale vénération; tous déposoient entre ses mains d'immenses richesses, qu'il consacroit à ces établissemens religieux. Saint Colomban, appelé à la cour de Thierri, y prêcha contre l'incontinence du roi; il lui reprocha son mépris pour son épouse légitime, et la vie déréglée qu'il menoit au milieu de ses maîtresses. C'étoit attaquer Brunehault elle-même, qui avoit encouragé son petit-fils dans tous ses excès. Colomban n'avoit mis aucune modération dans ses exhortations. Il avoit refusé sa bénédiction aux enfans du roi, parce qu'ils étoient nés dans le crime; il avoit refusé un festin royal qui lui avoit été offert, brisant les coupes, et répandant le vin sur le pavé, comme provenant de la main impure d'un adultère; il avoit, dans une lettre, menacé Thierri de l'excommunication, en rassemblant contre lui les expressions les plus outrageantes. C'étoient des lettres *verberibus plenas* (pleines de coups de fouet), comme s'exprime le moine Jonas, son disciple, qui a écrit sa vie. Thierri, tout irrité qu'il étoit, s'écria qu'il n'étoit point assez insensé pour procurer au saint la couronne du martyre; il ordonna seulement qu'on l'arrachât à son couvent et qu'on le reconduisît en Irlande. Les archers qui exécutèrent cet ordre, et auxquels Brunehault est accusée d'en avoir donné de plus sévères, n'osèrent approcher du saint homme qu'à genoux. Le voyage de Colomban, de Luxeuil à la mer, fut une sorte de triomphe : tellement les peuples étoient pénétrés d'admiration pour sa sainteté, et croyoient fermement qu'il avoit le don de prophétie et celui des miracles ! Une fois arrivé sur les terres de Clothaire II, il commanda au roi, au lieu d'obéir davantage; et renonçant à retourner en Irlande, il reprit son chemin par l'Austrasie, où Théodebert ne lui montra pas moins de respect et de déférence : il passa de là en Lombardie, et il fonda enfin, à Bobbio, le couvent et la ville où il termina ses jours le 20 novembre 615. (1)

(1) *Fredegarii Chron.* Cap. 36, p. 425. — *Vita sancti Co-*

Bilichilde gouvernoit Théodebert, de concert avec les grands de l'Austrasie : elle supportoit avec décence, dit Frédégaire, la simplicité de son mari, qui étoit de peu de degrés éloigné de l'imbécillité. Brunehault, qui se flattoit peut-être de recouvrer sur elle l'ascendant que devoit lui donner son rang supérieur et son âge, proposa à la reine d'Austrasie une conférence sur les frontières des deux royaumes, dans laquelle elles auroient réglé tous les différends entre les deux frères ; mais les grands austrasiens conseillèrent à Bilichilde de ne point s'y rendre. Cette princesse, qui sembloit chère également au roi et à la nation, fut peu de temps après victime de la brutale inconstance de son mari. Théodebert que l'on croyoit à peine capable d'avoir une pensée et une volonté, prit de l'amour pour une jeune fille nommée Theudechilde, et afin de l'épouser, il fit, en 610, tuer Bilichilde sa femme. (1)

Vers la même époque la guerre se renouvela entre les deux frères. Childebert II avoit, en mourant, détaché l'Alsace de l'Austrasie, pour la réunir à la Bourgogne, partage de

---

lumbaui à Jona, monacho Bobiensi, fere æquali scripta. Scr. franc. T. III, p. 476. — *Vita sancti Galli*, p. 474. — *Aimoini Mon. Flor.* Lib. III, cap. 92-94, p. 112. — *Hermanni contracti*, p. 326.

(1) *Fredegarii*. Cap. 35, p. 424; cap. 37, p. 427.

610. Thierri : ce morcellement étoit contraire aux convenances géographiques et aux intérêts des peuples. Les Austrasiens demandoient que l'Alsace leur fût rendue. Les grands des deux royaumes convinrent cependant que cette controverse seroit soumise au jugement de la nation armée ; que chaque roi se rendroit, accompagné de dix mille Francs, à Seltz, sur les bords du Rhin, pour que le différend des deux royaumes fût décidé par leur suffrage. Mais les Austrasiens, au lieu d'arriver au nombre de dix mille, se rendirent en si grande foule à la suite de Théodebert, que Thierri, enveloppé par eux, fut contraint de se soumettre. Il signa un nouveau traité par lequel l'Alsace, le Suntgaw et le Thurgaw furent rendus à l'Austrasie. Tandis qu'il étoit encore dans le voisinage du Rhin, les Allemands, sujets de l'Austrasie, qui habitoient le pays que nous nommons aujourd'hui Suisse allemande, envahirent la Bourgogne transjurane, ou la Suisse romande : ils ravagèrent le voisinage d'Avenches, et tout le pays situé entre les lacs de Genève et de Neuchâtel. Les comtes de ce pays, Abbelin et Herpin, marchèrent à leur rencontre, avec ce qu'ils purent rassembler de milices ; mais ils furent défaits après une bataille très-meurtrière ; le reste du pays d'Avenches fut livré à l'incendie ; tous les habitans que les Allemands purent saisir furent emme-

nés en captivité, et cette incursion de concitoyens fut accompagnée de toutes les calamités qui peuvent résulter d'une invasion de Barbares. (1)

610.

Les deux frères s'étoient cependant séparés, en apparence, réconciliés ; mais Thierri, irrité des concessions qu'on avoit exigées de lui, et des affronts qu'il avoit reçus, envoya dès l'année suivante proposer à son cousin Clothaire II une alliance contre son frère. Les trois princes étoient enfin sortis de l'enfance, et ils étoient dans l'âge le plus avantageux pour acquérir de l'influence sur une soldatesque qui n'estimoit presque que la valeur. On devoit en supposer à des rois âgés de vingt-deux à vingt-cinq ans, et ils n'avoient pas encore eu le temps de rebuter la nation par leurs vices, ou de la fatiguer de leurs crimes. Clothaire II, quoiqu'il fût réduit à un royaume peu étendu, pouvoit cependant être un ennemi redoutable, parce que toutes les provinces séparées de la Neustrie désiroient rentrer sous sa domination. Thierri promit à Clothaire, pour prix de l'assistance qu'il lui demandoit, la restitution du duché de Dentelin, qu'il avoit été obligé de céder à l'Austrasie, et qui probablement s'étendoit entre l'Aisne et l'Oïse, jusqu'aux portes mêmes de Soissons. (1)

611.

(1) *Fredegarii*. Cap. 37, p. 427.
(2) *Ibid.*

612.

« La dix-septième année de son règne, au
« mois de mars, dit Frédégaire, le roi Thierri
« rassembla une armée à Langres, de toutes les
« provinces de son royaume, et la dirigeant
« par Andelot, après avoir pris le château de
« Nez, il s'achemina vers la ville de Toul. Là,
« Theudebert étant venu au-devant de lui, avec
« l'armée des Austrasiens, ils se livrèrent ba-
« taille dans la plaine de Toul; Thierri l'em-
« porta sur Theudebert et renversa son armée :
« dans ce combat, les Francs perdirent une trop
« grande multitude d'hommes vaillans. Theu-
« debert ayant tourné le dos, traversa le terri-
« toire de Metz, passa les Vosges, et continuant
« à fuir, arriva à Cologne. Thierri le suivoit de
« près avec son armée. Comme il approchoit de
« Mayence, un saint homme, évêque de cette
« ville, l'apostolique Léonésius vint au-devant
« de lui. Il haïssoit la sottise de Theudebert, il
« désiroit l'avantage de Thierri, et il lui dit :
« *Achève ce que tu as commencé, car ton utilité*
« *exige que tu remontes à la cause de tout ce*
« *mal. Écoute une fable populaire: Le loup étant*
« *un jour monté sur la montagne, lorsque ses*
« *fils commençoient déjà à chasser, il les ap-*
« *pela à lui au haut de ce mont, et leur dit :*
« *Aussi loin que vos yeux peuvent s'étendre, de*
« *quelque côté que vous les tourniez dans cette*
« *plaine, vous n'avez point d'amis, si ce n'est*

« *un petit nombre d'êtres de votre espèce. Ache-*
« *vez donc ce que vous avez commencé.* (1)

Il semble que l'apologue du saint homme, s'il avoit aucun sens, devoit enseigner au louveteau à épargner son frère, le seul être de son espèce. Ce n'est pourtant point ainsi que l'entendoit Léonésius ou que Thierri le comprit. Il se persuada que le roi des hommes, comme celui des forêts, n'avoit point d'amis, n'avoit point de frères. « Thierri, continue Frédégaire, ayant traversé
« les Ardennes, parvint à Tolbiac avec son ar-
« mée : Theudebert avec les Saxons, les Thurin-
« giens et le reste des nations d'outre-Rhin qu'il
« avoit pu rassembler, marcha contre Thierri, et
« lui livra une nouvelle bataille à Tolbiac. On
« assure que ni les Francs, ni aucune autre na-
« tion de l'antiquité, n'avoient encore livré de
« combat si acharné. En effet, il y eut un tel
« massacre dans l'une et l'autre armée, que les
« bataillons, en se serrant l'un contre l'autre
« pour le combat, n'avoient point laissé de place
« pour que les morts pussent tomber par terre;
« mais les cadavres, pressés les uns contre les
« autres, demeuroient debout, comme s'ils

612.

---

(1) *Fredegarii Schol.* Cap. 38, p. 428. Aimoin et Valois, en commentant Frédégaire, ont tous deux entendu que Léonésius conseilloit à Thierri de se défaire de son frère. (*Aimoini*, Lib. III, cap. 97, p. 114. — *Hadriani Valesii*, Lib. XVII, p. 553.)

« vivoient encore. Cependant Thierri vainquit
« encore Theudebert, car Dieu marchoit avec
« lui, et l'armée de Theudebert fut moissonnée
« par l'épée depuis Tolbiac jusqu'à Cologne. Dans
« certains lieux, les morts couvroient entière-
« ment la face de la terre. Le même jour Thierri
« parvint à Cologne, et il y trouva tous les tré-
« sors de Theudebert. Il envoya Berthaire, son
« chambellan, à la suite de Theudebert, qui
« fuyoit au-delà du Rhin, accompagné de peu
« de personnes. Celui-ci le poursuivant avec
« diligence, l'atteignit et le présenta à Thierri,
« dépouillé de ses habits royaux. Thierri ac-
« corda à Berthaire ses dépouilles, tout son
« équipage royal et son cheval; mais il envoya
« Theudebert, chargé de chaînes, à Châlons. »
Frédégaire ne s'arrête point pour nous apprendre ce qu'il devint : un roi prisonnier avoit, à
ses yeux, déjà cessé de vivre. La chronique
de sainte Bénigne rapporte que Brunehault
le fit d'abord ordonner prêtre, que bientôt
après elle le fit périr. « D'après l'ordre de Thierri,
« un soldat saisit par le pied un fils de Theu-
« debert encore enfant, nommé Mérovée, et le
« frappa contre la pierre jusqu'à ce que son cer-
« veau sortît de sa tête brisée. » (1)

(1) *Fredegarii.* Cap. 38, p. 428. — *Chron. Moissiacense*, p. 651. — *Gesta reg. francor.* Cap. 38, p. 565. — *Aimoini Monach.* Lib. III, cap. 97, p. 115. — *Hermanni contracti*,

Ensuite de la bataille de Tolbiac, et du massacre de Theudebert et de sa famille, tout le royaume d'Austrasie se soumit à Thierri II. Ce royaume étoit celui où les grands affectoient le plus d'indépendance, et où le pouvoir des maires du palais étoit le plus affermi. Theudebert n'avoit point mis obstacle à leurs usurpations ; quoique parvenu à sa vingt-sixième année, il n'étoit point sorti de tutelle : le progrès de l'âge avoit mis sous un plus grand jour son incapacité, et le meurtre de sa femme Bilichilde, seule action peut-être de son règne qui procédât de sa volonté propre, l'avoit laissé plus dépourvu encore de conseil. A Quintrio, maire du palais au commencement de son règne, les Austrasiens avoient donné pour successeur Gundolfe, qui peut-être périt aussi à la bataille de Tolbiac. Après sa mort, Radon gouverna le royaume. D'autres seigneurs partageoient avec le maire la conduite des affaires, et parmi ceux-ci l'on commence à remarquer les ancêtres de la maison carlovingienne ; savoir, Arnolphe, qui depuis fut évêque de Metz, et Pepin l'ancien. Nous connoissons mal les fonctions qu'ils

---

p. 326. — *Hadriani Valesii*, Lib. XVII, p. 555. Tous racontent que Thierri fit mettre à mort son frère ; mais ils ne s'accordent pas sur les circonstances ; quelques-uns parlent d'un autre fils de Theudebert, nommé Clothaire, également mis à mort, et d'une fille réservée en vie.

exerçoient sur les provinces soumises à leur gouvernement ; mais nous ne tarderons pas à voir que leur pouvoir étoit mieux établi que celui du monarque. (1)

Tandis que Thierri soumettoit l'Austrasie, Clothaire II, sans avoir pris part à la guerre contre Theudebert, se mettoit en possession du duché de Dentelin. Thierri prétendit qu'il lui avoit promis de récompenser, à ce prix, une assistance active, non une timide neutralité. Le roi de Neustrie n'avoit aucun droit à recueillir le fruit du sang et des sueurs des Bourguignons. Il oublioit sa foiblesse, et le respect qu'il devoit au puissant roi de tout le reste des Gaules, lorsqu'il s'arrogeoit à lui-même une récompense, au lieu de l'attendre de la générosité de son allié. Celui qui n'avoit pas épargné son propre frère ne comptoit pas montrer plus de compassion à son cousin. Thierri fit sommer Clothaire d'évacuer de nouveau le duché de Dentelin : comme il n'obéissoit pas, des ordres furent donnés pour assembler l'armée d'Austrasie et de Bourgogne, et Thierri alloit se mettre à sa tête, lorsqu'il mourut tout à coup à Metz, d'une dyssenterie. On accusa ensuite, contre toute vraisemblance, Brunehault de l'avoir empoisonné. Celle-ci, qui se trouvoit alors à Metz avec les quatre fils de Thierri, s'efforça de faire reconnoître l'aîné,

(1) *Hadriani Valesii.* Lib. XVII, p. 557.

Sigebert, pour sucesseur de son père; mais l'armée que Thierri devoit conduire s'étoit dispersée à la nouvelle de sa mort, et la reine, qui avoit si long-temps gouverné les Francs, sentoit que son trône chancelant alloit s'écrouler sous elle. (1)

Sigebert, Childebert, Corbe et Mérovée, fils de Thierri II, étoient alors âgés de onze, dix, neuf et six ans. D'après les usages des Francs, il semble qu'ils auroient dû partager l'héritage de leur père, et que leur jeunesse devoit les rendre plus chers aux grands, loin de mettre obstacle à leur succession. Mais l'Austrasie où leur aïeule les avoit conduits, détestoit Brunehault, Thierri et ses enfans. La première, quatre ans auparavant, avoit été chassée ignominieusement du royaume; le second n'avoit soumis les Austrasiens, l'année précédente, qu'après deux batailles sanglantes. Plusieurs de ceux-ci, pour éviter un joug odieux, appeloient déjà Clothaire II de leurs vœux : Arnolphe et Pepin, ces deux ducs en qui commence la race carlovingienne, entrèrent en correspondance avec le roi de Neustrie, et lui offrirent la couronne. Brunehault étoit avertie de ces intrigues, et pour résister au fils de sa mortelle ennemie, elle sen-

---

(1) *Fredegarii.* Cap. 39, p. 428. — *Gesta reg. francorum.* Cap. 39, p. 566.

toit qu'elle ne devoit pas laisser partager le royaume de son petit-fils.

Les nations germaniques d'au-delà du Rhin avoient peu souffert des abus du gouvernement ; elles montroient toujours le même empressement à entrer dans les Gaules, sous quelque étendard que ce fût, déterminées par le seul attrait du pillage, et elles pouvoient former une armée en faveur de Sigebert. Brunehault le leur envoya pour les rassembler dès les forêts de la Thuringe ; le roi-enfant fut confié aux soins de Warnachaire, maire du palais de Bourgogne, qui avoit accompagné Thierri en Austrasie. Tandis qu'ils s'enfonçoient dans la Germanie, Brunehault s'étoit arrêtée à Worms, avec les trois plus jeunes de ses arrière-petits-fils. Là, elle fut avertie que Clothaire II étoit entré en Austrasie avec une armée, et qu'il s'étoit avancé jusqu'à Andernach ; qu'Arnolphe, Pepin et plusieurs autres grands seigneurs du pays embrassoient son parti ; que, sommé de respecter les états de ses neveux, il avoit répondu qu'il étoit prêt à se soumettre au jugement des Francs entre eux et lui, et que tout ce que *les élus* de la nation ordonneroient, il étoit prêt à l'exécuter (1). Brunehault savoit d'avance combien ce

---

(1) *Judicio francorum electorum.* (Fredeg. Cap. 40, p. 429). Le Warnachaire dont il est question ici n'est pas le même qui

jugement des Francs seroit défavorable pour elle; elle soupçonna le maire du palais Warnachaire d'être en secret d'accord avec ses ennemis, et elle écrivit à un homme affidé, Alboin, qu'elle avoit auprès de lui, de le tuer et de prendre sa place. Alboin, après avoir lu la lettre, la déchira, et en jeta les fragmens; mais ils furent recueillis, réunis et reportés à Warnachaire, qui dès lors ne songea plus qu'à prendre des mesures pour que Brunehault, non plus qu'aucun de ses arrière-petits-fils, n'échappât à la vengeance nationale. (1)

Dans tout le royaume on étoit également las d'une honteuse et cruelle tyrannie; dans tout le royaume, le parti mécontent, assuré de sa force, ne se pressoit pas d'agir pour mieux se concerter. Il sentoit que le sceptre royal étoit devenu complétement impuissant, que les seuls ordres qui convenoient à la nation, étoient exécutés, et il vouloit attendre l'occasion favorable pour faire disparoître jusqu'au dernier rejeton d'une race odieuse. Warnachaire, bien sûr du sentiment universel, dissimula; il ramena de Germanie Sigebert, avec une armée peu considérable; il envoya à des postes éloignés les troupes

---

avoit été maire de Bourgogne au commencement du règne de Thierri. Le premier de ce nom étoit mort en 599.

(1) *Fredeg.* Cap. 40, p. 429. — *Aimoini.* Lib. IV, cap. 1, p. 116. — *Hadriani Valesii.* Lib. XVII, p. 564.

qu'il savoit plus dévouées à Brunehault ; il persuada à celle-ci de revenir avec tous ses petits-fils, dans le royaume de Bourgogne, tandis que les messagers royaux continuoient à parcourir l'Austrasie pour rassembler une armée. Les grands, que pour la première fois Frédégaire appelle ici les barons de Bourgogne, *Burgundiœ farones*, comprenant sous ce nom les évêques avec les autres seigneurs, ressentoient contre Brunehault une haine égale à celle des Austrasiens. Cependant leur armée se rassembla sous le commandement nominal de Sigebert, et elle s'avança dans la Champagne. (1)

Ce fut entre la Marne et l'Aisne, non loin de cette dernière rivière, que l'armée de Sigebert rencontra celle de Clothaire II. Celle-ci étoit déjà grossie par un grand nombre d'Austrasiens qui suivoient les ordres d'Arnolphe et de Pepin, tandis que dans l'armée de Sigebert les ducs bourguignons Roccon, Sigvald et Eudelane, ainsi que le patrice Aléthée, n'attendoient qu'un signal de Warnachaire pour se déclarer contre la reine. Brunehault se voyoit cependant suivie par un assez grand nombre de soldats pour espérer la victoire. Les deux armées se rangèrent en bataille, mais au signal de la trompette, les Austrasiens et les Bourguignons, au lieu de soutenir le choc des Neustriens, tour-

(1) *Fredegarii.* Cap. 41, p. 429.

nèrent immédiatement le dos. Clothaire, qui en étoit prévenu d'avance, les poursuivit sans acharnement, mais avec assez d'activité pour que les princes ne lui échappassent pas. En effet, il ne leur donna point de relâche des bords de l'Aisne jusqu'à ceux de la Saône; et dans cette poursuite, Brunehault, Sigebert, Corbe et Mérovée furent successivement amenés au vainqueur. Le second des fils de Thierri, Childebert, qui s'étoit enfui à cheval, ne fut jamais retrouvé. Ce fut le connétable Herpon, comte de la ville d'Orbe, dans la Bourgogne transjurane, qui arrêta Brunehault, avec Theudelane, sœur de Thierri. Clothaire en la voyant, donna l'essor à toute la haine que sa mère Frédégonde lui avoit transmise, et qu'il avoit nourrie lui-même trente ans, dès le commencement de sa vie et de son règne. Il lui reprocha d'avoir causé la mort de dix rois de France, et parmi ceux-là il comptoit tant ceux que Frédégonde avoit fait assassiner, que Thierri et ses trois fils qu'il vouloit faire périr lui-même. Pendant trois jours il la livra à des tourmens divers, et la fit promener sur un chameau, à la vue de toute l'armée; puis l'ayant fait lier par les cheveux, par un pied et par un bras, à la queue d'un cheval indompté, il l'abandonna à ses ruades; les champs furent souillés de lambeaux des chairs de cette malheureuse mère de tant de rois. Clothaire fit aussi tuer deux de ses arrière-petits-fils, Sigebert et Corbe; mais il fit conduire en Neustrie Mérovée, qu'il avoit tenu sur les fonts de baptême; il le recommanda au comte Ingobaud, et il lui permit de vivre. Warnachaire, en récompense de ses services, fut confirmé dans la mairie de Bourgogne, et le roi s'engagea envers lui, par serment, à ne point le destituer jusqu'à la fin de sa vie. Radon fut élevé à la mairie d'Austrasie. (1)

Ainsi périt Brunehault, fille, sœur, mère et aïeule de rois, et l'une des plus puissantes reines dont la terre ait vu se prolonger la domination. C'étoit en 566 qu'elle étoit venue en France pour épouser Sigebert; et, dans le cours de quarante-huit ans, quoiqu'elle eût souvent éprouvé une fortune contraire, elle avoit toujours su se relever par la force de son caractère, par un courage indomptable, de rares talens, et un art pour gouverner les hommes que ne posséda au même degré aucun des princes de la première race. Vindicative et ambitieuse, elle ne connut ni la pitié ni l'amour, et elle

(1) *Fredeg. Chron.* Cap. 42, p. 429. — *Chron. vetus Moissiacense*, p. 651. — *Gesta reg. francor.* Cap. 40, p. 567. — *Adonis Vienn.* p. 669. — *Aimoini Monach.* Lib. IV, cap. 1, p. 117. — *Hermanni contracti.* p. 326. — *Append. ad Chron. Marii. Ep.* p. 19. — *Chron. de Saint-Denys*, Liv. IV, ch. 19, p. 267. — *Vita sancti Columb. Abbat. à Jona Mon.* Cap. 58, p. 482.

sacrifia à son ressentiment ou à l'accroissement
de son pouvoir ceux qui lui tenoient de plus
près par les liens du sang. Cependant on l'accusa
aussi de beaucoup de crimes qu'elle n'avoit
point commis ; on parla de son libertinage à
une époque où l'âge avoit probablement glacé
un sang long-temps brûlant ; et ce qui reste
d'avéré parmi ses forfaits ne passe point la mesure commune des rois de la race de Clovis.
Ceux qui la condamnèrent, et qui la firent
périr, n'étoient pas moins féroces qu'elle, et
n'avoient pas ses talens. Son zèle religieux se
manifesta, soit par la protection qu'elle accorda
constamment aux missions nombreuses que le
pape Grégoire-le-Grand envoya de son temps
pour convertir l'Angleterre, et qui se recru-
toient toujours dans ses états, soit par le nombre prodigieux d'églises et de couvens qu'elle
fit bâtir dans toutes les parties du royaume.
L'architecture semble avoir été son principal
luxe ; elle y consacra les trésors qu'elle amas-
soit par les concussions qui ont souillé sa mémoire et qui causèrent sa ruine, et elle donna
à toutes ses constructions un caractère de grandeur imposante qui frappoit l'imagination du
peuple. Ses monumens, sa puissance et son
malheur avoient fait une impression si pro-
fonde dans l'esprit des hommes, qu'on lui attribua ensuite un grand nombre d'ouvrages qui

n'étoient point d'elle. Tout ce qu'on rencontroit de grand, de fort, de durable, prenoit le nom de Brunehault. Il y a en Belgique, et peut-être encore dans d'autres provinces, des *chaussées de Brunehault*, dont les larges pavés et la construction inébranlable semblent plutôt signaler un ouvrage romain. On montroit, dans la forêt Leccinienne, près de Bourges, un château de Brunehault; une tour de Brunehault, à Étampes; la pierre de Brunehault, près de Tournay; le fort de Brunehault, près de Cahors, et son nom redouté étoit encore répété de bouche en bouche par un peuple qui n'avoit plus de souvenir d'aucun de ses contemporains. (1)

(1) Le père Mariana a fait l'apologie de Brunehault dans son *Histoire d'Espagne*, et Velly s'est imposé la même tâche dans l'*Histoire de France*. Le premier a discuté avec adresse les preuves historiques, le second a cru pouvoir s'en dispenser; car il n'est pas probable à ses yeux qu'une si grande reine, apparentée à tant de rois, ait pu se rendre coupable de crimes si odieux. Le caractère de Brunehault et les preuves de ses forfaits, comme les monumens de sa grandeur, sont appréciés avec jugement par Adrien de Valois, Liv. XVII, p. 577-587.

FIN DU TOME PREMIER.

TABLE CHRONOLOGIQUE
ET ANALYTIQUE
DU TOME PREMIER.

PREMIÈRE PARTIE.
LES MÉROVINGIENS.

INTRODUCTION..................................*page* j

CHAPITRE PREMIER. *Précis des événemens dont les Gaules furent le théâtre, avant l'invasion des Barbares, au cinquième siècle*................*page* 1

L'histoire du peuple Français ne doit point comprendre celle des Gaulois................................ *ibid.*

Ant. C.

581. Les Gaulois à demi civilisés par les druides.... 2

Ils entrent en contact avec les Grecs et les Italiens; dans le temps où ils envahissoient l'Italie supérieure, les Grecs fondoient chez eux Marseille.................................... 3

124. Fondation d'*Aquæ Sextiæ*. La Provence réduite en province Romaine.................... 4

60-50. Conquête des Gaules par César............ 5

Post. Chr.

48. Le droit de cité accordé à la Gaule chevelue... 6

L'histoire des Français commence avec le mélange des races qui formèrent la nation...... 7

Les Gaulois, sujets des Romains, sont une des races dont il faut connoître l'état.......... 8

Un sommaire des événemens dont les Gaules furent le théâtre pendant les quatre premiers siècles, est nécessaire à l'intelligence de la suite .... *page* 9

68-70. Dernière tentative des Gaulois sous Julius Civilis, pour recouvrer leur indépendance... 10

70-250. Long période durant lequel les historiens Romains se taisent sur les Gaules.......... 11

253-268. Invasions des Barbares, sous les règnes de Valerianus et Gallienus................. 12

Premiers ravages des Francs dans les Gaules.... 13

268-276. Guerre civile qui prive les Gaules de leurs défenseurs.............................. 14

276-282. Victoires de Probus sur les Barbares ; il leur accorde des terres dans les Gaules......... 15

284-285. Révolte des paysans des Gaules nommés Bagaudes.................................. 17

287-294. Carausus, avec les forces maritimes des Gaules, se rend indépendant en Angleterre...... 19

292. Dioclétien donne à l'empire deux Augustes et deux Césars.............................. *ibid.*

292-306. Règne de Constance Chlore dans la préfecture des Gaules........................... 20

Colonie militaire de Bastarnes, établie par Constance dans les Gaules..................... 22

306-312. Règne de Constantin dans la préfecture des Gaules............................... 23

310. Les premiers rois Francs dont parle l'histoire, livrés aux bêtes féroces............... 24

312-350. L'histoire des Gaules, nulle pendant le règne de Constantin et de deux de ses fils........ *ibid.*

350-351. Dévastation des Gaules pendant la guerre civile de Magnentius...................... 25

351-355. Ravages des Allemands et des Francs..... 27

355-361. Julien chargé de repousser des Gaules les Barbares................................. 28

356-357. Ses brillantes campagnes avec une poignée de soldats................................ page 28
357-359. Il attaque à son tour les Allemands en Germanie.. 29
Il embellit Paris... 30
361. Il est salué empereur par son armée............ 32
365. Après la mort de Julien, les Allemands envahissent de nouveau les Gaules...................... 33
365-375. Victoire de Valentinien sur les Allemands... 34
La Gaule maritime est ravagée par les Saxons.. 36
Multiplication des brigands, fureurs de Valentinien... 37
375-383. Règne du jeune Gratien dans la préfecture des Gaules... 38
Crédit qu'il accorde à Mellobaudes, roi des Francs.. 39
383. Gratien tué pour avoir accordé trop de faveur aux Alains venus de Scythie............................ 40
383-387. Règne de Maximus. Première persécution des hérétiques, supplice des priscillianistes....... 41
388-392. Valentinien II dominé par le Franc Arbogastes.. 43
395. Théodose réunit les deux empires, mais il meurt quatre mois après... 44

CHAPITRE II. *État des Gaules sous la domination romaine au quatrième siècle*................... 46

La longue paix dont les Gaules avoient joui pendant deux siècles, n'avoit point causé leur prospérité; plus tard leurs malheurs furent extrêmes......... *ibid.*
Les Gaules pendant une suite de siècles, passent d'un système d'oppression à un autre.................... 47
La Gaule civilisée par les Romains, ressembloit aux

provinces éloignées de la Russie................*page* 48
La Gaule, d'un quart plus étendue que la France actuelle, ne faisoit qu'un douzième de l'empire...... 49
Administration. Préfet et vicaire des Gaules, et recteurs des dix-sept provinces......................... 50
Les habitans des Gaules avoient cessé d'avoir une patrie, aucun lien commun ne les unissoit à leur sol natal et à leurs concitoyens.......... 52
Les diètes des villes des Gaules ou ne furent jamais régulières, ou furent bien vite abandonnées... 53
Honorius essaya vainement de leur donner une existence périodique............................ 55
Curies. Importance et magnificence de plusieurs des cent quinze cités des Gaules...................... 59
Chacune de ces cités gouvernée par une curie, seule magistrature populaire de l'empire.... 57
Les plus vertueux empereurs avoient voulu relever la dignité des curies.................. 58
Mais les curiales avoient été rendus solidaires du payement des contributions, et des levées de soldats.. 59
Leur condition devint si fâcheuse, qu'on fut puni sévèrement si on les cachoit lorsqu'ils cherchoient à s'échapper........................ 60
La condition des possesseurs, second ordre des villes, n'étoit guère plus heureuse.......... 62
Les curiales disposoient des revenus de la cité et de ses milices.................................. 63
De deux guerres entre des cités, on ne sauroit conclure que le droit de guerre privée soit venu des Gaulois aux Francs.................. 64
A la fin de la domination romaine, les bourgeois

avoient tout-à-fait renoncé aux armes.. *page* 65
L'organisation des curies survécut à la domination romaine............................... 66
Finances. Finances de l'empire Romain dans les Gaules, l'*indiction*, impôt territorial........... 67
La *capitation*, son injustice et son poids accablant................................. 68
Revenus des terres du fisc, vexations résultant du transport des récoltes................ 70
Les domaines du fisc sans cesse augmentés par des déshérences......................... 71
Les lois encourageoient à s'emparer des terres désertes............................... 72
Armée. Importance militaire de la frontière des Gaules. 73
La frontière du Rhin, défendue par huit légions. Douze cents hommes distribués dans le reste des Gaules......................... 74
Constantin change la distribution des troupes, sans les augmenter.................... 75
Corps divers, Romains et Barbares, actifs et vétérans, employés dans les Gaules......... 76
L'impossibilité de recruter une armée de cinquante mille hommes dans les Gaules, tenoit à la disparition de la classe des paysans, causée par l'esclavage........................... 77
Esclaves. Dans les Gaules libres, les paysans semblent avoir été colons-partiaires............. 78
Nombre des cliens ou *ambacti* dont disposoient les seigneurs Gaulois................. 79
Après le massacre qui suivit la conquête des Gaules, la population se rétablit............ 81
Mais les petits propriétaires disparurent et firent place aux *Latifundi*.................. 82

En même temps les colons-partiaires furent remplacés par des esclaves.................... *page* 83

La population esclave s'éteignoit rapidement, mais elle étoit remplacée par des captifs achetés à la suite des armées....................... 84

La race des paysans fut ainsi détruite et avec elle la langue celtique....................... 85

Deux siècles après la conquête des Gaules, le marché aux esclaves se ferma, les Romains perdirent plus de captifs qu'ils n'en gagnèrent............................... 86

État de détresse des propriétaires forcés d'en revenir aux colons-partiaires................ 87

Noblesse. Noblesse des Gaules durant l'empire romain................................ 89

Les nobles des cités libres, prennent des noms romains et entrent au sénat de Rome........ 90

La noblesse et le sénat écartés du gouvernement de l'empire romain...................... 91

Le nom de noble ne vouloit dire autre chose que notables............................. 92

Clergé. Le clergé des Gaules, seul corps demeuré puissant................................ 93

La religion chrétienne avoit pénétré dans les Gaules vers l'an 179........................ 94

Quelques évêques étrangers fondèrent les premières églises des Gaules, en 250.......... 95

Les chrétiens des Gaules furent à l'abri de presque toute persécution.................. *ibid.*

Priviléges pécuniaires et politiques accordés au clergé après 312...................... 96

Les évêques nommés par le peuple choisissoient les prêtres à leur tour.................. 98

Le clergé rendu indépendant des tribunaux civils.................................... page 99
Rapides progrès du christianisme monté sur le trône.................................... 100
Destruction des temples et persécution des païens. 101

CHAPITRE III. *Invasion générale des Barbares, établissement des Visigoths et des Bourguignons dans les Gaules. 400-423*.......................... 103

Mélange prodigieux des diverses races civilisées dans les Gaules, à l'expiration de la domination romaine.. *ibid.*
Ce mélange augmenté par le grand nombre des affranchis et des esclaves.............................. 104
Tous les peuples barbares du nord vinrent se confondre avec ces restes des peuples civilisés........... 106
Trois nations, les Germains, les Sarmates et les Scythes, menaçoient le nord de l'empire et pénétrèrent dans les Gaules......................... *ibid.*
Les Germains, quoique cultivateurs, avoient trop de passion pour la guerre, pour se civiliser entièrement..................................... 107
L'horreur des Germains pour les villes contribua à maintenir leur liberté........................ 109
Les Germains eurent quelquefois une famille royale, mais jamais de noblesse....................... 111
Les Saxons qui attaquèrent les Gaules par mer, habitoient près des bouches de l'Elbe............. 112
Les Francs habitoient la rive droite du Rhin, depuis le Mein jusqu'à la mer............................ 113
Les Allemands, autre confédération, habitoient la droite du Haut-Rhin................................. 115
Les Goths, quoique venant des pays slaves, étoient de race germanique............................ 116

Leurs migrations diverses, avant que Valens les admit
à passer le Danube.........................*page* 117
Les Vandales habitant entre les Goths et les Saxons... 119
Les Bourguignons, les Hérules et les Lombards appar-
tenoient à la race vandale......................... 120
Les Hénèdes, Quades et Sarmates appartenoient à la
race slave....................................... 121
Les Alains, les Tayfales et les Huns étoient Scythes ou
Tartares.. 123

400. L'invasion des peuples du Nord déterminée par
les conquêtes de Toulun, tartare chinois...... 124
Foiblesse d'Arcadius et Honorius, gouvernés par
des favoris.................................. 125
Trois grands événemens signalent dans les Gaules le règne d'Honorius....................... 126

406. Invasion générale des Barbares conduite par
Rhadagaise................................. 127

406. 31 décembre, le Rhin traversé par la foule des
peuples barbares............................. 128

406-412. Désolation des Gaules, à laquelle Honorius
ne porta aucun remède....................... 129
Nouveau soulèvement des Bagaudes qui s'en-
fuient dans les montagnes.................... 132
Tentative des Armoriques pour s'assurer l'indépendance................................... 133

409. Partie des Suèves, des Vandales et des Alains,
quitte les Gaules pour l'Espagne.............. 134

406-412. Pendant le même temps Alaric et les Visigoths avoient dévasté l'Italie................. 135

412-414. Honorius permet à Ataulphe de conduire les
Visigoths dans les Gaules..................... 137
Les Visigoths s'établissent dans les Narbonnaises,
l'Aquitaine et la Catalogne................... 138

Cet établissement ne causa pas de révolution et ne fit pas cesser l'autorité de l'empire..... *page* 139

Les Goths s'empressèrent cependant de se faire distribuer des terres pour redevenir cultivateurs.................................... 140

411. Les Bourguignons s'établissent dans la Germanie supérieure (Alsace).................... 141

413. Honorius leur permet de s'étendre du lac de Genève jusqu'à la Moselle.................. 142

414.-423. Révolutions dans la monarchie des Visigoths, établie à Toulouse................ 143

Faste d'Honorius pendant les désastres de l'empire.. 145

423. 15 août. Sa mort après avoir vu la chute de tous ses rivaux............................ 146

CHAPITRE IV. *Derniers revers et fin de l'empire d'Occident. Conquêtes de Clovis; la Gaule divisée entre les Francs, les Bourguignons et les Visigoths.* 423-500................................ 147

423-476. La destruction de la population invite les Barbares à s'établir dans l'empire d'Occident. *ibid.*

425-450. Gouvernement de Placidie pour Valentinien III. 148

429-439. Conquête de l'Afrique par Genséric, roi des Vandales................................ 149

428-450. Administration et victoires d'Aétius dans les Gaules................................ 150

433-450. Attila ravage l'empire d'Orient........ 151

451. Attila résolu d'attaquer les Gaules, s'y prépare par des alliances.................... 153

Il passe le Rhin à son confluent avec le Necker, et s'avance jusqu'à Orléans............ 154

451. Aétius s'assure l'appui de Théodoric II, roi des

TABLE CHRONOLOGIQUE

Visigoths................................ *page* 155
Il rassemble dans son armée tous les peuples barbares des Gaules......................... 156
Attila commandoit aux compatriotes de ces mêmes barbares 157
Victoire d'Aétius sur Attila dans les plaines de Châlons en Champagne................... 158
453. Mort d'Attila; ruine de la monarchie des Huns. 160
455-476. Dernières convulsions de l'empire d'Occident. 161
455. Avitus proclamé empereur par les Visigoths et les Gaulois............................... *ibid.*
457-461. Vains efforts de Majorien pour relever l'empire d'Occident........................ 163
461-476. Une partie des Gaules demeure dévouée à l'empire pendant sa ruine............. 164
Les Visigoths, les Bourguignons et les Francs se partagent le reste..................... 165
453-466. Règne glorieux de Théodoric II sur les Visigoths............................ 166
Fratricides fréquens dans l'histoire de tous les peuples barbares...................... 167
466-484. Règne d'Euric sur les Visigoths........ 168
413-463. Règne de Gondicaire sur les Bourguignons. 169
463-500. Règne de ses quatre fils et leurs conquêtes dans les Gaules.......................... 170
Gondebaud, l'un d'eux, fait périr successivement tous ses frères..................... 172
Saint Avitus calme les remords que lui causoient ces fratricides..................... 173
400-450. Conduite des Francs à l'égard des Gaules; ils restent fidèles à l'empire............ 174
Le grand nombre de leurs rois les rend moins redoutables au cinquième siècle qu'au quatrième. 175

457-481. Vagues notions sur Childéric, père de Clovis, roi des Francs de Tournai. . . . . *page* 177
481-486. Premières années de Clovis, roi des Francs saliens de Tournai. 178
486. Victoire de Clovis sur Syagrius, gouverneur des provinces romaines. 179
491. Victoire de Clovis sur les Tongriens. 181
493. Mariage de Clovis avec Clotilde, nièce de Gondebaud, roi des Bourguignons. 182
493-496. Efforts de Clotilde pour convertir Clovis au christianisme. 184
496. Bataille de Tolbiac : les Allemands reconnoissent Clovis pour leur roi. 185
Clovis se convertit avec trois mille de ses guerriers. 187
496. Clovis se trouve être à cette époque le seul roi orthodoxe de la chrétienté. 188
496-500. A ce titre, Clovis devient cher au clergé et aux Gaulois. 189
Réunion des Armoriques et des fédérés des Gaules avec les Francs. 190
Clovis soumet tout le pays entre la Loire, le Rhône, le Bas-Rhin et l'Océan. 191

CHAPITRE V. *Fin du règne de Clovis.* 500-511... 192

500-511. Clovis étoit le roi de l'armée, plutôt que du pays qu'il avoit conquis. . . . . *ibid.*
Cette armée s'étoit accrue depuis ses victoires.. 193
Il la tenoit toujours cantonnée dans le voisinage de sa résidence. . . . . *ibid.*
Il gouvernoit la Gaule par l'armée comme le dey d'Alger gouverne la Mauritanie par les janissaires. 195
Des lots de terre ou *sortes* furent accordés aux

Francs qui se retiroient du service......*page* 196

Mais la nation n'avoit pas émigré comme les Bourguignons et les Visigoths, et l'armée des Francs ne renonça pas aux armes pour l'agriculture.................................. 197

Condition des Romains sous la domination des Francs ; lois des Barbares................ 198

La loi salique estime le sang du Romain moitié moins que celui du Franc............... 200

Clovis fixe sa résidence à Paris, et envoie un grafio dans les autres villes..................... 201

500. Clovis s'allie à Godégisile contre Gondebaud, roi des Bourguignons..................... 202

Clovis accorde la paix à Gondebaud, réfugié à Avignon.............................. 204

Gondebaud surprend Godégisile et le fait périr. 205

501-506. Gondebaud cherche à s'assurer l'affection de ses sujets romains..................... 206

Il fait élever ses enfans par des évêques orthodoxes................................. 207

Il publie un code de loi qui protége les Romains contre les Barbares..................... 208

Compensations pécuniaires égales pour le Romain et le Bourguignon................. 209

Lois sur l'hospitalité et la poursuite des esclaves. 210

Procédure établie par la loi des Bourguignons, recours à la Divinité.................... 212

Le serment purgatoire, origine du jury....... 213

Le combat judiciaire accordé pour prévenir le parjure................................ 214

Gondebaud cède la Provence à Théodoric, roi des Ostrogoths.......................... 215

Théodoric rappelle les Provençaux à des mœurs

dignes de la toge.......................*page* 216
Son gendre, Alaric II, roi des Visigoths, en
    lutte avec le clergé orthodoxe................ 217
Théodoric recommande Alaric II aux rois des
    Bourguignons et des Thuringiens............ 218
507. Clovis attaque les Visigoths sous prétexte de dé-
    truire l'arianisme............................ 219
Il consulte l'oracle de saint Martin de Tours.... 220
Il triomphe des Visigoths à la bataille de Vouglé;
    Alaric II est tué............................. 222
507-511. Gésalic succède à Alaric; Clovis conquiert
    les Aquitaines............................... 223
Théodoric secourt les Visigoths, mais il détrône
    Gésalic..................................... 225
L'empereur Anastase envoie à Clovis les orne-
    mens consulaires............................ 227
Clovis veut faire périr tous les rois des Francs
    ses parens.................................. 228
Il fait assassiner Sigebert et son fils Cloderic.... 229
Il fait massacrer Cararic et son fils.............. 230
Puis Ragnacaire et ses deux frères.............. 231
Il fait égorger tous les autres rois des Francs... 232
L'Église hésite si elle ne le reconnoîtra pas pour
    saint....................................... 233
511. Concile d'Orléans assemblé par ses ordres..... 234
511. 27 novembre. Mort de Clovis................. 236

CHAPITRE VI. *Règne des quatre fils de Clovis.* 511-
561.. 237

511. La monarchie des Francs pouvoit se dissoudre à
    la mort de Clovis comme celle d'Odoacre... *ibid.*
Les Francs restèrent unis, tout en reconnoissant
    pour rois ses quatre fils Thierri, Clodomire,

Childebert et Clothaire.............*page* 238
But des Francs en divisant ainsi leur monarchie. 239
Les partages des fils de Clovis sont tous enclavés les uns dans les autres........................ 241
511. Les Francs n'avoient point compté sur leurs rois pour gouverner l'état................... 242
Les fils de Clovis toujours distingués par leur longue chevelure........................ 244
511-561. Grande étendue qu'acquiert la monarchie sous les fils de Clovis................... 245
L'ancienne France germanique se réunit à celle des Gaules............................ 246
Les Saxons eux-mêmes entrent dans la confédération des Francs...................... *ibid.*
Les Thuringiens avoient dévasté l'ancienne France, la Hesse et la Franconie......... 247
Thierri, l'un des rois francs, aide Hermanfroi, l'un des rois thuringiens, à se défaire de ses deux frères............................ 248
528. Thierri et Clothaire remportent deux victoires sur les Thuringiens.................... 249
530. Meurtre d'Hermanfroi ; soumission de la Thuringe aux Francs.................... 250
511-561. Soumission du duché d'Allemagne ou Souabe, et de la Bavière...................... 251
530. Tentative de Thierri pour se défaire de son frère Clothaire............................ 252
Progrès des Francs dans les Gaules, mieux connus que leurs progrès dans la Germanie..... 253
511-526. Théodoric, roi des Ostrogoths, gouverne la Gaule méridionale...................... 254
Théodoric recouvre le Rouergue, l'Albigeois et le Gévaudan sur les Francs............... 255

526-531. Amalaric règne sur les Visigoths en Languedoc et en Espagne................. *page* 256
Childebert retire de ses mains sa sœur Clotilde qu'Amalaric avoit épousée et qu'il persécutoit : les Francs pillent Narbonne........... 257
515-523. Règne de Sigismond, fils de Gondebaud, en Bourgogne............................ 258
Clotilde, veuve de Clovis, excite ses enfans contre les Bourguignons....................... 259
523. Sigismond, défait et captif, est jeté dans un puits avec sa femme et ses deux enfans.......... 260
524. Clodomire tué dans une seconde campagne contre les bourguignons................... 261
526-533. Les deux fils de Clodomire égorgés par Clothaire et Childebert leurs oncles........... 262
532-534. Le royaume des Bourguignons conquis sur Godemar son dernier roi................ 264
Thierri ravage l'Auvergne qui s'étoit donnée à son frère Childebert..................... 265
Il fait périr Monderic, prince mérovingien, qui réclamoit son partage.................. 266
532-534. Thierri et Childebert se donnent des ôtages qu'ils réduisent ensuite en servitude........ 267
Thierri et Clothaire enlèvent aux Visigoths le Rouergue et Lodève..................... 268
Thierri fait périr Sigewald son parent, et meurt peu après............................. 269
534. Théodebert, fils de Thierri, lui succède : ses grandes qualités............................. 270
Son mariage avec Wisigarde et avec Deuterie... 271
Guerre de Théodebert en Italie, que Justinien vouloit ravir aux Ostrogoths............. 272
536. Vitigés, roi des Ostrogoths, et Justinien solli-

citent l'alliance des Francs................ *page* 273
Grande augmentation de puissance et de population des Francs..................... 274
539. Théodebert conduit une armée de cent mille Francs en Italie..................... 275
Théodebert bat les Ostrogoths et les Grecs; mais son armée périt ensuite de misère.......... 276
540. Vitigés cède aux Francs la Provence, et Justinien confirme cette cession.............. 279
543. Expédition désastreuse de Clothaire et de Childebert en Espagne................... *ibid.*
540-547. Les capitaines francs continuent leurs expéditions en Italie..................... 280
547. Ambition de Théodebert, sa mort; Théodebald son fils lui succède................... 281
541-553. Les Francs alliés de Totila et de Téjas, derniers rois des Ostrogoths............. 282
553. Buccelinus et Leutharis conduisent soixante-quinze mille Francs et Allemands en Italie, qui, après de grands succès, finissent par y périr tous............................ 283
553. Mort de Théodebald : son grand-oncle Clothaire épouse sa veuve................... 285
Grand nombre des femmes de Clothaire; ses mariages incestueux..................... *ibid.*
Clothaire s'empare du royaume de Théodebald, mais n'est pas reconnu par les Saxons....... 286
555. L'armée des Francs sous Clothaire, défaite par les Saxons........................ 287
555-558. Guerre civile entre Clothaire et Childebert.. 288
Rébellion de Chramne, fils aîné de Clothaire.... 289
558-561. Mort de Childebert; Clothaire demeure seul roi des Francs...................... 290

Il fait brûler son fils Chramne avec sa femme et
  ses enfans..*page* 291
Il meurt avec de grandes marques de dévotion. *ibid.*

CHAPITRE VII. *Les fils de Clothaire Ier jusqu'à la mort
  de Sigebert.* 561-575........................... 293

Étendue de l'empire franc soumis à Clothaire Ier..... *ibid.*
Mais cet empire étoit sans action publique parce qu'il
  étoit sans gouvernement........................ 294
Finances des Francs, les impôts publics presque abolis:
  les rois vivoient de leurs domaines............ 295
La justice; elle émanoit du peuple, et des comices
  nationaux ou mallum............................ 296
La législation rendue plus sévère, et les centuries char-
  gées de leur propre police..................... 298
Les fonctions des ministères de l'intérieur et de la marine, non remplies............................. 299
Les relations extérieures n'étoient que passagères et demandoient peu de soin.......................... 300
La guerre se faisoit sans troupes de ligne, sans états-
  majors, sans arsenaux et sans vivres........... 301
Les crimes des rois francs occupent plus de place dans
  l'histoire, parce que le gouvernement en remplit
  moins... *ibid.*
Partage de la monarchie entre les quatre fils de Clothaire Ier................................ 302
Division des Gaules, Austrasie, Neustrie, Aquitaine
  et Bourgogne................................... 303
Les fils de Clothaire ne s'en tiennent pas exactement à
  cette division................................. 305
La nation commença sous les fils de Clothaire à ne plus
  sentir son unité............................... 306
Les rois donnent l'exemple des mauvaises mœurs et

des vices..................................... *page* 307
Pouvoir des prêtres et nombre des saints à la même
époque....................................... 308
Mariages de Charibert, et sort d'une de ses femmes
après sa mort................................. 309
Renouvellement du royaume de Bourgogne par Gontran, roi d'Orléans............................ 311
Mariages de Gontran, sort de ses femmes et de ses
enfans....................................... 312
Mariage de Sigebert avec Brunehault.............. 313
Mariages de Chilpéric avec Audovère, Galsuinthe et
Frédégonde................................... 314
562-566. Guerres des Avares dans la France orientale. 316
 Première guerre civile entre Chilpéric et Sigebert..................................... 318
567. Mort de Charibert, roi de Paris et d'Aquitaine;
 partage de ses états........................ 319
 Guerre civile entre Sigebert et Gontran, pour
 la possession d'Arles........................ 320
567-571. Peste en Bourgogne...................... 321
 La Bourgogne attaquée par les Lombards, nouvellement établis en Italie.................. 322
 Défaite du patrice Amatus qui veut les repousser..................................... 323
571-575. Victoires du patrice Mummolus sur les Lombards et les Saxons............................ 324
 Acharnement des guerres civiles entre Chilpéric
 et Sigebert................................. 326
 Théodebert, fils de Chilpéric, conquiert l'Aquitaine austrasienne.......................... 327
574. Première invasion des peuples germaniques sujets du roi d'Austrasie........................ 328
575. Seconde invasion des Germains; désastres de la

Neustrie.................................page 329
Le jeune Théodebert tué en Aquitaine par Gontran-Boson............................. 330
Sigebert veut assiéger son frère Chilpéric dans Tournai................................ 331
Sigebert proclamé roi par les Neustriens....... 332
Sigebert assassiné par deux pages de Frédégonde. 333
Chilpéric fait périr les ministres et les confidens de son frère............................. 334

CHAPITRE VIII. *De la mort de Sigebert à celle de Gontran, dernier survivant entre les fils de Clothaire Ier. 575-593*.................................. 336

Cette période est la seule dans l'histoire des Mérovingiens sur laquelle nous ayons beaucoup de détails............................. *ibid.*

575. Révolution causée dans le sort de Brunehault, par l'assassinat de Sigebert................ 338
Son fils, Childebert II, est proclamé roi par les Austrasiens............................. 339
Mais en même temps ils nomment un maire du palais, grand juge du royaume......... 340
Affermissement de l'aristocratie en Austrasie... 342

576. Brunehault, captive à Rouen, est épousée par Mérovée, fils de Chilpéric.................. 343
Chilpéric et Frédégonde menacés à Soissons par des rebelles............................ 344
Chilpéric sépare Mérovée d'avec Brunehault, qu'il rend aux Austrasiens................. 345
Mérovée s'enfuit au sanctuaire de Saint-Martin de Tours.............................. 346
Il s'échappe de nouveau, et Chilpéric le poursuit à main armée............................ 347

TOME I. 30

576. Mérovée, arrêté par trahison à Térouanes, se fait tuer par son ami. . . . . *page* 348

Guerre dans l'Aquitaine; victoire de Mummolus sur Didier, duc de Toulouse. 349

577. Gontran, roi de Bourgogne, perd ses deux fils et adopte son neveu Childebert. 351

Lutte entre les grands et l'autorité royale. 352

578. Les milices romaines des villes employées dans une guerre contre les Bretons. 353

579. Chilpéric accroît les impositions et cause beaucoup de mécontentement. 355

580. Il les supprime à l'intercession de Frédégonde, inquiète pour la vie de ses fils. 356

Frédégonde fait tuer Clovis, troisième fils de Chilpéric et d'Audovère. 357

Raffinemens de cruauté de Chilpéric, qu'on nomme le Néron de la France. 359

811. Le patrice de Bourgogne Mummolus s'enfuit en Austrasie. 360

Mépris que témoignent les grands d'Austrasie à Brunehault. 361

Alliance des Austrasiens avec Chilpéric contre Gontran. 362

Guerre en Aquitaine, entre Chilpéric et Gontran. 363

582-583. Soulèvement du peuple d'Austrasie contre les grands. 364

584. Frédégonde accuse le préfet du palais d'avoir fait périr son fils par des maléfices. 365

Expédition infructueuse des Austrasiens contre les Lombards. 366

Rigonthe destinée en mariage à Récarède, fils du roi visigoth. 368

584. Un grand nombre de Parisiens réduits en esclavage, lui sont donnés pour dot .... *page* 368

Rigonthe s'arrête à Toulouse, et ne parvient pas en Espagne............................. 370

Chilpéric est assassiné; les soupçons se partagent entre Frédégonde et Brunehault............ 371

Frédégonde se met en sûreté chez l'évêque de Paris................................. 372

Gontran prend sous sa protection Frédégonde et son fils Clothaire II.................. 373

Gontran supplie les Francs de le laisser vivre encore trois ans pour protéger ses neveux..... 374

Les Francs opposent à Gontran, Gondovald, fils adultérin de Clothaire Ier............... 375

Gondovald est salué roi par l'armée, à Brive-la-Gaillarde............................... 377

Disputes des Austrasiens avec Gontran dans les plaids du royaume...................... 378

Les Austrasiens se retirent en menaçant Gontran de la hache............................ 380

585. Succès de Gondovald en Aquitaine............ 381

Gontran s'unit à Childebert contre Gondovald et les grands d'Austrasie................ 382

Gondovald, assiégé dans Cominges, est livré au général bourguignon..................... 383

Meurtre de Gondovald, incendie de Cominges... 384

Frédégonde fait jurer aux Francs que Clothaire II est bien fils de Chilpéric............ 386

586. Frédégonde fait assassiner saint Prétextat, évêque de Rouen............................ 388

Guerre malheureuse de Gontran, contre Récarède................................... 389

Cruauté de Childebert II. Il fait assassiner Ma-

gnovald sous ses yeux .... *page* 391
587. Conjuration des grands d'Austrasie contre
Childebert II......................... 392
Elle est découverte, et Rauchingus, son chef,
est taillé en pièces.................... 393
Massacre de Gontran-Boson et des autres grands
d'Austrasie........................... 394
Traité d'Andelot entre Gontran et Childebert II. *ibid.*
588-589. Nouvelles guerres avec les Visigoths et les
Lombards............................. 395
Cruauté croissante de Childebert II, en Austrasie. 396
593. Mort de Gontran à Châlons-sur-Saône......... 398

CHAPITRE IX. *De la mort de Gontran à celle de Brunehault.* 593-613......................... 399

L'époque que nous venons de parcourir est la plus glorieuse de la première race................... *ibid.*
Dégénération rapide des races royales chez les Barbares après leurs conquêtes.................. 400
Les descendans de Clovis ne cessent de dégénérer jusqu'à la suppression de leur race............... 401
Les rois fainéans, il est vrai, nous sont fort mal connus. 402
Courte vie des Mérovingiens, déjà pères quand ils sont encore enfans.......................... 403
Leurs minorités augmentent le pouvoir des maires du palais................................. 404
Ces maires, bien différens des économes du roi, sont nommés à chaque minorité................. 405
Progrès du pouvoir des ducs dans les provinces..... 406
Aucune trace de féodalité, et constante mention de l'esclavage dans les formules.................. 408
593. A la mort de Gontran, Childebert II prend possession de la Bourgogne................. 409

593. Victoire des Neustriens sur les Austrasiens, près de Soissons; forêt mouvante.......... *page* 410
594-595. Guerre des Francs contre les Bretons et contre les Warnes.......................... 411
596. Mort de Childebert II. Minorité des trois rois Francs, Clothaire II, Théodebert et Thierri II. 412
597. Frédégonde rentre à Paris avec son fils, et y meurt au bout d'une année................. 414
598. Brunehault veut s'emparer de l'autorité en Austrasie, et elle en est chassée............... 415
600. Theudebert et Thierri recouvrent sur Clothaire les villes de la Seine..................... 417
602. Entrée des Gascons en Gaule, ils se soumettent à un duc nommé par les rois Francs......... 418
Brunehault, pour affermir son autorité en Bourgogne, corrompt son petit-fils Thierri...... 419
604. Elle élève aux plus hautes dignités son amant Protadius............................... 420
Elle fait tuer le maire Berthoalde pour donner sa place à Protadius...................... 421
605. Protadius se rend odieux aux grands de Bourgogne................................. 423
Il est tué dans un soulèvement, comme il poussoit Thierri à la guerre contre son frère..... 424
606. Le Romain Claudius succède à la mairie de Bourgogne................................. 425
607. Les seigneurs bourguignons font épouser à Thierri, la fille du roi des Visigoths........ 426
Elle est répudiée par les intrigues de Brunehault, qui fait tuer saint Didier.................. 427
585 606. Prédication de saint Colomban; il est persécuté par Brunehault.................... 428
608. Tentative de Brunehault pour se réconcilier avec